칭다오, 식민도시에서 초국적 도시로

이 저서는 2008년 정부(교육부)의 재원으로 한국연구재단의 지원을 받아 수행된 연구임(NRF-2008-361-B00001).

칭다오,
식민도시에서 초국적 도시로

초판 1쇄 발행 2014년 3월 31일

편저자 | 구지영·권경선·최낙민
펴낸이 | 윤관백
펴낸곳 | 도서출판 선인

등록 | 제5-77호(1998.11.4)
주소 | 서울시 마포구 마포대로 4다길 4 (마포동 324-1) 곳마루 B/D 1층
전화 | 02)718-6252/6257
팩스 | 02)718-6253
E-mail | sunin72@chol.com
Homepage | www.suninbook.com

정가 36,000원
ISBN 978-89-5933-711-8 93300

· 잘못된 책은 바꿔 드립니다.

[해항도시문화교섭학연구총서 7]

칭다오,
식민도시에서 초국적 도시로

구지영·권경선·최낙민 편저

발간사

  한국해양대학교 국제해양문제연구소는 한국연구재단의 지원을 받아 2008년부터 2017년까지 인문한국지원사업인 '해항도시 문화교섭학' 연구를 수행하고 있다. 이 연구의 개요를 간략히 소개하면 다음과 같다. 먼저, 해항도시 문화교섭 연구는 바다로 향해 열린 해항도시 (seaport city)가 주된 연구대상이다. 해항도시는 해역(sea region)을 구성하는 요소로서 그 자체가 경계이면서 동시에 원심력과 구심력이 동시에 작동하는 공간으로, 배후지인 역내의 각지를 연결할 뿐만 아니라 먼 곳에 있는 역외인 해역의 거섬과도 연결된 광범한 네트워크가 성립된 공간이다. 해항도시는 근대자본주의가 선도하는 지구화 훨씬 이전부터 사람, 상품, 사상 교류의 장으로서 기능해 온 유구한 역사성, 국가의 영역에 머무르지 않은 초국가적인 영역성과 개방성, 그리고 이문화의 혼교·충돌·재편이라는 혼효성의 경험과 누적을 사회적 성격으로 가진다.

  다음으로 해항도시 문화교섭 연구는 해항도시를 필드로 하여 방법론적 국가주의를 넘어 방법론적 해항도시를 지향한다. 연구필드인 해항도시를 점으로 본다면 해항도시와 해항도시를 연결시킨 바닷길은 선으로 구체화되며, 바닷길과 바닷길을 연결시킨 면은 해역이 된다. 여기서 해역은 명백히 구획된 바다를 칭하는 자연·지리적 용법과 달리 인간이 생활하는 공간, 사람·물자·정보가 이동·교류하는 장이자 사람과 문화의 혼합이 왕성하여 경계가 불분명하여, 실선이 아니라 점선으로 표현되는 열린 네트워크를 말한다. 해역과 해역은 연쇄적으로 연결된다. 해항도시 문화교섭 연구는 국가와 민족이라는 분석단위를 넘어서, 해항도시와 해항도시가 구성하는 해역이라는 일정한 공간을 상정하고, 그 해항도시와 해역에서의 문화생성, 전파, 접촉, 변용에 주목하여 문화교섭 통째를 복안적이고 종합적인 견지에서 해명하고자 하는 시도다.

여기에 기대면, 국가 간의 관계 시점에서 도시 간 네트워크 시점으로의 전환, 지구화와 지방화를 동시에 반영하는 글로컬 분석단위의 도입과 해명, 중심과 주변의 이분법을 해체하고 정치적인 분할에 기초한 지리단위들에 대한 투과성과 다공성을 부여할 수 있다. 뿐만 아니라 해항도시 문화교섭 연구는 역사, 철학, 문학 등 인문학 간의 소통뿐 아니라 사회과학과 자연과학 등 모든 학문과의 소통을 전제한다는 점에서, 모든 학문의 성과를 다 받아들인다는 의미에서 '바다' 인문학을 지향한다.

이처럼 해항도시 문화교섭 연구는 '연구필드로서의 해항도시'와 '방법론으로서의 해항도시'로 대별되며, 이는 상호 분리되면서도 밀접하게 연관된다. 연구필드로서의 해항도시는 특정 시기와 공간에 존재하는 것이며, 방법론으로서의 해항도시는 국가와 국가들의 합인 국제의 틀이 아니라 해항도시와 해역의 틀로 문화교섭을 연구하는 시각을 말한다. 이런 이유로 해항도시 문화교섭학 연구총서는 크게 두 유형으로 출간될 것이다. 하나는 해항도시 문화 교섭 연구 방법론에 관련된 담론이며, 나머지 하나는 특정 해항도시에 대한 필드연구이다. 우리는 이 총서들이 상호 연관성을 가지면서 해항도시 문화교섭 연구의 완성도를 높여가길 기대한다. 그리하여 국제해양문제연구소가 해항도시 문화교섭 연구의 학문적·사회적 확산을 도모하고 세계적 담론의 생산·소통의 산실로 자리매김하는데 일조하리라 희망한다. 물론 연구총서 발간과 그 학문적 수준은 전적으로 이 프로젝트에 참여하는 연구자들의 역량에 달려있다. 연구·집필자들께 감사와 부탁의 말씀을 드리면서.

2014년 1월
국제해양문제연구소장 정문수

차례

발간사 ·· 5

1부 들어가는 글
1. 교섭의 측면에서 보는 해항도시 칭다오 | 구지영 ····················· 13
2. 칭다오사青島史 연구동향과 자료현황 | 양라이칭 ························· 39

2부 식민도시의 구조와 기능
3. 독일·일본점령기 칭다오의 도시건설과 생활공간 | 권경선 ······· 75
4. 일본문헌에 나타난 칭다오의 공간구조와 도시표상 | 오시로 나오키 ··· 109
5. 독일·일본점령기 칭다오의 산업구조와 도시노동자 | 권경선 ······ 127
6. 20세기 초 칭다오 일본인사회의 형성과 변천 | 양라이칭·쑨바오펑 ··· 157
7. 20세기 초 산둥인의 둥베이이동과 해항도시 | 권경선 ················· 179
8. 제2차 세계대전 종식 후 한인 송환과 칭다오 | 장예 ················· 207

10 칭다오, 식민도시에서 초국적 도시로

3부 식민도시의 사회와 문화

9. 독일점령기 칭다오 내 언론활동 | 가오잉잉 ································ 221
10. 독일점령기 칭다오의 서양종교와 그 영향 | 자오청궈 ············· 251
11. 1930년대 칭다오의 국립대학과 도시문학 형성 | 최낙민 ········ 271
12. 후이취안匯泉해수욕장과 칭다오인의 일상생활 | 최낙민 ·········· 301

4부 초국적 도시의 형성과 변용

13. 개혁개방 후 칭다오의 도시화와 지역사회의 재구성 | 사사키 마모루
    ··· 331
14. 개혁개방 후 칭다오의 지역사회 재구성과 커뮤니티의식 | 리성 ······ 361
15. 한중수교 후 한인 이주와 도심 집거지의 형성과 변용 | 구지영 ··· 383
16. 한중수교 후 조선족의 생활세계 확장과 칭다오 | 구지영 ··········· 419

5부 나오는 글

17. 교섭의 측면에서 본 동북아시아 해항도시의 가능성과 한계 | 구지영
    ··· 455

칭다오 주요사건 연표 ·· 460
찾아보기 ··· 462
출　전 ·· 470

1부
들어가는 글

1.
교섭의 측면에서 보는 해항도시 칭다오

구지영

Ⅰ. 방법으로서의 해항도시

이 연구는 지구화 현상에서 파생된 두 가지 문제 관심에서 기획되었다. 우선 경제의 지구적 재편과정에서 근대적 국민국가의 행방에 관한 것이다. 개별 국가의 불가침성에 기초한 베스트팔렌조약 이후, 국가는 법적 인격을 가지고 국제사회에서 그 대표성을 인정받아왔다. 주권은 영토적 경계 안에서 균일한 영향을 미치고, 경제·사회·문화는 국가라는 배타적 단위에 모순 없이 수렴되는 것으로 그려졌다.

한편 1980년대 이후부터 각종 정치경제적 활동이 국경을 넘어 확산되면서 종전의 국가적 권위가 비국가적 기관이나 단체로 전이되기 시작한다. 이러한 변화를 한편에서는 국가권위의 약화 내지는 '국민국가의 퇴장'으로, 다른 한편에서는 국가의 기능변화로 규정하고 있다. 하지만 필자는 이 논의의 초점이 '국민국가의 행방'이 아니라 '주체의 다원화'에 있다고 본다. 근대화와 더불어 국제사회의 활동주체가 국가로 일원화되었다면, 지난 30년간은 다양한 차원에서 구성된 초국적 공간들로 주체가 다원화되어 왔다.[1] 이제 국민국가는 경제발전과 국제관계뿐만 아니라 역사 그 자체에 대해서도 절대적인 틀이 될 수 없다. 이 책에서는 지구화시대의 분석단위로 도시에 초점을 맞추어, 그것이 하나의 점이 되어 만들어지는 관계들에 대해 주목하고자 한다. 도시는 초국적 네트워크의 결절점, 세계시장과 국가의 교차점, 경우에 따라서는 국가와 시장의 대척점에 위치한다. 이미 도시 간 네트워크가 구성하는 초국적 공간을 지구화시대의 궁극적 경제 형태로 보는 것이 학문적·정책적 이슈를 선점하고 있다.

다음으로는 이른바 자아와 타자에 대한 인식의 문제이다. 국제이민이나 노동력 이동은 시공간적으로 특수한 구조 속에서 일정한 패턴을 가진다. 특히 최근 30년간은 '이주의 시대'[2]라고 불릴 정도로 이동과 유동의 영향이 세계적으로 확산되고 있다. 더 이상 국가라는 경계 안에서 이질적인 것들을 통제·배제하는 것으로 유지되어온(혹은 그것의 명분이 되어온), 사람·장소·문화의 기계적 조응관계는 성립하지 않는다. 각종 천재天災와 인재人災로 국내문제와 국외문제의 경계가 애매해지고, 자아와 타자, 이주와 정주를 명확히 나눌 수 없는 현상들이 가시화되고 있다. 특히 도시는 국제이동의 목적지[3]로, 그 자체로 코스모폴리탄적인 동시에 이질적인 것에 대한 공포와 토착적인 것을 향한 욕망이 혼재하는 장소이다.

이 가운데 '도시는 누구의 것인가'라는 문제가 전면적으로 대두된다. 무력하지만 도시에 거주하는 다양한 사람들을 포섭(혹은 통제)할 수 있는 제도적 장치뿐만 아니라, 무수한 타자들과 더불어 살아갈 수 있는 인식론적 전환이 필요한 것이다.

최근 '주변인'이나 '경계인'에 대한 학문적 관심은 이러한 배경 속에 있을 것이다. 아울러 이 연구들은 다음 두 가지로 대별할 수 있다. 하나는 이른바 '소수자 커뮤니티'를 사회문화적으로 조명해 그들에 대한 이해를 높이는 것이고, 다른 하나는 역사적으로 존재해온 주변부, 즉 경계공간이나 접촉공간을 담론구성에 개입시켜 '원초적이고 순수한 것'으로 이상화해 온 국가 내지는 민족을 상대화하는 것이다. 종래의 다문화주의를 표방한 연구들은 대체로 전자에 속하는 경우가 많은데, 이는 상호 독립적으로 존재하는 개별문화를 실체화하는 것을 기본전제로 한다. 따라서 의사소통과정에서 타자의 차이를 끊임없이 담론화시켜야 하는 한계를 지닌다.

본 연구가 해항도시와 해역에 주목하는 이유는 후자에 있다. 해항도시란 바다에 면한 항구와 도시의 결합체로 양자의 유기적 관계에 의해 구성되는 하나의 실체이며, 근대 이전부터 바닷길로 이어진 네트워크를 통해 교류의 장으로 기능해온 도시이다. 따라서 국가영역에만 머무르지 않는 개방성과 이문화간 교섭경험의 누적을 사회적 성격으로 가진다.[4]

이러한 해항도시를 점으로 본다면 해항과 해항을 연결시키는 바닷길은 선으로 구체화되며, 바닷길과 비닷길을 연결시킨 면은 해역이 된다.[5] 지금까지 해역 연구는 근대 초까지의(18세기 이전) 관계구조를 경제사적 측면에서 복원하는 데 주력해왔다. 이를 통해 일국사적 관점과 서양 중심적 사고를 상대화하고, 사람과 물자의 이동으로 일체화된 세계를 그려냄으로써 지구화가 비단 오늘날만의 특수한 현상이 아니라는 것을 담론구성에 편입시키고자 했다.[6]

그렇다면 해항도시를 방법으로 한 도시연구는 글로벌시티나 포스트모던시티와 같은 지구화시대의 대표적인 도시연구와 어떤 차이가 있는가. 무엇보다 후자의 이론적 사정권에는 많든 적든 지구 규모로 통합·통제하는 다국적기업 본사기능의 집적이나 글로벌 금융센터의 입지가 포함되어 있다.[7] 즉 경제구조를 통해 그 중심성을 강조함으로써 도시 간 관계에서 계층적 상상력을 강화시킨다. 최근 많은 대도시들이 '글로벌시티'를 정책적·전략적 비전으로 제시하는데, 여기에도 경쟁과 차별화가 전제되어 있다. 따라서 이러한 도시연구에서는 (그 의도와는 무관하게) 도시의 대내외적 관계가 계층적으로 그려진다.

해항도시는 그 기능과 지정학적 위상이 모든 시기를 관통해 일관된 것은 아닐지라도, 기본적으로 안과 밖을 잇는 네트워크를 전제로 하는 역사성을 담보한 도시라고 볼 수 있다. 아울러 네트워크의 결절점이라는 기능적 측면뿐만 아니라, 이국적 정취, 일상을 벗어난 일탈, 다양성과 혼효성을 내포한 창발적 문화가치를 동반한다.

한편 해항도시와 해역 연구는 신자유주의 이상에 기초한 경제의 지구화를 역사적이고 필연적 결과로 그릴 수 있다는 점에서 비판받기도 한다. 특정시기 해항도시가 자본주의의 무차별적 확장의 토대이자 침략과 수탈의 전초기지였다는 사실도 부정할 수 없기 때문이다. 현재까지 동북아시아에서 끊임없이 제기되고 있는 도서나 해역의 영토문제만 보더라도, 이곳이 공존과 갈등을 동시에 드러내는 장으로 존재해왔다는 것을 잘 알 수 있다. 하지만 이러한 양면성이야말로 우리가 지구화시대를 고찰하는 방법의 하나로 해항도시에 주목하는 이유이다.

이 연구는 경제관계가 심화되는 만큼 국가 간(민족 간) 대립이 첨예해지고 있는 오늘날, 해항도시를 방법으로 그 공존과 갈등의 역사적 근원을 규명하는 동시에, 타자 간 관계에 대한 인식의 지평을 넓히는 것을 목적으로 한다. 이 책에서는 그 출발점으로 19세기 후반에 신생도시로 역사무대에 등장해 지금까지 관계의 결절점에 자리한 중국 칭다오靑島를 다루고자 한다. 중심이 되는 시기는 칭다오를 거점으로 이동과 교섭이 활발했던 19세기 말에서 20세기 전반까지(식민도시)와 이념대립과 국가재건으로 인한 침체기를 지나 다시금 동북아시아의 결절점으로 부상하는 개혁개방 이후(초국적 도시)이다. 한 권의 책에서 다루기에는 주제가 포괄적이고 시간적 설정이 광범위할 수 있으나, 상이한 메커니즘으로 작동되는 시대를 동시에 고찰하여 드러나는 지속과 변화를 통해, 교섭의 측면에서 동북아시아 해항도시의 가능성과 한계를 제시할 수 있을 것이다.

Ⅱ. 동북아시아와 해항도시

일반적으로 동북아시아는 한중일 삼국을 중심에 두고, 설정범위에 따라 북으로 몽골과 러시아 극동에서 남으로 홍콩과 대만까지 확장 가능한 지역개념이다. 지리적으로는 유라시아 대륙 동쪽에 위치한 곳으로, 이를 다시 동남과 동북으로 나누어 위쪽을 동북아시아라고 한다. 바다를 통해 본다면 동중국해와 황해를 중심으로 북으로는 오호츠크해와 동해, 남으로는 남중국해로 이어지는 지점을 일컫는다. 지금까지 동북아시아 연구는 한국, 중국, 일본이라는 국가 단위로 분단되어 있었으며, 해역사 연구에서는 상대적으로 주목받지 못했다.[8] 물론 해역이라는 유동체는 경계설정이 힘들고 시기나 접근방법에 따라 그 범위가 달라지기 때문에, 바다에 시점을 두고 동북아시아를 하나의 권역으로 설정한다는 것 자체가 사실상 불가능할지도 모른다.

하지만 산둥반도山東半島는 한반도에서 바다를 건너 대륙으로 연결되는 통로이고 랴오둥반도遼東半島는 한반도와 육지로 이어진 둥베이 지방을 배후지로 하면서, 예로부터 해로와 육로를 통한 이동과 교류가 활발했다. 예컨대 9세기 전반의 산둥반도는 당唐의 중앙정치세력의 입장에서 보면 동쪽 끝으로 경계지대로서의 성격을 강하게 띠고 있었다. 지금까지도 유명한 장보고張保皐의 적산법화원赤山法華院은 바다를 통한 경제·사회·문화 교류의 한 거점이었다. 당시 적산법화원에 머물었던 일본 승려 엔닌円仁의 기록에 의하면, 신라 환속승 이신혜李信惠는 '815년부터 규슈九州의 다자이후大宰府에서 살다가 824년에 장대사(張大使: 장보고나 장영張詠으로 추측)의 무역선을 타고 당으로 와서' 이곳에서 통역사通使로 활동하고 있었다고 한다. 일례에 불과하지만, 이를 통해 당시 동북아시아의 교류상과 산둥반도의 국제성을 엿볼 수 있다.9)

아울러 10~13세기에는 송宋, 고려, 일본을 연결하는 해상교역로를 따라 통상을 매개로 한 교역권이 형성되었다. 항로의 기착지나 종착지에 있는 해항도시 간의 네트워크가 성립되었고, 각국의 대외관계는 시박사체제市舶司體制라는 하나의 교역시스템 하에서 작동되고 있었다.10)

한편 명청시대明淸時代에 이르러 왜구에 대한 방어책으로 외국과의 교역과 도항을 금지하는 해금정책海禁政策이 시행된다. 항구를 폐쇄하고 해군력을 강화하고 해상교역을 국가가 독점한다. 이렇듯 육역의 정치권력이 해역의 동향에 주시해 이를 간섭·통제하려고 했다는 것은 당시 동북아시아 해역의 중요한 특징으로, 이것이 해역사 연구에서 이 지역을 주목하지 않은 이유이기도 할 것이다.11)

1840년에 발발한 아편전쟁 이후, 조약에 의한 침략과 교섭이 시작된다. 이로써 해금정책이 실시되기 전까지 이동과 교섭의 거점이자 새로운 문화생성의 장場이었던 연해부는, '세계와 중국의 접점'으로 다시금 지역 내에서의 위치와 가치를 복원한다. 여기서는 칭다오가 자리한 환황해권環黃海圈12)으로 범위를 좁혀 사람의 이동을 통해 드러나는 지역상을 간단히 정리하고자 한다.

현재 중국 동북아전략의 거점으로 국내에서도 많은 관심과 논의를 불러일으키고 있는 둥베이지방은 19세기 말에도 중국, 일본, 러시아, 조선의 접점으로 각 국이 세력 확대를 도모하며 각축을 벌이던 장이었다. 소위 만주滿洲지역을 배후로 둔 랴오둥반도는 산둥반도, 한반도, 일본에서 다양한 사람들이 유입되는 통로였다. 이 책의 7장에서 다루듯이 산둥반도와 랴오둥반도 간에는 산둥 출신자의 대규모 이동이 지속적으로 이루어져, 산둥성과 둥베이지방의 경제 및 사회구조에 큰 변화를 불러일으켰다. 아울러 이 산둥인의 이동은 해로를 통해 한반도까지 이어져, 오늘날 한반도 화교의 모태가 되었다.13) 중국 조선족 역시 당시 둥베이지방을 무대로 한 한반도, 중국, 일본 간의 관계 속에서 형성된 집단이다. 이처럼 칭다오, 다롄大連, 톈진天津 등 동북아시아의 대표적인 해항도시는 사람, 자본, 물자 이동의 출입구 역할을 하며 이 시기만의 독자적인 경험을 축적해갔다.

1945년 이후 동북아시아 국제관계를 김원배(2009)는 다음과 같이 구분하고 있다. 국가재건과 이념대립 속에서 초국적 상호작용이 미미했던 1945년에서 1960년대 중반, 신국제분업에 의한 신흥공업국의 등장과 산업화에 의한 도시회랑이 형성된 1960년대 중반에서 1980년대 중반, 일본 및 동북아시아 신흥공업국의 노동집약적 산업화가 종결되고 중국이 부상하면서 초국적화가 진행된 1985년에서 2000년, 그리고 신개발주의가 대두되고 국가 간 노동력 이동이 활성화되고 있는 2000년 이후부터 현재까지이다.14)

1985년 이후 사람, 자본, 물자의 초국적 이동에 가장 중요한 거점으로 부상하고 있는 곳은 역시 중국 동남부의 해항도시일 것이다. 특히 이 글의 무대가 되는 중국의 환보하이권環渤海圈은 남방의 두 지구— 창장삼각주長江三角洲, 주장삼각주珠江三角洲—에 비해 경제적으로 주목받지 못하다가, 1990년대의 동북아시아 정세 변화 속에서 그 지정학적 중요성을 인정받는다. 1992년 10월 중공당 제14기 전국대회(14全)에서 '보하이만개발전략'이 공표된다. 한국도 1989년 '서해안개발계획'을 수립하고 서해안 발전촉진위원회를 설립한다. 이 계획은 산둥반도와 랴오둥반도를 비롯한 중국 연해도시와 협력을 강화하고 '황해경제구'를 형성함으로써, 동북아시아의 국제경제협력을 추진한다는 취지에서 이루어진 것이다.15) 이 가운데 1992년에 한중수교가 이루어져 이곳을 무대로 한 사람, 자본, 물자의 이동은 단기간에 급속도로 증대되었다.

Ⅲ. 칭다오의 도시화 과정

칭다오는 산둥반도 남서부에 위치하며, 서쪽으로는 자오저우만膠州灣을 품고 동남쪽으로는 황해에 접해있다. 19세기 말까지 지모현卽墨縣에 속한 작은 어촌마을이었다가 독일의 조차지가 되면서 도시로 급성장했다. 이처럼 칭다오는 중국의 다른 도시에 비해 역사가 긴 것은 아니다. 하지만 이 책 2장의 서두에서도 언급하고 있듯이 칭다오는 근대 중국의 식민·반식민, 봉건·반봉건적 도시발전의 궤적을 체화하고 있는 동시에, 다양한 주체들 간 교섭 경험의 축적을 그 사회문화적 특징으로 하고 있다는 점에서 우리에게 시사하는 바가 크다. 다음에서는 칭다오의 도시화 과정을 시기별로 개괄하고, 본서의 구성에 대해 간략하게 소개하고자 한다.

1. 식민도시 칭다오

1) 개항 이전의 자오저우만

자오저우만은 예로부터 남북교통의 결절지로, 당대唐代에는 닝보寧波와 더불어 외국선박과 정크선의 출입지였고, 명대明代에는 왜구에 대한 방어를 위해 푸산쒀浮山所가 설치되었으며, 청대淸代에는 정크무역이 발달하여 상인과 무역관계자들이 많이 진출했다. 이처럼 1850년대까지 자오저우만은 산둥성의 상품, 특히 해산물 교환의 중심지이자 수출입품을 운송하는 외국선박이나 정크선의 정박지로 기능해왔다.16) 이 책의 5장에서는 개항 전 이 일대의 산업과 노동자 구성에 대해 다루고 있다. 주요 산업은 농어업이었으나, 중국 남부 연해와의 상업이 이루어졌으며, 잔교와 병영 등 방어시설의 설치로 건설업이 시작되었다. 현지민은 대부분 농어업에 종사했고 건설업 등의 고용노동자는 타지 출신이었다는 것을 통해, 당시에도 외지인의 유입이 꾸준히 이루어지고 있었다는 것을 알 수 있다.

2) 독일점령기(1897~1914년)

19세기 말 독일에서는 해외진출이나 식민지 확보에 대한 사회적 관심이 고조되었다. 아시아에서 해군기지와 상업교두보 건설을 추진하던 독일은 배후지의 자원개발 가능성, 철도와 항만건설과 관련된 자연조건, 다른 열강과의 관계 등을 고려하여 자오저우만을 최적지로 선택했다.17) 외교루트를 통한 조차지 확보가 어려움을 겪던 중, 1897년 11월 1일에 산동성에서 독일인 선교사가 피살되는 사건[巨野敎案]이 발생한다. 독일은 이것을 구실로 자오저우만을 군사점령하고, 1898년 3월 6일에 청정부와 조차조약을 체결한다. 이 조약으로 독일은 자오저우만 연안 및 부근 도서 551.73km²(274개의 촌락, 약 6만 4,000명의 중국인 주민을 포함)와 576.5km²의 해역을 99년간 조차하는 동시에, 산동성 내의 철도부설권과 철도연선의 광산채굴권을 획득했다.18)

이후 칭다오항 축조 및 항로개설, 철도부설 및 도로정비가 이루어져 칭다오를 중심으로 한 교통망이 확충되고, 국적별, 인종별, 계층별 분리정책에 기반해 칭다오의 도시건설이 진행된다. 도시건설 전반에 대해서는 이 책의 3장에서 상세히 다루고 있다. 이러한 칭다오를 중심으로 한 교통망 확충과 정치적 역량의 강화는 산동성 전역은 물론 둥베이지방까지 커다란 변화를 불러일으켰다. 7장에서는 이 시기의 칭다오의 성장이 사람과 물자 이동에 미친 영향을 산둥성 내 다른 해항도시와의 관계 속에서 조망한다.

3) 제1차 일본점령기(1914~1922년)

중국에서의 세력 확대를 도모하던 일본은 1914년 제1차 세계대전 발발 직후인 8월 23일 독일에 선전포고를 했다. 9월 2일 룽커우龍口에 상륙한 일본군은 병력을 분산시켜 웨이현濰縣과 지난濟南에 이르는 자오지철도膠濟鐵道의 각 역을 함락했다. 9월 18일 일본군 제2파견대가 라오산만嶗山灣에 상륙했고, 9월 23일에 영국군도 이 지역에 상륙했다. 10월 31일부터 영일연합군이 칭다오 독일군을 총공격해 11월 7일 독일이 투항함으로써 칭다오는 일본의 점령지가 되었다.[19] 이렇게 시작된 일본점령기는 통치방식에 따라, 1914년 11월부터 1917년 9월까지의 군정기軍政期와 1917년 10월부터 1922년까지의 민정기民政期로 나눌 수 있다.

군정기에는 전후 복구와 더불어 일본인 이주민을 위한 주택지와 상업지가 마련되었고, 시장, 공원, 학교, 신사 등 각종 생활시설이 정비되었다. 민정기에는 일본 자본을 유치하기 위해, 노동자구역인 타이둥진臺東鎭을 공장지로 정비하고 쓰팡四方과 창커우滄口를 개발했다. 이 책의 3장에서는 독일점령기에 이어 일본점령기의 도시건설 양상과 일본 자본 진출에 따른 칭다오의 산업구조 변동, 특히 공업발전 상황을 다루고 있다. 아울러 6장에서는 군사보호, 거주지 및 상공업지 조성, 학교와 신사, 병원 설치 등 일본인 이주에 대한 점령당국의 정책적 장려가 칭다오 일본인사회의 성장에 큰 역할을 했음을 보여준다.

이러한 칭다오의 성장과 외부와의 관계 확장은 산둥성 전통경제구조의 해체와 농민의 계층분화를 가속화시켰다. 5장에서는 이 같은 배출요인이 칭다오의 상공업 발전이라는 흡인요인과 맞물려 도시노동자층의 형성으로 이어지는 과정에 대해 고찰하고 있다. 한편 당시 산둥인의 이동을 둘러싼 칭다오의 역할 혹은 칭다오 경영 당국의 입장은 산둥성 노동력에 대한 수요 변화와 함께 매우 복잡하게 전개된다. 5장에서는 산둥성 농민을 칭다오의 도시노동자로 흡수하는 상황을 보여주었다면, 7장에서는 둥베이지방을 중심으로 한 역외로의 이동에서 칭다오가 중요한 거점이 되었다는 것을 설명하고 있다. 요컨대 이러한 현상들은 모두 당시 식민도시 칭다오가 처한 특수한 위치를 잘 드러낸다.

4) 북양정부·국민정부(1923~1937년)

제1차 세계대전 종식 후 1921년 11월부터 1922년 2월까지 이루어진 워싱턴회의에서 '산둥문제 해결을 위한 조약解決山東懸案條約'[20]이 체결되고, 1922년 칭다오는 중국北洋政府에 반환되었다. 칭다오를 수복한 북양정부는 조약에 따라 이곳을 통상항商埠으로 개방하고, 외국인 거주와 상공업 활동을 허가했다.[21] 한편 1928년 6월 장제스蔣介石의 국민정부가 북양정부를 제압하고 전국을 통일하여, 1929년 4월부터 칭다오도 국민정부의 관할하에 놓인다. 1930년 9월에는 칭다오시로 개칭한 후 시정부 관리체제로 전환하는데, 이 시기에는 일본점령기에 건설용지로 매수한 후 사용되지 못한 곳에 수족관·운동장·대강당·국술관·시장과 같은 생활시설이 설치되고, 일본인 별장을 비롯한 주택 신축이 이루어졌다.[22]

점령세력이 바뀌면서 칭다오의 인구구조는 다시금 변화를 겪는다. 이 책의 6장에서 다루고 있듯이 반환 직후에는 일본인 인구가 급감하고 일본기업의 경영상태도 악화되었다. 하지만 이 시기에도 일본 경찰기구를 설치하고, 일본기업과 일본인거류민단에 대한 재정지원을 하는 등 일본정부의 교민 보호조치는 지속되었다. 따라서 1930년대까지 칭다오 거주 일본인은 상하이보다 적었지만, 톈진, 지난, 샤먼廈門에 비해서는 많았다. 11장에서 소개하는 국립산둥대학에 모인 작가들의 작품을 통해서도 당시 칭다오의 반식민적 상황을 잘 알 수 있다.

5) 제2차 일본점령기(1938~1945년)

중일전쟁 발발 후 1938년 1월 10일, 일본군은 칭다오 교외의 산둥터우山東頭와 잔교棧橋에 상륙했다. 당시 칭다오시 시장 겸 육해군 지휘자인 천훙례沈鴻烈는 장제스의 부저항정책에 따라 일본방직공장과 항구의 주요설비를 폭파하고 부분 함대에 모래와 자갈을 실어 칭다오항 항로의 요충지에 가라앉힌 후, 루시난魯西南(현재의 허쩌荷澤)으로 철수했다. 그리고 일본군은 다시 칭다오를 점령했다.[23]

점령 후 일본은 전쟁당시 파괴된 교통시설이나 급수시설과 같은 공공시설을 복구하고, 행정조직을 재정비해나갔다. 1939년 '칭다오특별시지방계획靑島特別市地方計劃', 1941년 '대칭다오도시계획大靑島都市計劃' 등의 도시확장 계획에 따라 1939년 6월 칭다오 북부의 자오현膠縣과 지모현을 행정구역에 편입했다. 이로서 칭다오시의 면적은 약 15배가 되고 인구는 180만 명(3.5배)으로 확대되었다. 또 1942년 시중심에서 20km 떨어진 류팅流停에 군용공항이 건설되면서 칭다오에는 바다, 육지, 하늘의 입체적인 교통체계가 완성되었다.[24]

한편 이 시기에는 중일전쟁으로 경제교류가 침체되었는데, 이것은 동아경제권의 의식적 확립과 고도의 무역통제로 종래의 자유무역 성격이 거의 없어졌기 때문이었다. 수출입을 통제한 것은 일본에 대한 의존도를 높이기 위한 것으로, 칭다오의 상품과 무역액이 눈에 띄게 감소했다.[25]

1945년 전쟁이 끝나고 1949년 중화인민공화국 성립 후부터 개혁개방 때까지 해외와는 물론 국내에서도 이동과 교류의 침체기로 접어든다.

2. 초국적 도시(개혁개방 이후)

개혁개방 후 중국은 동부 연안을 중심으로 부분적이고 편파적인 시장화를 추진한다. 1984년 국가는 항만설비와 같은 도시 인프라가 정비되어 있고, 배후지의 값싼 노동력과 자연자원이 풍부한 14개의 해항도시를 '연안개방도시沿岸開放都市'로 선정했다. 여기에 지방정부의 권한이 확대되고 외상투자자에 대한 특혜가 제도화되면서, 저비용 생산기지와 시장잠재력을 동시에 지닌 투자환경이 조성되었다. 같은 시기 일본 및 동북아시아 신흥공업국에서는 임금인상, 물가상승, 환율조정과 같은 변동 속에서 성장의 밑거름이었던 노동집약적 제조업이 경쟁력의 한계에 봉착했다. 이들은 활로 모색을 위해 외국인노동자를 고용하는 한편, 생산비용이 저렴한 중국이나 동남아시아 등지로 이동했다. 이렇게 '세계의 공장'으로 초국적 생산네트워크에 편입된 중국 해항도시들은 글로벌 경제와의 연계 속에서 동북아시아 경제중심으로 부상하고 있다.

이러한 흐름은 동북아시아 공간구조에 다음과 같은 변화를 가져왔다. 우선 중국의 내륙부와 연해부가 분리되었다. 계획경제의 해체는 시장으로 열린 경영으로 이어지기보다는 오히려 지방 보호주의적이고 독점적인 관행을 증가시켜, 중국 경제공간에 심각한 파편화를 초래했다. 제도 개혁은 행정 간섭을 축소시키기 보다는 행정 권력에 새로운 힘을 부여하는 계기가 되었고, 지방권력의 특권은 경제 부문뿐만 아니라 법제도 정비에도 개입해 중국전체를 관통하는 통일된 규범을 만들기 어렵게 했다.[26] 아울러 외국투자의 대부분이 도시 인프라와 법제도가 정비된 연안지역에 집중되었다. 외자기업은 수출 발전, 신기술 보급, 경영 혁신을 가져오며 해당 지역의 민영화와 도시화를 가속화시켜 내륙부와 연해부 간의 격차를 더욱 공고히 했다. 요컨대 오늘날 중국은 초국적 네트워크의 결절점으로 급성장하고 있는 동부 연안, 원자재와 노동력을 공급하는 중부 내륙, 그리고 여전히 개발 난제에 봉착해 있는 서부로 분리되고 있다.

다음으로 중국 연해부와 동북아시아 각국이 경제적으로 통합되고 있다. 1990년대부터 중국 연해부는 동북아시아 생산네트워크의 부분에 편입되어 사람, 자본, 물자 이동의 거점이 되었다. 예컨대 샤먼은 대만臺灣과의 네트워크를 위해 설치한 항만설비를 통해 대규모의 직접투자를 유치했고, 광저우廣州는 홍콩, 칭다오는 한국, 다롄은 일본투자를 집중적으로 유치했다. 또 이 과정에서 산둥성과 랴오닝성도 하나의 네트워크로 통합되었다.

칭다오는 경제중심도시(1981), 연안개방도시(1984), 경제기술개발구(1984), 종합개혁시범도시(1986), 성급대우의 계획단열시(1986)에 선정되면서, 경제자치권과 대외무역관리권을 획득하고 산둥성의 경제중심이자 투자유치의 전진기지로 자리 잡는다.27) 특히 이곳은 한국과의 관계 속에서 산업화와 도시화를 추진해온 '중국 속 한국특구'이다. 1980년대 말부터 칭다오시는 한국을 전략적 투자유치국으로 선정하고 적극적으로 기업유치 활동을 펼쳤다. 그 결과 1989년 토프톤전기유한공사托普頓電器有限公司가 청양구城陽區에 진출한 후, 노동집약적 중소제조업(중소기업 비중이 약 75%)의 투자가 연이어 성사된다.28) 이들은 대개 한국에서 부품, 소재, 반제품을 들여와 칭다오의 값싼 노동력으로 가공한 후, 내수시장보다는 아시아를 비롯한 미국, 유럽 등의 제3국으로 수출했다. 이러한 해외투자뿐만 아니라 하이얼海爾集團, 하이신海信集團과 같은 현지기업의 성장으로 지난 20여 년간 칭다오는 매년 12~16%의 경제성장을 달성해왔다. 이 책의 15장에서는 한국과의 경제교류 심화과정에서 생성된 도심 한인 집거지의 성장과 쇠퇴과정을 다루고 있다.

아울러 새로운 행정구—황다오구黃島區, 라오산구老山區, 청양구—가 설치되고, 간선도로와 고속도로, 도심과 황다오黃島를 잇는 자오저우만대교膠州灣大橋가 건설되면서 도시공간이 꾸준히 확장되었다.29) 해안가를 따라 펼쳐지던 어촌과 경작지가 생산기지로 탈바꿈하고, 스난구市南區의 신도심에는 무역센터, 고급 아파트, 백화점, 쇼핑몰, 금융센터가 들어섰다. 이 책의 13장에서는 이 같은 도시화과정과 지역사회의 재구성을 유형별로 나누어 고찰하고 있으며, 이어지는 14장에서는 이 과정에서 변화되고 있는 커뮤니티의식에 대해 조사하여, 현재 칭다오에는 '도시유동자형' 커뮤니티의식이 형성되고 있다는 결론을 도출한다.

Ⅳ. 본서의 구성

이 책은 2000년대 초반부터 칭다오 연구를 통해 학문적 교류를 지속해온 한중일 연구자의 참여로 만들어진 것이다. 국적과 전공을 달리하는 연구자들이 다년간의 교류를 통해 '도시를 단위로 한 동북아시아 관계의 재구성'이라는 문제의식을 공유하기에 이르렀다. 즉 심화되고 있는 경제관계를 이해하기 위해서도, 해결되기 힘든 정치적 갈등에 대한 실마리를 찾기 위해서도, 하나의 도시를 거점으로 이어지는 관계에 대한 통시적 고찰이 필요한 것이다.

이러한 문제의식이 한국해양대학교 국제해양문제연구소를 기반으로 결실을 맺게 되었다. 2012년 8월에 구지영, 권경선, 최낙민이 중심이 되어 연구기획안이 마련되었고, 2013년 1월에 보충조사가 이루어졌다. 아울러 칭다오시당안관青島市檔案館과 중국해양대학에서 개최된 연구교류회에서 기획의도와 집필방향을 공유했다. 이후 2013년 4월에 국제해양문제연구소가 주최한 국제학술대회에서 주요 집필자의 중간

〈그림 1〉 칭다오시당안관에서 열린 연구교류회(2013년 1월 15일, 필자 촬영)

보고가 이루어졌다. 이 자리에는 대표적인 칭다오 연구자인 김춘식 교수와 김형열 교수가 참석하여 다양한 질문과 의견을 제시해주었다. 이 결과물에는 그때의 조언이 중요한 역할을 했음을 밝혀둔다.

이 책은 총 16편의 글을 시기와 주제에 따라 4부로 나누어 수록했다. 제I부「들어가는 글」은 두 편의 글로 구성된다. 제1장은 이른바 이 책의 안내문으로, 해항도시라는 연구관점, 동북아시아라는 지역설정, 그리고 시기구분과 책의 구성에 대해 소개한다. 제2장은 칭다오사 연구동향과 자료현황을 중화인민공화국 수립 전후와 중국 국내외로 나누어 개괄한다. 필자인 양라이칭楊來靑은 칭다오시당안관의 부관장으로, 중국 국내는 물론 일본, 독일, 미국 등지에 산재한 칭다오 관련 자료를 파악·수집해왔을 뿐만 아니라, 관련 연구자와의 교류도 활발히 진행하고 있다.

제2부 「식민도시의 구조와 기능」은 모두 여섯 편의 글을 통해, 독일점령이 시작되는 1897년에서 제2차 세계대전이 끝나는 1945년까지, 칭다오의 도시공간, 인구구성, 산업구조의 변동과 인구이동의 거점으로서 칭다오의 기능에 대해 고찰한다.

제3장은 도시기반이 형성된 독일·일본점령기 도시건설의 양상을 시기별로 정리하고 그 특징을 도출한다. 아울러 상업지구와 서민거주지를 예로 주민구성과 생활상을 재구성한다. 이를 통해 신흥도시이자 식민도시로서 칭다오의 특징을 포착한다. 제4장은 3장의 도시건설과 공간구조의 양상을 지도와 사진을 통해 시각적으로 재구성한 것이다. 필자인 오시로 나오키大城直樹는 일본의 지리학자로, 당시 일본어로 간행된 지도나 각종 문헌에 나타난 식민도시 칭다오에 대한 일본의 표상을 소개하고 분석한다.

이처럼 3장과 4장에서 칭다오의 공간구조와 거주지별 생활양상을 보여주었다면, 이어지는 5장과 6장에서는 칭다오의 산업구조와 인구구성에 대해 다루고 있다. 제5장은 독일·일본점령기 칭다오의 산업구조를 농어업, 토목건축업, 상업 및 무역, 공업으로 세분화하여 살펴본다. 또한 국적별, 성별, 산업별 인구구성을 개괄한 후, 칭다오항의 하역노동자와 방직공장노동자의 공급·관리체계를 예로 도시노동자층의 형성과정을 고찰하여, 칭다오와 배후지인 산둥성 내륙과의 관계를 드러낸다. 제6장은 독일점령기부터 중일전쟁이 발발하는 1937년까지 칭다오 일본인사회의 형성과 변용을 다룬다. 요컨대 독일점령기부터 일본인의 경제적 영향력은 칭다오는 물론 산둥내륙까지 미치고 있었지만, 일본점령이 시작되는 1914년부터는 거주지 및 상공업지의 조성뿐만 아니라 각종 제도의 정비로 정부차원에서 일본인의 이주를 장려했다. 이 같은 보호정책은 1922년에 칭다오가 중국으로 반환된 이후에도 계속되어 사실상 칭다오는 반식민지 상태에 있었다. 필자는 이

것이 이민을 통해 세력 확대를 도모하던 당시 일본의 통치방식에서 기인한 것으로 분석한다.

Ⅱ부의 마지막 두 편은 이른바 식민도시 칭다오의 지정학적 위치와 기능에 대한 글이다. 제7장은 옌타이煙臺, 룽커우, 칭다오로 대표되는 산둥성 해항도시의 사회적 작용을 산둥인의 둥베이이동東北移動을 통해 비교분석한 후, 칭다오의 특징을 도출한다. 19세기 후반 산둥인의 둥베이이동은 주로 산둥반도 북부에서 옌타이와 룽커우를 통해 이루어졌는데, 20세기 초 제국주의 세력에 의한 교통망 구축과 도시경영의 영향으로 칭다오가 산둥성 전역을 배후지로 포섭하며 산둥성과 둥베이지방을 잇는 교통의 결절지로 자리 잡는다. 이 글을 통해 당시의 인구이동과 도시기능의 변화는 북중국 내의 일본 세력 확장과 깊이 연관되어 있었다는 것을 알 수 있다. 제8장은 제2차 세계대전이 끝난 후 칭다오를 통한 한인 집결과 송환과정을 소개하고 있다. 구체적으로는 칭다오에 집결된 한인규모와 관리상황을 시기별로 정리하고, 송환과정을 밝힌다. 이 글에서는 당시 일본인과 한인의 송환절차가 별도로 진행되었다는 것과 실질적인 송환업무를 담당한 칭다오시정부가 한인의 상황에 맞게 절차상의 융통성을 발휘했다는 것을 긍정적으로 평가하고 있다.

제Ⅲ부「식민도시의 사회와 문화」는 신문, 종교, 교육, 문화를 다루는 네 편의 글을 통해 칭다오의 근대화와 도시화를 사회문화적으로 고찰한다. 제9장은 칭다오 3대 독일어 신문을 통해 독일점령기 칭다오 내 언론활동을 다룬다. 이 글은 자료가 불명확하고 선행연구가 전무한 당시의 언론 상황을 이해하는 데 다음 두 가지 측면에서 기여하고 있다. 우선 신문의 창간 및 정간시기, 편집자의 성향과 내용구성과 같은 기본적인 정보를 일괄하고 있다는 점에서 자료적 가치가 돋보인다. 또 이러한 기본정보를 면밀히 분석하여, 당시의 언론활동이 독일의 식민통치정책과 밀접한 관련이 있었다는 것을 고증한다. 제10장은 독일점령기 서양종교 기관의 사회활동이 식민당국의 통치안정과 칭다오의 근대화에 어떻게 기여했는지를, '긍정적 효과'에 초점을 맞춰 고찰한다. 예컨대 독일은 의화단운동과 같은 반제국주의 운동을 통해 통치방식을 재고하게 되는데, 교육 및 의료와 관련된 종교기관의 활동은 식민통치에 대한 중국인의 반감을 유화시키는 역할을 했다고 본다.

제11장은 1930년대에 설립된 국립칭다오대학과 국립산둥대학에 모인 현대작가들의 창작활동과 작품을 통해 칭다오의 도시문학 형성과정을 고찰한다. 특히 이 글에서는 같은 시기에 연이어 설립된 상기의 두 대학을 비교분석하고, 칭다오의 도시문학 확립에 고등교육기관이 어떠한 역할을 했는지를 보여준다. 제12장은 식민시기 개발된 근대적 공공 공간인 후이취안匯泉해수욕장을 통해, '피서의 성지'라는 칭다오의 또 다른 면모와 함께 당시의 칭다오인에게 있어 이 공간의 의미를 분석한다. 구체적으로는 1901년의 개발시점에서 1937년까지 각 시기의 점령주체가 이곳을 어떻게 개발하고 식민통치에 활용했는지를 개괄한다. 아울러 개발과 동시에 바다는 중국인의 일상에서 분리되어, 근대성에 대한 학습의 장이자 새로운 여가문화의 실천의 장으로 전화되었고, 유흥시설을 가득 메운 인간군상을 통해 반식민지적 상황에 놓여있는 중국의 현실을 확인하는 각성의 장으로 기능하고 있었다는 흥미로운 분석을 이끌어낸다.

제Ⅳ부「초국적 도시의 형성과 변용」에는 개혁개방 후 칭다오의 도시화와 지역사회 재구성을 사람의 이동과 관련지어 고찰하는 네 편의 글이 실려 있다. 제13장은 개혁개방 후 칭다오의 급격한 도시화와 지역사회 재편과정을, 유형을 달리하는 네 개의 커뮤니티(사구社區)를 통해 분석한다. 필자는 이 연구를 통해, 글로벌 경제로 편입된 후 중국 사회의 해결과제로 급부상하고 있는 격차문제의 구조적 원인과 해결의 실마리를 찾고자 한다. 연구결과, 이 격차문제의 기층에는 오랜 시간 중국사회의 패러다임으로 존재해온 '원주민本村人'과 '이주민移住民' 간의 성원권 차이가 있다는 것을 알 수 있었다. 한편 오늘날 급격한 도시화와 인구유동으로 중국의 지역사회는 '폐쇄적인 농촌형 커뮤니티'에서 '개방적인 도시형 커뮤니티'로 재편되는 과정에 있다고 볼 수 있다. 하지만 게이티드 커뮤니티gated community와 같은 폐쇄적인 도시형 커뮤니티를 단서로 이러한 흐름이 반드시 '폐쇄'에서 '개방'으로만 향해 있는 것은 아니라는 것을 보여준다. 제14장은 13장에서 다룬 네 개의 커뮤니티 중 도시형 커뮤니티에 해당하는 H사구에 대한 설문조사를 통해, 오늘날 칭다오의 커뮤니티의식에 대해 고찰한다. 분석결과 비교적 정주경향이 강한 일본의 커뮤니티론과의 대비 속에서, 칭다오의 경우는 '도시유동자형' 커뮤니티의식이 형성되고 있다고 본다.

이상의 두 편의 글이 개혁개방 후 칭다오의 지역사회가 어떠한 지속과 변화를 겪고 있는지를 구조적 측면에서 살펴보았다면, 이어지는 두 편의 글은 1990년대부터 새롭게 시작된 한인의 이주와 정착에 대해 다루고 있다. 제15장은 2003년부터 2013년에 걸친 현지조사 자료를 바탕으로 도심 한인 집거지의 형성, 성장, 소멸 과정을 고찰한다. 우선 칭다오 한인사회를 형성초기부터 오늘날까지 통시적으로 개괄한 후, 도심의 집거지를 예로 칭다오 한인의 생업공간이 출신지와의 직접적인 연관 속에서 끊임없이 구성·재구성되고 있다는 것을 드러낸다. 제16장은 한중수교 후 칭다오의 조선족사회를, 둥베이지방, 한국·일본, 중국의 대도시에 걸쳐있는 조선족의 초국적 생활세계와의 관계 속에서 고찰한다. 이를 통해 교류의 시대 동북아시아라는 지역범주 속에서 조선족과 같은 경계인의 역할과 칭다오의 사회적 위치를 드러낸다. 또한 종족과 계층이라는 두 가지 사회적 범주가 칭다오 조선족사회의 변용에 어떻게 개입되어왔는지를 보여준다.

■ 주

1) 종래에는 국가가 경제활동의 기본 단위라는 것이 경제학과 정치철학의 기본전제였고, 지리적 분업도 영토국가에 기초해 구성되었다. 하지만, 최근에는 기업이나 금융기관뿐만 아니라, 국민이라는 이름의 정주자나 그 범주에서 소외·배제되어 왔던 이민들도 각종 네트워크를 통해 초국적 삶을 살아가고 있다. 예컨대 한인, 화교·화인, 인교와 같은 디아스포라나 '위로부터의 지구화'에 대항해온 소위 '아래로부터의 지구화'(NGO, 여성운동, 뉴에이지 등)가 이에 해당될 것이다.
2) 스티븐 카슬·마크 J. 밀러 저, 한국이민학회 역(2013), 『이주의 시대』, 일조각.
3) 예컨대 한국과 일본은 1980년대부터 외국인 노동자를 대거 받아들였는데, 이들 중 대다수는 수도권 및 대도시권에 거주한다. 한국의 경우, 전체 외국인의 약 84%가 수도권과 부산 등 대도시에 집중되어 있고, 일본도 약 86%의 외국인이 도쿄東京, 오사카大阪, 나고야名古屋를 중심으로 한 대도시권에 거주한다. 김원배(2009), 『동아시아 초국경적 지역 형성과 도시전략』, 국토연구원, 65~66쪽.
4) 현재열(2012), 「해항도시 개념과 해항도시 문화교섭학 연구의 방향성: 아젠다 수행을 위한 제언」, 『해항도시문화교섭학』 6, 225~254쪽.
5) 정문수(2013), 「글로벌시대 '해항도시 문화교섭 연구'를 위한 로드맵」, 『The 3rd International Conference of the World Committee of Maritime Culture Institutes』 자료집, 13~22쪽.
6) 하네다 마사시 저, 이수열·구지영 역(2011), 『동인도회사와 아시아의 바다』, 선인.
7) Saskia Sassen(1991), *The Global City: New York*, London, Tokyo, Princeton Univ. Press.
8) 프랑스와 지뿌로(Francois Gipouloux)는 경제적 측면에서 '아시아 지중해'라는 개념을 제시하면서 그 거점이 되는 해항도시로, 7세기부터 14세기까지 수마트라의 스리비자야왕국, 15세기 중계교역과 상거래 중심지로 기능했던 말라카, 15세기에서 17세기까지 일본과 중국의 주요 교역지였던 류큐琉球의 수도 나하那覇, 오사카만大阪灣에 위치한 사카이堺, 1661년부터 1683년의 대만臺灣, 1980년 이후로는 싱가포르, 홍콩, 상하이를 중점적으로 다루었다. Francois Gipouloux(2011), *The Asian Mediterranean: Port Cities and Trading Networks in China, Japan and Southeast Asia, 13-21st Century*, UK: Edward Elgar.
9) 千田稔(2003), 「中世の國際交易活動―張寶高の海上王國について」, 千田稔·

宇野隆夫 共編, 『東アジアと'半島空間'―山東半島と遼東半島』, 思文閣出版, 170~187쪽.
10) 전영섭(2010), 「10~13세기 동아시아교역권의 성립과 海商활동 - 海港都市·國家의 拮抗관계와 관련하여」, 『해항도시문화교섭학』 3, 1~26쪽.
11) 羽田正(2013), 『海から見た世界史: 東アジアの海域に漕ぎだす1』, 東京大學出版會. 16쪽.
12) 칭다오를 거점으로 한 해역은 일반적으로 환보하이권環渤海圈과 환황해권環黃海圈으로 불린다. 환보하이권은 4성(랴오닝성, 허베이성河北省, 산동성, 산시성山西省), 1구(내몽고자치구), 2시(베이징시, 톈진시)로 구성된다. 환황해권環黃海圈은 중국의 보하이만, 한반도의 서남해안, 일본의 규슈를 중심으로, 넓게는 그 배후지인 중국의 화베이華北, 둥베이, 시베이西北와 한반도를 잇는 유동적인 지역개념이다. 지역 내 주요 해항도시로는 부산, 울산, 인천을 비롯해 중국의 톈진, 다롄, 칭다오, 옌타이, 일본의 후쿠오카福岡, 기타큐슈北九州, 시모노세키下關를 들 수 있다.
13) 松田利彦(2003), 「近代朝鮮における山東出身華僑―植民時期における朝鮮總督府の対華僑政策と朝鮮人の華僑への反応を中心に」, 千田稔·宇野隆夫 共編, 『東アジアと'半島空間'―山東半島と遼東半島』, 思文閣出版, 313~341쪽.
14) 김원배(2009), 앞의 책, 7~14쪽.
15) 김원배(2009), 앞의 책.
16) Wolfgang Bauer 著, 大津留厚·森宜人 譯(2007), 『植民都市·青島 1914~1931: 日·獨·中政治經濟の結節點』, 昭和堂, 11~15쪽.
17) 김춘식(2008), 「독일제국과 바다: 독일의 동아시아 해양정책과 식민지 건설계획을 중심으로」, 『대구사학』 91, 157~187쪽.
18) 青島市史志班公室(1999), 앞의 책, 216쪽.
19) 青島市史志班公室(1999), 앞의 책, 217쪽.
20) 북양정부는 거액의 배상금을 지불하고, 같은 해 12월 10일 칭다오의 주권과 자오지철도를 수복했다. 조약에는 다음과 같은 내용이 포함되어 있다. '광산은 중일합병으로 한다. 자오지철도 연장선에 대해서는 중국정부와 일본은행단이 그 특권을 유지한다. 칭다오에서 옌타이, 상하이까지의 무선전신은 중국에 반환한다. 자오저우만 조차지 내의 공공재산은 중국에 반환한다. 일본군대는 모두 철퇴한다.' 欒玉璽(2009), 앞의 책, 43~44쪽.
21) 青島市史志班公室(1999), 앞의 책, 217쪽.
22) 欒玉璽(2009), 앞의 책, 50~52쪽.
23) 青島市史志班公室(1999), 앞의 책, 218쪽.
24) 欒玉璽(2009), 앞의 책, 52~56쪽.
25) 欒玉璽(2009), 앞의 책, 135~136쪽.

26) 재정의 탈중앙집중화로 비교적 독립적인 지위를 부여받은 지방정부는 투자가 많이 필요 없으면서도 단기간에 수익을 올려 지역사회에 이익이 되는 산업에 관심을 돌리기 시작했다. 따라서 투자규모가 큰 주요산업보다 투자규모가 작은 중소제조업에 주력했다. 이 과정에서 높은 세금으로 도시발전에 기여하고, 수출입을 늘리고, 신기술과 경영방식을 제공할 수 있는 해외직접투자를 경쟁적으로 유치하게 되었다. 이는 국가보다 기업이나 도시 주도로 이루어지고 있다. Francois Gipouloux(2011), Ibid., pp.288~299.
27) 青島市檔案館(2010), 『青島通鑒』, 中國文史出版社.
28) 투자가 상승곡선을 그리던 2007년까지 칭다오에는 9,932개의 한국기업이 진출했으며, 실제 투자 누적금액은 약 11억 달러로 칭다오 해외직접투자 총액의 50%이상을 기록하며 외상투자국 중 1위를 차지했다. 당시 한국기업에 고용된 현지인은 45만 명에 육박했는데, 이것은 외자기업에 취직한 고용인구의 56.7%를 차지하는 규모였다. 『半島都市報』(2007.5.11).
29) 현재 칭다오는 일곱 개의 시구(스난구市南區, 스베이구市北區, 쓰팡구四方區, 리창구李滄區, 라오산구勞山區, 황다오구黃島區, 청양구城陽區)와 다섯 개의 위성시(자오저우시膠州市, 지모시卽墨市, 핑두시平度市, 자오난시膠南市, 라이시시萊西市)로 구성된다.

■ 참고문헌

구지영(2011), 「지구화 시대 한국인의 중국 이주와 초국적 사회공간의 형성: 칭다오의 사례를 통해」, 『한국민족문화』 40, 부산대학교 한국민족문화연구소.
김원배(2009), 『동아시아 초국경적 지역 형성과 도시전략』, 국토연구원.
김춘식(2008), 「독일제국과 바다: 독일의 동아시아 해양정책과 식민지 건설계획을 중심으로」, 『대구사학』 91, 대구사학회.
스티븐 카슬·마크 J. 밀러 저, 한국이민학회 역(2013), 『이주의 시대』, 일조각.
전영섭(2010), 「10~13세기 동아시아교역권의 성립과 海商활동-海港都市·國家의 拮抗관계와 관련하여」, 『해항도시문화교섭학』 3, 한국해양대학교 국제해양문제연구소.
정문수(2013), 「글로벌시대 '해항도시 문화교섭 연구'를 위한 로드맵」, 『The 3rd International Conference of the World Committee of Maritime Culture Institutes』 자료집.
하네다 마사시 저, 이수열·구지영 역(2011), 『동인도회사와 아시아의 바다』, 선인.
현재열(2012), 「해항도시 개념과 해항도시 문화교섭학 연구의 방향성: 아젠다 수행을 위한 제언」, 『해항도시문화교섭학』 6, 한국해양대학교 국제해양문제연구소.

Francois Gipouloux(2011), *The Asian Mediterranean: Port Cities and Trading Networks in China, Japan and Southeast Asia, 13-21st Century*, UK: Edward Elgar.
Saskia Sassen(1991), *The Global City: New York, London, Tokyo*, Princeton Univ. Press.
Wolfgang Bauer 著, 大津留厚·森宜人 譯(2007), 『植民都市·靑島1914-1931: 日·獨·中政治經濟の結節點』, 昭和堂.
千田稔(2003), 「中世の國際交易活動―張寶高の海上王國について」, 千田稔·宇野隆夫 共編, 『東アジアと'半島空間'―山東半島と遼東半島』, 思文閣出版, 170~187쪽.
松田利彦(2003), 「近代朝鮮における山東出身華僑―植民時期における朝鮮總督府の対華僑政策と朝鮮人の華僑への反應を中心に」, 千田稔·宇野隆夫 共編, 『東アジアと'半島空間'―山東半島と遼東半島』, 思文閣出版, 313~341쪽.

羽田正 編(2013), 『海から見た世界史：東アジアの海域に漕ぎだす1』, 東京大學出版會.
欒玉璽(2009), 『青島の都市形成史1897-1945：市場經濟の形成と展開』, 思文閣出版.
朴光星(2012), 「小數民族流入人口的權益訴求與城市民族工作：基於對青島市朝鮮族群體的實地調查」, 『民族問題研究』 127, 黑龍江民族叢刊.
青島市檔案館 編(2010), 『青島通鑒』, 中國文史出版社.
青島市史志班公室(1999), 『青島槪況』, 五洲傳播出版社.
〈半島都市報〉, 2006. 5. 17.

구지영 | 한국해양대학교 국제해양문제연구소 HK연구교수

2.
칭다오사(青島史) 연구동향과 자료현황

양라이칭(楊來青)

Ⅰ. 칭다오의 역사적 지위

중국의 근현대 도시사 연구는 1980년대부터 본격적으로 시작되었다. 신흥 학문영역으로서 도시사 연구의 이론 형성을 위해 대량의 학술서적과 논문이 발표되었고, 연구 역량을 점차적으로 강화하며 연구 체계를 구축해 왔다. 그러나 중국 근현대사에서 독특한 지위를 차지하고 있는 칭다오에 대한 연구는 상대적으로 미흡하여 그 지위에 걸맞은 발전을 이루지 못하고 있다. 따라서 근현대 칭다오사에 대한 연구영역을 넓히고, 그에 상응하는 저술을 내놓는 것이 현재 시급히 해결해야 할 과제이다.

1994년 중국 국무원은 제3군의 '국가역사문화도시國家歷史文化名城'를 비준 및 공포하면서, 칭다오시를 99개 역사문화도시 중의 하나로 선정했다. 겨우 백 년의 역사를 가지고 있는 도시가 국가역사문화도시에 오른 사례는 전국적으로 매우 드물다. 국무원은 비준문건에서 칭다오에 대해 다음과 같이 서술하고 있다. "칭다오는 산둥성山東省 동남부에 위치하고 있다. 명대 중엽에는 왜구의 침입을 방지하기 위해 푸산浮山에 천여 개의 방어소가 설치되었고, 아편전쟁 이후에는 주요관공서가 설치되었으며, 1897년 이후 독일·일본·미국과 같은 열강들이 차례로 이 지역을 점령하였다. 현존하는 종래의 제독관아, 관저와 경찰서 등 많은 건축물들이 유럽식이나 일본식이다." 이는 칭다오가 국가역사문화도시로 선정된 이유와 함께 칭다오의 역사적 가치를 설명하고 있다. 즉 칭다오는 근대 중국의 식민지·반식민지, 봉건·반봉건적 도시의 발전 궤적을 분명히 드러내고 있는 동시에, 근대 유럽과 아시아 문화의 결절 지역으로서 독특한 사회문화적 의미를 가지고 중국 근대사와 사회 발전에 중요한 영향을 끼쳐온 것이다.

칭다오는 유구한 역사를 지닌 지역이다. 칭다오 행정구역 안에는 4,000년 전의 산리허문화山里河文化, 춘추전국시대春秋戰國時代의 옛 랑야문화琅琊文化, 옛 지모문화卽墨文化 등 중국사에서 중요한 지위를 차지하는 문화유산이 남아있다. 진한시대秦漢時代 랑야는 중국 유일의 해항도시郡城로서 정치, 경제, 문화, 항해 등의 방면에서 중요한 지위를 차지했으며, 지모와 함께 동부 연해 중심도시의 하나로 중국과 외국 간의 문화교류에 큰 영향을 미쳤다. 이 시대의 랑야타이琅琊臺는 중요한 문화유적으로 당시의 번영을 보여주고 있다. 당송시대唐宋時代에 들어 자오저우항膠州港은 중국의 중요 항구가 되었다. 미저우시박사密州市舶司가 자오저우만膠州灣 내의 반차오진板橋鎭에 설치되면서 중국과 일본, 신라의 주요 항구를 연결하는 중국 북방 유일의 대외개방항구가 되었다. 송금宋金 대립기에 자오저우만은 양국 간의 호시무역항互市貿易港이자 송금해전宋金海戰의 장으로 세상에 이름을 알렸다. 원명시대元明時代에는 당시 중국 유일의 운하였던 자오라이운하膠萊運河가 개통되었고, 조세로 징수된 곡식을 운송하는 조량漕糧에 이용되면서 남북 교류에 중요한 역할을 했다. 명대에는 자오저우膠州에 아오산웨이鰲山衛, 링산웨이靈山衛, 푸산쒀浮山所, 숭야쒀雄崖所, 자오저우쒀膠州所, 샤허자이夏河

寨 등 군사행정시설이 설치되고, 칭다오커우靑島口, 진자커우金家口, 뉘구커우女姑口 등의 항구가 개방되면서 어진항漁鎭港으로서의 지위를 얻게 되었다.

　현재 칭다오의 기반이 만들어진 것은 1891년 청조가 자오아오膠澳(칭다오 지역의 옛 지명)지역에 주둔군 방어진을 설치하면서부터이다. 이후 1897년 독일이 칭다오를 점령, 조차한 이후의 약 17년 간, 이 지역은 산둥성 내륙과 해외의 상업무역도시를 연결하며 근대 신흥도시로 발전했다. 1914년 제1차 세계대전의 발발과 함께 일본이 칭다오를 점령했다. 일본은 산둥의 자원을 수탈하는 한편, 점령지에 방직공업을 일으켰다. 이를 전기로 칭다오는 독일점령기의 상업도시에서 상업무역 및 공업도시로 발전하게 된다. 1922년 중국 반환 후에 이 지역은 북양정부北洋政府와 국민정부國民政府의 통치를 차례로 경험했다. 중일전쟁의 발발 후 1938년에는 일본에 재차 점령되었으나, 제2차 세계대전의 종식 후에는 미국의 군사기지가 되었다가 1948년에 해방을 맞이했다. 1949년 중화인민공화국 수립 전의 약 58년 동안, 칭다오는 독일, 일본, 미국이라는 제국주의 열강의 침략을 경험했고, 중국 및 외국 열강 세력 하에서 빈번한 정권교체를 겪었다. 이러한 역사적 경위는 칭다오가 식민지·반식민지적 색채와 봉건·반봉건적인 근대 중국의 흔적을 내포하는 요인이 되었다.

　중국 근현대사에서 칭다오는 중국 전역뿐만 아니라 전 세계에 이르기까지 많은 영향을 미쳐왔다. 예를 들어 독일이 자오저우만을 점령한 자오저우만사건은 중국의 정계 및 학계에 직접적인 영향을 미쳐 무술변법운동戊戌變法運動을 촉발했고, 독일의 칭다오 조차와 자오지철도膠濟鐵道 부설은 의화단운동義和團運動과 반제애국운동反帝愛國運動의 도화선이 되었다. 제1차 세계대전의 발발과 함께 칭다오로 진공한 일본은 독일과의 교전에서 승리하면서 칭다오를 점령했다. 이후 일본의 대중국 21개조 요구는 전국적인 반일운동을 일으켰고 국민 각성의 계기가 되었다. 칭다오의 반환을 요구하며 1919년에 일어난 5·4운동은 중국 역사 발전의 전환점이자 중국 근현대사의 경계선으로 간주된다. 전국적인 반일운동, 반제국·반봉건운동의 결과 1922년 칭다오는 중국으로 반환되었으며, 이는 근대 중국 내 외국 조차지 중에서 최초로 주권을 회복한 사례이기도 하다. 1923년 이후, 중국 공산당은 칭다오에서 혁명을 전개하여 자오지철도 및 칭다오 내 일본방직공장의 총동맹파업 등을 조직하여 전국적인 반향을 불러일으켰다. 특히 1925년에 발생한 칭다오 방직공장 총파업과 칭다오참사靑島慘事는 이 지역을 다시 한 번 전국적 관심의 대상으로 만들었다. 북양정부에 이어 국민정부가 칭다오를 관리하면서 칭다오는 특별시가 되었다. 이 시기 칭다오는 상하이上海, 톈진天津과 어깨를 나란히 하는 중국 내 주요경제도시로 발전하였고, 동시에 중국문학계에서도 이름을 떨치게 되었다. 1938년 일본이 칭다오를 다시 점령한 후, 칭다오회담靑島會談은 왕징웨이汪精衛 괴뢰 정권의 지위를 확고히 했다. 제2차 세계대전의 종식 후, 칭다오가 미군기지가 되자 미군의 주둔에 반대하는 칭다오 시민들의 투쟁이 전개되기도 했다. 이와 같은 역사적 사건들은 칭다오뿐 아니라 중국 전역과 전 세계에 큰 영향을 미쳤다.

칭다오는 이와 같은 역사적 경위 속에서 중국 문화와 외국 문화의 접점이자 충돌의 무대가 되었고, 그 속에서 칭다오만의 도시문화가 형성되었다. 유럽의 선진과학기술과 통치 이념 및 방식은 작은 어촌 칭다오가 근대도시로 성장하는 과정 중에 적지 않은 역할을 했고, 이는 중국 내에서도 큰 반향을 불러일으켰다. 독일이 칭다오를 조차하고 있던 1912년, 중국 혁명의 선구자인 쑨원孫文이 칭다오를 방문했다. 독일이 칭다오에서 실시하고 있던 산림 사업, 항구 축조, 시정 건설 등에 깊은 인상을 받은 그는 칭다오를 도시 건설의 모범사례로 들어 새로운 중국 건설에 활용할 것을 주장하며, 중국문화의 정수와 서양문화의 결합만이 중국 사회에 질적 변화를 일으킬 희망이라고 보았다. 일본의 칭다오 점령 후, 일본 육군성陸軍省은 점령지 통치기관인 칭다오수비군靑島守備軍에게 독일이 칭다오에서 시행했던 제도와 관리기술을 계승하도록 했다. 한편 독일 선교사이자 저명한 한학자漢學者 리하르트 빌헬름Richard Wilhelm은 칭다오에서 중국 전통문화에 심취하여 연구를 거듭했고,『논어論語』등을 번역하여 한학을 서양에 전파하였다.[1] 이렇듯 칭다오는 외국 문물의 유입지이자 중국 문화의 발신지이기도 했다.

건축은 칭다오 도시문화의 전형적인 상징이라 할 수 있다. 칭다오의 건축은 각 시기의 역사적, 문화적 품격을 지니고 있다. 근대 초기 칭다오에는 천후궁天后宮과 몇몇 촌락, 청조 군대가 주둔하던 시기에 지은 관청, 다리, 대포, 병영 등 중국식 건축물이 존재했다. 독일이 칭다오를 점령한 후, 독일 자오저우총독부 Gouvernement Kiautschou, 膠州總督府는 1898년에 도시발전계획을 제정하여 유럽인구역과 화인華人구역을 건설했고, 도시 부지에 살던 원주민의 거주구역으로 타이둥진臺東鎭과 타이시진臺西鎭 구역을 건설했다. 일본점령기에 들어서는 일본풍의 상업주택지구와 공업지구가 만들어졌다. 1920~1930년대 칭다오시당국은 중국 전통의 건축 풍격을 살리면서도 서양의 건축 재료를 이용하고 그 특성을 받아들이는데 중점을 두었다. 중산루中山路를 주요 금융・상업중심지구로 발전시켰고, 차이양루茶陽路를 주택지구로, 바다관八大關, 타이핑太平 별장지구를 만들었으며, 연해 일대에는 예배당, 수족관, 동하이東海호텔, 후이취안匯泉체육관 등 우수한 건축물을 세웠다. 이렇듯 칭다오는 동서양의 조화와 융합으로 건설된 도시로서 독특하고 다원화된 건축문화를 지니고 있다.

이상에서 알 수 있는 것처럼 칭다오의 역사는 단순히 이 지역만의 경험이 아니라, 중국과 세계의 관계 속에서 만들어지고 이어져왔다. 따라서 칭다오의 역사, 특히 근현대사를 연구하는 것은 이 지역의 복잡한 역사적 궤적을 추적하는 것 일 뿐만 아니라, 중국 도시사의 다양한 발전경로 및 중국 사회경제발전의 역사적 법칙을 분석하는 것이며, 나아가 중국 문화와 외국 문화의 접촉, 충돌, 교섭을 파악하는 사례로서 중요한 의의를 지닌다고 할 수 있다.

Ⅱ. 칭다오사 연구동향

1. 중화인민공화국 수립 전의 칭다오사 연구

현존하는 칭다오 관련 서적 가운데 가장 초기의 것은 1912년 칭다오 독일총독부가 편찬한 『칭다오전서靑島全書』[2](전체 265쪽, 20만 자)이다. 이 책은 상·하 두 권으로 나뉘어져 있고, 중국어와 독일어로 인쇄되었다. 이 책은 비록 연구사적 의의를 가지는 도시사 전문서적은 아니지만, 17년에 걸친 독일점령기 칭다오 사회의 역사적 상황이 기록되어 있고 지도와 연혁, 사진 자료 등이 수록되어 있어 참고가치가 크다.

칭다오의 역사를 체계적으로 기술한 최초의 서적은 1914년에 발행된 다하라 덴난田原天南의 일본어서적 『자오저우만膠州灣』[3](하드커버 1권, 37만 자)이다. 이 책은 독일점령 전의 칭다오에 대한 개황과 함께 독일점령 후 칭다오의 전모가 구체적으로 기술되어 있으며, 산둥의 역사에 대해서도 일부 기술하고 있다. 칭다오수비군이 편찬한 『칭다오군정사靑島軍政史』[4]는 1914년부터 1917년에 이르는 일본 군정기 칭다오의 역사를 체계적으로 기술하고 있다. 칭다오수비군 민정서民政署가 편찬한 『칭다오요람靑島要覽』[5] 역시 일본의 칭다오 통치 상황을 보여주는 자료이다. 1924년 칭다오 일본영사관이 발행한 『칭다오개관靑島槪觀』[6]은 일본점령기 칭다오의 정황은 물론 발행 당시 칭다오의 상공업 상황을 기술하고 있다.

1920년대에 들어서는 중국 측의 자료도 출판되기 시작했다. 1922년 발행된 『칭다오靑島』[7](400쪽, 25만 자)는 중국 측에서 나온 최초의 칭다오 관련 역사서로, 독일 및 일본점령기 칭다오의 사회 상황을 기술하고 있다. 1928년 출판된 자오치시우趙琪修, 위안롱소우袁榮叟 주편의 『자오아오지膠澳志』[8](12권, 60만 자)는 잡지 형식에 맞추어 편집된 칭다오 최초의 지방지이다. 이 책의 편집장인 위안롱소우는 산둥성 교육청장, 자오아오상부독사무처膠澳商埠督事務處의 비서처장이었다. 이 책은 1897년부터 1927년에 이르는 30년간, 즉 독일점령기와 일본점령기, 북양정부 통치기의 칭다오를 다루고 있다. 독일점령기 이전에 대한 서술은 간단하나 독일점령 조차지의 전모, 일본 점령과 중국 반환의 전모에 대해서는 매우 상세하게 다루고 있으며, 취급 영역이 광범위하고 자료의 신뢰성이 높아 참고가치가 매우 크다. 거의 4개월마다 한 권의 책이 나왔는데 연혁, 정무의 득실, 법령의 이로움과 폐단 등도 거론되고 있다.

1929년 칭다오를 접수한 국민정부도 칭다오의 정황에 관한 저술들을 내놓았다. 1933년에 초판이 나온 『칭다오지남靑島指南』[9](6편, 3만 자)은 개요, 행정기요, 교통기요, 유람기요, 숙박기요, 사회단체기요로 나누어 칭다오의 정황을 기술했다. 1934년 발행된 『과학적칭다오科學的靑島』[10](110쪽, 6만 6천 자)는 칭다오의 자연과학적 속성에 초점을 맞춘 책이다. 1937년 칭다오시정부초대처靑島市政府招待處가 발행한 『칭다오개황靑島槪況』[11](230쪽, 12만 자)은 국민정부가 통치한 이래의 칭다오 시정, 칭다오 사회 각 부문의 개황을 기술하고 있다.

2. 중화인민공화국 수립 후의 칭다오사 연구

중화인민공화국(이하 중국으로 약칭) 수립 후 칭다오사에 관한 연구 주제는 계급투쟁과 제국주의 열강의 칭다오 침략 등에 국한되었다. 량스청梁思成이 지은 칭다오 건축사 연구서『칭다오靑島』12)가 출판되기도 했으나, 칭다오 연구와 관련하여 체계적인 역사연구가 부족했기 때문에 학술성과 권위성을 갖춘 연구 성과를 찾아보기 힘들었다.

그러나 1980~1990년대에 들어서 중국 전역에서 역사 자료의 수집 및 정리 작업이 전개되면서 칭다오사 연구 역시 황금기에 접어들게 되었다. 이는『칭다오시지靑島市志』13)를 비롯한 일련의 연구 성과의 등장과 궤를 같이 한다. 『칭다오시지』의 편찬 작업은 1982년부터 본격화되었다. 같은 해에 칭다오시사지편찬위원회靑島市史志編纂委員會가 설립되고 사무소를 설치하면서 본격적인 편찬 작업이 시작되었다. 이후 18년에 걸친 편찬 과정을 통해 2002년 마지막 권이 출판되면서, 1차『칭다오시지』편찬 작업은 기본적으로 끝났다. 『칭다오시지』는 칭다오 역사의 중대사건을 개괄한『대사기大事記』, 칭다오 지역 변천의 윤곽을 그린『구역연혁지區域沿革志』,『해관지海關志』,『기상지氣象志』,『교통지交通志』등 전문적인 내용과 함께 산업, 직업, 민족 등 다양한 분야의 역사를 다룬 지방지 66권을 비롯하여 사진과 그림을 통해 칭다오의 역사발전과정을 기술한『칭다오세기도지靑島世紀圖志』, 수지修志의 역사를 반영한『방지지方志志』,『총목록總目錄』등 모두 69권으로 이루어져 있다.

『칭다오시지』는 전면적, 계통적으로 칭다오 근현대사의 역사적 면모를 기술하고 칭다오의 특수한 역사와 현실 상황을 반영한 내용들이 수록되어 역사연구물로서의 가치가 높으나, 동시에 몇 가지 결함을 가지고 있다. 먼저 각 영역을 세분하여 기술하였기 때문에 역사의 종합적 기술이라는 측면에서 결함이 있다. 한 예로『교통지』가 있음에도 불구하고『항구지港口志』와『철로지鐵路志』를 따로 편찬한 점을 들 수 있다. 이러한 작업들은 각 교통 분야 및 그 역사적 흐름을 상세하게 기술하여 구체적 상황의 이해에는 큰 도움이 되나, 교통의 연계를 분할하고 교통 분야 간의 관계를 단절시켜 교통에 대한 종합적이고 객관적인 기술로서는 부족하다고 할 수 있다. 또한 전반적으로 기초사료의 이용이 부족하고, 기술에 있어서도 누락되거나 정확하지 않은 부분들이 있어 아쉬움이 남는다. 그러나『칭다오시지』의 편찬이 칭다오사 연구 발전에 크게 기여한 점은 마땅히 평가 받아야 할 것이다.

그 밖에 중요한 편저로는『칭다오개황青島概況』[14],『칭다오외무사화青島外貿史話』[15],『제국주의와 칭다오항帝國主義與青島港』[16],『칭다오해항사青島海港史』[17],『칭다오도로교통사화青島公路交通史話』[18],『칭다오대사기사료青島大事記史料』[19],『중공칭다오당사대사기中共青島黨史大事記』[20],『칭다오공인운동사青島工人運動史』[21] 등이 있다. 이 시기에는『쓰팡기관차차량창지四方機車車輛廠志』[22],『칭다오강철총창지青島鋼鐵總廠志』[23],『칭다오맥주창지青島啤酒廠志』[24] 등 기업들이 편찬한 공장지도 존재한다.

사지史志 연구 이외에 일부 학자와 역사 애호가들도 연구 성과를 내놓았다. 중요한 성과로는 왕쇼우중王守中의『독일침략산동사德國侵略山東史』[25], 대만 학자 장위파張玉法의『중국현대화 구역연구: 산동성中國現代化的區域研究 : 山東省』[26], 마푸전馬福振·류다커劉大可의『일본침략산동사日本侵略山東史』[27], 쉬페이펑徐飛鵬 등의『중국근대건축총람·칭다오편中國近代建築總覽·青島篇』[28], 우징핑吳景平의『중독관계사문총中德關系史文叢』[29],『중독관계사역문집中德關系史譯文集』[30] 등이 있다. 논문으로는 장더쥔江德均의「독일 제국주의의 중국 토지약탈정책德帝國主義在青島推行的土地掠奪政策」[31], 리궈치李國祁의「상하이, 한커우, 칭다오 세 도시의 형성과 발전과정을 통해 근대중국 통상항구의 도시화를 논함由上海, 漢口與青島三都

市的形成與發展論近代我國通商口岸的都市化作用」32) 등을 꼽을 수 있다.

문사文史방면에서는 칭다오시정협문사위원회青島市政協文史委員會가 편찬한『칭다오문사자료선집青島文史資料選輯』33)이 출판되었다. 사실에 바탕을 둔 1차 사료를 이용하고 직접 경험하고 직접 보며 직접 듣는다는 원칙 하에서 자료가 만들어졌으므로 충분한 참고가치를 가진다고 볼 수 있다.

사료史料의 발굴과 공개 역시 이 시기의 중요한 성과이다. 칭다오시사지판공실青島市史志辦公室은『라오산지총嶗山志叢』제1집과 제2집34),『칭다오시기계공업발전개황青島市機械工業發展概況』35)을 편찬했다. 칭다오시문화국青島市文化局의 칭다오시지문화분지편찬위원회青島市志文化分志編纂委員會가 편찬한『칭다오문화사료青島文化史料』36)도 중요한 자료이다.『칭다오시도로사青島市公路史』37)는 개술 외에 고대 도로의 약술, 근대 도로의 흥기, 현대 도로의 발전 등 3편으로 이루어져 있다. 칭다오시방직총공사青島市紡織總公司에서 편찬한『칭다오방직기업간지회편青島紡織企業簡志彙編』38)은 칭다오 방직계통 70개 기업 및 5개 사업장의 연혁과 현황을 소개하고 있다. 그 밖에도『칭다오시공안보위공작역사자료장편青島市公安保衛工作曆史資料長編』39),『제국주의와 자오하이관帝國主義與膠海關』40),『칭다오당사자료青島黨史資料』41),『칭다오노동조합운동사료선편青島工運史料選編』42),『칭다오청년운동사자료青島青運史資料』43),『산둥교육사지자료 칭다오전집山東教育史志資料青島專輯』44),『칭다오체육사료青島體育史料』45),『칭다오공상사료青島工商史料』46) 등이 있다.『칭다오백년화책青島百年畫冊』47)에는 1891년부터 1991년까지 칭다오의 정치, 경제, 군사, 문화, 사회 등 각 방면의 관련 사진 320장과 그에 관한 설명이 담겨있다. 또한『독일자오저우만침략점령사료선편德國侵占膠洲灣史料選編』48)에는 중국제1역사당안관中國第一歷史檔案館에서 소장하고 있는 청대 당안 가운데, 독일의 자오저우만 침략과 점령에 관한 당안 중에서 선별한 각종 문서와 『장가오위안전문집章高元電存』, 『자오저우보膠洲報』, 『외교보外交報』, 『해운당수기海雲堂隨記』 등 관련 문헌에서 채록한 자료, 외국문헌과 외국어신문을 번역한 자료도 포함되어 있다.

이 시기 칭다오 역사연구의 성과를 전체적으로 개괄하면 다음과 같은 특징을 지닌다. 첫째, 역사연구의 범위가 포괄적이고 체계적이다. 대상의 종적인 면과 횡적인 면이 결합된 연구체계로 인해, 각 분야에서 서로 다른 정도의 역사 편찬 작업이 진행되어 많은 성과를 이루었고, 연구범위가 넓으면서 내용면에서도 비교적 전면적이고 체계적이다. 둘째, 기술 내용이 진실하고 신뢰성이 있다. 이 시기의 역사편찬 작업은 사료를 강조하였다. 비록 일정 정도 구술과 기억 자료를 채용하기도 했지만, 당안·도서·잡지·신문 등 문헌 사료를 기초로 하였기 때문에 사료의 신뢰도가 상당히 높다. 셋째, 연구방식이 비교적 단일하다. 이 기간 동안의 연구 작업은 개별 도시사 연구에 제한되었기 때문에 상당히 제한된 범위 내에서 칭다오사와 기타 도시외의 비교를 진행하였다. 또한 경제학, 사회학 등에서 다층적이고 다각적이며 학제적인 연구를 진행하지 않았기 때문에, 도시사에 대한 미시적인 현상의 연구는 보기가 드물고, 연구 작업 역시 세밀한 층면까지 이르지 못하였다. 넷째, 역사편찬 작업 성과 역시 그 한계성이 분명하게 드러난다. 이 시기의 칭다오 역사연구는 기본적으로 수지修志의 단계에 있었기 때문에 칭다오 역사란 '무엇인가'라는 문제를 중점적으로 해결하였다. 그러나 편사編史작업이 늦었기 때문에 1980년대 지난濟南에서 출판된 『지난간사濟南簡史』와 비교하면 칭다오에는 줄곧 완전한 도시사 전문서가 없었고, 칭다오시 역사발전에서 '왜'라는 문제를 해결할 수 있는 수준 높은 저서를 찾아보기 어려운 실정이었다.

그러나 새로운 세기에 접어들어 칭다오사 연구 작업에 새로운 특징들이 나타났다.

첫째, 사료의 발굴과 축적을 중시하였다. 현재 칭다오사 연구는 사료 발굴에 있어 새로운 시도를 거듭하고 있다. 특히 대량의 해외사료를 광범위하게 활용함으로써 연구 양상이 새로운 국면에 접어들게 되었다. 『칭다오개항17년-자오아오발전비망록전역靑島開埠十七年-《膠澳發展備忘錄》全譯』[49] 등과 같은 권위 있는 사료가 번역·출판됨으로써 칭다오사 연구의 사료기반은 새로운 수준으로 향상되었다.

둘째, 중국뿐 아니라 해외에서의 칭다오사 연구도 활성화되었다. 물론 20세기에도 칭다오사에 관심을 가진 해외 전문가들이 연구 성과를 내놓고 있었다. 예를 들어 구터·초어의 『세 깃발 아래의 칭다오三種旗幟下的靑島』[50](상하이 성요한대학 박사학위논문, 1929년), 디르크 A. 젤레만Dirk A. Seelemann의 『독일 행정관리 하 자오아오조차지의 사회와 경제발전』[51](토론토대학 박사학위논문, 1982년), 보디크의 『제1차 세계대전 중의 아시아 전쟁』(하버드대학출판사, 1982년) 등의 연구 성과가 있었다. 1990년대 이후에는 독일점령기 칭다오사에 관한 중요한 학술저서들이 발표되었다. 토르스텐 바르너Torsten Warner의 『중국 내 독일 건축: 건축문화이식』[52](1993년), 『중국 내 독일형 도시 칭다오의 계획과 건설: 외국인과의 교류』(프랑크푸르트출판사, 1996년), 김춘식의 『중국의 문화제국주의와 독일』[53](독일 슈트트가르트, 2004년), 한스 크리스티안 슈티흘러Hans Christian Stichler의 『자오저우총독부와 독일』[54](베를린 홈볼트대학 박사학위논문), 클라우스 뮐한Klaus Mühlhahn의 『독일의 중국 내 모범식민지 자오저우만 통치와 저항』[55] 등이 그 대표적인 예이다. 논문집이나 공동연구저서로는 독일역사박물관의 『일상생활과 문화교류』(1998년), 『독일 식민사 중의 중국: 칭다오』(1998년), 일본 동양문고의 『일본의 칭다오점령과 산둥사회경제 1914-1922年』[56], 고베대학의 『식민도시 칭다오의 형성과 문화다층성에 관한 종합 연구』[57] (2007년) 등이 있다. 이러한 해외 연구 성과의 출현은 칭다오사 연구를 심화시켰을 뿐만 아니라 칭다오 지역 연구자들에게도 자극을 주었고, 중국 내 연구자와 해외 연구자의 사유방식의 충돌을 통해 새로운 연구 성과를 만들어냈다.

셋째, 다양한 분야에서 칭다오사 연구열이 나타났다. 기존 수지 형식의 연구가 관방에 의한 성격이 강했다면, 현재는 다양한 방면의 학자들이 칭다오사 연구에 적극적으로 참여하여 연구열을 견인하고 있다. 주요 저서로는 리바오진李保金의『칭다오역사고적青島歷史古跡』[58], 루안陸安의『칭다오근현대사青島近現代史』[59], 송롄웨이宋連威의『칭다오 도시의 형성青島城市的形成』[60], 런인무任銀睦의『칭다오 조기 도시현대화 연구青島早期城市現代化研究』[61], 왕쇼우중王守中・귀다송郭大松의『근대산동도시변천사近代山東城市變遷史』[62], 장웨이민莊維民의『일본공상자본과 근대 산동日本工商資本與近代山東』[63],『근대 산동 시장경제의 변천近代山東市場經濟的變遷』[64], 황준옌黃尊嚴의『일본과 산동문제(1914-1923)日本與山東問題(1914-1923)』[65], 뤼웨이쥔呂偉俊의『산동구역현대화연구(1840-1949)山東區域現代化研究(1840-1949)』[66] 등이 있다. 주요 논문으로는 순리신孫立新의「중서문화의 각도에서 본 19세기 독일 신교의 중국선교從中西文化角度看19世紀德國新教的中國傳教」[67], 동량바오董良保의「1920-1930년대 칭다오의 도시계획과 토지관리二三十年代青島的城市規劃和土地管理」[68], 탕지칭唐致卿의「자오저우 토지법규와 세제의 현실 의의膠州土地法規與稅制的現實意義」[69] 등이 있다. 박사학위논문으로는 런인무任銀睦의『칭다오 조기 도시현대화 연구青島早期城市現代化研究』[70](난징대학, 1998년), 동량바오의『1920-1930년대 칭다오시 발전연구 1922-1937二三十年代青島城市發展研究 1922-1937』[71] (난징대학, 2004년), 리동취안李東泉의『칭다오 도시계획과 도시발전 1897-1937青島城市規劃與城市發展 1897-1937』[72] (베이징대학, 2004년) 등이 있다. 칭다오에서 활약하는 민간 문학, 역사 전문가들의 칭다오사 연구도 활발히 진행되고 있다. 예를 들면『칭다오명인고거青島名人故居』[73]

등을 편저한 루하이魯海, 『칭다오: 옛 집의 기억靑島 : 老房子的記憶』74)을 편저한 리밍李明, 『칭다오장고靑島掌故』75)를 편저한 왕둬王鐸, 일본과 독일의 전쟁 사료를 편역하고 연구한 이린衣琳, 『칭다오근대명인일사靑島近代名人軼事』76) 등을 편저한 왕구이윈王桂雲이 있다. 이들은 기존 연구에서 누락된 부분을 보충하고 오류를 정정하는 등 칭다오사 연구 발전에 큰 공헌을 했다.77)

넷째, 연구 중점이 몇 개 분야에 집중되어 있다. 현재 주목을 끄는 분야는 도시 계획과 건설, 공업과 상업·무역 등 도시 경제 발전 상황, 독일점령기 칭다오, 제1차 일본점령기 칭다오 등과 같은 전문적인 주제이다. 정부기관이자 칭다오사 연구에 큰 획을 그은 칭다오시사지판공실의 주요 관심은 『칭다오시지』의 계속적인 정리와 발간으로, 『칭다오혁명역사문화총서靑島革命曆史文化叢書』 등과 같은 전문적인 자료의 정리에 집중하고 있다. 학계의 경우 일부 학자들이 1920~1930년대 칭다오로 관심 영역을 확장시키고 있으나, 전체적으로 볼 때 연구주제와 다루는 시기가 여전히 좁은 면이 있다.

이상에서 볼 수 있었던 것처럼 지금까지 연구자들의 노력으로 칭다오시 역사연구는 큰 발전을 이루었으며, 어떤 영역에서는 탁월한 성과를 거두기도 했다. 하지만 칭다오시의 위상에 비하면 이런 작업은 아직 일정 수준에 미치지 못한다고 할 것이다. 즉, 전면적이고 체계적이며 심도 있게 칭다오 발전상황을 연구한 권위 있는 저서가 아직 존재하지 않는다. 특히 학제적이고 다각도에 걸친 비교연구 성과가 거의 없다. 다수의 연구 성과는 칭다오사의 특징과 규율을 드러내지 못하고 있고, 사료는 여전히 충분하지 못하며, 연구 성과의 사회 환원 역시 아직 큰 성과를 거두지 못하고 있다. 칭다오 도시사 연구의 정체는 도시연구 자체에 영향을 끼칠 뿐만 아니라 칭다오에 '문화사막'이라는 불명예를 끼치고 있다.

이와 같은 문제를 유발하는 원인은 다양하다. 그 가운데 가장 심각한 것은 역사연구 역량의 부족이라 할 수 있다. 현재 칭다오가 가지고 있는 역사연구기관의 구성은 획일적이며, 각 연구기관의 연구역량 역시 고르지 못하여 상호간의 협력과 소통이 이루어지지 않고 있다. 특히 권위적인 연구자가 부족하고, 특별연구경비 또한 보장되지 않고 있다는 점은 연구사업의 심화에 악영향을 미치고 있다. 다음으로 발전목표가 명확하지 않다는 점이다. 칭다오에는 도시사 연구에 대한 체계적인 계획이 없고, 명확한 과제와 목표를 도출하기도 어려운 상황이다. 따라서 각 연구기관은 개별적인 연구를 진행하고 있고, 사회역량을 이용하기도 어려워 과제연구는 자생적인 단계에 머물러있다. 마지막으로 사료 역시 충분하지 못하다. 초기의 외국어 사료는 번역과 출판을 기다리고 있는 상태이고, 중국 내 문헌관리기관에 산재해 있는 당안자료들 또한 수집을 기다리고 있는 상태이다. 뿐만 아니라 현재 칭다오시가 보유하고 있는 자료들 역시 완전한 사료총서로 출판될 필요가 있다. 이상의 모든 것들이 칭다오사 연구 발전을 제약하고 있는 요소들이다. 다음에서는 칭다오사 연구의 제약 요인이자 발전의 중요한 열쇠가 될 사료의 현황을 살펴보도록 하겠다.

Ⅲ. 칭다오 관련 사료의 현황

앞서 서술한 바와 같이 사료 문제는 칭다오사 연구 작업의 큰 걸림돌이 되고 있다. 이는 1938년 이전, 특히 1922년 이전 관련 사료가 전쟁으로 인해 산실되었기 때문이다. 그러나 1938년 이후의 칭다오 당안 자료는 비교적 완전하게 보존되고 있고, 중국 국내외의 많은 기관들이 칭다오 관련 자료를 보존하고 있으므로 현존하는 자료의 현황을 파악하고 이러한 자료부터 정리하여 이용해나갈 필요가 있을 것이다.

1. 중국내 칭다오 관련 사료의 보존 상황

1) 칭다오시당안관(青島市檔案館)

2008년 말 현재, 칭다오시당안관이 소장하고 있는 당안은 모두 329 전종全宗, 69만 6,555건이며, 수장하고 있는 서가의 총 길이는 8,001m이다. 그 가운데 중화인민공화국시기의 당안이 251전종 46만 5,849건이며, 중화민국과 공화국 건국 이전의 당안이 78전종, 229만 9,921건, 혁명역사 당안이 1전종 715건이다. 그밖에도 상당한 양의 음향, 사진, 실물 당안을 보유하고 있다.

칭다오시당안관이 소장하고 있는 당안은 다루고 있는 범위가 매우 넓고 내용도 풍부하다. 소장하고 있는 당안 중 가장 오래된 것은 청 강희康熙 10년(1671)의 세금 원장이다. 그리고 독일점령기와 제1차 일본점령기에 만들어진 당안 1만 3,000여 건이 보존되고 있다. 이 시기의 당안으로는 주로 자오저우만 조차지 당안과 미국 국무원 및 주칭다오영사관 당안, 일본 관련기관의 당안, 세관 당안, 시정건설 당안, 우정郵政 당안, 소송 당안, 상회商會 당안 등이 보존되어있다. 1922년 중국정부가 칭다오를 관리한 이후의 당안은 상대적으로 체계적이며 온전한 상태로 보존되어 있다. 이러한 당안들은 칭다오 주권 회복, 국민정부의 칭다오 접수, 일본방직공장 파업, 지난참사, 일본군의 칭다오 무장 상륙 등의 역사를 직간접적으로 반영하고 있다. 당안관은 또한 중일전쟁 시기 일본 정부가 칭다오에서 중국인 노동자를 강제로 징용하여 만주국 혹은 기타 지역으로 송출, 동원시킨 것에 관한 자료를 소장하고 있다. 이러한 당안들은 중일전쟁 시기 일본군이 칭다오에서 자행한 군사적 침략, 정치통제, 경제적 수탈에 대한 교육 자료로 활용할 수 있다. 또한 일본의 패전 후 칭다오에 주둔했던 미군들의 활동상황을 기재한 자료도 소장되어 있다. 그 밖에도 옛 칭다오의 공상기업, 외국기업에 관한 많은 당안을 소장하고 있다. 예를 들면 칭다오상회青島商會의 당안은 비교적 완전하게 보존되어 있어 향후 충분한 개발가치를 지닌다고 할 수 있다.

당안관이 소장하고 있는 중화인민공화국시기의 당안은 주로 칭다오시 당黨·정政·군軍 기관의 당안이다. 먼저 해방과 함께 칭다오를 접수하고 관리하기 위한 준비작업과 접수 관리 후의 업무상황을 기록한 군관회軍管會 당안이 있다. 또한 칭다오 공산당 조직과 공산당 지도 하의 사회주의개조, 사회주의건설사업과 관련한 중공칭다오시당위원회中共青島市黨委員會의 당안, 칭다오시인민정부青島市人民政府 당안과 칭다오시 각 위원회, 노동조합, 공청단共青團, 부인연맹 등 군중조직의 당안도 소장하고 있다. 칭다오시의 문화대혁명 당시 상황을 기록한 칭다오시혁명위원회青島市革命委員會의 당안도 남아있고, 칭다오시 각계 인사들의 당안도 보존하고 있다.

칭다오시당안관의 소장 자료는 4만 9,712책册으로, 모두 다섯 개의 서열로 나누어져 있다. A서열은 공화국 건국 이전의 자료로 모두 9,788책, B서열은 건국 후의 잡지 1만 4,103책, C서열은 건국 후 자료로 모두 1만 9,044책, D서열은 신문으로 모두 5,661본, E서열은 지도로 모두 1,116폭이 소장되어 있다. 당안관 소장 자료 중 가장 오래된 것은 1752년 간행된 『자오저우지膠州志』이고, 가장 오래된 신문은 1900년에 출판된 『칭다오관보青島官報』이며, 가장 오래된 지도는 1885년에 제작된 『산둥동부지도山東東部地圖』이다. 당안관이 소장하고 있는 가장 오래된 지방규장地方規章과 고시회편告示匯編은 『칭다오전서青島全書』이고, 칭다오시 지방지는 『자오아오지膠澳志』이다. 진귀한 자료로는 청 강희 연간에 천명레이陳夢雷가 편성하고, 옹정雍正 연간에 차이팅시蔡廷

錫 등이 다시 수집하여 책으로 엮은 『고금도서집성古今圖書集成』이 있다. 이 책은 고대 중국에서 간행된 가장 방대한 유서類書로 모두 1만권, 1억 6천만 자로 이루어져 있다. 당안관에서 소장하고 있는 것은 청 광서光緖 연간에 출판된 목각 선장본이다.

당안관에서 소장하고 있는 건국 이전 자료 중에는 소량의 전국적인 문예·시사 잡지 외에도 다량의 칭다오지역 출판물이 포함되어있다. 이것들은 주로 1922년에서 1949년 사이의 정권 기관 및 출판기구에서 출판한 자료로 『정부공보政府公報』와 『행정보고行政報告』 등이 있다. 당안관 소장 자료 중 건국 이후의 자료로는 주로 정책성·사료성·종합성·지방성 자료와 각종 정치·시사·문사·전문잡지 등이 있다. 당안관이 소장하고 있는 239여 종의 신문자료 가운데 건국 이전에 출판된 것은 90여 종으로 이것 역시 중요한 사료이다.

2) 칭다오시도서관

칭다오시도서관은 칭다오의 대표적인 공공도서관으로 그 전신은 1924년에 건립된 자오아오상부공립통속도서관膠澳商埠公立通俗圖書館이다. 소장 도서 123만 권 중, 고적이 15만여 권, 신문·잡지가 26만여 권, 민국시기 출판물이 3만여 권, 지방문헌이 1만 5천여 권, 외국문헌이 10만여 권을 차지하고 있다. 그 중에는 독일점령기·일본점령기의 문헌자료 3만여 권과 중국어로 된 일반도서 64만여 권이 있다.

이 도서관이 보존하고 있는 칭다오사 관련자료 중에는 본관에서 계속 소장해온 도서 외에, 일본 주칭다오흥아원도서관駐靑島興亞院圖書館에서 소장하고 있던 일본어도서, 예를 들면 『자오저우만膠州灣』, 『자오저우만상지膠州灣詳志』[78] 등이 포함되어 있다. 도서관 소장 자료 중 특히 일본 칭다오수비군, 흥아원, 남만주철도주식회사南滿洲鐵道株式會社가 중국에서 수행한 정보조사 자료가 주목할 만하다. 도서관 홈페이지에서 검색을 통해 출판 연대를 1901~1949로 하고 검색어를 '靑島'로 하면 335권의 책을, 검색어를 '山東'으로 하면 45개의 항목을 찾을 수 있다. 항목들을 살펴보면 칭다오시도서관의 소장 자료와 당안관 소장 자료가 중복되고 있음을 알 수 있다. 하지만 도서관의 정리 작업이 아직 미흡하여 보존하고 있는 칭다오사 도서자료 현황을 전면적으로 파악하기는 어려운 실정이다.

한편 도서관이 보존하고 있는 칭다오 관련 자료 중에는 유일본孤本도 적지 않다. 그 가운데 특히 중요한 자료로서『피서록화避暑錄話』[79]를 들 수 있다.『피서록화』는 1935년 여름 홍선洪深, 라오서老舍, 왕통자오王統照, 멍차오孟超, 왕야핑王亞平, 짱커자臧克家, 우바이수吳伯蕭, 왕위치王餘杞, 리통위李同愈, 자오샤오허우趙少候, 두위杜宇, 류시명劉西蒙 등 칭다오의 작가 12명이 모여 만든 동인지적인 성격을 지닌 문학주간지이다.『피서록화』라는 잡지명은 홍선이 제의한 것으로 쌍관어雙關語로 반동파의 '가혹한 박해'를 피하자는 뜻을 가지고 있었으며, 그가 직접 창간사를 적었다. 이 잡지는 당시 단독 출판이 어려웠기 때문에『민보民報』와 함께 발행하였으나 매호마다 몇 백부 밖에 인쇄할 수 없었고, 주로 상하이와 베이징北京 등지에서 판매되었다.『피서록화』는 모두 10호까지 발간되었는데 최종호에는 라오서의 「시삼률詩三律」과 「완료完了」가 종간사를 대신했다. 후에 10호의 내용이 합정본合訂本으로 출간되었다.『피서록화』에 참여한 12명의 동인들은 당시 이미 저명한 작가였거나 혹은 후에 모두 저명한 작가들이 되었기 때문에 이 간행물은 중요한 사료적 가치를 지닌다고 할 수 있다. 당시 칭다오에서 발행된『민보』는 현재 일부분만이 남아있지만, 10호의 내용이 모두 실린『피서록화』합정본이 칭다오시도서관에 유일하게 남아 있어 중요한 사료가 되고 있다.

중국중앙당안관, 중국제1역사당안관, 중국제2역사당안관 역시 칭다오와 관련된 많은 자료들을 소장하고 있다. 이곳의 당안들은 칭다오와 관련된 국가의 결정과 실시 과정을 기록하고 있어 칭다오 역사상의 중요한 사건을 연구하는데 중요한 가치를 가진다. 칭다오시당안관이 중앙당안관에서 복사한 마오쩌둥毛澤東의 전령이나, 제2역사당안관에서 복사한 칭다오에 대한 일본의 군사위협에 대해 장제스蔣介石가 손으로 직접 쓴 회신, 제1역사당안관에서 복사한 청 광서제光緖帝가 칭다오지역 방비에 대해 주필朱筆로 쓴 명령문 등은 모두 중요한 사료이다.

그 밖에도 칭다오시사지판공실이나 당사편찬판공실黨史編纂辦公室 등에 소장되어 있는 일부 사료나 베이징이나 선양瀋陽 등의 도서관에서 복사한 사료들도 중요한 사료 중의 하나이다. 그러나 이와 같은 사료는 기관 내부에서만 사용할 수 있기 때문에 이용에 불편함이 따른다.

2. 중국 국외 칭다오 관련 사료의 보존 상황

독일, 일본, 미국은 칭다오와 특수한 역사적 관계를 지니고 있으므로 이들 국가의 문서자료관이나 도서관, 대학, 연구기관에는 다과多寡를 불문하고 칭다오사와 관련된 당안들이 보존되어있다. 칭다오시당안관은 2004년부터 독일, 일본, 미국, 오스트리아 등을 방문하여 칭다오와 관련된 당안 자료를 복사하고 있다. 이러한 작업들은 칭다오사 연구의 심화에 중요한 기초를 제공하고 있다.

1) 독일

독일의 문서관 체계는 복잡한 편으로 각각의 문서관이 각기 다른 영역의 문서를 보존하고 있다. 연방문서관은 독일 중앙당국의 문서 및 1867년부터 프로이센 군대가 남긴 군사 문서를 포함한 도이치제국의 모든 자료를 책임지고 있다. 연방문서관 내에서도 1945년 이전의 비군사 문서는 베를린의 도이치제국 분관이 보존책임을 맡고 있고, 군사 문서는 프라이부르크연방문서관 군사관에서 보존하고 있다. 외교부는 자기 업무영역에 속하는 문서를 베를린 외교부 정치문서관에 보존하고 있으며, 연방문서관 도이치제국관은 무역부문에 관한 종합적인 문서를 보존하고 있다. 또한 각 주(州)의 문서관은 도이치제국시기의 원 영지와 각 주에서 전해온 문서를 보관하고 있다. 독일이 보존하고 있는 칭다오 문서는 주로 연방문서관 군사관에 집중되어 있다. 이것은 칭다오 점령이 독일황실해군에 의해 주도되고 실행되었으며, 조차지 역시 제국해군부의 관리 하에 있었기 때문이다. 기타 문서자료는 대부분 베를린 연방문서관의 도이치제국관에 보존되어 있다. 외교부 정치문서관에는 약간의 중요외교문건과 함께 주칭다오독일영사관 문서가 보존되어 있다.

프라이부르크연방문서관 군사문서관에는 독일군대가 칭다오를 점령한 당시의 문서가 보존되어 있다. 주로 독일해군 원동함대의 활동 상황, 독일이 식민지 점령을 위해 중국 연해를 조사한 내용, 독일이 군사적으로 칭다오를 점령한 상황, 항해일기를 포함하여 점령 당시 상황을 기록한 문서들이 남아 있다. 오토 폰 디러리히Otto von Diederich 등 재중국 독일관원들의 개인서신, 자오저우만조차조약의 중문 원본, 해군 제3영의 문서, 총독부 관리와 관련된 문서도 남아있다.[80] 해군총무부는 칭다오 사무를 위해 만들어진 부서로서 칭다오에 관한 많은 문서를 작성하였다. 문서에는 칭다오 행정구의 건립과 발전, 행정구의 관리, 군사사무, 경제발전, 조선소와 항구사무, 칭다오 발전 비망록[81], 칭다오 행정관리 예산, 법률과 법령, 작업회의 일정과 업무분담계획, 칭다오 및 중국방문, 총독부 활동보고, 토지와 해상측량, 변경 조정 및 지도, 칭다오 덕화고등학당德華高等學堂과 관상대 및 법원 등의 건축, 방역, 묘지, 군사 활동, 병영, 방어물 공사, 독일 지원부대와 중국인부대, 어뢰와 부뢰, 기선과 비행기, 제1차 세계대전, 칭다오지역 무역상황, 각종 회사의 상업 활동, 광산개발과 철도, 식민지회사, 은행, 항구 등의 내용이 포함되어있다. 프라이부르크연방문서관 군사문서관은 아직도 많은 관방 출판물들을 보존하고 있다. 여기에는 내부 행정관리에 관한 인쇄물로『자오아오지구법령보-제국해군부 해군법령보 부간』,『칭다오관보』,『교오발전비망록』등이 보존되어 있다.『교오발전비망록』은 대외에 공포된 연차보고서로 일반 행정과 사법, 토지점유, 무역과 상업, 교통, 교육사업, 교회와 선교, 위생과 위생사업, 건축업, 농림업 및 세수 방면의 정보를 포함하고 있다. 이와 같은 관방출판물 외에도 독일어신문『칭다오신보靑島新報』와『자오저우우보膠州郵報』 등이 보존되어 있다.

  독일의 자료 가운데 특히 주목할 만한 것은 연방문서관에 보존되고 있는 칭다오총독부 총독 오스카 폰 트루펠Oskar von Truppel과 제국해군부 국무비서, 해군원수가 남긴 기록들이다. 트루펠의 문서는 상당히 풍부한 내용을 담고 있다. 그가 칭다오에 재직하는 동안 주고받은 서신, 순시함 분함대 사령이 칭다오를 점령할 때 내린 포고문, 1898년 2월부터 4월까지 자오아오지역을 점령할 당시의 전쟁일기 1권, 1904년 3월 칭다오항 개항 시 행한 인사말 및『백천白天』잡지에 발표한 일본의 칭다오 점령을 공고한 문장, 8권의 사진집에 기록한『우리의 칭다오 생활과 활동』, 총독부관사에서의 생활과 사교댄스파티 및 독일 성탄절, 중국 고관들과 교류 중에 발생한 특별한 사건들이 기록되어 있다. 티르피츠Tirpitz의 서류에는 그가 원동함대사령관으로 칭다오를 점령할 당시의 상황과 칭다오 관리에 관한 자료가 포함되어 있다. 그 속에는 그가 해군부 국무비서로 재임할 당시 칭다오지역의 예산을 얻기 위해 작성한 문서와 칭다오 문제로 주고받은 서신, 1914년 8월 빌헬름 2세의 칭다오 방문문제와 관련한 기록, 해군 중위 귄터 플뤼쇼Günther

Plüschow와의 서신들이 포함되어있다. 연방문서관 군사관에는 칭다오의 요새가 포위되고, 일본군의 포로가 된 병사들이 남긴 일기와 기록들이 많이 남아있다. 외교부 정치문서관에는 300여 권의 칭다오관련 문서가 보존되어 있다. 칭다오와 직접적으로 관련된 문서 외에도 중국, 특히 산동성에 대한 문서 중에 칭다오에 관한 상황이 기재되어있다. 이들 문서에는 독일점령기의 칭다오에 관한 내용 이외에도, 1927년 칭다오에 영사관을 설치한 이후의 영사 활동과 칭다오 사회 상황이 기록되어 있다.

연방문서관 도이치제국분관에서도 소량의 칭다오관련 문서를 보존하고 있다. 그 밖에도 칭다오시당안관은 바바리아주 도서관에서 옛 칭다오의 사진들을 복사하였다. 이 사진들은 대부분 개인 소장품 혹은 개인이 도서관에 기증한 것으로, 독일 관방기구의 사진자료를 보충할 수 있는 좋은 자료들이다.

2) 미국

미국 내 칭다오 관련 자료 가운데 우리가 파악하고 있는 것은 미국 국가문서관의 소장 자료이다. 미국 정부는 칭다오에 많은 관심을 가지고 있었다. 1906년 9월 16일, 미국은 칭다오에 영사관을 설립하고, 칭다오에서의 정치·군사·경제적 이익을 지키고자 했다. 1945년 미국은 칭다오를 해군기지로 정하고 많은 군인들을 주둔시켰다. 이 기간 동안 미국은 칭다오 내 자국의 활동을 반영하는 많은 문서를 만들었고, 이 문서들이 현재 미국 국가문서관에 보존되어 있다. 미국 국가문서관이 보존하고 있는 칭다오 관련문서는 다음과 같이 나눌 수 있다. 첫째, 국무원 중심 문서이다.(59전종) 주로 국무원과 칭다오영사관 사이에 주고받은 전문과 그 밖의 칭다오 상황을 반영하고 있는 문서이다. 칭다오 관련 문서는 여러 곳에 분산되어 있기 때문에 정확한 수량을 파악하기 어려우나, 국무원 중심 문서는 목록이 완비되어 있어 문서의 검색과 이용이 매우 편리하다. 둘째, 칭다오 영사관 문서이다.(84전종) 주로 주칭다오 미국영사관의 활동 기록, 칭다오 및 중국에 관한 수집 자료 및 그와 관련하여 주고받은 문서이다. 영사관 문서는 대부분 1906년부터 1949년까지의 문서로 칭다오 내 미국의 활동은 물론, 칭다오의 역사적 면모를 완전하게 기록하고 있는 아주 중요한 자료이다. 칭다오시당안관은 이들 문서에 대한 복사작업을 끝냈고 목록작업을 진행하고 있다. 셋째, 미국 연방문서관에는 칭다오에 주둔했던 해병대의 문서를 보존하고 있다. 하지만 문서가 미국 내 여러 곳에 분산되어 있고, 검색과 이용이 매우 어려워 복사작업에 어려움을 겪고 있다.

3) 일본

일본국립공문서관, 방위청문서관과 외교부문서관에는 칭다오의 정치, 경제, 군사 등 여러 방면에 관련된 문서들이 보존되어 있다. 일본과 독일의 전쟁 상황이나 칭다오를 점령한 군사부서, 일본이 칭다오에 설치한 기구 및 파견 인원 정황, 칭다오수비군·영사관과 같은 기구의 업무보고, 칭다오 거주 일본인들의 칭다오 통치에 관한 건의, 칭다오와 산둥의 비밀 정보 등에 관한 기록들이 남아있다. 일본국회도서관, 동양문고, 교토대학京都大學 도서관, 고베대학 도서관 등에는 칭다오와 관련된 많은 도서자료들이 보존되어 있다. 특히 일본 국립공문서관 아시아역사자료센터アジア歷史資料センター에서는 중요한 자료들을 인터넷을 통해 공개하고 있으므로 관련 연구자들의 적극적인 활용을 권한다.

Ⅳ. 앞으로의 과제

 이상 칭다오의 역사적 의의와 함께 칭다오사에 관한 중국 국내외의 연구 동향, 칭다오 관련 자료의 현황 등을 살펴보았다. 몇 대에 걸친 연구자들의 노력으로 칭다오사 연구는 큰 발전을 이루었고, 일부 영역에서는 탁월한 성과를 거두었다. 그러나 칭다오가 가지는 역사적 지위를 고려했을 때, 관련 연구는 아직 미진한 부분이 적지 않은 것도 사실이다.
 하지만 여러 문제점과 한계가 있음에도 보다 많은 전공과 영역의 연구자들이 칭다오사에 관심을 가지고 연구를 개진해나가고 있다는 점은 고무적이다. 칭다오사의 특수성과 대표성에 비추어 볼 때 이러한 움직임은 한층 가속화 될 것이며, 자료의 발굴과 공개 역시 계속적으로 이루어질 것이다. 다양한 관점을 가진 많은 연구자들이 더욱 명확하고 깊이 있게 칭다오를 연구할 때, 사람들은 칭다오와 그를 둘러싼 지역 및 국가 간의 관계를 재인식하고 칭다오의 가치를 발견할 수 있을 것이다.

■ 주

1) 리하르트 빌헬름에 관해서는 다음 연구들을 참고. 孫立新, 蔣銳(2003), 『東西方之間-中外學者論衛禮賢』, 山東大學出版社; 孫立新(2003), 「衛禮賢論東西方文化」, 『中國海洋大學學報 社會科學版』 1, 中國海洋大學.
2) 海因裏希·謀樂輯(1914), 『靑島全書』, 靑島印書局.
3) 田原天南 著(1914), 『膠州灣』, 滿洲日日新聞社.
4) 日本守備軍 編(1927), 『靑島軍政史』, 陸軍省.
5) 靑島守備軍民政署 編(1921), 『靑島要覽』, 新極東社出版部.
6) 駐靑日本帝國總領事館 編(1924), 『靑島槪觀』, 靑島日本帝國總領事館.
7) 王正廷 著(1922), 『靑島』, 督辦魯案善後事宜公署編輯處.
8) 趙琪修·袁榮叜 纂(1928), 『膠澳志』, 靑島華昌印刷局. 전체 12권으로 이루어져 있다. 1권은 연혁, 2권은 지방영토方輿, 3권은 민중사회, 4권은 정치, 5권은 산업, 6권은 교통, 7권은 교육, 8권은 시설과 설비, 9권은 재물과 세금, 10권은 인물, 11권은 예술과 문학, 12권은 중대한 사건을 다루고 있다.
9) 魏鏡 編(1933), 『靑島指南』, 平原書店.
10) 國立山東大學化學社 編(1933), 『科學的靑島』, 國立山東大學化學社出版. 칭다오의 연혁과 형세, 지질(부록으로 칭다오 부근 바다의 토양분석표), 기후, 상수도 문제, 도로(부록으로 명승지), 인구 및 생활, 육지교통, 교제철도, 부두 설비 및 기타 무역 개황, 제염업과 광업, 화학공업, 어업, 해양동물도감, 식물도감, 과학연구기관 등의 목록으로 나뉘어져 있다.
11) 靑島市政府招待處 編(1937), 『靑島槪覽』, 靑島市政府招待處.
12) 梁思成(1958), 『靑島』, 建築工程出版社.
13) 靑島市史志編纂辦公室 編(1982-2002), 『靑島市志』, 方志出版社.
14) 靑島市史志編纂辦公室 編(1999), 『靑島槪況』, 五洲傳播出版社. 1990년도판 『칭다오개황』은 상, 하로 나뉘어져 있다. 상편은 칭다오시의 전체 상황을 종합적으로 반영하고 있고, 하편은 칭다오시 전체에 속한 각 시와 구의 상황을 소개하고 있다.
15) 薑培玉 編(1987), 『靑島外貿史話』, 靑島出版社.
16) 胡文本·壽楊賓·秦治新·遲守衛 編(1983), 『帝國主義與靑島港』, 山東人民出版社.
17) 壽楊賓(1986), 『靑島海港史: 近代部分』, 人民交通出版社.
18) 靑島市交通局 編(1990), 『靑島公路交通史話』, 靑島出版社.
19) 靑島市檔案館·靑島市史志編纂委員會辦公室 編(上冊1989, 下冊1998), 『靑島大事記史料』, 內部發行.

20) 中共靑島市委黨史資料徵集硏究委員會辦公室 編(1989), 『中共靑島黨史大事記』, 中共黨史出版社.
21) 靑島市總工會工運史硏究室 編(1989), 『靑島工人運動史』, 中共黨史出版社.
22) 四方機車車輛廠 編(1996), 『四方機車車輛廠志』, 山東畵報出版社.
23) 靑島鋼鐵總廠 編(1994), 『靑島鋼鐵總廠志』, 冶金工業出版社.
24) 靑島啤酒廠 編(1993), 『靑島啤酒廠志』, 靑島出版社.
25) 王守中 著(1988), 『德國侵略山東史』, 人民出版社.
26) 張玉法 著(1982), 『中國現代化的區域硏究: 山東省, 1860-1916』, 臺灣中央硏究院出版.
27) 馬福振·劉大可 著(1987), 『日本侵略山東史』, 山東人民出版社.
28) 徐飛鵬等 著(1992), 『中國近代建築總攬·靑島篇』, 中國建築工業出版社.
29) 吳景平 著(1987), 『中德關係史文叢』, 中國建設出版社.
30) 吳景平 著(1992), 『中德關係史譯文集』, 靑島出版社. 그 밖에 우징핑의 저작으로 다음이 있다. 吳景平 著(1993), 『從膠澳被占到科爾訪華―中德關係1861-1992』, 福建人民出版社.
31) 江德均(1987), 「德帝國主義在靑島推行的土地掠奪政策」, 『歷史敎學問題』 1, 華東師範大學.
32) 李國祁(1982), 「由上海, 漢口與靑島三都市的形成與發展論近代我國通商口岸的都市化作用」, 『歷史學報』 10, 臺灣師範大學.
33) 靑島市政協文史委員會 編(1981), 『靑島文史資料選輯』, 內部發行.
34) 靑島市史志辦公室(1987), 『崂山志叢』 1·2, 靑島市史志辦公室.
35) 靑島市機械工業局史志辦公室編纂(1985), 『靑島市機械工業發展槪況』, 內部出版.
36) 靑島市志文化分志編纂委員會(1984, 1986, 1996), 『靑島文化史料』 1·2·3. 제1집에는 희극, 영화, 문학, 곡예, 문물, 무용, 도서 및 문화 기층 단위의 소사小事 등 8개 부분의 내용이 포함되어 있다. 제2집은 칭다오시가 관할하는 핑두현平度縣, 지모현卽墨縣, 라이시현萊西縣, 자오현膠縣, 자오난현膠南縣, 라오산현崂山縣, 황다오구黃島區의 문화 사료를 소개한다. 제3집은 명인名人, 사료, 원지園地, 회고 등 5개 항목으로 이루어져 있다.
37) 靑島市公路史編纂委員會編纂(1995), 『靑島市公路史』, 新華出版社.
38) 靑島市紡織工業總公司編纂(1989), 『靑島紡織企業簡志彙編』, 內部發行.
39) 靑島市公安局史志工作辦公室 靑島市公安局史志工作領導小組編纂(1987), 『靑島市公安保衛工作曆史資料長編』, 內部發行.
40) 靑島市檔案館編纂(1986), 『帝國主義與膠海關』, 檔案出版社.
41) 中共靑島市委黨史資料徵集硏究委員會辦公室編纂(1985), 『靑島黨史資料』 1·2, 內部出版.

42) 青島市總工會工運史辦公室編纂(1983-1987), 『青島工運史料選編』, 內部發行.
43) 共青團青島市委青運史辦公室編纂(1985), 『青島青運史資料』, 內部發行.
44) 青島市教育局史志辦公室編纂(1986), 『山東教育史志資料青島專輯』, 內部發行.
45) 青島市體委史志辦公室編纂(1987), 『青島體育史料』 1・2, 內部發行.
46) 青島市工商聯經濟史料工作委員會編纂(1986), 『青島工商史料』, 內部發行.
47) 青島信息畫報社 編輯(1991), 『青島百年畫册』, 青島信息畫報出版.
48) 青島市博物館・中國第一歷史檔案館・青島市社會科學研究所編(1986), 『德國侵占膠州灣史料選編(1897-1898)』, 山東人民出版社.
49) 青島市檔案館 編(2007), 『青島開埠十七年-《膠澳發展備忘錄》全譯』, 中國檔案出版社.
50) 古德・肯爾(1929), 『三種旗幟下的青島』, 上海聖約翰大學博士論文.
51) Seelemann, Dirk Alexander(1982), *The Social and Economic Development of the Kiaochou Leasehold (Shantung, China) under German Administration*, 1897-1914, PhD dissertation, University of Toronto.
52) Torsten Warner(1994), *Deutsche Architektur in China: Architekturtransfer*, Ernst & Sohn.
53) Chun-Shik Kim(2004), *Deutscher Kulturimperialismus in China*, Franz Steiner Verlag.
54) Hans Christian Stichler(1989), *Das Gouvernement Jiaozhou und die Deutsche Kolonialpolitik in Shandong 1897-1909*, PhD dissertation, Humboldt University of Berlin.
55) 餘凱思 著, 孫立新 譯(2005), 『德國在中國的模範殖民地膠州灣的統治與抵抗』, 山東大學出版社. 원서는 Klaus Mühlhahn(2000), *Herrschaft und Widerstand in der "Musterkolonie" Kiautschou*, Oldenbourg.
56) 本庄比佐子 編(2006), 『日本の青島占領と山東の社會經濟―1914-22年』, 東洋文庫.
57) 森紀子・大津留厚・佐々木衞・緒形康・奧村弘(2004-2007), 『コロニアル都市・青島の形成と文化多重性に關する總合研究』, 日本學術振興會 科學研究費助成事業.
58) 李保金(1997), 『青島歷史古跡』, 青島出版社.
59) 陸安著(2001), 『青島近現代史』, 青島出版社.
60) 宋連威(1998), 『青島城市的形成』, 青島出版社.
61) 任銀睦(2007), 『青島早期城市現代化研究』, 三聯書店.
62) 王守中・郭大松(2001), 『近代山東城市變遷史』, 山東教育出版社.

63) 莊維民(2004), 『日本工商資本與近代山東』, 社科文獻出版社.
64) 莊維民(2000), 『近代山東市場經濟的變遷』, 中華書局.
65) 黃尊嚴(2004), 『日本與山東問題(1914-1923)』, 齊魯書社.
66) 呂偉俊(2002), 『山東區域現代化研究(1840-1949)』, 齊魯書社.
67) 孫立新(2003), 「從中西文化角度看19世紀德國新教的中國傳教」, 『文史哲』 5, 山東大學. 그 밖에 순리신의 연구로는 다음을 참고할 것. 孫立新(2003), 「評德國新教傳敎士花之安的中國研究」, 『史學月刊』 2, 河南大學 河南省歷史學會; 孫立新(2003), 「衛禮賢論東西方文化」, 『中國海洋大學學報 社會科學版』 1, 中國海洋大學; 孫立新, 王保寧(2007), 「德國殖民統治下的青島中國人社會(1897-1914)」, 『山東大學學報(哲學社會科學版)』 2, 山東大學.
68) 董良保(2005), 「二三十年代青島的城市規劃和土地管理」, 『2005青島發展研究』, 青島出版社.
69) 唐致卿(2005), 「膠州土地法規與稅制的現實意義」, 『2005青島發展研究』, 青島出版社.
70) 任銀睦(1998), 『青島早期城市現代化研究』, 南京大學博士論文.
71) 董良保(2004), 『二三十年代青島城市發展研究(1922-1937)』, 南京大學博士學位論文.
72) 李東泉(2004), 『青島城市規劃與城市發展1897-1937』, 北京大學博士學位論文.
73) 魯海(2004), 『青島名人故居』, 青島出版社.
74) 李明(2004), 『青島 : 老房子的記憶』, 山東畫報出版社.
75) 王鐸(2006), 『青島掌故』, 青島出版社.
76) 王桂雲(2007), 『青島近代名人軼事』, 新華出版社.
77) 그 밖에도 다음과 같은 연구들을 참고할 수 있다. 孟華(2009), 『論青島元素』, 吉林大學出版社; 孟華·李玉尚(2009), 『文化元素·國家·地方—以青島文化爲例』, 吉林大學出版社; 李玉尚(2009), 「從青島河解讀青島早期歷史」, 吉林大學出版社; 馬樹華(2009), 「萬斛濤頭一島清—20世紀二三十年代青島的文化空間」, 『文化元素·國家·地方—以青島文化爲例』, 吉林大學出版社.
78) 上仲尙明(1914), 膠州灣詳誌, 博文館.
79) 洪深·老舍·王統照·孟超·王亞平·臧克家·吳伯蕭·王餘杞·李同愈·趙少候·杜宇·劉西蒙(1935), 『避暑錄話』, 青島民報連載.
80) 이와 관련해서는 75권만이 독일에 보존되어있다. 주요 내용은 일본과 독일의 전쟁에 관한 것으로 대부분 전쟁일기나 보고와 잡지 글들이다.
81) 모두 26권으로 비망록 작성 준비 작업, 초고, 원시자료와 비망록 인쇄본의 부본들이다.

■ 참고문헌

田原天南(1914), 『膠州灣』, 滿洲日日新聞社.
靑島守備軍民政署 編(1921), 『靑島要覽』, 新極東社出版部.
駐靑日本帝國總領事館 編(1924), 『靑島槪觀』, 靑島日本帝國總領事館.
日本守備軍 編(1927), 『靑島軍政史』, 陸軍省出版.
本庄比佐子 編(2006), 『日本の靑島占領と山東の社會經濟―1914-22年』, 東洋文庫.
森紀子・大津留厚・佐々木衞・緖形康・奧村弘(2004-2007), 『コロニアル都市・靑島の形成と文化多重性に關する總合硏究』, 日本學術振興會 科學硏究費助成事業.

海因裏希・謀樂輯(1914), 『靑島全書』, 靑島印書局.
王正廷(1922), 『靑島』, 督辦魯案善後事宜公署編輯處.
趙琪修・袁榮叜 纂(1928), 『膠澳志』, 靑島華昌印刷局.
魏鏡 編(1933), 『靑島指南』, 平原書店.
國立山東大學化學社 編(1933), 『科學的靑島』, 國立山東大學化學社出版.
洪深・老舍・王統照・孟超・王亞平・威克家・吳伯蕭・王餘杞・李同愈・趙少候・杜宇・劉西蒙(1935), 『避暑錄話』, 靑島民報連載.
靑島市政府招待處 編(1937), 『靑島槪覽』, 靑島市政府招待處.
梁思成(1958), 『靑島』, 建築工程出版社.
施瑞克(1971), 『帝國主義與中國民族主義: 德國在山東』, 哥倫比亞大學出版社.
靑島市政協文史委員會 編(1981), 『靑島文史資料選輯』, 內部發行.
張玉法(1982), 『中國現代化的區域硏究: 山東省, 1860-1916』, 臺灣中央硏究院出版.
靑島市史志編纂辦公室 編(1982-2002), 『靑島市志』, 方志出版社.
胡汶本・壽楊賓・秦治新・遲守衛 編(1983), 『帝國主義與靑島港』, 山東人民出版社.
靑島市總工會工運史辦公室 編(1983-1987), 『靑島工運史料選編』, 內部發行.
靑島市志文化分志辦公室 靑島市志文化分志編纂委員會(1984), 『靑島文化史料』1.
_____(1986), 『靑島文化史料』2.
_____(1996), 『靑島文化史料』3.
靑島市機械工業局史志辦公室 編(1985), 『靑島市機械工業發展槪況』, 內部出版.

中共青島市委黨史資料征集研究委員會辦公室 編(1985), 『青島黨史資料』1·2, 內部發行.
共靑團青島市委靑運史辦公室 編(1985), 『青島靑運史資料』, 內部發行.
壽楊賓(1986), 『青島海港史: 近代部分』, 人民交通出版社.
青島市檔案館 編(1986), 『帝國主義與膠海關』, 檔案出版社.
青島市教育局史志辦公室 編(1986), 『山東教育史志資料青島專輯』, 內部發行.
青島市工商聯經濟史料工作委員會 編(1986), 『青島工商史料』, 內部發行.
青島市博物館·中國第一曆史檔案館·青島市社會科學研究所 編(1986), 『德國侵占膠州灣史料選編(1897-1898)』, 山東人民出版社.
薑培玉 編(1987), 『青島外貿史話』, 青島出版社.
吳景平(1987), 『中德關係史文叢』, 中國建設出版社.
馬福振·劉大可(1987), 『日本侵略山東史』, 山東人民出版社.
青島市史志辦公室(1987), 『嶗山志叢』1·2, 青島市史志辦公室.
青島市公安局史志工作辦公室 青島市公安局史志工作領導小組 編(1987), 『青島市公安保衛工作曆史資料長編』, 內部發行.
青島市體委史志辦公室 編(1987), 『青島體育史料』1·2, 內部發行.
干守中(1988), 『德國侵略山東史』, 人民出版社.
中共青島市委黨史資料徵集研究委員會辦公室 編(1989), 『中共青島黨史大事記』, 中共黨史出版社.
青島市檔案館, 青島市史志編纂委員會辦公室 編(1989), 『青島大事記史料』上册, 內部發行.
_____(1998), 『青島大事記史料』下册, 內部發行.
青島市總工會工運史研究室 編(1989), 『青島工人運動史』, 中共黨史出版社.
青島市紡織工業總公司 編(1989), 『青島紡織企業簡志彙編』, 內部發行.
青島市交通局 編(1990), 『青島公路交通史話』, 青島出版社.
青島信息畫報社 編(1991), 『青島百年畫册』, 青島信息畫報出版.
徐飛鵬等(1992), 『中國近代建築總攬·青島篇』, 中國建築工業出版社.
吳景平(1992), 『中德關係史譯文集』, 青島出版社.
吳景平(1993), 『從膠澳被占到科爾訪華一中德關係1861-1992』, 福建人民出版社.
青島啤酒廠 編(1993), 『青島啤酒廠志』, 青島出版社.

青島鋼鐵總廠 編(1994),『青島鋼鐵總廠志』, 冶金工業出版社.
青島市公路史編纂委員會 編(1995),『青島市公路史』, 新華出版社.
四方機車車輛廠 編(1996),『四方機車車輛廠志』, 山東畫報出版社.
李保金(1997),『青島曆史古跡』, 青島出版社.
宋連威(1998),『青島城市的形成』, 青島出版社.
青島市史志編纂辦公室 編(1999),『青島概況』, 五洲傳播出版社.
莊維民(2000),『近代山東市場經濟的變遷』, 中華書局.
王守中·郭大松(2001),『近代山東城市變遷史』, 山東教育出版社.
陸安(2001),『青島近現代史』, 青島出版社.
呂偉俊(2002),『山東區域現代化研究(1840-1949)』, 齊魯書社.
孫立新·蔣銳(2003),『東西方之間—中外學者論衛禮賢』, 山東大學出版社.
莊維民(2004),『日本工商資本與近代山東』, 社科文獻出版社.
黃尊嚴(2004),『日本與山東問題(1914-1923)』, 齊魯書社.
李明(2004),『青島：老房子的記憶』, 山東畫報出版社.
魯海(2004),『青島名人故居』, 青島出版社.
徐建培 主編(2005),『2005青島發展研究—青島發展研究中心研究報告選』, 山東人民出版社.
餘凱思 著, 孫立新 譯(2005),『德國在中國的模範殖民地膠州灣的統治與抵抗』, 山東大學出版社.
王鐸(2006),『青島掌故』, 青島出版社.
任銀睦(2007),『青島早期城市現代化研究』, 三聯書店.
王桂雲(2007),『青島近代名人軼事』, 新華出版社.
青島市檔案館 編(2007),『青島開埠十七年-《膠澳發展備忘錄》全譯』, 中國檔案出版社.
孟華(2009),『論青島元素』, 吉林大學出版社.
孟華·李玉尚(2009),『文化元素·國家·地方－以青島文化爲例』, 吉林大學出版社.
李玉尚(2009),『從青島河解讀青島早期曆史』, 吉林大學出版社.

李國祁(1982),「由上海, 漢口與青島三都市的形成與發展論近代我國通商口岸的都市化作用」,『歷史學報』10, 臺灣師範大學.
江德均(1987),「德帝國主義在青島推行的土地掠奪政策」,『歷史教學問題』1, 華東

師範大學.

孫立新(2003), 「評德國新教傳教士花之安的中國研究」, 『史學月刊』2, 河南大學 河南省歷史學會.

孫立新(2003), 「從中西文化角度看19世紀德國新教的中國傳教」, 『文史哲』5, 山東大學.

孫立新(2003), 「衛禮賢論東西方文化」, 『中國海洋大學學報 社會科學版』1, 中國海洋大學.

董良保(2005), 「二三十年代青島的城市規劃和土地管理」, 『2005青島發展研究』, 青島出版社.

唐致卿(2005), 「膠州土地法規與稅制的現實意義」, 『2005青島發展研究』, 青島出版社.

孫立新・王保寧(2007), 「德國殖民統治下的青島中國人社會(1897-1914)」, 『山東大學學報(哲學社會科學版)』2, 山東大學.

馬樹華(2009), 「萬斛濤頭一島清 - 20世紀二三十年代青島的文化空間」, 『文化元素・國家・地方一以青島文化爲例』, 吉林大學出版社.

古德・肯爾(1929), 『三種旗幟下的青島』, 上海聖約翰大學博士論文.
任銀睦(1998), 『青島早期城市現代化研究』, 南京大學博士論文.
董良保(2004), 『二三十年代青島城市發展研究(1922-1937)』, 南京大學博士學位論文.
李東泉(2004), 『青島城市規劃與城市發展1897-1937』, 北京大學博士論文.
陳靂(2005), 『德租時期青島建築研究』, 天津大學博士論文
高玉玲(2006), 『濱海型城市旅遊業之演進 - 以青島地區爲中心(1898-2000)』, 廈門大學博士論文.

Chun-Shik Kim(2004), *Deutscher Kulturimperialismus in China*, Franz Steiner Verlag.
Hans Christian Stichler(1989), *Das Gouvernement Jiaozhou und die Deutsche Kolonialpolitik in Shandong 1897-1909*, Humboldt University of Berlin.
Klaus Mühlhahn(2000), *Herrschaft und Widerstand in der "Musterkolonie" Kiautschou*, Oldenbourg.
Seelemann, Dirk Alexander(1982), *The Social and Economic Development of the Kiaochou Leasehold (Shantung, China) under German Administration*, 1897-1914, PhD dissertation, University of Toronto.

Torsten Warner(1994), *Deutsche Architektur in China: Architekturtransfer*, Ernst & Sohn.

2부
식민도시의 구조와 기능

3.
독일·일본점령기 칭다오의 도시건설과 생활공간

권경선

Ⅰ. 들어가며

이 글은 독일점령기 및 일본점령기 칭다오靑島의 도시건설 과정 중에 나타나는 주민의 생활공간과 생활양상을 중심으로 당시 칭다오 사회구조의 일면을 조명하는 동시에, 근대 신흥도시이자 식민도시로서 칭다오의 특징을 도출하고자 한다.

칭다오는 19세기 말에 건설된 근대 신흥도시이다. 1890년대 초, 이 지역에는 이미 청조가 설치한 방어진과 몇 개의 촌락이 존재하였고, 천후궁天后宮을 중심으로 상업 활동도 이루어지고 있었다. 그러나 일정한 규모와 형태, 기능을 갖춘 도시가 등장한 것은 독일이 자오저우만膠州灣을 점령, 조차한 이후부터라고 할 수 있다. 후발 제국주의 주자로 동아시아에서의 군사·경제 기지를 물색하던 독일은 삼국간섭을 내세워 중국 내 조차지 확보에 나섰다.[1] 외교 루트를 통한 조차지 확보가 불가능하던 때, 산둥성山東省 쥐예巨野에서 독일인 선교사 두 명이 주민에게 피살되는 사건이 발생했다. 독일 해군은 이를 구실로

1897년 자오저우만을 군사 점령한 후, 이듬해 3월에는 청 정부와 조차 조약을 맺었다. 독일은 자오저우만의 점령과 동시에 이 지역을 독일 해군 함대 기지로 개발하고, 군사상의 역할을 침범하지 않는 범위 내에서 상업식민지로 발전시킨다는 목표를 세웠다. 이후 독일은 조차지 통치기관으로 독일 해군부 산하의 자오저우총독부Gouvernement Kiautschou(이하 총독부)를 설치하고 조차지 경영의 중핵이 될 도시 칭다오를 건설한 후, 약 17년 동안 조차지를 경영했다. 제1차 세계대전이 발발한 1914년, 영일동맹을 명분으로 독일에 선전포고를 한 일본은 자오저우만을 둘러싼 교전에서 승리함으로써 독일의 자오저우만 조차지 및 산둥에서의 권익을 접수했다. 일본은 점령지 통치기관으로 일본 육군성 산하의 칭다오수비군青島守備軍(이하 수비군)을 세우고, 워싱턴회의(1921.11~1922.2)를 거쳐 1922년 칭다오가 중국 북양정부北洋政府에 반환될 때까지 약 8년 간 이 지역을 점령, 통치했다.

독일 및 일본점령기는 칭다오의 도시 기반이 형성된 시기라 할 수 있다. 이 시기 동안 칭다오의 도시공간과 관련시설, 칭다오항·자오지 철도膠濟鐵道 등 교통수단 및 교통망과 같은 물리적 기반은 물론, 도시 경영과 관련된 체제나 제도 등이 마련되었다. 이와 같은 물리적·비非 물리적 기반과 함께 다양한 성격의 도시 구성원과 각종 산업이 등장했다. 이 시기에 만들어진 도시공간과 기능, 교통망, 산업구조들은 칭다오의 중국 반환 이후부터 제2차 세계대전의 종식까지 20여 년 이상 큰 변화 없이 유지되며 칭다오 사회에 직접적인 영향을 미쳤다. 이렇듯 외세의 점령 하에 건설되고 주권 반환 후에도 그 구조와 성격이 유지된 칭다오는, 당시 일본의 점령 하에 있던 다롄大連이나 부산, 인천과 같이 일국에 의한 장기적인 통치가 이루어지지 않았고, 게다가 자국 정부에 의한 통치 기간이 있었음에도 불구하고 식민도시의 성격을 강하게 띠고 있었다.

신흥도시이자 식민도시로서 근대 칭다오의 성격이 여실히 드러나는 부분 중 하나가 인구구성과 주민의 생활공간이다. 신흥도시로서 칭다오의 인구는 원주민과 함께 도시건설 이후 유입된 대규모 외래인구로 이루어졌다. 〈표 1〉은 독일·일본점령기 칭다오 시구의 국적별, 성별 인구를 나타낸 것이다. 이 시기에는 중국인과 독일인, 일본인은 물론, 기타 제국주의 열강국가 및 인도, 한반도 등 다양한 지역에서 온 사람들이 있었다. 칭다오 인구의 절대다수를 차지한 것은 중국인이었고, 중국인 외의 인구는 각 시기 통치 세력과의 관계 속에서 큰 변동이 있었다.

독일점령기 칭다오에는 중국인 외에 독일, 영국, 러시아, 미국, 일본, 인도, 조선 등지에서 온 사람들이 있었다.[3] 이 시기 독일 정부는 계획단계에서부터 도시를 유럽인구역과 중국인구역으로 분리시켰다. 이러한 조치가 인종과 국적에 근거한 일종의 인종분리정책이라면, 여기에 계급계층에 따른 분리가 가해져 중국인 노동자 및 도시건설부지에 살던 원주민의 거주구역이 별개로 만들어졌다. 요컨대 독일점령기

〈표 1〉 1902~1920년 칭다오 시구의 국적별, 성별 인구[2] (단위: 명)

분류 연도	중국인			일본인			기타 외국인			합계		
	남	여	합계	남	여	합계	남	여	합계	남	여	합계
1902	13,161	1,016	14,905(728)	-	-	78	-	-	688	-	-	15,671
1905	24,811	2,557	28,477(1,109)	-	-	207	-	-	1,234	-	-	29,918
1910	28,127	3,804	34,180(2,249)	-	-	167	-	-	1,642	-	-	35,989
1913	40,115	8,573	53,312(4,624)	-	-	316	-	-	2,125	-	-	55,753
1915	43,667	21,429	65,096	6,227	4,782	11,009	159	324	483	50,053	26,535	76,588
1917	48,437	25,037	73,474	8,298	7,192	15,490	184	309	493	56,919	32,538	89,457
1918	49,937	26,649	76,586	10,329	8,574	18,903	176	326	502	60,442	35,549	95,991
1919	52,942	26,987	79,929	10,691	8,862	19,553	176	349	529	63,809	36,198	100,007
1920	54,027	28,653	82,680	10,481	9,208	19,689	333	365	698	64,841	38,226	103,067

칭다오의 도시공간은 통치 세력의 규정 하에 국적·인종과 계급계층의 제 관계가 얽힌 양상을 보이고 있었다고 할 수 있다.

일본점령기에는 일본인의 유입이 급증하여, 1910년대 말에는 일본인의 수가 칭다오 시내 전체 인구의 20%에 조금 못 미치는 수준으로까지 증가하였다. 독일인은 일본의 적국인이자 전쟁 포로 및 그 가족의 신분으로 전환되었고, 제1차 세계대전의 영향으로 구미 열강의 세력이 중국에서 약화되면서 다른 구미인들도 세력을 가진 집단을 형성하지 못했다. 당시 일본인의 급증은 새로운 점령지 획득에 따른 일종의 붐과 같은 측면도 있었으나, 현지에서 계속적인 경제활동을 영위할 자국인을 유치하고자 한 일본 정부의 역할도 컸다. 단 일본 정부의 이러한 조치는 중국인은 물론, 안정된 경제기반을 갖추지 못한 일본인에게는 해당되지 않았다. 칭다오항 주변을 중심으로 토지 및 건물 임대료가 상승하고 시구 내에 엄격한 행정관리가 이루어지면서, 임대료가 싸고 각종 규제가 비교적 느슨한 칭다오 근교를 중심으로 중국인·일본인 노동자 및 농민, 소상인 계층이 거주하는 양상이 나타났다. 이처럼 일본점령기에는 계급계층에 따라 거주구역이 분리되는 양상이 나타났다.

국제관계(인종·국적), 계급계층관계의 현현으로서 주민의 거주지가 분리되는 현상은 당시 제국주의 세력의 영향 하에 있던 도시들의 전형적인 모습이라 할 수 있다.[4] 그러나 같은 시기 상하이, 톈진 등과 비교했을 때, 칭다오는 이러한 현상이 더욱 뚜렷했다고 할 수 있다. 이는 기존 도시의 기반 위에 다수 국가의 조계가 세워진 상하이, 톈진과 달리, 칭다오는 일국의 통치 하에서 새롭게 건설된 신흥도시로서 통치 세력의 영향력이 도시의 공간 배치에 더욱 강력하게 작용했기 때문이다.

근대 칭다오의 도시건설과 주민 관계를 비롯한 사회구조에 관해서는 상당한 연구 성과가 나와 있다.5) 이러한 선행연구들은 국제적, 지역적 레벨에서 칭다오의 형성 배경과 발전과정, 도시 사회의 구조와 양상을 보여준다. 그러나 많은 연구들이 도시건설의 기점이 되는 독일점령기를 중심으로 진행된 까닭에 일본점령기에 대한 연구는 미진한 편이다. 독일점령기에 건설된 도시 기반이 이후 칭다오의 구조와 성격에 지대한 영향을 미친 것은 사실이지만, 일본점령기에 진행된 도시 정비 및 확장이 이후 일본이 칭다오 및 산둥에서 경제적 주도권을 쥘 수 있는 포석이 되었다는 점에서 이 시기 또한 중요하다. 이 책의 4장 오시로 나오키大城直樹의 연구는 독일·일본점령기 및 1920~1930년대 칭다오 도시건설과 건조환경을 일본과의 관계 속에서 분석함으로써 기존 연구와는 다른 관점과 정보를 제공한다. 이번 장과 함께 읽으면 근대 칭다오의 도시 건설 과정과 주민의 생활공간을 보다 입체적으로 파악할 수 있을 것이다.

　이 글은 상술한 선행연구에서 얻은 시사점을 바탕으로 독일 및 일본점령기 칭다오의 도시건설과정 중에 나타나는 주민의 생활공간과 그 속에서의 생활양상을 통해 당시 칭다오 사회구조의 차별화, 계층화의 측면을 포착하고자 한다. 본론에서는 독일 총독부『자오아오발전비망록膠澳發展備忘錄』의 중역본과 일본 칭다오수비군 자료, 일본인 경제단체의 자료, 기타 신문 및 기록물을 이용하여 독일과 일본점령기 칭다오의 도시 계획과 주민의 거주 구역 및 생활을 분석한다. 2절과 3절에서는 독일·일본점령기 칭다오 건설 정황과 주민의 거주구역을 분석하고, 4절에서는 민중 생활의 중심지였던 다바오다오大鮑島와 타이둥진臺東鎭을 중심으로 주민의 생활양상을 살펴보도록 한다.

Ⅱ. 독일점령기 도시건설과 생활공간의 형성

1. 초기의 도시계획과 거주구역의 분리

칭다오는 독일 통치기관과 관련시설 및 중요 산업시설이 들어서고 독일인을 비롯한 유럽인의 거주지로 기능하는 조차지 경영의 중핵이었다. 독일점령기 칭다오 도시계획에서 특기할 만한 것은 인종과 계층에 따른 거주구역의 분리였다. 인종별 거주구역 분리는 이른바 유럽인과 중국인의 거주구역을 분리한 것이다. 또한 도시건설과 함께 외부에서 유입된 중국인 노동자와 도시건설부지에 있던 원주민을 이주시키기 위해 칭다오 근교에 노동자구역을 만들면서 계층에 따른 분리도 진행되었다. 1911년 신해혁명辛亥革命을 계기로 청조의 대관과 중국인 자본가가 칭다오로 유입된 이후 인종에 따른 분리정책은 완화되어 갔으나, 노동자를 포함한 일반 중국인들은 여전히 근교의 노동자구역을 근거지로 생활했다.

1) 유럽인구역과 중국인구역의 분리

1898년 9월 독일 정부는 조차지를 자유항으로 개방하며 칭다오 최초의 도시계획을 공시했다. 도시계획자들은 상하이와 홍콩의 사례에 비추어 외국 상인의 이주지와 인접 구역이 단기간에 급성장하면서 지가 및 건물 임대료 상승 등의 문제를 빚었던 점, 급증하는 중국인의 밀집거주가 위생·치안상의 문제를 일으킬 수 있다는 점에 유의했다. 총독부는 이러한 문제를 미연에 방지하기 위하여 토지 수매와 관련된 법령을 공포하여 투기를 예방하는 한편, 시구 건설에 있어서는 유럽인과 중국인의 거주구역을 분리했다.[6]

3. 독일·일본점령기 칭다오의 도시건설과 생활공간 81

〈그림 1〉 칭다오구 정경9)

　총독부는 칭다오만青島灣 인접 구역을 중심으로 시구를 건설했다. 기존의 칭다오춘青島村 주위에 주민 거주구역을 만들고, 그 서쪽을 상업구 및 관원의 거주구역으로 정하였으며, 동쪽에 별장구別莊區를 두었다. 자오지철도의 시발점이 되는 기차역은 상업구와 칭다오만 해안 부근에 세워, 이곳을 기점으로 자오저우만 동해안을 따라 북쪽으로 철도 선로를 부설함으로써 항구의 철도 지선과 연접하도록 했다.7) 주민 거주지는 위생상의 필요에 따라 중국인구역과 유럽인구역을 분리하되, 중국인 상인과의 교역을 위하여 두 구역을 인접한 위치에 배치했다. 같은 해 10월에 공포된 임시건설감독법규에서는 유럽인구역인 칭다오구青島區, 별장구와 중국인구역인 다바오다오구大鮑島區의 건축 방식 등이 규정되었다.8) 칭다오만에 인접한 칭다오구는 유럽인 거주지로, 부두 사무에 종사하는 경우를 제외하고 대부분의 유럽인이 이곳에 거주했다. 이 구역의 거주자로는 독일인, 오스트리아인을 비롯하여 영국인, 미국인, 러시아인과 함께 소수의 일본인도 있었다. 그러나 유럽인구역 거주자라고 하더라도 독일의 자국민 보호 정책으로 인해 독일정부의 의사시험을 통과하지 않으면 의사 개업이 불가능했고, 지정된 독일인 외에 약국 개업도 불가능했다. 일본인의 경제활동에 대해서는 보다 많은 규제가 가해져 일본인이 경영하는 요리점(유흥업소로 여겨짐)에는 유럽인의 출입이 금지되었고, 일본 음식점에서는 독일인에게 맥주를 판매할 수 없었다.10) 칭다오구는 유럽인 거주구역인 동시에 칭다오 행정·상무 중심지로 개발되었다. 구내에는 총독부 청사 및 관저, 재판소, 학교, 병원, 경찰서, 기차역, 영국·미국·러시아 영사관 등 외국 관청과 함께, 산둥철도회사, 도이치-아시아은행Deutsch-Asiatische Bank, 德華銀行을 비롯한 기업과 은행, 유럽인을 대상으로 하는 호텔, 클럽, 백화점 등 다양한 시설이 완비되어 있었다. 일본 기업이나 상점으로는 요코하마정금은행橫濱正金銀行 출장소와 일본인이 경영하는 치과, 사진관이 있었다. 구내 건물의 건축재료 및 건축양식은 독일 본국의 규정을 준용하였고, 가로의 명칭 또한 독일식으로 지어졌다.11)

칭다오구의 북부에 위치한 다바오다오구는 중국인구역으로 구획되었다. 그러나 칭다오 소항小港 및 대항大港에 가까웠기 때문에 중국은 물론 구미 각국과 일본의 상사 및 상점이 집중해 있었고, 상업과 무역에 종사하는 중국인과 외국인의 업무 및 거주지로서 기능했다. 특히 1907년 이래 미쓰이물산三井物産을 비롯한 일본의 무역상들이 연이어 다바오다오에 지점 또는 출장소를 설치하면서 이 구역의 발전을 촉진했다.12)

2) 중국인 노동자 구역의 건설

칭다오 시구의 건설 이전, 도시건설부지와 그 주변에는 다수의 중국 촌락이 있었다. 시구 건설 초기에 이들 촌락은 원주민은 물론 시구 건설을 위해 유입된 노동자의 거주지로 기능했다. 중국 병영의 개축,

3. 독일·일본점령기 칭다오의 도시건설과 생활공간 83

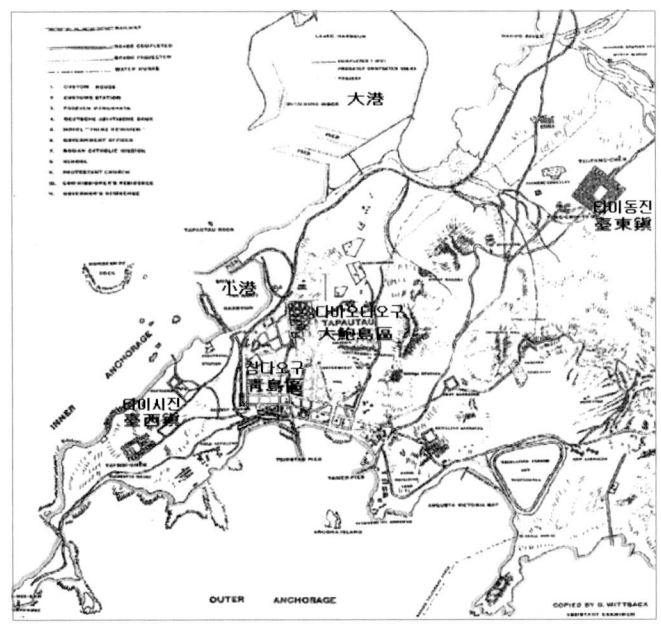

〈그림 2〉 1901년 칭다오시가 및 주변 계획도[13]

건물 신축, 도로 부설, 급·배수 시설 공사의 착공에 따라 노동력 수요가 증가하면서 도시건설부지 내에 인구가 급증하게 되었다. 시구 건설에는 주로 산둥성 각지에서 유입된 중국인 노동자가 고용되었다. 이들은 공사 하도급을 받은 중국인이 노동자를 위해 임시로 지은 움막에 거주하거나, 현장 주변의 중국 촌락에 거주했다. 노동자가 급증하면서 움막과 주변 촌락은 곧 만원 상태가 되었고, 위생과 치안에 관한 문제들이 제기되었다.[14] 이에 총독부는 위생 및 치안을 명분으로 도시건설부지는 물론 그 부근의 촌락을 철거하고, 근교의 타이둥진과 타이시진臺西鎭에 노동자 거주구역을 건설하여 중국인 노동자 및 촌락의 원주민을 이주시켰다.

촌락 철거 초기, 원주민들은 생활의 기반이자 선조의 분묘가 있는 땅에서의 퇴거를 원하지 않았다. 총독부는 주민의 생계와 관련해서는 건축 보조나 공장 노동 등 새로운 직업을 제공하여 이전보다 많은 수입을 보장할 것을 약속하고, 분묘 한 기당 6위안元, 가옥 한 채당 8위안의 보상금을 교부하여 주민을 퇴거시켰다.15)

칭다오 대항 동쪽에 위치한 타이둥진은 1899년 가을에 건설되었다. 타이둥진의 건설 후, 퇴거 원주민과 중국인 노동자들이 이곳에 거주하면서 소위 하층민 거주구역을 형성했다. 1901년 여름, 총독부는 칭다오역에서 약 1km 떨어진 타이시진에도 노동자 거주구역을 건설했다. 타이시진은 타이둥진이 노동 현장과 멀리 떨어져 있어 다바오다오에 거주하는 노동자가 늘어나자, 노동자의 이동거리를 단축시키고 다바오다오의 인구 과잉을 방지하기 위하여 건설된 구역이었다.16) 총독부는 노동자 구역 건설 후에도 위생 및 치안관리에 계속적으로 유의했다. 전염병의 유행을 방지하기 위하여 두 구역을 위생경찰의 관리감독하에 두고, 타이둥진에는 병원을 세워 운영했다.17)

2. 1910년대의 변화

1) 새로운 상업구역의 건설

칭다오의 발전과 함께 시구의 인구는 1902년의 1만 5,593명에서 1910년에는 3만 5,801명으로 증가했다. 총독부는 시구의 인구 팽창에 대응하고 도시용지를 확대하기 위하여 새로운 도시계획을 세울 필요가 있었다. 칭다오 건설 당시 독일 정부는 조차지의 군사적 기능을 경제적 기능보다 우선시했고, 유럽인구역인 칭다오구를 정치·경제·사회상의 중추로 하여 조차지의 발전을 도모하려 했다. 그러나 당초의 목표 및 예상과는 달리 조차지가 상업·무역을 중심으로 발전하고, 대항 및 소항에 면한 중국인구역 다바오다오와 그 이북에 상사와 상

〈그림 3〉 1914년 칭다오 시가 및 그 주변[18]

점이 집중하면서 이 구역을 중심으로 도시를 확장할 필요성에 봉착한 것이다. 총독부는 1910년에 칭다오 시구 확장계획을 세워 실행에 들어갔고, 근교의 타이둥진이 시구로 흡수되었다. 총독부는 칭다오 대항 주변 일대를 상업구역인 부두구로 지정하고, 남쪽으로는 다바오다오구, 동쪽으로는 타이둥진에 호응하는 새로운 상업 중심 지구를 건설하고자 했다.[19] 이후 함부르크·아메리카 기선회사, 멜허스양행Melchers & Co., 美最時洋行, 아른홀트 카르베르크양행Arnhold Karberg & Co., 瑞記洋行 등 구미의 회사와 일본 유아사양행湯淺洋行 등이 부두구로 지점을 이전하거나 신축하면서 이 구역은 칭다오 상업중심지로 성장했다.[20] 이후 시구는 서쪽으로도 확대되어 타이시진도 시구로 편입되었다.[21]

2) 신해혁명 이후의 변화

칭다오의 인종별, 계층별 거주구역 분리는 1910년 무렵까지 큰 변동 없이 실행된 듯 보인다. 상술한 바와 같이 유럽인구역에는 구미인과 일본인의 거주가 가능했으나 사업관계로 대항 주변이나 다바오다오구에 거주하는 이들도 적지 않았다. 중국인 노동자의 경우, 종사 업종이나 노동 형태에 따라 유럽인구역에 거주하는 경우도 있었다. 유럽인 주택에 고용된 노동자의 경우에는 유럽인구역에 체재할 수 있었으며, 인력거꾼과 같이 총독부의 관리 하에 칭다오구 내에서 합숙을 하는 경우도 있었다. 그러나 이러한 경우를 제외하고는 대개 타이둥진, 타이시진 등에 거주하였다.[22]

1911년 신해혁명의 발발은 거주지 분리정책을 비롯하여 칭다오 사회경제 전반에 큰 변화를 가져왔다. 혁명으로 인한 정치 상황의 변화로 대규모의 중국인 및 중국 내 유럽인과 그 자본이 칭다오로 유입된 것이다. 혁명을 겪으며 칭다오 시구의 인구는 급증했다. 중국인은 1910년 3만 4,180명에서 1913년 7월에는 5만 3,312명(1910년 대비 55.97% 증가)으로 늘어났고, 유럽인은 1910년 1,621명에서 1913년 2,069명(1910년 대비 27.62% 증가)으로 늘어났다.[23]

총독부는 칭다오 번영 정책의 일환으로 청조의 대관, 중국인 거상의 유치에 노력했다.[24] 이들의 칭다오 이주와 함께 대량의 자본이 칭다오로 유입되었고, 이것은 칭다오 무역의 부흥으로 이어졌다.[25] 이후 중국의 관판은행官辦銀行이 칭다오에 지점을 설치했고, 산시성山西省 최대 규모 전장錢莊 중 하나인 다더퉁大德通도 1912년 봄에 분점을 설립하였으며, 비교적 큰 규모의 중국 회사들이 신설되어 칭다오의 상공업에 새로운 동력을 제공했다.[26]

인구 증가에 따라 주택을 비롯한 건물의 신축과 수리가 활발해지면서 부동산 및 건축 시장도 활기를 띠었다. 총독부는 칭다오에 피난해

온 청조 대관들을 다바오다오구에 거주하도록 할 수 없었고, 그들의 대부분이 거액을 들여 칭다오구의 택지나 건물을 구입하려 했으므로 특별히 규제를 완화시켜 이를 묵인했다. 이러한 가운데 총독부의 자문기관인 참사회参事會에서는 유럽인과 중국인의 거주지 분리규정을 둘러싼 논쟁이 발생하기도 했다. 1914년 1월 총독부는 거주 제한을 완화하여 칭다오구의 일부 구역에 중국인의 거주를 허가했다.[27] 그러나 신해혁명 후의 이러한 변화는 청조의 대관과 자본가 등에 국한된 것이었다. 1910년 이후 다소의 변화를 겪은 주민 생활공간의 양상은 제1차 세계대전 중 일본의 칭다오 점령으로 인해 크게 변화한다.

Ⅲ. 일본점령기 시가지 정비와 생활공간의 변화

일본점령기는 통치방식에 따라 군정기軍政期(1914.11~1917.9)와 민정기民政期(1917.10~1922)로 나눌 수 있다. 군정기가 전후 복구와 사회적 안정을 도모하는 시기였다면, 민정기는 군정기에 마련된 사회적 안정을 바탕으로 일본이 본격적인 칭다오 경영에 나선 시기였다.

일본점령기의 도시계획 및 관련 정책에서는 독일점령기와 같이 규정된 거주구역의 분리는 보이지 않는다. 그러나 칭다오항 주변 등 중심지의 지가와 물가가 상승하고 당국의 엄격한 행정관리가 이루어지면서, 이 구역에서의 거주가 어려운 중국인과 일본인들은 대체적으로 근교에서 생활하는 양상을 보였다.

1. 군정기의 전후복구와 인구급증에 대한 조치

1914년 11월 칭다오를 점령한 일본은 현지에 군정을 포고하고 같은

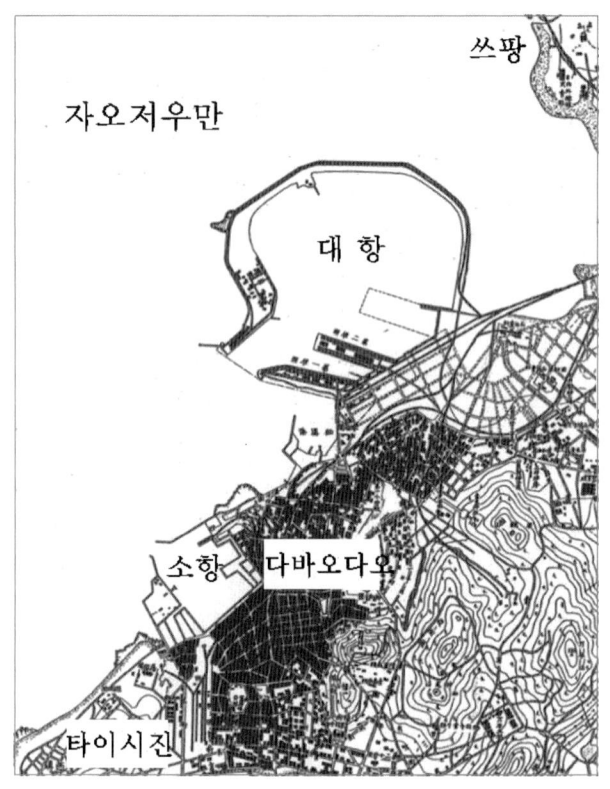

〈그림 4〉 1922년 칭다오와 그 주변[30]

해 12월에는 칭다오를 대외에 개방했다. 군정기에는 수비군 군정서가 중심이 되어 전쟁에서 파괴된 항만·철도의 복구 및 도시 시설의 정비와 함께 인구급증에 대응한 응급조치를 진행했다.[28]

12월 28일 칭다오의 개방과 동시에 많은 사람들이 칭다오로 유입되었다. 특히 일본인의 유입이 두드러져 개방 후 반년이 지난 시점에서 만여 명이 넘는 일본인이 칭다오에 체재하였다. 당시 칭다오의 일본인 중에는 일본은 물론 한반도, 중국 둥베이지방, 대만 등을 빈손으로 전전하다가 건너온 이들이 많았으며, 교전 후 아직 칭다오가 대외에 개방되지 않은 시기부터 타이둥진에 체류하고 있던 사람들도 있었다. 칭다오 사회질서가 안정을 찾아가면서 일정 정도의 경제력과 기반을 가진 일본인이 유입되었고, 전쟁 중 피난 갔던 중국인들도 돌아오기 시작하였다. 1916년 4월 칭다오에는 1만 4,000여 명의 일본인과 2만 6,000여 명의 중국인이 있었다. 그 밖에 약 500명의 유럽인이 있었는데, 그 중에는 독일군 포로의 부인과 자녀가 가장 많았다.29)

일본인의 급격한 증가와 중국인의 귀환은 심각한 주택난을 야기했다. 점령 초기 칭다오 내 일본인의 대다수는 타지로 피난한 중국인 혹은 독일인 소유의 주택에 거주하고 있었다. 수비군은 칭다오의 개방과 함께 많은 일본인이 유입될 경우 주택 임차를 둘러싼 경쟁이 발생할 것을 예상하고, 1914년 12월에 이미 『가옥임대차규칙家屋賃貸借規則』 등 주택 임대임차와 관련된 규칙들을 고시했다.31) 관련 규칙들은 주택 임대료에 제한을 두어 중국인과 독일인 건물주의 폭리를 방지하고 일본인 임차인을 보호하기 위한 것이었다. 일본인의 유입과 중국인의 귀환이 계속되고 더 큰 주택난이 예상되면서 수비군은 다바오다오 북부에 신시가지를 건설하는 등, 주택 및 상업 용지 마련을 위한 응급조치를 실시하였다.32) 이러한 응급조치 후 수비군은 칭다오신사靑島神社, 공원, 시장, 묘지 및 화장장 등을 신설하고 본격적인 도시개발과 경영 기초의 정비에 들어갔다.33)

2. 민정기의 상공업 기반 정비와 도시 확장

칭다오 점령 초기 일본정부의 칭다오에 대한 방침은 사실상 정해져 있지 않았다. 그러나 전후 복구가 일단락되면서 일본정부는 칭다오 및 산둥에서의 일본 경제권익 확립, 경제적 지위의 보호라는 목표를 세우고, 통치방식을 민정으로 전환한 후 점령지 경영에 적극적인 자

〈그림 5〉 일본점령기 칭다오 소항의 정경35)

세를 취하게 되었다. 수비군은 이러한 목표를 달성하기 위해서는 완전한 경제활동을 영위할 일본인의 진출과 정착이 필요하다고 보았다. 이를 위해 수비군은 독일 총독부의 도시계획을 계승하여 칭다오항을 중심으로 시가지를 정비·확장하고 공장지를 건설하는 한편, 일본 민간자본 유치를 위한 각종 정책을 실시했다.34) 이러한 과정을 거치며 일본점령기 칭다오의 중심은 다바오다오를 비롯한 칭다오항 주변으로 옮겨갔다.

1) 칭다오항을 중심으로 하는 신시가지 및 상업중심지의 정비

독일점령기 중국인구역이었던 다바오다오는 일본점령기에 들어 칭다오의 중심지로 성장했다. 칭다오 소항과 대항에 면한 지리적 이점으로 인해 독일점령기부터 성장을 거듭해 온 다바오다오는, 일본점령기에 들어 보다 많은 일본 무역상과 상점이 집중하면서 상업·무역의 중심지가 되었고, 일본인의 밀집거주지로 성장했다. 이와 같은 칭다오 도시공간 구조의 변화는 칭다오항을 중심으로 한 수비군의 시가 정비·확장에 기인하는 바가 컸다. 수비군은 군정기에 이미 칭다오 소항을 확장·개축하여 중국 연안을 항행하는 정크무역지구로 발전시킬 계획을 세웠다. 1916년 소항 주변의 바다를 매립하고 방파제를 연장하는 공사에 착수하여 1918년에 완료하였고, 1920년에는 소항 내에 잔교를 신축하여 출입 선박과 무역량의 증가에 대비했다.36) 소항의 발전은 인접 구역에도 큰 영향을 주었다. 정크무역을 위한 각종 시설을 비롯하여, 중국인 여객을 대상으로 숙박을 제공하고 배표의 구입이나 관련 수속을 대행하는 객잔客棧이 호황을 누렸으며, 그 외에 크고 작은 중국 상점들이 들어섰다. 소항의 발전에 따라 주변의 지가 및 물가도 크게 상승했다.37)

민정기에 들어서면서 대항을 중심으로 하는 신시가지의 개발로 인해 칭다오의 상업중심은 점차 대항 방면으로 이동하게 되었다. 대항 동쪽의 매립과 부근 도로의 정비 및 시가 개발을 통해 신시가지의 주요 구역이 완성되었다. 이때부터 많은 일본기업이 신시가지로 이전하면서 이 구역 일대는 칭다오 무역업의 중심지가 되었다.38)

2) 타이둥진 공장지 정비와 쓰팡四方, 창커우滄口의 성장

신시가지와 상업지의 정비 및 확장과 함께, 타이둥진, 쓰팡, 창커우를 중심으로 공장지의 정비가 본격적으로 이루어지면서 칭다오는 서서히 공업도시의 기반을 갖추게 되었다.

칭다오 공장시의 정비는 독일점령기 노동자 거주구역이었던 타이둥진을 중심으로 진행되었다. 타이둥진 남단부와 부두구 사이에 공장지를 건설하는 것은 독일 총독부의 계획이었다. 수비군은 독일 총독부의 계획에 근거하여 공장지를 정비하고 토지를 불하했다. 공장지 내 공장의 건설은 군정기부터 시작되어 민정기에 들어서면서 더욱 활발해졌다.[39] 민정 당국은 공장지를 확장하고 타이둥진과 시가를 잇는 도로를 정비하여 날로 늘어가는 공장지 수요에 대응하며 공업의 발전을 도모했다.

대항 북측 연안의 쓰팡과 창커우에는 1920~1930년대 칭다오 공업계의 중심이 될 방직공장들이 세워졌다. 창커우에는 독일점령기에 이미 견사 공장이 있었으나 전쟁으로 인해 사업이 중지되었다가, 1919년 중국 방직공장인 화신사창華新紗廠 칭다오공장으로 조업을 재개했다.[40] 근대 칭다오의 방직업은 일본 자본이 주도했다. 1918년에 쓰팡의 나이가이멘주식회사內外綿株式會社 칭다오공장이 가동에 들어간 이래, 다이니혼방적회사大日本紡績會社(쓰팡 소재), 상하이견사주식회사上海絹絲株式會社, 후지방적주식회사富士紡績株式會社, 나가사키방적주식회사長崎紡績株式會社, 닛신방적주식회사日淸紡績株式會社(이상 창커우 소재)가 1910년대 말에서 1920년대 초에 걸쳐 공장을 세웠다. 1920년대 칭다오 내 일곱 개 일본 방직회사 중 1917년 타이둥진공업지에 세워진 칭다오사창靑島絲廠을 제외한 여섯 개 회사가 쓰팡과 창커우에 지어졌다. 이들 지역에는 방직공장 이외에도 산둥공업주식회사山東工業株式會社(창커우 소재), 이신화학공업소維新化學工業所(쓰팡 소재) 등 일본인이 경영하는 공장이 세워졌다.

독일점령기 노동자구역으로 건설된 타이둥진은 일본의 칭다오 점령 후 주로 중국인 및 일본인 소상인, 노동자, 농민의 거주지로 기능했다. 특히 공장지가 정비되고 공장이 들어서면서부터는 공장에 고용된 많은 노동자들도 이 구역에 거주하게 되었다. 쓰팡과 창커우에도 공장이 건설되고 많은 노동자들이 유입되면서 중국인 노동자를 중심으로 하는 생활공간이 만들어졌다.

이상 일본점령기 수비군의 칭다오 도시 계획과 확장 및 정비 상황을 살펴보았다. 칭다오 점령 직후 수비군은 전후복구와 인구급증에 대응한 응급조치에 힘을 쏟았다. 칭다오 사회가 안정을 찾아가면서 수비군은 칭다오항 주변을 중심으로 시가지를 확장·정비하여 상업과 무역을 촉진하고, 타이둥진 및 쓰팡, 창커우에 공장지를 정비하여 공업의 기반을 마련하였다. 이러한 과정 중에 칭다오항 주변의 다바오다오는 상업·무역의 중심지이자 일본인 밀집거주구역으로 성장했다. 타이둥진은 공장지 및 시내 각지에서 일하는 노동자, 소상인 등 많은 중국인과 일부 일본인의 생활근거지가 되었다. 다음 절에서는 독일·일본점령기 주민의 주요 생활공간이었던 다바오다오와 타이둥진을 중심으로 주민 구성과 생활양상을 살펴보겠다.

Ⅳ. 다바오다오와 타이둥진의 생활양상

1. 상업중심지 다바오다오

독일점령기 중국인구역으로 구획된 다바오다오구는 당초에는 칭다오구와 비교하여 크게 발전하지 못했다. 그러나 칭다오항에 인접한 지리적 위치 및 교통상의 이점으로 인해 점차 칭다오의 주요 상업구역으로 발전하였다. 독일점령기 다바오다오구에는 중국인뿐 아니라 많은 일본인들이 거주하였다. 1913년의 조사에 따르면 당시 칭다오에는 요코하마정금은행과 미쓰이물산, 유아사양행, 닛신양행日信洋行, 고쇼양행江商洋行, 이와키상회岩城商會 등 일본 무역상과 일본인이 경영하는 잡화상, 미술상, 병원, 여관 겸 요리점, 요리전문점, 유흥업소, 독일인을 대상으로 하는 문신업소가 있었다. 그 중 칭다오구의 요코하마

〈그림 6〉 1918년 칭다오시가[42]

정금은행 출장소와 이시다치과石田齒科, 다카하시 사진관高橋寫眞店, 부두구의 유아사양행 칭다오 지점을 제외한 대부분이 다바오다오에 들어서있었다.[41]

다바오다오 내에서도 현재 중산루中山路의 북쪽에 해당하는 구역, 즉 독일점령기의 산둥거리 Shantung Straße, 일본점령기의 산토초山東町는 대항 부두에 이르는 요로였다.[43] 여기서는 이 구역을 중심으로 독일 및 일본점령기 다바오다오 일대 주민의 상황을 살펴보도록 하겠다.[44]

독일점령기 산둥거리는 칭다오 무역·상업의 발전과 함께 성장하여, 독일의 조차 만년에 이르러서는 다바오다오구 안에서도 가장 잘 정돈된 주요 상업지대가 되었다. 당시 이곳의 상권은 중국인이 장악하고 있었다. 산둥거리의 중국인은 대개 수입 잡화상, 양복상, 태환兌換에 종사했다. 그 밖에 잡화상, 당구장, 시계점, 이발소를 운영하는 일본 상점 다섯 개와 인도 상점 두 개가 있었으나, 큰 세력을 형성하지는 못했다.

그러나 일본의 칭다오 점령으로 상황이 크게 바뀌었다. 일본의 점령 후 중국 상인들은 소수를 제외하고는 전쟁의 형세를 관망하며 개

3. 독일·일본점령기 칭다오의 도시건설과 생활공간   95

점을 주저했고, 인도 상인의 경우에는 점포를 투매하고 칭다오를 떠나기에 이르렀다. 반면 일본인 소매업자는 이곳 외에 달리 적당한 점포지가 없었을뿐더러 칭다오에서의 전도에 희망을 품고 개업하는 경우가 많았다. 1920년 초 산토초에는 수입 잡화상, 포목점, 식료 잡화상, 양복점, 귀금속상, 과자가게, 약재상 등 33개 업종에 종사하는 일본 상점 62개와 양복상, 태환 등 17개 업종에 종사하는 28개의 중국 상점이 있었다. 산토초에는 수비군 민정부가 지은 수산청과시장이 있었으므로, 이 거리 안에서 의복, 식료품, 세간 등 일상용품을 한 번에 구입할 수 있었다. 산토초의 상세商勢는 나날이 번창하여 하루 매상이 최소 2만 엔円에서 많게는 7~8만 엔에 이르렀고, 명절에는 10만 엔 이상에 달하는 경우도 적지 않았다고 한다.

산토초의 고객은 칭다오시의 각 계층을 망라했으나, 일본인은 일본 상점을, 중국인은 중국 상점을 이용하는 경향이 있었다. 일본점령기 칭다오의 일본인은 전반적으로 경제적 여유가 있어 일본 상점에서는 서양 수입 잡화, 포목, 신발, 고급 장식품의 매매가 왕성했다. 일본 상점에서 판매하는 상품은 대개 일본 수입품이었다. 운임 및 운송 중의 파손 위험에 따라 가격이 일본 국내보다 20~30% 정도 비쌌으나 매출 상황이 좋았다.

이 시기 한 가지 특기할 만한 것은 소위 '화류계'가 성황을 누리면서 이 방면의 구매력이 상당히 컸다는 점이다.45) 1918년 12월의 조사에 따르면 당시 칭다오 신마치유곽新町遊廓 내에는 요정料亭(예기와 작부가 있는 곳)이 78개, 대석업貸席業 11개,46) 외부에서 예작부를 불러 올 수 있는 음식점(유곽 이외의 것을 포함)이 36개 있었고, 종사자로는 예기 326명, 작부 324명, 손님을 응대하는 하녀 152명이 있었다. 칭다오 경제가 최고 호황을 누리고 있던 1918년 한 해 동안 신마치유곽이 벌어들인 매상은 신고된 것만도 120만 엔으로, 실제 매상은 160~170만

〈그림 7〉 산토초 정경48)

엔에 달할 것으로 추측되었다.47) 칭다오 유흥업의 성황에 따라 종사자의 구매력이 증대하면서 산토초의 일본 포목점, 수입 잡화상, 귀금속상은 특히 높은 매출을 올렸다.

　산토초의 중국 상인은 두세 명의 대자본가를 제외하고는 대개가 소자본으로 상점을 운영하고 있었다. 가장 많은 수를 차지했던 잡화상은 주로 중국인을 대상으로 하는 값싼 물건을 취급하고 있었다. 이 상품들은 대개 중국수출을 목적으로 일본에서 제작된 것으로 가격은 저렴하나 품질이 크게 떨어졌다. 따라서 중국인 중에서도 일본 상점에서 물건을 구입하는 경우가 점차 증가했고, 중국 잡화상의 경쟁력은 더욱 저하되었다. 이와 같이 당시 일부 대자본가를 제외한 산토초 내 대부분의 중국 상인은 일본 상인과 비교하여 자본 및 상점의 규모, 상품의 내용 면에서 모두 열세에 놓여있었다. 수비군의 자국민 보호와 우대조치를 바탕으로 일본 자본이 당시 칭다오 산업계의 중추인 무역과 공업을 독식하고 있던 것과 마찬가지로, 칭다오 주민을 대상으로 하는 상업 부분에서도 일본이 막강한 세력을 차지하는 가운데 중국과 여타 국가의 상인들은 크게 성장하지 못했다.

2. 서민의 거주지 타이둥진

타이둥진은 독일 총독부가 도시건설부지의 원주민과 중국인 노동자의 거주지로 건설한 구역으로, 독일·일본점령기 동안 노동자를 비롯한 일반 서민의 거주지로 기능했다. 1899년 총독부는 칭다오 시구와 타이둥진 사이를 가로지르는 라오산(嶗山) 산맥을 개착하여 도로를 만들고 구역 건설에 착수했다. 타이둥진은 장방형의 건축지가 바둑판 형태로 배열되는 식으로 지어졌으며, 중앙에 광장을 만들어 시장으로 이용했다. 타이둥진의 가옥은 단층으로 중국인의 거주 방식에 적합하게 지어졌고, 목재 사용과 초가지붕이 허용되었다.[49]

타이둥진은 칭다오 시구 중심에서 도보로 30분 정노가 걸렸고, 대항과는 약 2km 떨어져 있었다. 대항 현장에는 항만시설과 조선소가 있어 항만 관련 건축 및 배수·급수 공사가 완료된 후에도 일거리가 많았다. 타이둥진의 건설 후에는 칭다오 시구와 대항에서 일하는 노동자와 철거 촌락의 원주민이 유입되어, 반년이 채 지나지 않은 시점에서 약 6천 명이 거주하고 있었다. 이후에도 노동자와 철거 촌락 원주민이 계속 유입되어 1910년경에는 약 9천 명이 타이둥진에 거주하고 있었다.[50] 당시 타이둥진의 주민은 대개 영세상인, 직공, 육체노동자로, 주간에는 시구로 나가서 상업이나 노동에 종사하고 밤에는 타이둥진으로 돌아오는 생활을 했다. 구역의 발전에 따라 독일점령기 타이둥진에는 학교와 병원, 수공업장이 들어서 있었다.[51]

독일점령기 타이둥진은 칭다오 시구 근교에 위치했으나, 도시계획을 바탕으로 건설되었으므로 일반 촌락과 비교하여 가로가 정연하고 위생상태가 양호했다. 또한 위치상 시구와 내륙을 연결하는 육상 방면의 요로였으므로, 칭다오와 내륙 간 출입화물의 집산지로 성장했다.52) 이러한 타이둥진의 위치와 성격은 일본점령기에 이르러서는 많은 중국인과 함께 일본인을 흡인했다.

일본의 칭다오 점령 직후 시구가 전면 개방되지 않았을 때, 타이둥진에는 일본군과 함께 신천지 칭다오에서의 일확천금을 꿈꾸며 각지에서 모여든 일본인이 대거 체류하고 있었다.53) 일본인의 급증은 타이둥진에 일시적인 주택 부족 문제를 초래하기도 했으나, 직업을 찾지 못하고 점차 도태하여 칭다오를 떠나는 일본인이 속출하면서 주택문제는 점차 안정을 찾아갔다.54)

칭다오 점령 후 수비군은 기본적으로 자국민을 보호하고 우대하는 정책을 펼쳤으나 모든 일본인을 동등하게 취급한 것은 아니었다. 수비군은 점령 초기부터 일본인 풍기 및 생활에 대해 단속을 가하였고, 경제활동을 영위할 수 있는 일본인과 일본 자본의 유치에 힘쓰면서 행정관리를 더욱 강화시켜 갔다. 이와 함께 칭다오 시구의 발전에 따라 지가와 임대료, 물가가 끊임없이 상승하면서, 시구보다 물가가 싸고 일본 당국의 관리가 비교적 느슨한 타이둥진에 거주하는 일본인도 적지 않았다.55)

1918년 10월의 관련 기사에 따르면 타이둥진 및 그 주변에는 중국인 7,483명(1,187세대, 남성 5,384명, 여성 2,099명)과 일본인 1,003명(308세대, 남성 507명, 여성 496명)이 거주하고 있었다. 타이둥진의 일본인세대는 현지의 공무에 종사하는 관리官吏 83세대, 군인 26세대와 회사원 72세대, 요리점 및 음식점 28세대, 노동자 23세대, 농업 15세대, 잡화상 14세대, 과자가게 11세대, 금융업 8세대, 이발업 7세대, 약재상 6세대 등으로 이루어져 있었다.56) 중국인의 경우 농업에 종사하는 일부를 제외한 대부분이 노동자로서 생계를 유지했다. 이 시기 칭다오의 노동자는 타이둥진 공장지의 정비·확장사업과 각 공장의 건축, 신시가지 예정지의 매립 공사, 도로 개수 공사에 종사하는 노동자와 공장지 내 20여개 공장에서 일하는 중국인 노동자만으로도 수천 명을 넘었다.[57] 당시 이들 노동자의 대부분이 타이둥진에 거주하면서 이 구역은 독일점령기에 이어 중국인 노동자의 주요 생활공간이 되었다.

이와 같이 일본점령기 타이둥진의 주민은 저렴한 물가, 느슨한 규제, 일자리의 존재 등 다양한 원인에 의해 유입되었다. 이를 통해 일본점령기 칭다오 주민의 생활공간이 독일점령기처럼 통치 세력의 규정에 의해 배치된 것은 아닐지라도, 국적 및 계급계층 등의 요인에 좌우되고 있었음을 알 수 있다.

V. 나오며

이상 독일·일본점령기 주민의 생활공간과 생활양상을 중심으로 칭다오 사회구조의 일면을 조명하는 동시에 근대 신흥도시이자 식민도시로서 칭다오의 특징을 도출하고자 했다.

독일점령기 칭다오는 위생상의 필요라는 명분하에 인종·국적에 따라 유럽인구역과 중국인구역으로 분리되어 건설되었고, 더불어 근교에 원주민 및 중국인 노동자의 거주 구역이 만들어지면서 계급계층에 근거한 거주지의 정책적 분리가 이루어졌다. 그러나 1910년대에 들어서면서 산업의 발전, 인구의 증가에 따라 도시공간의 확장과 재배치가 요구되었고, 총독부는 도시의 경제적 기능을 제고하는 방향으로 도시 확장과 정비에 나섰다. 신해혁명 후에는 중국 정치 체제의 변화와 자본 유치를 목적으로 하는 독일 당국의 의도가 맞물리면서 일부 관료, 거상에 한해서였으나 중국인의 유럽인구역 거주가 가능해지는 등 관련 정책에도 변화가 발생했다.

  일본의 칭다오 점령 후, 일본 정부는 주민의 생활공간을 정책적으로 분리하지는 않았다. 그러나 칭다오·산둥에서의 일본의 경제적 기반 마련이라는 경영 목적이 세워지면서 도시 정비와 각종 관련 정책 및 관리가 실시되었고, 그 과정에서 도심에서의 거주가 어려운 중국인과 일본인들은 근교에서 생활하는 양상을 보였다.

  앞서 서술한 바와 같이 칭다오는 기존 도시의 기반이 없는 상태에서 도시공간이 형성되고 주민의 다수가 외부 유입 인구로 이루어진 신흥도시이자, 외세의 점령 하에 만들어진 식민도시이다. 칭다오의 이러한 성격은 특히 도시건설 초기 단계부터 정책적으로 주민의 거주구역을 분리하고자 한 독일의 의도와 계획이 비교적 순조롭게 진행될 수 있는 바탕이 되었다. 그러나 신해혁명, 제1차 세계대전 등 중국 국내외 관계의 변화와 함께 산업 발전, 인구 증가 등 도시 내 각종 요소가 복잡하게 얽히면서, 주민의 생활공간은 통치 당국의 의도뿐 아니라 통치 당국과 주민의 관계, 주민 간 관계 등 다양한 관계 속에서 재구성되어갔다.

3. 독일·일본점령기 칭다오의 도시건설과 생활공간 101

■ 주

1) 독일은 삼국간섭에 대한 중국 측의 '보답'으로서 1895년 통상항 톈진天津과 한커우漢口의 조계를 양도받았다. 그러나 독일은 군사적, 경제적 측면에서 중국 내륙에 위치한 이 두 조계에 대해 큰 필요성을 느끼지 못하였다. 그 이유로는 두 지역 모두 군사적으로는 대형선박의 항행이 불가하여 독일 해군의 이익에 적합하지 않았고, 경제적으로는 이미 영국, 프랑스 등 기타 열강의 조계가 설치되어 독일의 대형회사들이 이들 국가의 조계지에 정착해 있는 상태였기 때문이다. 托爾斯藤·華納 著, 靑島市檔案館 編譯(2011), 『近代靑島的城市規劃與建設』, 東南大學出版社, 78~79쪽.
2) 이 표는 다음의 자료를 이용하여 작성했다. 膠澳總督府(Gouvernement Kiautschou) 著, 靑島市檔案館 編譯(2007), 『靑島開埠十七年-《膠澳發展備忘錄》全譯』, 中國檔案出版社, 193~722쪽; 靑島守備軍司令部(1921), 『靑島守備軍統計年報. 大正八年度』, 靑島守備軍司令部; 田原天南(1914), 『膠州灣』, 滿洲日日新聞, 132~140쪽. 1902~1913년 중국인 합계 중 괄호 안은 10세 미만 아동의 수를 나타낸다.
3) 1910년 독일총독부의 조사에 따르면, 당시 칭다오 시구의 유럽인은 1,621명으로 독일인 1,531명, 영국인 32명, 미국인 19명, 러시아인 16명, 오스트리아인 15명 등이 있었고, 그 밖에 독일 주둔군 2,275명이 있었다. 1913년의 조사에 따르면 유럽인은 2,069명으로 독일인 1,885명, 러시아인 61명, 영국인 51명, 미국인 40명 등이 있었다. 유럽인과 일본인을 제외하고 인도인(1904년 7명, 1905년 9명, 1910년 11명)과 조선인(1910년 5명), 남양인南洋人(1910년 5명, 동남아시아 각지에서 온 인구로 추측됨)이 재주하고 있었다. 膠澳總督府(2007), 앞의 글, 363~722쪽.
4) 아시아 식민도시의 공간구조에 대해서는 다음의 연구를 참고할 수 있다. 김나영(2013), 「도시계획적 측면에서 본 아시아 식민지 해항도시 비교」, 『해항도시문화교섭학』 8, 한국해양대학교 국제해양문제연구소, 203~246쪽.
5) 칭다오의 도시계획과 건설에 관한 전면적인 연구로는 독일점령기 칭다오의 도시계획과 건설 과정을 같은 시기 중국 내 조계 및 조차지와 비교하여 분석한 토르스텐 바르너Torsten Warner의 연구(托爾斯藤·華納 著, 靑島市檔案館 編譯(2011), 『近代靑島的城市規劃與建設』, 東南大學出版社)와 20세기 전반 칭다오의 도시 형성 과정을 칭다오 및 산둥 시장경제의 전개와 연관 지어 분석한 루안위시欒玉璽의 연구(欒玉璽(2009), 『靑島の都市形成史 1897-1945: 市場經濟の形成と展開』, 思文閣出版), 독일 식민도시의 관점에서 칭다오의 토지정책, 도시건설계획, 건축을 중점적으로 다룬 김춘식의 연구(김춘식(2010), 「제국주의 공간과 융합: 독일제국의 중국식민지 도시건설계획과 건축을 중심으로」, 『독일연구』 No.19, 한국독일사학회, 111~144

쪽)를 들 수 있다. 칭다오의 도시건설과 사회구조를 분석한 연구로는 김형열(김형열(2011), 「근대 산동의 도시건설 유형과 사회갈등 구조-칭다오와 지난의 도시 근대화를 중심으로」, 『도시화와 사회갈등의 역사』, 심산, 135~185쪽)과 아사다 신지(淺田進史(2005), 「膠州灣租借地における'中國人'(1897-1914)」, 『歷史學硏究』 797, 靑木書店, 1~17쪽)의 연구를 들 수 있다. 김형열은 독일 제국주의가 칭다오를 건설하는 과정 및 그 속에서 나타나는 다양한 사회구조를 산동의 내륙도시 지난의 도시화와 비교·분석하여 근대 산동의 도시화라는 맥락에서 파악하였다. 아사다 신지의 연구는 독일 자오저우만 조차지에 적용된 독일 식민지법과 식민지 정책을 중심으로 조차지 내 중국인의 지위를 조명했다.

6) 托爾斯藤·華納(2011), 앞의 글, 89~99쪽.
7) 膠澳總督府(2007), 앞의 글, 13쪽.
8) 유럽인구역 건설에 사용되는 건축자재와 구조는 독일 본국의 규정에 부합하는 형식을 적용했고, 중국인구역의 경우는 중국 건축양식으로 짓는 것이 허용되었다. 독일점령기 칭다오의 도시계획과 건설에 관해서는 托爾斯藤·華納(2011), 앞의 글을 볼 것.
9) 岸元吉(1922), 「佐賀町(舊獨逸人中心街)」, 『靑島及山東見物』, 山東經濟時報社.
10) 田原天南(1914), 앞의 글, 544~545쪽. 유럽인구역에 거주하는 일본인이 있었던 동시에 일본인의 경제활동에 많은 제한이 가해졌던 점은, 열강과 맺은 불평등조약을 개정하며 제국주의 국가로 전화해가는 과정에 있던 당시 일본의 국제적 위치가 드러나는 대목이기도 하다.
11) 田原天南(1914), 앞의 글, 500~503쪽.
12) 田原天南(1914), 앞의 글, 503쪽.
13) 〈그림 2〉는 靑島市檔案館(2002), 『靑島地圖通鑒』, 山東省地圖出版社, 55쪽의 지도를 이용하여 작성했다.
14) 托爾斯藤·華納(2011), 앞의 글, 108쪽.
15) 『東京朝日新聞』, 1914.8.31.
16) 托爾斯藤·華納(2011), 앞의 글, 108~118쪽.
17) 膠澳總督府(2007), 앞의 글, 149~305쪽.
18) 〈그림 3〉은 上仲尙明(1914), 『膠州灣詳誌』, 博文館의 부록을 바탕으로 작성했다.
19) 靑島市檔案館(2002), 앞의 글, 48쪽.
20) 田原天南(1914), 앞의 글, 504쪽.
21) 靑島市檔案館(2002), 앞의 글, 48쪽.
22) 유럽인 주택에 고용된 노동자는 일반적으로 고용주의 가옥 내에 거주하지 않고 부속건물을 지어 거주했다. 田原天南(1914), 앞의 글, 502쪽.

23) 膠澳總督府(2007), 앞의 글, 721쪽.
24) 당시 일본 신문은 신해혁명 이후 청조 대관 및 거상의 칭다오 유입과 그를 둘러싼 변화를 다음과 같이 다루었다. '…최근 중국에 혁명이 일어나니 칭다오에서 독일의 보호가 충분하여 전청前淸의 유신遺臣이 칭다오로 피하는 자 적지 않다. 독일 또한 칭다오의 번영책으로 대관호가大官豪家의 초청에 노력하여 공친왕恭親王을 시작으로 자오얼쉰趙爾巽, 장런쥔張人駿, 리쟈쥐李家駒 등 소위 종사당宗社黨의 수령과 함께 하니 칭다오는 마치 종사당의 소굴이 된 듯하다. 이 뿐 아니라, 탄옌카이譚延闓, 양두楊度, 쉬딩린許鼎霖 등 현세에 뜻을 얻지 못한 자와 생명과 재산에 불안을 느낀 재산가 등이 연이어 난을 피해 토지를 사거나 가옥을 짓거나 상공업에 투자하여 칭다오는 나날이 발전하기에 이르렀다…'『東京朝日新聞』, 1914.8.31.
25) 총독부는 이러한 현상에 대해 '(독일)해군 관리 당국이 십여 년 동안 구축해 온 각종 예외적 보호조치로 식민지는 절대적 안전 보장을 제공했고 이것이 화인 자본의 유입을 촉진했다'고 보았다. 膠澳總督府(2007), 앞의 글, 709쪽.
26) 膠澳總督府(2007), 앞의 글, 715쪽. 1913년 칭다오에는 중국은행中國銀行, 산둥은행山東銀行, HSBC, 요코하마정금은행 등 중국 및 외국 은행의 지점이 세워졌다.
27) 田原天南(1914), 앞의 글, 537쪽.
28) 靑島守備軍軍政署(1916), 『靑島要覽』, 11쪽.
29) 靑島守備軍軍政署, 앞의 글, 11~15쪽. 칭다오에서의 교전과 독일군 포로에 대해서는 瀨戶武彦(1999), 「靑島(チンタオ)をめぐるドイツと日本(2): 日獨戰爭とドイツ人俘虜」, 『高知大學學術硏究報告 人文科學』 48, 高知大學, 105~125쪽; 瀨戶武彦(2001), 「靑島(チンタオ)をめぐるドイツと日本(4): 獨軍俘虜槪要」, 『高知大學學術硏究報告 人文科學』 50, 高知大學, 57~151쪽; 瀨戶武彦(2003), 「靑島(チンタオ)をめぐるドイツと日本(5): 獨軍俘虜槪要(2)」, 『高知大學學術硏究報告 人文科學』 52, 高知大學, 25~155쪽을 참고.
30) 督辦魯案善後事宜公署編輯處(1922), 『靑島』의 부록을 바탕으로 작성했다.
31) 靑島軍政署告示(1914.12.13), 『家屋賃貸借規則』; 靑島軍政署告示(1914.12.18), 『貸家及貸間ニ關スル件』.
32) 靑島守備軍軍政署(1916), 앞의 글, 21~22쪽.
33) 桂川光正(2003), 「日本軍政と靑島: 一九一四~二二年」, 千田稔・宇野隆夫 共編, 『東アジアと半島空間-山東半島と遼東半島』, 思文閣出版, 247쪽.
34) 桂川光正(2003), 앞의 글, 244~246쪽.
35) 鈴木友二郞 編(1917), 「小港(其一)」, 『靑島寫眞帖』, 高橋寫眞館.
36) 欒玉璽(2009), 앞의 글, 105쪽.

37) 당시 소항의 발전상황은 다음의 기사에 잘 드러나 있다. 靑島實業協會(1919), 『靑島實業協會月報』21, 30쪽.
38) 靑島實業協會(1919),「商業中心移動」,『靑島實業協會月報』18, 33쪽；靑島實業協會(1920),「山東町町勢一班」,『靑島實業協會月報』29, 30~31쪽.
39) 1918년 말에는 일본 자본의 유방(油房), 사창(絲廠), 제유(製油)공장, 화학공장, 금속공장, 골분제조공장, 맥주공장, 성냥공장과 중국인이 경영하는 벽돌공장이 지어져 영업을 하고 있었다. 高橋源太郞(1921),『靑島案內：附·山東鐵道沿線小記』, 49쪽；靑島實業協會(1918),「臺東鎭近況」,『靑島實業協會月報』10, 33쪽.
40) 膠澳總督府(2007), 앞의 글, 341~342쪽.
41) 田原天南(1914), 앞의 글, 542~543쪽.
42) 靑島守備軍民政署(1918),『靑島要覽』의 지도를 바탕으로 작성했다.
43) 중산루는 칭다오시구의 남북 방향으로 난 주요 간선도로로, 칭다오 최초로 도시계획에 의해 만들어진 도로의 하나이다. 다구루大沽路, 바오딩루保定路, 더시엔루德縣路는 독일점령기 칭다오구와 다바오다오구의 분계선으로 중산루는 이 분계선을 기준으로 이남은 칭다오구의 프리드리히거리Friedrich Straße, 이북은 다바오다오구의 산둥거리Shantung Straße로 나뉘어졌으며, 일본점령기에 들어 다시 남단은 시즈오카초靜岡町, 북단은 산토초山東町로 개칭되었다. http://www.baike.com/wiki/%E4%B8%AD%E5%B1%B1%E8%B7%AF(검색일: 2013.07.31).
44) 이 부분은 다음 기사를 중심으로 분석한다. 靑島實業協會(1920), 앞의 글, 30~33쪽.
45) 일본 유흥업소와 매춘부는 독일의 자오저우만 조차 초기부터 존재하여, 1901년 칭다오 재주 일본인(50~60명)의 대다수를 차지했다. 칭다오 일본 유흥업의 선구자인 다카하시 노리오高橋德夫는 나가사키 독일영사관의 통역을 역임하여 독일인과의 교제범위가 넓었던 인물로, 독일이 자오저우만을 점령하자 곧 이곳으로 도항하여 여러 가지 사업을 경영했다. 그는 어느 독일인의 권유에 따라 주루酒樓를 차리고 일본 여성을 고용하여 높은 이익을 남겼으나 러일전쟁 도중 병사했다. 田原天南(1914), 앞의 글, 539쪽. 일본이 칭다오를 점령한 직후 어수선한 분위기 속에서도 유흥업은 성황을 이루었다. 이후 사회 질서를 회복해가는 과정 중에 수비군은 신마치유곽을 지어 관련 업종을 집중시켰다.
46) 대좌부貸座敷(가시자시키)라고도 하며, 원래는 회합 등을 위해 유료로 방을 빌려주는 장소 대여업을 지칭했다. 그러나 일본 에도江戸 중기 이후에는 남녀의 밀회를 위해 장소를 제공하는 업종 혹은 가게를 지칭하게 되었고, 메이지정부明治政府의 공창유곽제도公娼遊郭制度 하에서는 유녀옥遊女屋의 공식 명칭이 되었다.

47) 高橋源太郎(1921), 앞의 글, 142~145쪽.
48) 鈴木友二郎 編(1917), 「靑島山東町」, 앞의 글.
49) 『東京朝日新聞』, 1914.8.31.
50) 靑島守備軍司令部 編(1921), 『靑島守備軍統計年報. 大正四年度』, 靑島守備軍司令部, 10쪽.
51) 『東京朝日新聞』, 1914.8.31.
52) 高橋源太郎(1921), 앞의 글, 47~48쪽.
53) 遲塚麗水(1915), 『山東遍路』, 春陽堂, 100~108쪽.
54) 靑島實業協會(1918), 앞의 글, 32쪽.
55) 高橋源太郎(1921), 앞의 글, 193쪽.
56) 靑島實業協會(1918), 앞의 글, 33쪽.
57) 1918년 타이둥진 공장지의 칭다오사창, 아카시성냥제조공장明石燐寸製造工場, 칭다오성냥제조공장靑島燐寸製造工場의 3사가 1,000여 명이 넘는 중국인 노동자를 고용하고 있었다. 靑島實業協會(1918), 앞의 글, 33쪽.

■ 참고문헌

김춘식(2010),「제국주의 공간과 융합: 독일제국의 중국식민지 도시건설계획과 건축을 중심으로」,『독일연구』19, 한국독일사학회.

김형열(2011),「근대 山東의 도시건설 유형과 사회갈등 구조-칭다오와 지난의 도시 근대화를 중심으로」, 김태승 외,『도시화와 사회갈등의 역사』, 심산.

淺田進史(2005),「膠州灣租借地における'中國人'(1897-1914)」,『歷史學研究』797, 青木書店.

上仲尙明(1914),『膠州灣詳誌』, 博文館.

桂川光正(2003),「日本軍政と靑島: 一九一四~二二年」, 千田稔・宇野隆夫 共編,『東アジアと半島空間-山東半島と遼東半島』, 思文閣出版.

岸元吉(1922),『靑島及山東見物』, 山東經濟時報社.

田原天南(1914),『膠州灣』, 滿洲日日新聞社.

高橋源太郎(1921),『靑島案內:附・山東鐵道沿線小記』.

遲塚麗水(1915),『山東遍路』, 春陽堂.

靑島軍政署(1914),『大正三年十日月二十日 靑島軍政署告示』.

靑島實業協會(1918),『靑島實業協會月報』10, 靑島實業協會.

_____(1919),『靑島實業協會月報』18, 靑島實業協會.

_____(1919),『靑島實業協會月報』21, 靑島實業協會.

_____(1920),『靑島實業協會月報』29, 靑島實業協會.

靑島守備軍軍政署(1916),『靑島要覽』, 靑島守備軍軍政署.

靑島守備軍司令部 編(1921),『靑島守備軍統計年報. 大正四年度』, 靑島守備軍司令部.

_____,『靑島守備軍統計年報. 大正八年度』, 靑島守備軍司令部.

靑島守備軍民政署(1918),『靑島要覽』, 靑島守備軍民政署.

『東京朝日新聞』, 1914. 8. 31.

欒玉璽(2009),『靑島の都市形成史1897—1945: 市場經濟の形成と展開』, 思文閣出版.

鈴木友二郎 編(1917), 『青島寫眞帖』, 高橋寫眞館.

督辦魯案善後事宜公署編輯處(1922), 『青島』.
膠澳總督府(Gouvernement Kiautschou) 著, 青島市檔案館 編譯(2007), 『青島開埠十七年-《膠澳發展備忘錄》全譯』, 中國檔案出版社.
青島市史志辦公室 編(1997), 『青島市志・民族宗敎志』, 新華出版社.
青島市檔案館(2002), 『青島地圖通鑒』, 山東省地圖出版社.
托爾斯藤・華納(Torsten Warner) 著, 青島市檔案館 編譯(2011), 『近代青島的城市規劃與建設』, 東南大學出版社.
http://www.baike.com/wiki/%E4%B8%AD%E5%B1%B1%E8%B7%AF(검색일: 2013.7.31)

권경선 | 한국해양대학교 국제해양문제연구소 HK연구교수

4.
일본문헌에 나타난 칭다오의 공간구조와 도시표상

오시로 나오키(大城直樹)

Ⅰ. 지도를 통해 본 도시공간의 변천

이 글에서는 중일전쟁 이전에 간행된 일본문헌을 중심으로 칭다오의 공간구조 변천과 도시표상에 대해 살펴보고자 한다. 우선 독일점령기의 도시화과정을 지도와 함께 간략히 짚어보겠다. 본서의 제3장에서 상세히 다루고 있듯이, 1897년 독일은 자오저우만膠州灣을 점령하였고 이듬해 중국과 독일 간의 조약체결로 이곳은 독일의 조차지租借地가 되었다. 독일은 항만 입구의 요새로 칭다오를 주목하고, 총독부 관청을 비롯하여 가톨릭교회·개신교교회와 같은 건축물과 주택지 및 상하수도, 도로 등의 도시기반 시설을 건설하였다. 독일의 칭다오 건설은 조차 만년인 1914년까지 진행되었는데, 현재의 구시가지舊市街地가 여기에 해당한다.

〈그림 1〉을 보면 1912년 당시 시가지의 모습을 알 수 있다. a는 시가지의 범위를 나타낸 것으로, 지금의 중산루中山路를 축으로 하고 서쪽의 철도노선과 동쪽의 총독부 및 관청·공공시설가를 경계로 하여

110 칭다오, 식민도시에서 초국적 도시로

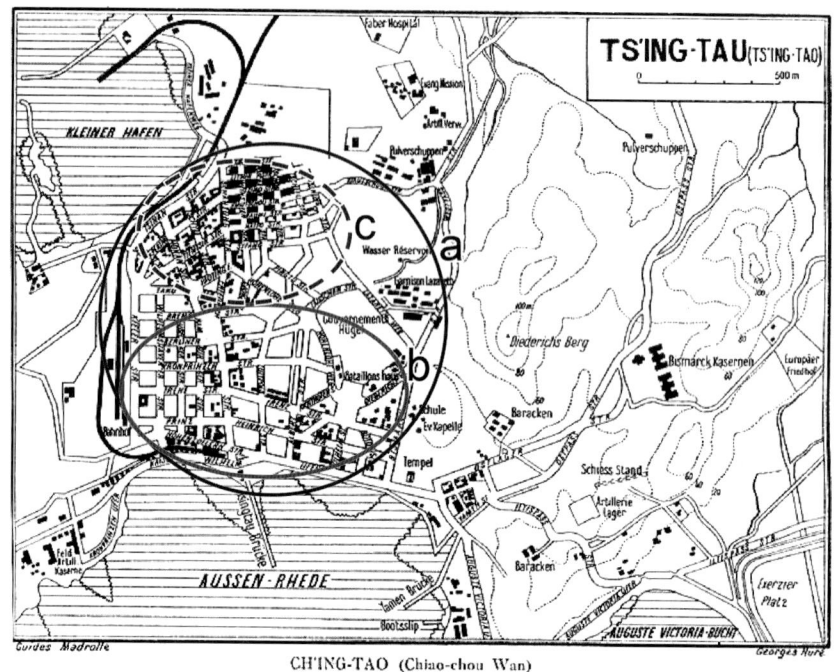

〈그림 1〉 독일점령기의 칭다오(1912년)[1]

시가지가 펼쳐졌다. 독일 총독부는 독일인(및 유럽계 주민과 일부 일본인)과 중국인(및 아시아계 주민)의 거주구역을 분리하는 정책을 실시했다. b는 독일인 거주구역을 나타낸 것으로, 이 구역 동쪽에는 군사관련시설이 분포해 있었다. 지모루卽墨路 일대에 형성되어 있던 조밀한 블록은 중국인 거주구역이었고(c), 산둥거리를 따라 중심업무지구가 조성되었다. 독일당국에 의한 인종별 거주구역 분리정책은 1910년대에 이르러 사라졌다. 〈그림 1〉에서는 드러나지 않지만 구시가지에서 북동쪽으로 2.5km 정도 떨어진 곳에 위치한 타이둥진臺東鎭과 서남쪽으로 1km 정도 떨어진 곳에 위치한 타이시진臺西鎭도 중국인거주구역이었다. 이들 구역은 시가지로부터 상당히 떨어져 있었고, 그 사

이에 취락이나 특별한 건조 환경은 보이지 않았다.(〈그림 2〉 참고)

제1차 세계대전의 발발과 함께 독일에 선전포고한 일본은 1914년 11월부터 1922년까지 칭다오를 점령·통치했다. 일본점령기에는 상공업과 항만기능이 발전하고 시구가 확장되었다. 이와 함께 인구도 증가하여 1922년 북양정부北洋政府에 반환될 당시 칭다오 시역의 인구는 289,411명에 달했다.[2]

일본점령기 칭다오를 연구한 가쓰라가와桂川는 점령지 통치기관인 칭다오수비군靑島守備軍의 시가지 정비를 다음과 같이 분석하고 있다. 칭다오 사회가 안정되어가면서 일본은 경제권익의 확립과 경제적지위의 확보라는 점령지 통치목표를 세우고, 통치체제를 군정에서 민정으로 전환했다. 일본이 칭다오를 점령한 후 이 지역에는 각지에서 적수공권赤手空拳 무리나 일확천금을 꿈꾸는 부류의 일본인이 대거 들어와 수비군 당국이 보기에 의심스러운 장사를 하고 있었는데, 통치목표의 달성에 있어 이들은 훼방꾼에 지나지 않았다. 정당한 경제활동을 하는 일본인의 진출과 정착이 절대적으로 필요했던 수비군은 일본기업을 유치하여 점령지에 정착시키고자 했다. 이를 위해 도시 인프라 정비에 본격적으로 착수하고, 정비한 토지를 대여(사실상 분양)하는 활동에 힘을 기울였다. 이 과정에서 칭다오 대항大港에서 타이둥진에 걸친 구역은 물론, 북쪽의 쓰팡四方 및 창커우滄口 구역이 정비되었다. 아울러 1919년 베르사유강화회의로 칭다오반환을 피할 수 없게 되자, 구 칭다오의 몇 배에 달하는 전관거류지를 확보하려는 목적으로 대칭다오大靑島 계획을 세웠다.[3]

일본점령기 칭다오의 지도는 일본 국립공문서관 아시아역사자료센터アジア歷史資料センター의 홈페이지에서 열람이 가능하다. 대표적인 자료로는 외교자료관外交資料館 소장의 『칭다오기밀지도집靑島機密地圖集』이 있으며, 총 27개 항목으로 분류되어 있다. 그 가운데 시가지 관련

〈그림 2〉 칭다오시가(토지관계)도(1918년으로 추정)[4]

4. 일본문헌에 나타난 칭다오의 공간구조와 도시표상

지도는 모두 독일이 작성한 지도에 일본점령기의 개별정보를 첨가한 것이다.

① 칭다오시가도靑島市街圖 1/10,000
② 칭다오시가건설도 최근의 칭다오부도 제2 靑島市街建設圖最近之靑島附圖第二 1918년 3월 조사 1/10,000
③ 칭다오소항이남시가도 칭다오수비군사령부靑島小港以南市街圖 靑島守備軍司令部 1915년 2월 23일 1/4,000
④ 다바오다오시가도大鮑島市街圖 1915년 2월 23일 1/4,000
⑤ 칭다오요새방비靑島要塞之防備 10월 18일 1/25,000
⑥ 칭다오토지매수관계도 육지측량부 참모본부靑島土地買收關係圖 陸地測量部 參謀本部 1914년 8월 제작 1/10,000
⑦ 칭다오시가(토지관계)도靑島市街(土地關係)圖 1/10,000
⑧ 칭다오시가(토지매수)도靑島市街(土地買收))圖 [⑦과 같은 지도사용] 1/10,000
⑨ 징발토지건물소유일반도 육군경리부관리徵發土地建物所有一般圖 陸軍經理部管理 1915년 2월 23일 1/4,000
⑩ 상수도배관도上水道配管圖 [⑫와 같은 지도 사용] 1/10,000
⑪ 하수도下水圖 [⑫와 같은 지도사용] 1/10,000
⑫ 점령후매수토지건물소재일반도(15) 민정부관리占領後買收土地建物所在一般圖(十五) 民政部管理 1/10,000

이 지도들을 보면 일본 당국이 독일점령기에 형성된 도시공간을 기반으로 매수 및 징발을 통해 시가지를 확장했다는 것을 알 수 있다. 독일점령기의 시가지를 구시가지라고 한다면, 일본점령기 구시가지 북부에 들어선 시가지는 신시가지라 할 수 있으며 타이둥진과 연결되었다. 당시의 지도를 통해 대항 항만 정비(철도부설을 포함)와 함께 대항 동쪽에 대규모 시가지가 형성되어 있는 것을 볼 수 있으나, 점선으로 표시되어 있는 것으로 보아 계획단계였을 것으로 여겨진다.

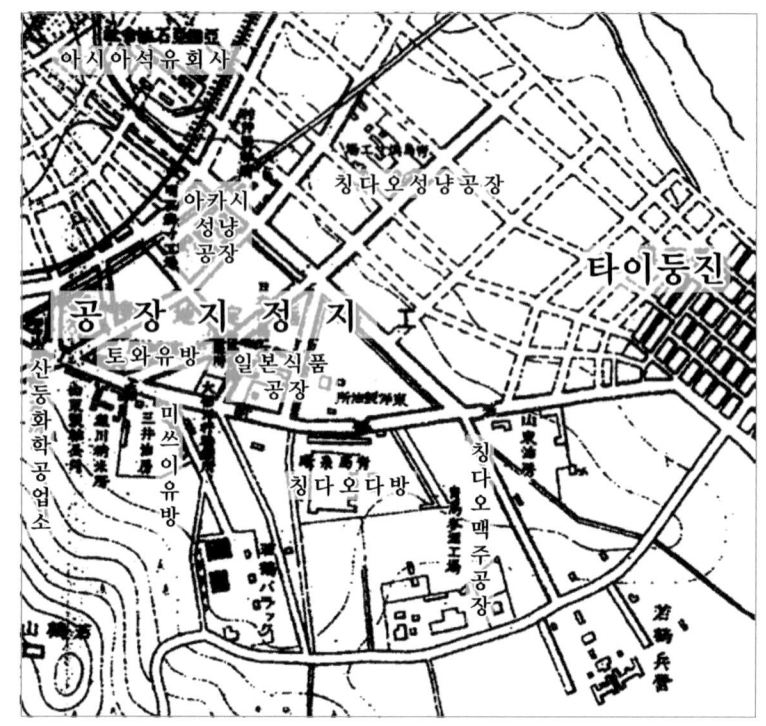

〈그림 3〉 일본점령기의 타이둥진공장지(1918년)[5]

독일점령기부터 서서히 성장한 대항과 소항 사이의 다바오다오구는 이 시기 일본인거리로 변모하였고, 주로 상업지와 주택지로 이용되었다. 다바오다오구의 동쪽에는 와카쓰루야마若鶴山라고 표기된 산이 있는데, 이 산 중턱에 칭다오신사青島神社가 있었다. 일본인거리는 이 산의 동서로 이어진 참배길參道을 축으로 하여 남북에 걸쳐 분포해 있었고, 일본인 학교도 설립되었다.

한편 대항에서 타이둥진에 걸친 구역은 공업지로 정비되었다. 타이둥진 공업지에는 지금도 일본점령기에 건설된 공장 중 일부가 남아있다. 공업지 중앙부 남단에는 대일본맥주회사大日本麥酒會社 칭다오공장이 있었으며, 현재 이곳에는 칭다오맥주박물관이 들어서 있다. 맥주 박물관의 서쪽에 위치한 제유製油공장 역시 일본점령기 미쓰이유방三井油房 칭다오공장이 들어서 있던 곳이다. 일본점령기 타이둥진공장지에는 그 밖에도 칭다오다방靑島茶房, 산둥화학공업소, 일본식품공장, 아시아석유회사, 칭다오성냥공장, 아카시明石성냥공장, 일본금속공장, 토와유방東和油房 등의 공장들이 세워졌다. 이 공장들의 위치는 〈그림 3〉에서 확인할 수 있다.

이와 같이 일본점령기 칭다오 시가지의 확장과 정비 부문에서 공업지와 상업지, 주택지 조성과 학교 설립 등 일본인의 권익강화를 위한 움직임은 순조롭게 진행된 것처럼 보인다. 일본점령기의 이러한 조치들은 칭다오의 중국 반환 후에도 일본인이 이 지역에서 경제활동을 펼칠 수 있는 기반이 되었다.

1922년 칭다오는 중국 북양정부에 반환되었다. 북양정부는 이후 칭다오 시역을 타이둥진과 타이시진까지 확장하였으나, 세출稅出을 줄였기 때문에 전반적인 도시건설은 정체되었다.[6] 1929년 국민정부가 칭다오를 접수하면서 도시건설은 다시 활기를 띠었다. 잔산湛山 동쪽으로 주택지가 확장되었고, 타이핑거太平閣나 바다관八大關 등의 별장지구도 이 시기에 형성되었다. 아울러 칭다오의 국제화와 함께 각국에서 사람들이 모여들면서 각국의 영사관, 은행, 상점, 공장, 학교가 차례로 세워졌다. 1937년 칭다오에는 중국 측이 설립한 26개의 초중등교육관련 시설과 고등교육시설인 산둥대학山東大學, 일본이 설립한 칭다오중학교, 고등여학교, 칭다오학원상업학교, 실업학교, 심상고등소학교, 청년학교를 비롯하여 그 밖의 국가가 세운 소·중학교가 있었다.

이 시기에는 또한 라오산풍경구崂山風景區를 비롯한 지역 내 관광개발이 중시되면서, 칭다오는 휴양·피서·유람지로서 주목을 끌기 시작했다.[7] 이러한 도시 확장과 발전으로 인해 1937년 중일전쟁이 발발

〈그림 4〉 일본점령기의 일본인거류지[8]

하기 직전 칭다오 시역의 인구는 38만 5천 명에 달했다.

Ⅱ. 일본인거주지 건조환경(建造環境)의 특징

일본점령기 칭다오수비군 철도관계자였던 다카하시 겐타로高橋源太郎가 1918년에 발표한 『최근의 칭다오最近之靑島』에 따르면, 1917년 경 칭다오의 시가지는 크게 칭다오구, 다바오다오구, 부두구埠頭區, 별장구別莊區, 신시가지로 나뉘었다. 이 시기 칭다오시의 국적별 인구는 중국인(2만 8,748명)이 가장 많았고, 다음으로 일본인(1만 6,697명), 독일

4. 일본문헌에 나타난 칭다오의 공간구조와 도시표상 117

〈그림 5〉 일본인거리 도코로자와초(所澤町)9)

인(346명), 영국인(50명), 러시아인(40명), 미국인(29명)의 순이었다. 당시 각국 영사관은 구총독부 앞을 동서로 가로지르는 저수이루浙水路와 그곳에서 해안으로 뻗은 칭다오루, 해안가의 타이핑루 등 구시가지의 행정중심 일대에 집중해 있었다.

이 시기 일본인의 상업지는 다바오다오구였다. 다오바오다오구 서쪽 끝자락에는 칭다오 제일의 번화가 산토초山東町(지금의 중산루)가 있었고, 유럽 건축양식과 중국 건축양식을 절충한 2층 건물이 들어서 있었다. 신시가지는 부두구와 다바오다오구 사이에 있었고, 그 동쪽 고지대에 신마치유곽新町遊郭이 있었다.

신마치유곽은 구 독일 총독부 청사의 배후 하치만야마八幡山(지금의 관하이산觀海山)에서 측후소가 있던 북쪽의 관샹산觀象山을 경유하여 북부로 이어진 지역에 입지했다. 유곽은 신마치 동쪽거리東通り와 서쪽거리西通り 양측에 줄지어 들어서 있었다고 추측되나, 지금은 그 구획이 없어지고 대형시설이 들어서있다. 대략 지금의 상하이루上海路,

류청루聊城路 근처, 자오저우루膠州路, 상하이루와 청양루城陽路의 교차점 부근을 경계로 했던 것으로 보인다.(〈그림 2〉, 〈그림 4〉 참조) 1917년 당시 신마치유곽에는 서양건축양식으로 지어진 유곽 56채와 석대席貸 6채, 음식점 53채가 있었고, 예기芸妓 270명과 작부酌婦 335명이 있었는데, 칭다오에 거주하고 있던 일본인 인구에 비해 유곽의 규모가 상당히 컸던 것으로 여겨진다. 신마치유곽에 관한 구체적인 설명은 찾을 수 없으나, 필자는 유곽거리(이른바 '花街)야 말로 당시의 특징적인 일본시가지 형성요소(건조환경)였다고 본다. 장소적으로 보았을 때, 신마치는 상업 번화가의 동쪽이자 일본인 거주구역의 남쪽에 위치해 있었다. 바꾸어 말하면 독일점령기 구시가지와 일본점령기 신시가지의 중간에 입지해 있었다고 할 수 있다.

신마치 북쪽에 있는 와카쓰루야마(지금의 주수이산貯水山)에는 앞서 서술한 칭다오신사가 자리하고 있었다. 칭다오신사 역시 일본시가지의 특색 있는 건조환경으로, 서울(당시 경성) 남산의 조선신궁(1919~1945)이나 부산 용두산신사(1915~1919)와 같이 일본인거주지 안에 부설되었다. 이 신사는 1918년에 착공되어 이듬해에 완성되었다. 신사의 배전拜殿은 도쿄東京가 있는 동남동東南東 방향을 향해 참배할 수 있도록 되어있었다. 이러한 설계는 도쿄의 궁성宮城(지금의 황거皇居)를 의식한 것으로 보이며, 조선신궁도 이런 원칙으로 건설되었다. 신사의 배후에는 일본인거리(거주구・상업구)가 입지해 있었는데, 신사는 일본인거리와 그 주민을 보호할 목적으로 지어진 것으로 보인다.

한편 신시가지 서쪽 끝자락으로 뻗은 탕이루堂邑路(지금의 중산루 북쪽)에는 당시 미쓰이물산三井物産, 이토츄상사伊藤忠商社, 고쇼양행江商洋行 등의 일본 상사商社가 있었다. 칭다오신사 기슭에서 이어진 랴오닝루遼寧路와 탕이루 사이의 주상혼합지구에는 학교가 설립되었다.

일본점령기 도시건설 및 발전과 함께 칭다오를 소개하는 각종 안내

<그림 6> 『최근의 칭다오』에 게재된 칭다오 풍경
(위로부터) 칭다오대항과 기선, 산토초, 칭다오소항과 정크선

서도 출간되었다. 상술한 다카하시 겐타로의 『최근의 칭다오』[10]도 그 중 하나이다. 그는 책의 서문에서 '독일 문명의 결정, 독일 정기의 발현, 독일의 웨이하이웨이威海衛 혹은 홍콩과 같았던 칭다오는 지금 우리 손 안에 돌아와 다이쇼국민大正國民 대륙진출의 발판이 되었다. 비유컨대 독일이 진미를 차려놓은 밥상에 젓가락을 든 것과 같이 유쾌하다'

며, 독일이 만든 도시 칭다오를 칭송하면서 그것을 가로챈 쾌감을 구가했다. 이 책은 당시 칭다오 시내의 일본인 인구를 3만 명(군인을 제외하면 1만 6,697명, 그 밖에 칭다오 시외 거주 일본인 1만 8,576명이 있었음)으로 기록하고 있는데, 앞서 언급한 1922년과 비교하여 1918년의 인구가 많은 것으로 드러난다. 집계방법의 문제일지도 모르겠으나, 중국 측의 자료와 일치하지 않는다는 점은 앞으로 검증이 필요한 부분이다. 이 책은 기본적인 지리정보나 취락·명승지 안내뿐만 아니라, 여관·만담장寄席·극장·유곽·음식점 소개는 물론, 산업, 위생, 종교, 일본군정의 지배체제, 진출기업과 명사名士에 대해서도 소개하고 있다. 책을 통해 당시 칭다오에는 미쓰이물산, 스즈키상점鈴木商店, 오쿠라구미大倉組, 일본유선日本郵船 등과 같은 쟁쟁한 기업들이 진출해 있었음을 알 수 있다. 다카하시는 『최근의 칭다오』외에도 『칭다오안내靑島案內』(1919)[11]를 저술했다.

칭다오가 중국에 반환된 후에도 일본인은 계속해서 칭다오에 거주하면서 일본인거리를 발전시켰다. 이와 함께 독일점령기 군사시설용지였던 시가지 동쪽에 대규모 공원을 부설하고, 해변에는 호텔을 개업했다. 이와 함께 칭다오 관광과 관련된 출판물도 쏟아져 나왔다. 1932년에는 앞서 소개한 다카하시의 『칭다오안내』와 동명의 서적이 출판되었는데, 다카하시가 저술한 것인지는 확인 할 수 없다. 1933년에 출판된 동명의 서적은 마에다 시치로前田七郎와 코지마 헤이타小島平太가 저자로 되어있으며, 재판까지 인쇄했다.[12] 같은 해에는 야마시타 도미요시山下富吉의 『칭다오사진첩靑島寫眞帖』[13]도 출판되었다. 이와 같은 출판물의 등장으로 미루어보아 이 시기가 관광산업이 번성하기 시작할 무렵이었다고 볼 수 있을 것이다. 한편 칭다오시당안관靑島市檔案館 소장 자료 중에는 1922년 예춘시葉春犧가 쓴 『칭다오개요靑島槪要』[14], 1935년 뤄진밍駱金銘이 편저한 『칭다오풍광靑島風光』[15], 1937년 칭다오

시정부초대소靑島市政府招待所가 편저한 『칭다오개람靑島槪覽』16) 등과 같이 중국인이 쓴 칭다오 안내서도 있다. 칭다오 관광 사업에 일본이 어느 정도 관여했는지 현재로서는 알 수 없다. 일본의 칭다오 도시개발과 관련하여 이 부분에 대한 연구가 필요할 것이다.

III. 루거우차오사건(盧溝橋事件) 이후의 역사적 전개

 마지막으로 일본문헌에 나타난 루거우차오사건 이후의 역사적 전개를 통해 칭다오에 대한 당시 일본 측의 표상을 살펴보고자 한다.
 1937년 일본국제관광국日本國際觀光局 ジャパン·ツーリスト·ビューロー은 25쪽의 팜플렛 『칭다오에서 지난으로靑島から濟南へ』를 발행했다.17) 이것은 자오지철도膠濟鐵道를 대상으로 한 철도여행안내서로 시가지 안내와 기후, 산업, 관광명소 등 기본적 정보 외에도, 칭나오와 일본, 자오지철도와 일본 사이의 정치적 관계 등이 기록되어있었다. 팜플렛은 칭다오의 관광명소로 칭다오신사, 아사히야마旭山(독일점령기의 일티스산으로 중국명 타이핑산太平山), 제1공원(아사히야마의 중턱에서 경마장에 이르는 곳으로 벚꽃이 유명), 만넨산萬年山(독일점령기의 비스마르크산으로 지금의 바관산八關山)과 유럽인 묘지, 타다노우미忠の海 해수욕장, 카이세이곶會姓岬 해안포대, 잔산湛山, 해변공원, 구 중국관청, 가토우섬加藤島(잔교 앞바다에 떠있는 섬으로 중국명 샤오칭다오小靑島), 영빈관(구 독일총독관저), 하치만야마와 기타 교외명소들을 소개했다. 오락·레저 항목으로는 경마, 골프, 댄스홀, 카페, 요정料亭, 중국요리점, 대중예능演芸, 토산품을 열거했다. 특히 요정과 관련해서는 칭다오의 유명 요정들을 소개한 후 '신마치에는 일본인 유곽이 있고 현가絃歌로 흥청거린다'고 설명하고 있는데, 이를 통해 당시 칭다오 일

〈그림 7〉『중일전쟁칭다오재류일본인권익파괴사진첩』에 실린 일본방직공장의 모습

본인사회의 일면을 짐작할 수 있다.

그러나 이 팜플렛의 출판 후 루거우차오사건盧溝橋事件이 발생한다. 칭다오거류민단이 발행한 모리자와 라이고로森澤磊五郎의『중일전쟁칭다오재류일본인권익파괴사진첩支那事變靑島在留邦人權益破壞寫眞帳』[18])에는 '1937년 8월 27일 관명官命에 의해 약 4억 엔에 달하는 재산을 두고 총인양總引揚을 단행한다'고 기록되어 있다. 이것은 같은 해 7월 7일에 일어난 루거우차오사건을 접한 일본정부의 반응으로 추측된다. 당시 칭다오에는 약 1만 7,000명의 일본인이 재류하고 있었는데, 사진첩의 제목은 재류일본인의 인양 후 중국 측이 일본자산을 파괴한 사실을 호

〈그림 8〉『중일전쟁칭다오재류일본인권익파괴사진첩』에 실린 칭다오 전경

소하기 위해 붙인 것이다. 기록을 보면 일본방직공장을 비롯한 고무·성냥·염료·견사 공장뿐만 아니라 창고, 상점가, 사무소, 사택, 요정, 주택까지 파괴되었다고 한다. '12월 18일: 중국당국은 군사력으로 방직공장을 약탈·파괴하기 시작해 시내·외 일본공장이나 상점 및 주택을 약탈·소각·파괴하는 것으로 폭력의 끝을 보여주었다. 그 독 발톱에서 벗어난 것은 일본인 가옥 3천 3백 호 중 겨우 백 수십 곳에 지나지 않는다'고 기록하고 있다. 이는 당시 칭다오 내 일본과 중국의 갈등이 심각했음을 보여주는 상징적인 사건이다. 즉 상술한 관광이나 오락 같은 행위에서 소외되는 것은 물론, 반식민지적 상황에서 빚어지던 민족·계층 간의 갈등이 일본 자산에 대한 파괴로 분출된 것이라 할 수 있다. 그러나 국면이 전환되어 이듬해 일본군이 칭다오를 군사 점령하면서 인양되었던 일본거류민이 되돌아왔다. 거대 자본을 투하한 이 지역을 쉽게 포기할 수 없다는 듯한 귀환이었으나, 1945년 일본이 패전을 맞이하면서 칭다오의 일본인은 다시 이 지역을 떠날 수밖에 없었다.

자오저우만 입구의 작은 어촌이었던 칭다오는 19세기 말 청의 군사요새가 되었고, 곧이어 밀려온 근대화의 파도 속에서 근대도시로 급속하게 발전했다. 20세기 전반에 형성된 도시기반, 즉 독일점령기에 정비된 도시공간과 항만기능, 일본점령기 이후 본격적으로 마련된 상공업 기반 등은 개혁개방 이후 칭다오 발전의 밑거름이 되었다고 할 수 있다. 또한 이 시기에 개발된 관광자원도 오늘날 칭다오에서 반복적으로 활용되고 있다.

　오늘날의 칭다오는 20세기 전반의 도시기반을 활용하는 한편 그것을 넘어 외연적 성장을 거듭하고 있다. 칭다오시청사는 과거 도시개발계획 밖에 있던 동부로 이전되었고, 보다 동쪽에 위치한 라오산구에도 거대한 건조환경이 계속 건설되고 있다. 또한 북부로의 확장도 계속되어, 과거 도시 경계 밖에 있던 청양구城陽區에도 시가지가 조성되었고, 대안對岸의 황다오구黃島區는 경제기술개발구로 발전을 거듭하고 있다.

▣ 주

1) http://ja.wikipedia.org/wiki/%E3%83%95%E3%82%A1%E3%82%A4%E3%83%AB:Qing dao-city-map-1912-in-german-from-madrolles-guidebook-to-northern-china.jpg (검색일: 2014.1.1).
2) 靑島檔案館 編(2002), 『靑島地圖通鑑』, 山東省地圖出版社.
3) 桂川光正(2003), 「日本軍政と靑島: 1914-22年」, 千田稔・宇野隆夫 共編, 『東アジアと「半島空間」』, 思文閣出版, 245~250쪽.
4) 日本國立公文書館アジア歷史資料センター, 「十二・靑島市街土地關係圖」, 『靑島機密地圖集』.
5) 日本國立公文書館アジア歷史資料センター, 「十二・靑島市街土地關係圖」, 『靑島機密地圖集』 중 타이둥진공장지 부분을 확대.
6) 靑島史志辦公室・靑島市城市規畫設計硏究院 編(2003), 『靑島浜海公路地情資料』, 13쪽.
7) 靑島檔案館 編(2002), 앞의 글.
8) 日本國立公文書館アジア歷史資料センター, 「大鮑島市街圖」, 『靑島機密地圖集』.
9) 岸元吉(1922), 『靑島及山東見物』, 山東經濟時報社.
10) 高橋源太郎(1918), 『最近之靑島』, 久松閣.
11) 高橋源太郎(1919), 『靑島案內』, 久松閣.
12) 前田七郞, 小島平八(1933), 『靑島案內』, 日華社(第4版).
13) 山下富吉(1939), 『靑島寫眞貼』, 靑島館.
14) 葉春楎(1922), 『靑島槪要』, 商務印書館.
15) 駱金銘 編著(1935), 『靑島風光』, 興華印刷局.
16) 靑島市政府招待所 編(1937), 『靑島槪覽』, 靑島市政府招待所.
17) ジャパン・ツーリスト・ビューロー(1937), 『靑島から濟南へ』.
18) 靑島居留民團 森澤磊五郞 編(1938), 『支那事變靑島在留邦人權益破壞寫眞帳』, 靑島居留民團.

◼ 참고문헌

日本國立公文書館アジア歷史資料センター,「十二・靑島市街土地關係圖」,『靑島機密地圖集』.
日本國立公文書館アジア歷史資料センター,「大鮑島市街圖」,『靑島機密地圖集』.
高橋源太郎(1918),『最近之靑島』, 久松閣.
高橋源太郎(1919),『靑島案內』, 久松閣.
岸元吉(1922),『靑島及山東見物』, 山東經濟時報社.
前田七郎, 小島平八(1933),『靑島案內』, 日華社(第4版).
ジャパン・ツーリスト・ビューロー(1937),『靑島から濟南へ』, 日本國際觀光局滿洲部.
靑島居留民團 森澤磊五郎 編(1938),『支那事變靑島在留邦人權益破壞寫眞帳』, 靑島居留民團.
桂川光正(2003),「日本軍政と靑島: 1914-22年」, 千田稔・宇野隆夫 共編,『東アジアと「半島空間」』, 思文閣出版.
http://ja.wikipedia.org/wiki/%E3%83%95%E3%82%A1%E3%82%A4%E3%83%AB:Qingdao-city-map-1912-in-german-from-madrolles-guidebook-to-northern-china.jpg (검색일: 2014.1.1)

葉春墀(1922),『靑島槪要』, 商務印書館.
駱金銘 編著(1935),『靑島風光』, 興華印刷局.
靑島市政府招待所 編(1937),『靑島槪覽』, 靑島市政府招待所.
靑島檔案館 編(2002),『靑島地圖通鑑』, 山東省地圖出版社.
靑島史誌辦公室・靑島市城市規畵設計硏究院 編(2003),『靑島浜海公路地情資料』.

오시로 나오키 | 메이지대학(明治大學) 교수

5.
독일 · 일본점령기 칭다오의 산업구조와 도시노동자

권경선

Ⅰ. 들어가며

이 글의 목적은 독일점령기 및 일본점령기 칭다오의 산업구조와 인구구성을 분석하고, 도시노동자층의 형성과정을 통해 칭다오와 배후지 산둥성 간의 관계를 고찰하는 것이다.

독일이 자오저우만膠州灣을 점령하기 이전까지 칭다오는 농어업 중심의 작은 어촌이었다. 독일의 점령과 함께 칭다오 내에서 도시건설 및 교통망 구축을 위한 대규모 토목건축업이 전개되었고, 칭다오항, 자오지철도膠濟鐵道를 통한 무역과 상업 활동이 활발해지면서 칭다오는 상업·무역도시로 성장하게 되었다. 뒤이은 일본점령기에는 대규모 공업 자본이 투하되면서 칭다오가 공업도시로 성장하는 기반이 마련되었다. 이러한 각종 산업의 발전은 많은 노동력을 필요로 했는데, 필요 노동력을 칭다오 및 그 근교에서 완전히 충당할 수 없었던 산업계는 배후지인 산둥성 농촌지역에서 많은 노동력을 공급받았다. 산둥성 농민의 칭다오 유입 원인은 단순히 칭다오 내 노동력 수요의 증가만으로 설명되지 않는다. 근대 칭다오는 도시건설과 교통망의 구축을 통해 배후지 산둥성과 세계를 잇는 역할을 하며 산둥성 사회경제구조의 전환에 영향을 미쳤다. 이러한 구조의 전환과 재해, 흉작, 개인적인 사정 등 다양한 이유로 외부에서의 생계수단을 모색하던 산둥인들은 이동이 용이하고 노동력 수요가 높은 칭다오로 이동했고, 칭다오 도시노동자층의 근간이 되었다.

근대 칭다오의 발전과 배후지의 관계에 관해서는 중국 연구자들을 중심으로 연구가 진행되어 왔다. 특히 경제사 분야의 관련연구들은 칭다오 혹은 산둥성 내 여러 도시와 배후지의 관계를 바탕으로 도시노동자층의 형성과정과 특징을 밝혔다는 점에서 이 글에 시사하는 바가 크다.[1] 본론에서는 선행연구의 성과를 참고하고 독일점령기 총독부 자료와 일본점령기 칭다오수비군 및 일본인 경제단체의 자료를 바탕으로 독일·일본점령기 칭다오의 산업구조, 인구구성 및 노동자구성을 살펴본 후, 칭다오항 하역노동자와 방직공장노동자를 사례로 칭다오와 산둥성 간의 관계를 밝히고자 한다.

Ⅱ. 칭다오의 산업구조와 인구구성

1. 칭다오의 산업구조

독일·일본점령기는 칭다오 상공업의 기반이 마련된 시기였다. 이 절에서는 독일점령 이전 자오저우만 일대의 산업과 독일·일본점령기 칭다오 및 그 근교의 산업을 개괄하도록 하겠다.

1) 독일점령 전 자오저우만 일대의 산업

독일이 자오저우만을 점령했을 당시, 이 지역의 산업은 농어업, 상업, 건축업, 가내 수공업이 주를 이루고 있었다.[2]

농어업은 당시 자오저우만 일대의 주요 산업으로 대부분의 주민이 농업과 어로에 종사하고 있었다. 주민 중에는 가축을 기르는 경우도 있었으나 주로 돼지를 사육하였으므로, 조차 초기 독일은 자국 군인과 유럽인 주민에게 제공할 소고기와 양고기를 산동성 내륙에서 공급받았다.

상업은 중국 연해지역과의 교역 및 지역 곳곳에 서는 시장을 중심으로 이루어졌다. 독일점령 이전 자오저우만 일대의 경제는 상하이上海, 닝보寧波 등 중국 남부 연해지역과 밀접한 관계를 맺고 있었다. 칭다오춘青島村·뉘구커우女姑口·창커우滄口·다바오다오大鮑島·사즈커우沙子口의 중국 상인들은 정크선을 이용하여 상하이·닝보의 상인들과 거래했다. 주요 수출품으로는 석틴, 땅콩, 호누, 콩깻묵, 콩기름, 당면, 소금에 절인 돼지고기, 산사열매, 사과·배 등의 과일이 있었고, 주요 수입품으로는 원면과 면제품, 종이, 죽기가 있었으며, 그 밖에도 남방의 설탕이나 조선의 건축용 목재를 대량으로 수입하기도 했다. 조차지의 중요한 시장은 리춘李村으로, 장이 서는 날에는 각지의 상인들이 모여 교역을 했다. 칭다오 천후궁天后宮 부근 역시 중요한 상업지대로 현지 상인을 중심으로 한 상업 활동이 활발했다.

이 지역에 규모를 갖춘 건축업이 등장한 것은 1890년대 초 청조가 병영 및 잔교를 건설하면서부터이다.[3] 독일점령 당시 병영은 이미 완공되어 있었고, 잔교도 완공 단계에 접어들고 있었다. 당시 잔교 건설에 종사하던 노동자는 현지 주민이 아닌 타지 출신의 중국인 노동자들이었다. 독일점령 초기까지 현지 주민은 농어업 이외에는 관심을 가지지 않았으므로, 총독부는 조차지 건설에 필요한 노동력을 산둥성

〈그림 1〉 독일 조차 전 칭다오(1897년 11월)[4]

의 기타 지역에서 수급할 수밖에 없었다. 이후 도시가 건설되고 기타 산업이 발전하면서 현지 주민도 점차 농어업 외의 노동에 종사하기 시작했다.

2) 독일점령기 칭다오의 산업

독일점령기에는 칭다오 시구의 건설, 칭다오항 축조와 자오지철도 부설에 따른 토목건축업과 함께 항만과 철도를 이용한 상업과 무역, 조선소·기관차공장·전기공장 등의 공업이 발전하였고, 관련 직종에 종사하는 노동자도 급증하였다.

독일점령 초기, 이 지역에는 도시건설, 축항, 철도부설로 인해 토목건축업이 성황을 이루었다. 독일 총독부는 먼저 청조가 설치한 병영을 개축하는 동시에 시내 주요 시설의 건축, 도로부설, 급·배수시설 공사에 착수했고, 이와 함께 중국인 노동자의 유입도 급증했다. 중국인 노동자들은 총독부로부터 하루에 약 0.4~0.5 마르크의 임금을 받았다. 0.5마르크는 독일 현지 노동자의 한 시간 시급에 지나지 않았으나, 병영·잔교 건설 시 산둥성정부가 노동자에게 지불한 금액보다 4~8배 정도 높아 노동자를 흡인하는 주요인으로 작용했다.[5)

이 시기 칭다오 산업의 견인차는 무역과 상업이었다. 칭다오항과 자오지철도의 건설에 따라 칭다오를 중심으로 산둥성 내륙과 세계시장이 연결되면서 칭다오를 통한 무역량은 급격히 증가했다. 칭다오항의 화물량은 1900년의 27만 톤에서 1913년에는 약 130만 톤으로 4.8배 가까이 증가했다. 이 시기 주요 수출품은 초편草編, 견직물, 땅콩 및 땅콩기름이었고, 주요 수입품은 섬유제품, 면화, 석유, 염료, 종이류였다. 무역의 발전, 화물량의 증가에 따라 항만 및 철도에서의 하역에 종사하는 노동자의 수도 급증했다.[6)

한편 이 시기에는 독일 자본을 바탕으로 근대 공업의 기초가 마련되었으나 상업에 비해 크게 발전하지는 못했다. 루안위시欒玉璽의 분석에 따르면 독일점령기 칭다오와 산둥성은 자본주의국가들이 생산한 면제품, 석유, 성냥, 건축재료, 철도재료와 같은 공산품 소비지로서의 의의를 지니고 있었을 뿐이었다. 당시 칭다오에는 독일 자본으로 건설된 칭다오조선소, 자오지철도기관차공장, 지멘스Siemens 전기공장, 맥주공장이 있었다. 그 밖의 공업으로는 제빵, 도축, 난분卵粉 제조 등 농산물가공업과 식품공업 정도를 꼽을 수 있었다. 중국 자본에 의한 공업으로는 소규모 수공업 규모의 제유製油, 제분製粉, 견직, 헤어네트, 레이스 제조가 수출량의 증가에 따라 서서히 발전했다. 독일점령기 칭다오의 공업은 토목건축업이나 상업·무역과 비교하여 크게 성장하지 못했고, 따라서 공업노동자층 역시 큰 규모를 이루지 못했다. 칭다오의 공업은 일본점령기에 들어 방직업을 비롯한 근대 제조업이 발전하면서 본격적인 궤도에 올라섰고, 관련노동자의 수도 급증했다.

3) 일본점령기 칭다오의 산업

1914년 칭다오 및 자오지철도 연선을 점령한 일본은 점령지의 전후 복구를 마무리한 후, 상공업 기반의 정비와 확장에 나섰다.7) 칭다오 수비군은 먼저 파괴된 칭다오항과 자오지철도 선로 및 그 밖의 항만 철도 관련 시설과 교량을 복구한 후, 칭다오항을 중심으로 하는 시가지의 정비와 확장, 시내·외 도로 복구 및 확장에 착수하였다. 이러한 관영건축과 함께 일본인을 중심으로 한 민간건축이 활발해지면서 칭다오의 토목건축업은 활기를 띠었다.8)

칭다오의 상업과 무역업 역시 크게 성장했다. 특히 일본 자본의 진출이 두드러져 1922년 칭다오에는 이 지역에 본사를 둔 회사 116개(자본총액 약 1억 694만 5천 엔)와 지점 혹은 출장소를 둔 회사 73개(자본총액 약 8억 2739만 엔)가 있었고, 5,047명의 일본인 자영업자(자본총액 약 2850만 엔)가 있었다. 칭다오에는 그 밖에도 중국 및 구미 각국 자본으로 세워진 여덟 개의 회사(자본총액 4억 1245만 엔)가 있었다. 독일점령기부터 칭다오의 산업을 주도했던 무역은 전쟁으로 정체되었다가 전후복구와 함께 서서히 전쟁 전의 수준을 되찾았다. 칭다오의 무역액은 1915년 4126만 엔에서 1921년에는 1억 2700만 엔으로 증가하여, 독일점령기 최대 무역액인 1913년의 1억 212만 엔을 상회하는 성황을 보였다. 이 시기 주요 수출입품은 생사·면사·땅콩기름·재제염再製鹽·성냥·주류·난분·소고기·통조림·비누·피혁·골분 등이었다.9)

칭다오의 근대공업은 일본점령기에 들어 본격화되었다. 3장과 4장에서 서술했듯이 일본은 칭다오 및 산둥성에서의 경제적 지위를 확보하기 위하여 상업·무역 기반을 정비하고 공장지를 건설하였으며 일본 자본 유치를 위한 각종 정책을 실시하였다.10)

이러한 조치들은 방직 자본을 비롯한 대규모의 일본 민간 자본을

〈그림 2〉 일본점령기 타이둥진 공장지[11]

끌어들였고, 이를 계기로 일본의 화학공업, 식품공업, 기계공업, 광업도 칭다오로 진출하였다. 이 시기에는 방직공장 여섯 개를 비롯하여, 성냥·철공·인쇄·요업·제유·담배·제사製絲·제분·화학·비누·시멘트 공장이 일본 자본에 의해 세워졌고, 독일점령기 독일 자본으로 세워진 맥주, 제빙, 채광, 제염 공장이 일본기업에 의해 재조직되었다.[12] 일본 자본의 적극적인 진출은 칭다오 근대공업의 발전 기반이 되었으나, 동시에 칭다오의 공업 구조가 반半식민지적 색채를 띠는 원인이자 칭다오의 중국 반환 후에도 일본이 이 지역 경제에서 우위를 점할 수 있었던 주요인이기도 했다.

이 시기에는 중국 자본에 의한 공장 설립 및 재가동도 활발했다. 제1차 세계대전의 종식 후 화신사창華新紗廠이 칭다오 공장을 재가동하였고, 요업·유리·성냥·인쇄 공장이 세워지거나 재가동되었다. 구미 자본 공업으로는 미국의 석유회사 및 유방油坊 3사와 독일 카펫 공장이 있었다.[13] 이와 같은 중국 자본 공업의 흥기, 일본 및 기타 외국

자본의 진출은 칭다오 공업 발전의 발판이 되었다.

이렇듯 칭다오는 독일점령기부터 시작된 상업·무역의 발전과 일본점령기 공업의 발전을 통해 근대 산업 도시의 형태와 기반을 갖추게 되었다. 각종 산업의 발전은 주민 구성 및 직업과도 밀접한 관계를 가지고 있었다.

2. 칭다오의 인구구성

1) 국적별·성별 인구구성

독일점령 초기, 자오저우만 조차지 전체의 인구는 6~8만 명으로 대부분이 농어업에 종사하는 중국인이었다.[14] 그러나 칭다오 시구의 건설과 칭다오항의 축항, 자오지철도의 부설, 산업의 발전에 따라 조차지의 인구는 급증하기 시작했다. 특히 새롭게 건설된 칭다오 시구에는 다양한 국적과 계층의 사람들이 유입되었다.

이 책 3장 〈표 1〉에 나타난 독일점령기 칭다오 인구의 국적별 구성을 보면 중국인이 절대 다수를 차지하는 가운데, 독일인을 비롯한 구미인과 일본인이 꾸준히 증가했음을 알 수 있다. 당시 칭다오 외국인의 대부분을 차지한 것은 독일인이었고, 그 밖에 상업과 무역에 종사하는 일본·영국·러시아·미국·인도·조선인 등이 있었다.

일본이 칭다오 및 자오지철도 연선을 점령한 이후, 칭다오의 인구구성에 큰 변화가 발생했다. 중국인이 여전히 인구의 대다수를 차지하는 가운데, 일본인이 급증하고 독일인이 급감하면서 일본인을 제외한 기타 외국인의 수는 크게 감소했다. 칭다오의 일본인은 1915년에 이미 만 명을 넘어섰고, 점령 말기인 1922년에는 칭다오, 리춘 및 자오지철도 연선에 약 3만 명이 거주하고 있었다.[15]

독일·일본점령기 칭다오 인구구성에서 또 한 가지 주목해야 할 것은 남녀성비이다.

중국인의 경우, 남성의 비율이 매우 높았던 것을 알 수 있다. 이러한 성비 불균형은 시간이 흐를수록 어느 정도 완화되었으나, 일본점령기 후반에 이르러서도 남성이 여성의 두 배 가까이를 차지하는 등 불균형 상태가 지속되었다. 이는 칭다오 내 노동력 수요에 따라 산둥성 각지로부터 단신 남성의 이동이 급증하며 빚어진 현상으로, 이후 사회경제의 안정에 따라 가족 단위의 이주가 늘어나면서 여성 인구도 일정 정도 증가한 것으로 추측할 수 있다.

일본인의 경우, 초기에는 여성의 비율이 더 높았다. 1901년 칭다오 재주 일본인 50~60명 중 대다수가 유흥업에 종사하는 여성이었다. 이러한 추세는 몇 년간 이어지다가 칭다오에 진출하는 무역회사와 상인이 늘면서 남성의 비율이 꾸준히 증가했다.[16] 일본의 칭다오 점령 후에는 경제활동을 위한 남성의 유입은 물론 가족 단위의 이주가 증가하면서 성비는 안정되어 갔다.

기타 외국인의 경우, 독일점령기에는 무역이나 상업에 종사하는 남성의 비율이 높았다.[17] 그러나 제1차 세계대전이 발발하면서 많은 독일인 남성이 전쟁 포로가 되고, 기타 구미인은 자국으로 귀환하면서 남성 인구가 크게 줄었다. 이에 반해 독일인 포로의 부인과 자녀가 현지에 남으면서 여성의 비율이 남성을 크게 상회하게 되었다.[18] 제1차 세계대전의 종식과 함께 구미인 남성이 다시 칭다오로 유입되었으나 큰 규모를 이루지는 못했다.

이와 같이 당시 칭다오의 인구구성은 칭다오를 둘러싼 국내외 관계와 산업구조 등 다양한 요인에 좌우되는 측면이 있었다. 이러한 요인들은 칭다오 주민의 직업구성에도 영향을 미쳤다.

2) 직업별 인구구성

독일·일본점령기 칭다오에는 기존의 농어업과 함께 토목건축업, 상업·무역업, 근대 제조업이 발전했다. 이러한 산업구조의 변화는 주민의 직업에서도 현저히 드러난다. 여기서는 상업·무역업과 함께 근대 공업의 기반이 마련된 일본점령기를 중심으로 주민의 직업별 구성과 그 특징을 살펴보도록 하겠다.

〈표 1〉은 칭다오수비군이 관할한 칭다오, 리춘, 자오지철도 연선의 직업별 인구를 나타낸 것으로, 상공업 및 교통관련업종의 종사자가 크게 증가했음을 알 수 있다. 〈표 2〉는 1920년 칭다오 시내 및 타이둥진, 타이시진 중국인 남성의 직업을 나타낸 것으로, 당시 칭다오의 산업 상황을 뚜렷하게 반영하고 있다. 농어업 종사자가 약 46.3%를 차지하는 가운데, 상업 종사자가 22.6%, 제조업과 토목건축 및 제염업 등 공업 종사자가 12.5%, 교통업 종사자가 8.5%를 차지하여 상공업과 교통운수관련 산업의 발전상을 보여준다고 할 수 있다. 같은 시기 일본인의 경우 공무와 관련된 직업을 제외하고는 상공업, 교통업 종사자가 큰 부분을 차지하고 있었다. 당시 일본인의 인구구성과 직업에 대해서는 6장 양라이칭楊來靑·쑨바오펑孫保鋒의 연구에서 구체적으로 다루고 있으므로 참고하길 바란다. 그밖에 기타 외국인은 대개가 상업 및 공무 관련 업종, 자유업에 종사하였다.

여성의 직업과 관련하여 특기할만한 것은 기예오락 부문에서 여성 종사자의 비율이 매우 높았던 점이다. 1920년 일본인 기예오락 종사자 및 가족 1,419명 중에서 1,374명을 여성 종사자(907명)와 가족(471명)이 차지하고 있었다. 중국인 및 기타 외국인의 경우도 여성 종사자가 각각 160명(종사자 51명, 가족 109명)과 14명(종사자 7명, 가족 7명)으로 대부분을 차지하였는데, 이들의 대부분은 유흥업 종사자였던 것으로 보인다.[19]

〈표 1〉 1915~1920년 칭다오수비군 관내 직업별 인구[20]   (단위: 명)

연도 직업	1915	1918	1919	1920	1920년 종사자 중 중국인	1920년 종사자 중 일본인	1920년 종사자 중 기타
농업	114,506	137,054	131,954	137,655	137,614	41	—
상업	14,710	23,352	21,932	23,899	16,729	6,927	243
공업	9,315	10,658	11,755	17,649	14,439	3,210	—
교통	2,865	8,926	8,230	13,292	9,517	3,775	—
어업	11,778	1,145	8,101	3,110	2,749	361	—
광업	—	976	497	547	115	432	—
임업	—	9	6	150	69	81	—
목축	—	86	107	112	73	39	—
공무	3,063	4,310	4,971	7,759	1,013	6,557	189
자유업	—	2,192	1,757	2,442	1,280	1,069	93
기예오락	1,616	2,038	5,159	1,679	246	1,419	14
기타	20,048	14,146	13,794	10,619	8,114	2,505	—
무직	1,639	2,448	8,574	1,345	1,078	108	159
합계	179,540	207,340	216,837	220,258	193,036	26,524	698

〈표 2〉 1920년 칭다오수비군 민정서 관내 중국인 남성 직업별 인구
(송사자와 가족 포함)[21]   (단위: 명)

업종	농업	제조공업	토목건축	공무	목축	임업	기예오락	무직
인원	19,830	3,827	2,034	681	45	8	111	403
업종	상업	교통	어업	제염	광업	자유업	기타	합계
인원	10,827	4,050	2,339	158	11	462	3,084	47,870

이와 같이 당시 칭다오를 둘러싼 국내외 관계와 산업구조 등은 인구 및 직업구성에 투영되어 있었다. 다음 절에서는 도시건설 및 산업의 주요 동력인 노동자층의 형성과정과 구성을 분석하고, 노동자를 둘러싼 칭다오와 산둥성의 관계를 살펴보겠다.

Ⅲ. 도시노동자층의 형성과 특징

1. 칭다오 노동자의 개황

　독일점령기 도시건설과 상업·무역의 발전에 따라 칭다오에는 토목건축업, 상업, 무역 등 각종 산업에 종사하는 노동자들이 출현했다. 일본점령기에는 목수, 미장이, 석공, 조적공組積工, 대장장이, 페인트공, 소목장이, 목만木挽(목재를 큰 톱으로 자르는 직업), 표구직 등 일정 기술을 요하는 노동자와 농사쿨리, 잡역쿨리, 염전쿨리, 인력거꾼과 같은 육체노동자, 하녀 및 점원과 같이 주택이나 점포에 고용된 노동자, 방직공, 기계직공 등과 같은 공장노동자가 주요 노동자층을 형성했다.

　일본점령기 대부분의 노동자는 중국인과 일본인이었다. 회사나 점포, 주택 등에 고용된 노동자를 제외하고 일본 노동자는 대개 기술을 요하는 목수나 미장이, 석공, 목만, 소목장이, 페인트공, 대장장이였고, 중국 노동자는 이러한 기술직과 함께 가게의 점원, 공장 노동, 농사·잡역·염전쿨리 및 인력거꾼과 같은 육체노동에 종사했다.

　이 시기 칭다오 내 전체 노동자의 정확한 규모는 알 수 없으나, 노동자의 집거지였던 타이둥진의 상황을 통해 업종별 규모를 짐작할 수 있다. 1922년의 조사에 따르면 타이둥진에는 공장노동자를 제외한 하루 사용 가능 인력으로 쿨리(농업, 잡역 및 기타 육체노동) 2,420명, 칭다오항 하역노동자 751명, 철공 333명, 목수 237명, 목만 82명이 있었고, 그 밖에 일륜차 1,389대, 이륜차 70대(인력 25대, 우마 45대), 인력거 112대(영업용 100대, 자가용 12대), 마차 100대를 부릴 수 있는 인력이 있었다.[22]

　당시 칭다오의 노동자는 업종과 국적에 따라 임금 및 처우, 거주방

〈표 3〉 1919년 12월 칭다오 노동자의 업종별 일당 (단위: 은엔銀円)[23]

직업분류		목수	미장	석공	방직여공	방직남공	기계직공	농사쿨리	잡역쿨리
일본인	상	3	3.5	4	1.25	1.6	—	—	—
	중	2.15	3	3.5	1	1	—	—	—
	하	1.45	2.5	3	0.6	0.6	—	—	—
중국인	상	0.95	1.3	1.1	—	—	1	—	0.35
	중	0.65	0.87	0.75	—	—	0.6	0.35	0.25
	하	0.5	0.6	0.65	—	—	0.4	0.3	0.2

식 등이 달랐다.

　노동자의 임금은 업종과 국적에 따라 큰 차이가 있었다. 목수, 미장이, 석공, 대장장이 등 기술을 요하는 업종의 임금이 높은 편이고, 육체노동은 여타 직종과 비교하여 매우 낮았다. 또한 같은 업종일지라도 일본인과 중국인 사이에 상당한 격차가 있었다. 이것은 칭다오뿐 아니라 같은 시기의 다롄大連, 부산 등 일본 전령 히의 식민도시에서 보이는 일반적인 경향이라 할 수 있다.

　노동자의 거주지 및 거주 형태 역시 업종과 국적에 따라 차이가 있었다. 칭다오와 그 근교의 정주자를 제외하고 임금 및 고용상태가 비교적 안정적인 기술직 노동자의 경우에는 가옥을 임대하거나 고용처가 제공하는 거처에 거주하는 경우가 많았다. 그러나 외부에서 유입된 중국인 노동자, 특히 육체노동자는 일정한 거처를 두고 생활하기가 어려웠다. 다수의 중국인 노동자들이 체류했던 타이둥진에는 40여 개의 노동자 산숙소散宿所가 있었다. 산숙소 한 곳 당 최대 수용 능력은 대개 30명 정도였고, 하루 숙박료는 1~3문文으로 타지에서 온 중국인 노동자들을 주요 고객으로 했다.[24]

　이 시기 노동자층은 주로 산둥성 각지에서 유입된 중국인 남성으로 이루어졌다. 칭다오수비군의 기록에 따르면 1916년 칭다오 시내에는 인력거꾼 약 1,200명, 일륜차꾼 약 1,200명, 짐수레꾼 약 700명, 화물마차꾼 약 100명과 칭다오항의 하역이나 관청의 위생 관련 노동 및 일반시민에게 고용된 노동자 약 4,000명 등, 7,000명 이상의 육체노동자가 있었다. 이들은 대부분 산둥성의 자오저우膠州, 라이저우萊州, 칭저우靑州, 덩저우登州, 지난濟南, 타이안泰安, 이저우沂州 및 그 주변지역 출신자들이었다. 1918년 칭다오 내 육체노동자는 약 9,000명으로 증가했으나 출신지에는 큰 변화가 없었다.25)

공장노동자도 대개 산둥성 출신자들이었다. 칭다오와 지리적으로 가깝고 교통이 편리한 지모卽墨와 자오저우 출신자가 특히 많았고, 자오지철도 연선의 지난, 저우춘周村, 칭저우, 보산博山, 장뎬張店, 웨이현濰縣, 가오미高密 지역에서 온 사람들이 뒤를 이었다. 지모와 자오저우는 철도와 도로를 이용하여 칭다오에서 하루 안에 왕복할 수 있는 가까운 지역이었다. 칭다오의 상공업자 중에서도 두 지역 출신자가 많았으므로, 노동자들은 동향의 파두把頭를 매개로 동향인이 경영하는 공장에 취업할 수 있었다.26) 또한 성냥제조와 같이 작업이 단순하여 노동자의 질을 따지지 않는 업종은 노동자의 모집과 관리가 용이한 칭다오 시내 및 근교를 중심으로 노동자를 모집했으므로 지모와 자오저우지역 출신자가 많이 고용되었다.27)

산둥 출신 노동자 중에서는 칭다오의 상공업과 모종의 관계를 맺고 있는 지역에서 온 경우도 적지 않았다. 각종 토산품 및 수입품의 거래시장으로 칭다오와 가장 밀접한 관계를 맺고 있던 지난, 양모와 견사시장으로 알려진 저우춘과 칭저우, 잎담배의 주요 산지인 웨이현과 팡즈坊子, 석탄 산지인 즈촨淄川과 보산 출신자가 대표적인 경우였다. 예를 들어 매년 누에고치의 구입을 위해 직원을 산지로 파견하던 칭다오사창은 견사시장이 발달하여 견사에 대해 다소의 견문이 있는 저우춘, 장뎬, 칭저우 출신자를 주로 고용했다. 이 지역들은 자오지철도

〈표 4〉 1919년 칭다오 주요 공장의 중국인 노동자 성별 통계 (단위: 명)29)

공장	칭다오사창 (靑島絲廠)		나이가이멘 (內外綿)		칭다오성냥 (靑島燐寸)		산동성냥 (山東火柴)		토와유방 (東和油房)		다이니혼맥주 (大日本麥酒)	
성별	남	여	남	여	남	여	남	여	남	여	남	여
인원	634	146	1,130	46	544	56	321	56	132	0	108	0

연선지역으로 칭다오와의 왕래가 용이하다는 이점도 있었다.28)

이 시기 칭다오의 노동자는 대개 남성으로 이루어져 있었다. 〈표 4〉는 1919년 칭다오 주요 공장의 남녀 노동자 수를 나타낸 것으로, 전체의 90% 이상을 남성노동자가 차지하고 있었음을 알 수 있다. 일반적으로 여성의 비율이 매우 높은 면방직업의 경우에도 나이가이멘주식회사(內外綿株式會社) 칭다오공장의 사례처럼 남성의 비율이 압도적이었다는 점에 주목할 만하다. 이러한 현상은 당시 성비가 반영하듯 칭다오 내 남성 인구의 비율이 매우 높았던 점과 사회 관습에 따라 여성의 사회 진출이 활발하지 않았던 점에서 기인했다고 볼 수 있다.

독일·일본 점령기 칭다오의 노동자 구성은 신흥도시로서 많은 노동력을 배후지 산둥성에서 공급받아야 했고, 식민지적 구조에서 국적에 따라 종사 업종이나 임금 및 처우에 차별이 존재했던 당시 칭다오 산업구조의 성격을 여실히 드러낸다. 다음에서는 당시의 대표적인 노동자 부류였던 칭다오항 하역노동자와 방직공장노동자를 사례로, 노동자를 둘러싼 칭다오와 산둥성 간의 관계를 보다 상세히 고찰하고자 한다.

2. 칭다오항 하역노동자의 구성과 특징30)

독일이 칭다오를 조차한 이듬해 1899년 가을부터 칭다오항 소항의 잔교를 이용한 증기선의 하역작업이 가능하게 되었다. 이때 등장한

⟨표 5⟩ 칭다오항 출입 선박 및 화물량(1900~1936)[32]

분류 연도	선박수(척)	화물량(톤)
1900	247	271,330
1905	416	439,474
1913	936	1,309,294
1915	589	1,088,109
1922	1,264	1,674,415
1930	1,982	3,529,688
1932	1,818	3,182,424
1934	2,052	3,538,483
1936	2,229	3,768,233

칭다오항 하역노동자는 무역에 있어 필수불가결한 동력이었다. 근대 칭다오항 하역작업의 기초는 중국인 파두가 노동자의 모집과 관리에 관여하는 파두제에 있었다. 초기 칭다오항의 파두제는 동향관계로 결성된 방帮을 중심으로 운영되었다. 이후 무역량이 늘어나고 노동자의 규모가 커지면서 칭다오항의 파두는 통치 당국과 노동자 사이를 매개하는 중간관리자(층)의 성격을 띠게 되었다.

독일점령기 칭다오항의 무역량은 매년 증가하였다. 이 시기 칭다오항의 하역작업 방식은 세 차례에 걸쳐 변경되었다. 당초 독일 총독부는 칭다오항의 부두와 창고를 구획하여 희망하는 회사에 임대하고 하역 작업도 회사가 임의로 처리하도록 하였다. 그러나 임차인 간에 분규가 잦아지자 총독부는 이를 폐지하고 하역작업을 광동성 출신의 청부업자에게 맡겼다. 그러나 이에 대한 선박회사와 무역상들의 불만이 높아지고 청부업자의 독점 행위에 대한 중국 상인의 보이콧이 발생하면서 총독부는 이를 취소했다. 1908년 11월 총독부는 산하에 부두국埠頭局을 신설하고 관련 작업을 총독부가 직접 맡기로 했다. 이로써 부

〈그림 3〉 칭다오 대항 하역작업의 모습[33]

두 하역작업은 명분상 총독부 직영으로 전환되었으나, 실제 작업은 여섯 개의 독일 선박회사가 청부한 후에 다시 중개인을 통해 중국인 파두에게 하청하는 형태로 이루어졌다.[31]

칭다오항 하역노동자 중에는 칭다오에서 가까운 자오저우, 지모, 웨이현 출신자가 가장 많았고, 그 밖에 하이저우海州, 핑두平度, 라이양萊陽, 칭저우 출신자도 적지 않았다. 이와 같이 산둥성 각지 출신의 노동자들이 동향관계를 중심으로 무리를 지어 작업에 종사한 것은 하역작업 개시 단계부터 보이는 현상이었다. 무역량이 증가하면서 선박회사와 파두의 위탁·청부관계는 서서히 제도화되어 갔다. 이러한 과정 중에 서우광방壽光幇, 지모방卽墨幇 등 칭다오 근교 지역 출신의 파두와 노동자로 이루어진 몇 개의 방들이 세력을 형성하게 되었다. 이들 집단은 무역량의 증가에 따라 노동자의 규모가 커지는 가운데, 각 파두 간의 계약과 결탁, 경쟁을 통하여 부두 내의 중요 세력으로 성장하게 되었다.[34]

칭다오항의 화물량은 때에 따라 차이가 있었으므로 파두는 대개 같은 방의 노동자를 수하로 두고, 필요에 따라 임시 노동자를 고용했다. 파두와 방내 상용 노동자 간에는 방의 규칙에 근거한 일정한 관계가 존재했고, 일종의 서열화가 이루어져 있었다. 임시 노동자는 서열 2위의 파두가 타이둥진의 인력시장에서 필요한 인원을 뽑아 현장에 투입하는 형태로 충당되었다.35) 이들은 화물량의 증감에 따라 임시 고용되는 노동자였으므로 고용상태가 불안정했다. 당시 하역노동자의 임금 수준에 관해서는 정확한 수치를 찾지 못하였으나, 노동자 고용 및 관리의 전권을 사실상 파두가 쥐고 있었고 노동자들 사이에서도 여러 단계의 서열이 정해져있는 상황에서 하부로 내려올수록, 특히 방의 규칙에 근거한 관계가 적용되지 않는 임시 노동자의 경우 임금 및 처우가 열악했을 것으로 추측할 수 있다.

독일에 이어 칭다오를 점령한 일본은 점령 직후 칭다오수비군 산하에 부두국을 설치하고 칭다오항 부두업무를 재개했다. 전쟁으로 침체되었던 칭다오항의 무역량이 증가하면서 일본 당국은 부두를 직접 운영하여 작업의 효율과 관련 수익을 제고하고자 했다.36) 그러나 실제 작업은 네 개의 일본 회사가 합자하여 설립한 산둥운수주식회사山東運輸株式會社(이하 산둥운수)가 담당했다.37) 하역작업의 흐름은 화물주의 위탁을 받은 칭다오수비군 당국이 이를 산둥운수에 위탁하고 산둥운수가 다시 계약을 맺은 중국인 파두에게 위탁하는 형태였다. 작업의 주체는 표면적으로는 일본 당국이었으나, 실제 작업은 산둥운수와 중국인 파두 간의 계약관계에서 진행되었다.38)

산둥운수는 1915년 3월부터 칭다오항 하역노동자의 공급을 청부한 후, 여덟 명의 중국인 파두와 계약하여 이들에게 노동자 공급 및 관리 전권을 맡겼다. 하역작업은 석탄, 잡화, 화물열차 등 여러 개 부문으로 나뉘어 진행되었다. 각각의 부문에는 전담 파두가 있었고 정기선에도 담당자를 두어 작업의 효율성을 제고했다. 일본점령기 칭다오항의 파두들은 일원화된 하역작업의 흐름 속에서 대규모 노동자의 고용과 해고, 임금분배에 관한 권리를 획득하였고, 산둥운수를 낀 일본 당국과 노동자 사이에서 중간관리자의 성격을 띠게 되었다.

1920년대 초, 칭다오항의 화물량이 많을 때는 상용 노동자와 임시 노동자를 합하여 하루 평균 1,500명, 한 달 평균 4만 5천 명의 인력이 하역작업 등에 투입되었다. 상용 노동자는 회사에 출근부를 비치하여 근태를 확인했고, 임금은 평균 38~60전錢 정도로 매달 10일에 지불되었다. 입항 선박이 폭주하거나 일본 해군이 사용할 석탄의 적재, 철도 광산용 갱목 및 광석 등을 하역할 때는 약 500~800명의 임시 노동자를 고용했다. 임시 노동자의 임금은 철도규정단가에 근거하여 하역량에 따라 산출했는데 운반거리에 따라 차등을 두었다. 노동자 임금의 계산, 분배에 있어서 실질적으로 파두가 권한을 가지고 있었고, 파두는 수수료 등의 명목으로 임금의 일부를 공제하였다.

산둥운수는 대규모 노동력을 차질 없이 공급하기 위하여 1918년 9월 칭다오항 대항 근처에 합숙소를 건설하고 1919년 3월부터 운영했다. 합숙소는 총 14동으로 독신자합숙소 여덟 동, 가족합숙소 여섯 동으로 이루어져 있었다. 합숙소에는 평균 독신자 800명, 가족 동반자 150명(가족 포함) 정도가 거주하였으며, 숙박료는 징수하지 않았다. 식사는 각 동 마다 취사원을 두어 자비 부담 방식으로 제공되었다.

이와 같이 중국인 파두가 중심이 되어 노동자를 모집, 관리하는 방식은 칭다오항뿐 아니라 당시의 다롄은 물론 일본, 조선의 부두 하역작업에서도 보이는 전형적인 형태였으며, 20세기 전반 동아시아 항구 하역작업의 근간으로 작동했다.

3. 칭다오 방직공장노동자의 구성과 특징

　근대 칭다오의 면방직업은 1916년 일본 나이가이멘주식회사가 칭다오 쓰팡에 공장을 세우면서 시작되었다. 일본방직자본의 중국 진출은 유럽에 비해 늦은 편이었으나, 1910년대에 들어서면서 투자액이 급증하였고 제1차 세계대전을 계기로 급성장하였다. 상하이를 중심으로 막대한 이익을 얻은 일본은 상하이의 방직업이 포화상태에 이르자, 공장 입지조건, 원료 획득 및 상품 판매에 유리한 타 지역으로의 진출을 모색하였다. 같은 시기 일본 세력 하에 놓이게 된 칭다오는 일본 당국이 실시한 산업유치정책, 건축용지확보 및 건축비 상의 우위, 산둥이라는 원료산지 및 소비지의 존재, 동력자원으로서 자오지철도 연선의 저렴한 석탄, 칭다오항과 자오지철도 · 진푸철도津浦鐵道 등의 교통망, 산둥의 저렴하고 풍부한 노동력, 적합한 기후풍토를 가진 최적지로 꼽히며, 상하이에 이어 일본 방직자본 제2의 대중국 투자지로 성장했다.[39]

　1910~1920년대 칭다오에는 여섯 개의 일본 방직회사와 중국 방직회사 화신사창이 공장을 건설하여 조업하고 있었다. 1920년대 활발한 조업을 펼친 일곱 개 공장들은 대부분 일본점령기에 준공되거나 공장 착공에 들어가 있었다. 방직업의 성장과 함께 노동자의 수도 급증하여 1922년에는 칭다오 노동자의 약 60%를 점하는 13,000여 명이 방직업에 종사하고 있었다.[40] 칭다오의 면방직업은 1922년 칭다오가 중국에 반환된 이후 더욱 발전하였고 다수의 공장들이 대규모 방직 설비를 갖추면서 칭다오는 상하이, 톈진과 함께 중국 면방직업의 중심지가 되었다.[41]

　이와 같이 칭다오의 방직업은 짧은 시간 내에 빠르게 성장했으나, 설립 초기에는 많은 공장들이 노동자 모집과 관리에 고심하고 있었다. 이 시기 칭다오에는 제조업 분야의 숙련노동자가 매우 적었으므로 기술이 없는 사람들 중에서 적합한 이를 선발하여 노동자로 양성할 수밖에 없었다. 당시 일정 규모를 갖춘 공장에서는 중국인 파두를 통해 노동자를 모집·관리했다.42) 중국공장의 경우에는 경영자가 동향의 파두를 통해 동향인 노동자를 고용하는 경우가 많았고, 일본공장 중에서도 언어 및 민족감정과 관련된 문제나 노사대립을 피하기 위해 파두를 매개로 노동자를 모집·관리하는 경우가 있었다. 칭다오의 방직공장들도 초기에는 중국인 파두를 이용하거나 모집원을 산둥 내륙으로 파견하여 노동자를 모집한 후, 간단한 훈련을 거쳐 조업에 투입했다.43) 그러나 비숙련노동자로 모든 분야의 조업을 충당할 수 없었기 때문에 전문기술이 필요한 분야의 경우에는 외부에서 숙련노동자를 데려오거나,44) 소수정예의 인원을 선발하여 단기 연수를 보내는 경우도 있었다.45)

일본방직회사 중 가장 먼저 칭다오에 공장을 세운 나이가이멘주식회사는 모든 작업에 중국인 노동자를 고용하여 상당한 성과를 거두고 있었다. 이 공장은 1922년 당시 주간 700명, 야간 500명의 노동자를 고용하고 있었는데, 대개가 20세 이하의 남성이었다. 임금은 숙련노동자의 경우 하루 평균 80~90선仙, 일반노동자는 많이 받을 경우에는 20~32선, 적게는 17~18선을 받았다. 이 시기에는 공장 부근에 거주하는 노동자가 많아져 약 80%가 통근을 했고, 나머지 20%정도가 공장 기숙사를 이용했다.46)

화신사창 역시 같은 시기 약 1,200명의 노동자를 고용했다. 노동자의 연령은 13~25세가 주를 이루었고, 남부지역에서 데려온 숙련 여공 70명과 선별 작업에 종사하는 40명의 여공을 제외한 대다수가 남성노동자로 충당되었다. 당시 화신방의 숙련노동자 중에는 상술한 여공 외에도 나이가이멘주식회사에서 재직한 경험이 있는 노동자 300여 명이 있었다. 임금은 일반노동자의 경우 남녀 모두 하루에 은 10~25선을

받았다. 기숙사는 800명까지 수용이 가능했으며, 1922년 당시에는 350명이 기숙하고 있었다.[47]

앞서 지적한바와 같이 근대 칭다오 방직노동자의 구성에 있어 가장 두드러지는 특징은 노동자의 성비이다. 방직업은 일반적으로 여성노동자의 비율이 높은 업종이었으나, 칭다오는 초기부터 남성노동자의 비율이 높았다. 그 원인으로는 무엇보다 남성의 비율이 높았던 당시 칭다오 인구구조 자체에서 기인하는 바가 컸고, 남성 노동력이 풍부하여 남녀 간 임금 격차가 크지 않았던 점도 작용했을 것으로 여겨진다. 실제 나이가이멘주식회사와 화신사창 모두 기술 여하에 따라 임금 격차가 있었을 뿐, 남녀 간 임금격차는 크게 존재하지 않았다. 이와 함께 산둥의 전통적인 관념과 관습도 영향을 미쳤을 것으로 보인다. 당시 산둥성에는 전족纏足의 풍습이 남아있었다. 전족을 했을 경우 장시간 노동이 어렵고 일의 능률도 낮았으며 운신이 자유롭지 못해 기계 조작 시 위험성이 높았다. 더불어 가부장적 가족제도와 관념으로 여성의 사회진출이 어려웠고, 조혼 풍습으로 여성의 취업기간에 한계가 있었던 점도 그 이유로 꼽을 수 있을 것이다.[48] 당시 방직공장은 성냥공장과 함께 적으나마 중국인 여성이 진출한 케이스로, 유흥업 등 일부 특수한 직업을 제외하고 여성의 취업은 전무한 상태였다.[49] 이후 각 공장들은 전족을 하지 않은 만주족 여성을 고용하는 등 여공 양성에 노력했고,[50] 1930년대 들어서는 여성노동자의 비율이 급증하기도 했다. 그러나 20세기 전반을 통틀어 남성노동자의 비율이 과반 이상을 유지하였고, 이것은 근대 칭다오 공장노동자의 특징으로 귀결되었다.[51]

Ⅳ. 나오며

이 글은 독일점령기 및 일본점령기 칭다오의 산업구조 및 도시노동자층의 형성과정과 특징을 분석하고 칭다오와 배후지 산둥성 관계의 일면을 밝히고자 했다.

칭다오의 산업구조와 주민의 직업은 밀접한 관계를 맺고 있었다. 칭다오 근교를 중심으로 농어업이 큰 비중을 차지하는 가운데 도시부에서는 상공업이 급속히 성장했다. 도시 및 산업 인프라 건설·정비와 관련된 토목건축 활동이 활발했고, 상업과 무역은 칭다오 산업발전의 근간으로 항만의 건설, 철도의 개통과 함께 급성장했으며, 노동자의 수도 크게 증가했다. 일본 점령기에 들어서는 일본 자본과 중국 자본의 대규모 투자로 인해 근대 제조업의 기반이 마련되었고, 대규모의 공장노동자층이 등장했다.

독일·일본점령기 칭다오 상공업 발전의 원동력은 각 산업의 기반시설과 자본, 그리고 풍부한 노동력이었다. 이 시기 칭다오 산업노동자의 특징을 다음과 같이 정리할 수 있다.

먼저 분야를 막론하고 대다수의 노동자가 배후지인 산둥성 출신자들이었다는 점이다. 도시 형성이나 산업 발전에 따라 배후지의 노동력이 유입되는 것은 칭다오만의 특징이라기보다 당시 신흥도시에서 보이는 전형적인 현상이기도 했다. 신도시의 형성과 도시 내 노동력 수요는 전통 사회경제구조의 해체로 인해 새로운 생계수단을 모색하던 산둥성 농민을 흡인했다. 노동자의 출신지를 보면 교통이 편리하여 칭다오로의 접근성이 좋은 지역들이 많았으며, 업종에 따라서는 사업과 모종의 관계를 가지고 있는 지역 출신자를 고용하는 경우도 있었다.

다음으로 노동자의 모집과 관리가 주로 중국인 파두를 통해 이루어졌다는 점이다. 노동자의 모집 및 관리방식은 업종과 규모에 따라 차이가 있었으나, 초기에는 업종을 불문하고 시간, 비용, 언어, 민족감정 등을 고려하여 중국인 파두에게 일정의 권한을 주는 파두제가 널리 채용되었다. 파두와 노동자의 관계는 기본적으로 동향관계의 방에 근거하여 맺어져 있었는데, 동향관계를 중심으로 하는 노동력 수급관계는 칭다오와 배후지 산둥성과의 긴밀한 관계를 보여주는 일례라 할 수 있다.

끝으로 남성노동자의 비율이 압도적이었다는 점도 주목할 필요가 있다. 칭다오의 중심 산업 중 하나였던 방직업의 경우도 여타 국가 및 지역과는 달리 남성노동자의 비율이 압도적이었다. 남성노동자의 비율이 높았던 이유로는, 남성 인구의 비율이 높았던 당시 칭다오의 인구구조와 남녀 간의 임금 격차가 크지 않았던 점, 여성의 취업을 저해하는 산둥성의 전통 관습 및 관념의 영향 등을 들 수 있다.

이번 장에서 분석한 칭다오 초기 도시노동자의 구성은 3장에서 밝힌 주민의 생활양상과 더불어 산둥인 이동의 유입지 또는 정착지로서 칭다오의 위치를 보여준다고 할 수 있다. 7장에서는 산둥인의 둥베이 이동에 있어서 칭다오의 역할을 분석함으로써 이동의 출입구이자 중계지로서 칭다오의 위치를 고찰하도록 한다.

■ 주

1) 런인무(任銀睦)는 '도시근대화城市現代化'라는 관점에서 칭다오의 전통적 사회경제구조가 독일·일본점령기에 어떠한 과정을 거치며 변화했는지를 밝히고, 그 과정에서 보이는 칭다오와 산동성의 관계를 분석했다. 任銀睦(2007), 『青島早期城市現代化研究』, 三聯書店. 비무(畢牧)는 민국시기 도시하층사회의 변천을 주제로 노동자 및 영세자영업자, 유민의 경제생활을 분석하고 도시하층사회의 변천이 산동의 사회에 미친 영향을 분석했다. 畢牧(2012), 『民國時期山東城市下層社會變遷研究』, 山東大學. 칭다오의 도시형성 과정을 시장경제의 형성과 발전이라는 관점에서 분석한 루안위시(欒玉璽)는 근대 칭다오 방직업과 노동자의 구성에 주목하여 칭다오와 산동성의 관계를 풀어냈다. 欒玉璽(2009), 『青島の都市形成史1897-1945: 市場經濟の形成と展開』, 思文閣出版.
2) 조차 초기의 산업에 대해서는 별도의 주석이 없는 한 독일총독부 비망록을 참고하였다. 膠澳總督府(Gouvernement Kiautschou) 著, 青島市檔案館 編譯(2007), 『青島開埠十七年-《膠澳發展備忘錄》全譯』, 中國檔案出版社, 19쪽. 독일이 자오저우만을 점령하기 이전, 이 지역에는 농상어업 종사자 이외에 석공 및 미장이 430명, 목공 98명, 혼례나 장례식의 악사樂師 47명, 창희무기唱戲武技 45명, 교사·훈장 41명, 철공 34명, 피혁제조공 15명, 승려·도사 12명, 점쟁이 11명, 염색공 10명, 주석 세공 8명, 도배공 8명, 설서예인說書藝人 8명, 수의사 4명이 있었다. 任銀睦(2004), 앞의 글, 193쪽.
3) 趙琪修·袁榮叟 纂(1928), 『膠澳志·沿革志』, 青島華昌印刷局, 4쪽.
4) 田原天南(1914), 「獨逸占領前の青島」, 『膠州灣』, 滿洲日日新聞社.
5) 托爾斯藤·華納 著, 青島市檔案館 編譯(2011), 『近代青島的城市規劃與建設』, 東南大學出版社, 108~118쪽.
6) 欒玉璽(2009), 앞의 글, 110쪽.
7) 일본점령기 칭다오수비군의 관할 영역은 하이보허海泊河 이남의 도시구역(독일점령기의 칭다오 시구와 타이둥진, 타이시진)에 해당하는 칭다오와 하이보허 이북의 리춘, 자오지철도 연선으로 나누어져 있었다.
8) 일본점령기 칭다오의 토목건축과 관련해서는 青島守備軍民政署(1922), 『民政概況』, 青島守備軍民政署, 55~69쪽을 참고.
9) 青島守備軍民政署(1922), 앞의 글, 15~16쪽.
10) 일본 당국은 일본 민간 자본의 유치를 위해 저금리로 토지를 임대하고 전기요금 및 자오지철도의 화물 운송요금을 할인해주었으며, 칭다오에서의 가공을 목적으로 한 원료의 운반과 최종가공에 대해 조성금을 교부했다. Wolfgang Bauer 著, 森依宜人·柳澤のどか 譯(2007), 『植民都市青島1914-1931』, 昭和堂, 82~83쪽.

11) 岸元吉(1922), 「工場地」, 『靑島及山東見物』, 山東經濟時報社.
12) 주요 일본 공장의 설립 연월, 자본금, 취급 품목에 대해서는 다음을 참고할 것. 在靑島日本總領事館(1924), 『靑島槪觀』, 在靑島日本總領事館, 76~80쪽.
13) 王守中・郭大松(2001), 『近代山東城市變遷史』, 山東敎育出版社, 478~483쪽.
14) 膠澳總督府 著(2007), 앞의 글, 19쪽.
15) 在靑島日本總領事館(1924), 앞의 글, 13쪽.
16) 田原天南(1914), 앞의 글, 539쪽.
17) 1905년 칭다오에 장기 체류하고 있던 유럽인은 1,060명으로, 그중 남성이 641명, 여성이 227명, 아동이 192명을 차지했다. 膠澳總督府 著, 靑島市檔案館 編譯(2007), 앞의 글, 363~364쪽.
18) 靑島守備軍政署(1916), 『靑島要覽』, 靑島守備軍政署, 11~15쪽.
19) 1919년의 조사에 따르면 칭다오의 유흥업 종사자(여성)는 모두 1,099명으로, 일본인 1,087명(예기 549명, 작부 538명, 종사자와 가족 포함), 중국인 창기 9명, 러시아인 창기 3명이 있었다. 靑島守備軍司令部 編(1921), 『靑島守備軍統計年報 : 大正8年度』, 34~87쪽.
20) 靑島守備軍司令部 編(1921), 앞의 글.
21) 靑島守備軍民政部(1922), 『山東ノ勞動者』, 靑島守備軍民政部, 46쪽.
22) 靑島守備軍民政部(1922), 앞의 글, 217쪽.
23) 靑島守備軍司令部 編(1921), 앞의 글, 152쪽. 당시 칭다오수비군 관내 노동자의 임금으로, 리춘보다 조금 높고 자오지철도 연선보다는 조금 낮은 수준이었다.
24) 靑島守備軍民政部(1922), 앞의 글, 216~217쪽.
25) 靑島守備軍軍政署(1916), 앞의 글, 184~185쪽. 靑島守備軍民政署(1924), 앞의 글, 250~251쪽.
26) 파두는 과거 어떠한 업종에 종사하는 행방行幇의 우두머리를 일컫던 말이다. 행방은 동종업종이나 동향관계를 기반으로 결성된 조직으로 방의 규칙에 근거하여 파두와 구성원 간의 관계가 규정되어 있었다. 그러나 각종 산업이 발전하고 노동력 수요가 높아지면서 파두는 점차 노동력 청부업자의 성격을 띠게 되었다. 노동자의 모집과 관리를 파두가 전담하는 파두제는 부두 하역작업, 광산 채굴작업에서 자주 채용되던 노무관리방식으로, 공장에서 채용되기도 하였다. 대규모 공장은 근대적 노무관리방식을 채용하면서 파두제를 철폐했으나, 대량의 노동력을 상시 필요로 했던 부두나 광산에서는 운영방식 및 환경의 변화 등에도 불구하고 파두제가 유지되었다.
27) 靑島實業協會(1920), 「靑島に於ける支那職工の槪況」, 『靑島實業協會月報』 28, 靑島實業協會, 1~7쪽.

28) 靑島實業協會(1920), 앞의 글, 1~7쪽.
29) 靑島實業協會(1919), 「各工場職工數」, 『靑島實業協會月報』 16, 靑島實業協會, 36쪽.
30) 이 부분은 근대 칭다오항 하역노동자에 대한 필자의 논문을 요약, 보충한 것이다. 權京仙(2010), 「近代靑島港における埠頭勞動者の構造: ドイツ・日本占領期を中心に」, 『海港都市研究』 5, 神戶大學大學院人文學研究科 海港都市研究センター, 193~201쪽.
31) 田原天南(1914), 앞의 글, 326~328쪽.
32) 欒玉璽(2009), 앞의 글, 110쪽 〈표 3-1〉을 인용.
33) 鈴木友二郎 編(1917), 「大港第一埠頭」, 『靑島寫眞帖』, 高橋寫眞館.
34) 靑島市史誌辦公室 編(1994), 『靑島市志・海港誌』, 新華出版社, 133쪽.
35) 胡汶本外 編(1983), 『帝國主義與靑島港』, 山東人民出版社, 34쪽.
36) 부두국의 직영 후부터 부두수입항목에 선내 작업료와 화물열차 하역료 항목이 만들어졌다. 1921년에는 이들 항목의 수입이 부두수입의 23%를 점했다. 靑島守備軍民政署(1922), 앞의 글, 110~116쪽.
37) 靑島守備軍民政署(1922), 앞의 글, 111쪽.
38) 산둥운수와 파두의 관계, 노동자의 구성 및 처우에 대해서는 靑島守備軍民政部(1922), 앞의 글, 225~227쪽을 바탕으로 정리했다.
39) 南滿洲鐵道株式會社 天津事務所調査課(1936), 『山東紡績業の槪況』, 南滿洲鐵道株式會社天津事務所, 6~8쪽.
40) 靑島市史志辦公室 編(1999), 『靑島市志・紡織工業志』, 新華出版社, 第一篇 棉紡織・第一章 生産・第五節 勞動力.
41) 1924년의 조사에 따르면, 칭다오 내 일본 자본 공장의 총자본액 약 3억 5076만 엔 중 방직자본이 1억 8478만 엔으로 50% 이상을 차지하고 있었다. 在靑島日本總領事館(1924), 앞의 글, 76~79쪽. 칭다오의 면방직업은 1930년대까지 계속적인 발전을 이루었다. 일본방직공장의 설비규모는 1925년 정방기(精紡機) 23만 7,544추, 방직기 1,109대에서 1930년에는 34만 4,300추, 2,869대, 1935년에는 49만 2,484추, 7,114대로 증가했다. 樋口弘(1939), 『日本の對支投資硏究』, 生活社, 268쪽. 1936년 칭다오 방직업의 생산규모는 상하이에 이어 중국 내 2위를 점하였고, 노동자의 수는 33,035명으로 칭다오 공업 노동자의 70%를 차지하였다. 당시 칭다오에는 일본기업 9사가 19개 공장을 가동하고 있었고, 중국기업으로는 화신방만이 가동하여 일본 자본의 독점상태에 있었다. 1937년 3월까지 칭다오 방직업에 투하된 일본 자본은 약 1억 2천만 엔에 달했다. 欒玉璽(2009), 앞의 글, 154~155쪽.
42) 당시 칭다오 각 공장의 파두는 적게는 십여 명, 많게는 100명 이상의 노동자를 수하에 두고 관리했다. 파두는 필요한 노동자를 자기 판단에 따라 선택하여 고용하였기 때문에, 같은 공장 내에서도 갑 지역 출신의 파두

밑에는 갑 지역 출신 노동자가, 을 지역 출신 파두 밑에는 을 지역 출신 노동자가 많았다. 파두를 매개로 하는 경우, 노동자의 질과 수급 모두 파두에 좌우되었기 때문에 각 공장은 좋은 파두를 구하기 위해 고심했다.

43) 南滿洲鐵道株式會社 天津事務所調查課(1936), 앞의 글, 36쪽.
44) 화신방은 1922년 중국 남부 지방에서 숙련 여공 70명을 데려와 작업에 투입했다. 靑島守備軍民政部(1922), 앞의 글, 80~82쪽. 한편 대부분의 일본공장은 기술자와 주요관리인원을 일본인으로 충당하였다. 창업 초기 각 공장마다 약 50~70명의 일본인 기술자 및 관리자가 있었고, 나이가이멘주식회사의 경우에는 약 100명을 고용하고 있었다. 靑島市史志辦公室 編(1999), 앞의 글.
45) 일부 일본공장은 소수정예의 인원을 선발하여 일본의 공장에 단기연수를 보내기도 했다. 靑島市史志辦公室 編(1999), 앞의 글. 화신방은 공장 부근 공학당의 남자 졸업생 30명(15~30세)을 선발하여 1919년 4월에서 10월까지 화신방 톈진공장에서 연수를 받게 한 후, 칭다오공장의 각 부문에 배치하여 관리감독을 담당하도록 했다. 靑島守備軍民政部(1922), 앞의 글, 81쪽.
46) 靑島守備軍民政部(1922), 앞의 글, 77~78쪽.
47) 靑島守備軍民政部(1922), 앞의 글, 80~82쪽.
48) 南滿洲鐵道株式會社 天津事務所調查課(1936), 앞의 글, 35쪽.
49) 당시 칭다오수비군의 기록에 따르면 칭다오 시내에서 중국인 여성을 보는 것 자체가 매우 어려운 일이었다. 중국인이 경영하는 업체에서도 중국인 여성을 고용하는 경우가 거의 없었고, 방직공장, 성냥공장이 신설된 후 소수의 여공을 고용하는 것이 고작이었다. 靑島守備軍民政部(1922), 앞의 글, 70~71쪽.
50) 1924년 나이가이멘주식회사와 나가사키방적주식회사 칭다오공장은 각각 750명과 250명의 여성노동자를 양성하고 있었다. 『大阪每日新聞』, 1924. 9. 26. 같은 시기 일부 일본방직공장은 칭저우 치청旗城에 모집원을 파견하여 전족을 하지 않은 만주족 여성을 모집했다. 이러한 움직임은 청조의 붕괴 후, 주요 수입원이었던 봉향俸餉이 축소, 정지되면서 많은 만주족이 칭다오 및 지난으로 나가 생계를 모색하고 있던 것과도 상응했다. 靑島市史志辦公室 編(1997), 『靑島市志·民族宗敎志』, 新華出版社, 第一篇 民族·第一章 滿族·第一節 徙居.
51) 1930년대에 들어서며 여성노동자의 비율은 점차 높아져, 1935년에는 약 40%, 1940년에는 약 46%에 달하였다. 이는 칭다오 내 중공업이 발전하면서 많은 남성노동력이 중공업에 투입되고, 만주국 성립 후 일부 남성노동자가 중국 동북지방으로 이동하면서 남성노동자의 이탈이 발생한 것과 관련이 있다. 더불어 여성의 전족이 감소하고 여성 취업과 관련한 인식이 점차 변화한 것 역시 영향을 미쳤다. 南滿洲鐵道株式會社 天津事務所調查課(1936), 앞의 글, 34~36쪽 ; 欒玉璽(2009), 앞의 글, 181~182쪽.

■ 참고문헌

권경선(2012), 「1900-1930년대 중국 산둥인의 역외이동과 해항도시와의 관계 연구」, 『해항도시문화교섭학』 6, 한국해양대학교 국제해양문제연구소.
楊來靑(2010), 「海港都市 青島 歷史硏究의 課題와 展望」, 『해항도시문화교섭학』 2, 한국해양대학교 국제해양문제연구소.

樋口弘(1939), 『日本の對支投資硏究』, 生活社.
權京仙(2010), 「近代青島港における埠頭勞動者の構造:ドイツ・日本占領期を中心に」, 『海港都市硏究』 5, 神戶大學大學院人文學硏究科 海港都市硏究センター.
南滿洲鐵道株式會社天津事務所調查課(1936), 『山東紡績業の槪況』, 南滿洲鐵道株式會社天津事務所.
『大阪每日新聞』, 1924.9.26.
欒玉璽(2009), 『青島の都市形成史1897-1945: 市場經濟の形成と展開』, 思文閣出版.
田原天南(1914), 『膠州灣』, 滿洲日日新聞社.
青島守備軍民政署(1922), 『民政槪況』, 青島守備軍民政署.
ヴォルフガング バウワー(Wolfgang Bauer) 著, 森依宜人・柳沢のどか 譯(2007), 『植民都市青島1914-1931』, 昭和堂.
青島實業協會(1919), 「各工場職工數」, 『青島實業協會月報』 16, 青島實業協會.
青島實業協會(1920), 「青島に於ける支那職工の槪況」, 『青島實業協會月報』 28, 青島實業協會.
青島守備軍軍政署(1916), 『青島要覽』, 青島守備軍軍政署.
青島守備軍民政部(1922), 『山東ノ勞動者』, 青島守備軍民政部.
青島守備軍司令部 編(1921), 『青島守備軍統計年報』 大正四年度-大正八年度, 青島守備軍司令部.
鈴木友二郎 編(1917), 『青島寫眞帖』, 高橋寫眞館.
在青島日本總領事館(1924), 『青島槪觀』, 在青島日本總領事館.

畢牧(2012), 『民國時期山東城市下層社會變遷硏究』, 山東大學.

胡汶本外 編(1983), 『帝國主義與青島港』, 山東人民出版社.
膠澳總督府 著, 青島市檔案館 編譯(2007), 『青島開埠十七年-《膠澳發展備忘錄》全譯』, 中國檔案出版社.
青島市史志辦公室 編(1994), 『青島市誌·海港誌』, 新華出版社.
青島市史志辦公室 編(1997), 『青島市志·民族宗教志』, 新華出版社.
青島市史志辦公室 編(1999), 『青島市志·紡織工業志』, 新華出版社.
任銀睦(2007), 『青島早期城市現代化研究』, 三聯書店.
托爾斯藤·華納 著, 青島市檔案館 編譯(2011), 『近代青島的城市規劃與建設』, 東南大學出版社.
王守中·郭大松 著(2001), 『近代山東城市變遷史』, 山東教育出版社.
趙琪修·袁榮叟 纂(1928), 『膠澳志·沿革志』, 青島華昌印刷局.

권경선 | 한국해양대학교 국제해양문제연구소 HK연구교수

6.
20세기 초 칭다오 일본인사회의 형성과 변천

양라이칭(楊來靑)·쑨바오펑(孫保鋒)

Ⅰ. 들어가며

일본은 본토의 인구 압력이 컸기 때문에 메이지明治시기부터 정부의 권장 하에 이민 활동이 시작되었다. 갑오전쟁, 러일전쟁, 독일과의 칭다오전투에서 승리한 일본은 해외이민을 그들의 세력범위를 공고히 하는 전략적 수단으로 삼았다. 일본은 점령지인 대만臺灣과 중국 둥베이지방東北地方으로 자국민을 대량 이주시켰을 뿐만 아니라, 화베이지방華北地方, 화중지방華中地方, 화난지방華南地方으로도 이주하도록 했다. 이러한 배경 하에 칭다오는 중국 내 일본인의 주요 집결지가 되었다.

독일점령기부터 칭다오에는 일본인이 거주하고 있었으나, 그 규모와 영향력은 대단히 제한적이었다. 1914년 일본과 독일의 전쟁 이후 일본이 칭다오를 점령하면서 일본 본토에는 '칭다오붐'이 일었다. 칭다오의 일본인 인구는 폭발적으로 증가해 1920년대 초기에 2만 명을 넘어섰다. 이는 당시 재중일본인의(둥베이·대만지역 미포함) 3분의 1 이상을 차지했고, 칭다오 시내에 거주하는 중국인과 일본인의 비율은

158 칭다오, 식민도시에서 초국적 도시로

〈표 1〉 칭다오지역(리춘 포함) 중국인 및 외국인 인구구성[1] (단위: 명)

년도	중국인	일본인(재중일본인: 둥베이·대만 미포함)	조선인	대만인	기타 외국인
1902	14,905	78	-	-	688
1903	28,144	108	-	-	962
1904	27,622	152	-	-	1,075
1905	28,477	207 (8,550)	-	-	1,236
1907	31,509	161	-	-	1,439
1910	34,180	167 (16,607)	5	-	1,642
1913	53,312	316	12	-	2,083
1914	-	2,384 (21,662)	-	-	-
1915	65,096	11,611	-	-	483
1916	-	12,386 (27,770)	-	-	-
1917	73,474	15,822	-	-	493
1918	76,586	19,335 (33,079)	13	-	502
1919	79,684	19,985 (59,109)	73	-	525
1920	82,680	20,209 (54,544)	-	-	-
1921	102,871	24,262 (57,832)	-	-	469
1922	-	24,112 (59,321)	46	-	-
1923	-	17,413 (48,387)	58	-	-
1924	-	13,353 (45,269)	82	-	-
1925	87,409	13,274 (47,613)	157	0	657

1926	92,402	13,224 (48,961)	244	0	585
1927	113,482	13,412 (51,698)	227	0	603
1928	314,977	13,167 (55,156)	298	7	593
1929	320,049	14,514 (55,708)	393	5	624
1930	367,410	13,850 (54,391)	434	11	1133
1931	383,117	14,223 (53,632)	489	6	681
1932	410,571	13,657 (53,374)	715	3	1,400
1933	457,590	13,748 (55,604)	969	7	1,330
1934	440,739	13,767 (56,049)	1,223	8	1,373
1935	453,330	14,463 (56,106)	1,068	9	1,477
1936	552,733	15,194 (59,345)	1,344	11	1,325
1937	-	14,941 (105,334)	1,384	12	-

약 5대 1이었다. 1922년 일본이 칭다오를 중국에 반환하고 군대를 철수하자 일본인 인구는 대폭 줄었다. 하지만 칭다오에서 일본의 경제 세력이 지속적으로 확장되면서 일본인의 감소 추세는 곧 둔화되었다. 당시 칭다오의 일본인 인구는 1만 4,000여 명으로, 재중국일본인 인구(대만과 둥베이지역 미포함)의 3분의 1에 가까운 비율을 유지했다. 1937년 중일전쟁 이후 일본인이 대거 중국 각지로 유입되면서 비로소 이 비중이 대폭 줄어들었다. 이 글에서는 20세기 초 칭다오 일본인사회를 각 시기별 정치경제적 변동과의 연관 속에서 살펴보고자 한다.

Ⅱ. 독일점령기의 일본인사회(1902~1914)

주나가사키駐長崎 독일영사관 통역이었던 다카하시 노리오高橋德夫는 독일이 칭다오를 점령한 후 곧 칭다오로 이주한 인물로 '칭다오 일본인의 선구자'로 불린다. 다하라 덴난田原天南이 쓴『자오저우만膠州灣』에 의하면 다카하시는 독일인과의 관계를 통해 칭다오에서 도급업에 종사하다가, 뒤이어 일본 여성을 모집해 와서 주점을 경영해 성공을 거두었다.

독일 총독부가 발행한『자오저우발전비망록膠州發展備忘錄』에 따르면 1902년에는 79명, 1903년에는 108명의 일본인이 있었는데,2) 이는 일본인이 칭다오 관방기록 자료에 처음으로 등장한 것이다. 1902년과 1903년에 칭다오 거주 유럽인(군인 제외)이 각각 688명과 962명이었던 것에 비추어 보면, 일본인의 규모는 결코 작은 것이 아니었다. 하지만 당시까지만 해도 일본인의 대다수가 요식업, 유흥업, 사진업 등에 종사했기 때문에 도시경제에 미치는 영향은 지극히 제한적이었다.

이후 일본과 칭다오 간의 경제관계가 긴밀해짐에 따라 칭다오 일본인사회의 영향력도 강화되었다. 1901년 칭다오와 일본 간의 수출입액 합계는 불과 100만 엔 정도였으나, 1913년에는 1500만 엔에 달하면서 칭다오무역 총액의 6분의 1을 차지했고, 칭다오와 독일 간의 수출입 총액을 앞질렀다. 미쓰이물산三井物産, 요코하마정금은행橫濱正金銀行, 유아사양행湯淺洋行, 닛신양행日信洋行, 고쇼양행江商洋行, 히로후미大文, 이와키상회岩城商會 등이 칭다오에 지점을 설립하면서부터 일본 자본이 칭다오의 상업 및 무역에서 중요한 위치를 차지하게 되었다. 일본 상인은 지난濟南이나 타이안泰安 등 산둥성 내지로 직접 직원을 파견해 물품을 구입하는 방법을 채택했다. 이로써 자오지철도膠濟鐵道와 진푸철도津浦鐵道 연선을 따라서 일본 상업무역의 세력 범위가 확장되었고,

독일 상인과 중국 상인이 독점하고 있던 산둥의 무역권을 일본인이 잠식해갔다. 요코하마정금은행은 일본기업의 발전을 촉진하기 위해 칭다오에 사무소를 개설했다. 1913년 가을에 새로 준공된 정금은행 칭다오사무소 건물에서 '천황탄신 축하의식'이 거행되었을 때, 내빈으로 참석한 독일총독부 군정부 참모장이 '칭다오는 일본의 식민지'라고 할 정도로 이미 칭다오 사회에서 일본의 영향력이 상당했다.

그러나 이 시기 일본인의 유입은 모두 경제적 목적에 따른 개별적인 유동이었으며, 일본 정부 역시 칭다오에 직접 영사를 두는 등 보호조치를 고려하지 않았다. 당시 칭다오는 옌타이煙臺 영사관의 관할 범위에 있어, 영사관 직원이 매년 한두 차례 칭다오에 와서 사무를 처리했다. 교민이 겨우 40~50명에 불과한 미국, 영국, 러시아가 모두 영사관을 설치한 것을 보고, 당시 칭다오의 일본인은 본국 정부의 대처에 불만을 품기도 했다. 비록 칭다오에서 일본세력이 확대되었지만, 이들은 많은 면에서 독일의 차별에 부딪치고 있었다. 예건내 3상에서도 서술한 것처럼 독일 정부의 의사시험을 통과하지 않으며 일본인은 칭다오에서 병원을 열 수 없었으며, 유럽인이 일본인 요리점에 들어가는 것을 금지하고 일본 음식점에서는 독일인에게 맥주를 팔지 못하도록 하는 등 일본인의 사회적 지위는 여전히 제한적이었다.

Ⅲ. 일본점령기의 일본인사회(1914~1922)

1914년 독일과의 전쟁에서 승리한 일본은, 1922년 12월 행정권을 중국에 반환하기 전까지 칭다오를 점령했다. 이 시기 동안 일본 정부의 비호 하에 칭다오의 일본인 수가 폭발적으로 늘어났고, 지역사회에서도 큰 영향력을 가지게 되었다.

1914년 12월 16일 일본 육군성은 『칭다오시정방침靑島施政方針』을 통해 칭다오수비군이 '칭다오에 이주한 제국신민을 독려해야 하며, (그들이) 국제법을 기준으로 삼고 도덕을 중시하여 충분한 이익과 재산을 얻을 수 있도록 해야 한다'고 지시했다. 이 지시의 핵심은 '칭다오로 이주한 제국신민'에 있는데, 사실상 칭다오 이주를 장려해야 한다는 전략적 의도를 간접적으로 표명한 것이다. 일본 당국은 다음과 같은 조치를 통해 일본인의 칭다오 이주를 장려했다.

첫째, 칭다오 유입 일본인에 대해 특수한 보호정책을 취했다. 일본 외무성이 파견한 참사관은 1915년 1월 18일 외무성에 제출한 보고서에서 일본인의 유입 상황을 다음과 같이 기록했다. '군정이 시작된 날(1914년 11월 19일)부터 12월 27일까지 군정서의 허가를 얻어 칭다오에 거주하게 된 자국인(즉 일본인)은 2,384명에 달했다. 같은 달 28일 칭다오 주식시장이 개방되자 자국인은 더욱 증가하여 현재 약 4,800명을 넘어섰으며, 날로 증가하는 추세이다.'3) 제1차 점령기에 일본군은 칭다오뿐만 아니라 자오지철도 연선으로 이주한 일본인에 대한 직접적인 군사보호조치를 취해 그들의 이익을 보호했다.

둘째, 일본인거주구역을 건설했다. 대규모 일본인이 칭다오로 유입됨에 따라 주택 임대료가 대폭 상승했다. 이러한 주거문제는 일본인의 장기 거주에 영향을 미치는 가장 중요한 변수였다. 칭다오군정서 군정위원장 요시무라 켄조우吉村健藏는 1915년 3월에 내방한 일본귀족원日本貴族院 의원 마쓰우라 아츠시松浦厚와의 간담 중에 칭다오 거주 일본인이 심각한 주택문제에 직면하고 있다고 언급했다. '많은 사람들이 지하실이나 저장실 등에 임시거주하고 있으며, 설령 집을 빌릴 수 있다 해도 집세의 10배에서 15배까지의 보증금을 내야한다. 산둥루山東路의 임대점포는 500~600위안元에서 1,000위안 가량의 보증금을 내야 하고, 시외의 외진 곳에 8위안짜리 주택을 하나 임대하려면 60~70위

〈그림 1〉 칭다오의 일본인 예기(藝妓)

안의 보증금을 내야한다.'4) 아울러 칭다오로 이주해 온 사람 중에는 '만주'나 '조선'에서 온 사람이 많은데 대개 현지에서 실패한 사람들이 었고, 일본에서 온 사람들은 규슈九州 사람이 많고 부녀자는 오사카大阪에서 많이 왔는데 경제적 능력에 한계가 있어서 높은 임대료의 환경에서는 살아가기가 어려웠다고 한다.

이 같은 상황에서 칭다오수비군은 임대료가 상승하는 것을 정책적으로 억제하는 동시에 일본인거주지 건설에 착수했다. 초기 계획은 칭다오역 서쪽에 일본인 거주지를 건설하는 것이었다. 하지만 1915년 1월 칭다오를 시찰한 일본외무성 통상국장 사카타阪田는 해당 지역은 중국인구역에서 멀리 떨어진데다가 항구에서 멀어 일본인의 경제활동에 불리하다고 여기고, 일본인거주지를 중국인집거지에서 가까운 소항小港 부근에 건설하는 것이 장기적 발전에 유리하다는 의견을 제시했다. 그 후 일본 칭다오수비군은 원래의 계획을 변경하여 도시개발계획을 확정했다. 우선 다바오다오大鮑島 북쪽 지구를 신시가지로 확정하고 독일이 시행하던 토지정책을 폐지해 주택 건축 원가를 낮추었다. 또 러허루熱河路, 관타오루館陶路, 랴오닝루遼寧路 일대에 일본인거주지를 건설하여 일본인의 장기거주를 보장했다.

셋째, 상공업을 발전시켜 일본인의 이주 기반을 다졌다. 일본 정부가 칭다오를 개방한 직후 유입된 일본인은 상당수가 경제적으로 어려운 사회적 하층이었다. 설사 일정한 자본을 가지고 있다 해도 투자 경로가 시원치 않아 바로 사업에 착수하기가 어려웠다. 따라서 한동안 칭다오 일본인들 사이에서는 실망감과 의기소침한 정서가 만연했다. 1915년 1월의 조사에 따르면, 칭다오의 일본인은 주로 여관, 식당, 잡화점, 주택임대 등의 업종에 종사했고, 무역, 토목건축, 어업에 종사하는 자도 있었다.[5]

1915년 1월 18일 참사관 후나코시船越가 외무성에 제출한 보고서에 따르면,[6] 칭다오로 유입된 일본인 중에서 영주를 목적으로 개업하는 자는 여전히 소수라는 것을 알 수 있다. 그는 보고서에서 이후 무엇보다 중요한 것은 본국과 본국인의 경제발전이고, 칭다오의 희망은 장래 수출입 무역의 완비에 있음을 강조했다. 사카타 통상국장 역시 칭다오에서 일본 경제발전을 촉진해야 희망을 얻을 수 있다고 인식했다. 그 후 일본은 토지 및 세수 조치를 통해 일본기업이 칭다오에 대거 진출할 수 있도록 도왔다. 1918년 당시 일본이 칭다오에서 경영하는 비교적 규모가 큰 기업은 16개였는데, 그중 네 개는 독일점령기에 세워졌고, 나머지 12개는 모두 1917년 이후에 설립된 것이다. 일본이 경영하던 기업은 주로 맥주·방직·제사·제분·제빙·유지·염업·성냥·통조림 제조업 등이었고, 다수의 소형 공장도 있었다. 같은 해에 칭다오에 문을 연 여섯 개 은행 중에 일본 자본의 은행은 요코하마정금은행 칭다오출장소, 조선은행朝鮮銀行 칭다오출장소, 중일합자은행인 룽커우은행龍口銀行 칭다오지점이 있었다. 미쓰이물산 등 일본의

〈그림 2〉 칭다오 일본제2소학교

대형 상사들은 칭다오 수출입 무역을 독점했고, 일본수산조합도 칭다오 수산업을 장악했다. 이들 기업을 따라 진출한 상공업자는 일본인사회의 인적구성을 바꾸었을 뿐만 아니라, 일본인 상공업자를 대상으로 다양한 업종에 종사하는 사람들을 끌어들임으로써 여러 계층으로 구성된 사회를 형성했다.

넷째, 일본인의 정착에 적합한 사회문화적 환경을 구축했다. 장기적인 이주생활에 적합한 환경을 구축하는 것은 식민통치를 공고히 할 뿐만 아니라, 이주민들이 거주지 문화에 동화되는 것을 방지하기 위해 필요한 조치였다.

특히 교육은 장기거주에 있어 중요한 조건의 하나였다. 일본 당국은 자국민들이 교육문제로 귀국할 수도 있다는 것을 고려해, 점령 직후인 1915년 4월에 독일총독부학교의 건물을 이용하여 일본소학교를 건립했다. 이후 일본인이 급격하게 증가함에 따라 하자쿠라초葉櫻町,

〈그림 3〉 칭다오신사 참배

만넨초萬年町, 타이둥진臺東鎭에 분교를 설립했다. 1917년 4월에는 칭다오 제2보통소학교를 증설했고, 칭다오소학교를 칭다오 제1보통소학교로 개명하고 뒤이어 새 주소로 이전했다. 1915년 4월에는 칭다오고등여학교를 설립하고, 1917년 2월에는 칭다오중학교를 설립함으로써 일본인의 중등교육 수요를 만족시켰다.

종교는 이주민사회의 의지를 모으고 응집력을 강화하는 데 있어서 중요한 역할을 했다. 칭다오민정서青島民政署가 편찬한『신간칭다오요람新刊青島要覽』에는 '신사는 국가의 제사를 지내는 곳으로 국민정신의 원천이자 중심이 되어야한다'7)고 기록되어 있다. 칭다오수비군 내에서는 1915년 1월부터 신사 설립에 관한 논의가 제기되었고, 1917년 주수이산貯水山에 칭다오신사가 세워지면서 일본인의 정신적 구심점이 되었다. 그 밖에도 1916년 11월에는 독일과의 전투에서 전사한 일본군을 기념하는 충혼비가 세워져, 일본인의 결집력을 상징하는 건축물 중의 하나가 되었다.

〈그림 4〉 충혼비(忠魂碑)

    1915년 1월에는 일본인이 창간한 『칭다오신보靑島新報』가 발행되있나. 이 신문은 일문판으로 시작했지만, 후에 일문판 여섯 장, 중문판 네 장으로 변경하면서 일본문화를 전파하는 중요한 경로가 되었다.

    1915년 5월에는 일본인을 포함한 시민들에게 의료서비스를 제공하기 위해 칭다오병원을 설립했다. 1918년 1월 22일자 『칭다오신보』에 따르면 입원환자 중 일본인이 156명, 중국인이 27명이었는데,[8] 이를 통해 이 병원은 주로 일본인에게 의료서비스를 제공했다는 것을 알 수 있다. 그 밖에도 칭다오수비군 민정부의 철도병원 및 14개의 일본인 개인병원이 칭다오에서 문을 열었다.

    또한 일본인 사교단체인 칭다오시민회靑島市民會를 결성하여 시즈오카초靜岡町에 사무실을 두었고, 사무실 부근에는 회원들의 오락 및 휴양을 위해 클럽을 만들었다.[9] 이는 칭다오 거주 일본인 간의 교류를 증진시키고, 소위 '교민 정서를 위로하여' 일본인사회의 발전을 도모

〈표 2〉 일본인의 직업구성(자오지철도 연선 포함)

	1915[10]		1918[11]	
	종사자	가족	종사자	가족
공무 관련	1,513	1,451	1,746	2,255
농업/목축업/임업	40	48	43	79
어업	49	78	378	145
교통업	334	421	1,409	2,091
광업	0	0	46	62
상업	1,366	1,904	2,883	5,427
공업	1,134	1,287	1,369	2,712
자영업/기예·오락	1,173	1	1,649	484
기타	1,629	1,931	1,770	775
합계	7,238	7,121	11,293	14,030

하기 위한 것이었다.

이상의 노력에 힘입어 칭다오의 일본인은 급격하게 증가했고 그 직업구성도 다양해졌다. 일본인은 중국정부가 개방하지 않은 농업이나 염업에도 종사했다. 이렇듯 일본은 칭다오 경제발전을 주도함으로 경제상의 우위를 장기간 독점할 수 있었다. 〈표 2〉를 보면 교통업, 상업·무역업, 공업이 발전하면서 관련 업종에 종사하는 인구가 대폭 증가했고, 주점·식당·유흥업 종사자 역시 증가했다는 것을 알 수 있다. 1918년 이후 가족의 비중이 늘어난 것은 일본인사회가 비교적 안정된 단계에 진입했음을 보여준다.

이와 같이 일본은 칭다오에서의 경제적 이권을 장기 독점하기 위하여 다양한 조치를 통해 일본인의 칭다오 이주를 독려했고, 이는 칭다오 반환 후에도 일본이 이권을 유지할 수 있는 기반이 되었다. 당시 일본인의 이주는 정부 주도와 군사 비호 아래 진행되었으므로 일본인 이주민이 의식했든 하지 못했든 그들은 국책의 공구가 되었고, 일본 식민정책의 수혜자가 되었다.

Ⅳ. 반식민지시기의 일본인사회(1922~1937)

1922년 12월 10일 일본은 칭다오의 행정권을 중국에 반환했다. 일본의 칭다오 반환은 일본인의 이주에 큰 영향을 미쳤다. 그 직접적인 결과가 바로 칭다오 일본인 인구의 급감이다. 1924년 칭다오의 일본인은 13,000여 명으로, 1922년과 비교해서 1만여 명이 감소했다. 군인 가족과 군속軍屬 노동자가 칭다오를 떠났을 뿐만 아니라, 후원자가 없어졌다는 두려움에 칭다오를 떠나는 사람도 있었다. 아울러 일본군대를 상대로 일한 기업이나 일본군의 비호 하에 있던 기업이 파산하면서, 그곳에서 일하던 노동자가 부득이하게 칭다오를 떠났다. 1923년 7월 주칭다오일본영사관의 조사에 따르면, 1920년을 전후하여 일본기업은 231개까지 격증했으나 1922년 말에는 168개가 남았다. 그 중 휴업이 11개, 사실상 해산한 기업이 19개, 해산 직전의 기업이 13개였으며 남아있는 125개의 기업 중에서도 절반 가량은 영업상태가 좋지 못했다. 그 주된 원인으로 전후 경제상황의 악화뿐만 아니라, 반환 전에 칭다오수비군이 일본인 발전에 특별한 편의를 제공하고 산둥지방이 사업에 적합하다고 과대 선전하여 많은 일본 자본을 끌어들였던 점[12]을 들 수 있을 것이다. 이처럼 일본군의 비호가 칭다오 일본인사회에 미친 영향은 지대했다.

그러나 칭다오 주권 반환 후에도 일본 정부는 칭다오 거주 일본인을 보호하기 위해 일련의 조치를 취했다.

첫째, 일본인에 대한 무력 보호를 실시했다. 칭다오 반환 후에 일본은 총영사관 내에 경찰기구를 설립하고 일본인의 집거 구역에 여덟 개의 파출소를 설치했다. 얼마 후 중국인의 항의를 받고 파출소의 간판을 내렸지만, 이후에도 공개적으로 사무를 보았다. 일본 경찰들은 자국민을 보호한다는 명목 아래 중국 내정에 간섭하고, 일본인의 밀수나 마약

판매를 공공연하게 지지하는 등, 일본인의 각종 활동에 바람막이 역할을 했다. 또한 육군과 해군을 동원한 무장 상륙과 해상 경비를 통해 칭다오의 일본인을 직간접적으로 보호하고, 준군사조직에 대한 지원을 통해 군사 활동을 지속했다. 1922년 7월 7일 칭다오수비군 사령관 유이미쓰에有比光衛는 육군대신 야마나시 한조山梨半造에게 서한을 보내 칭다오재향군인회에 군용물품을 무상으로 양도해 줄 것을 제의했다. 비록 육군성은 이 요청을 거절했으나 사격에 필요한 도구와 펜싱검, 총검보호대 등 군용품을 유상 양도하는 것에는 동의하여 칭다오재향군인회의 군사훈련을 지원했다. 칭다오 반환 당시 칭다오재향군인회 회원은 약 1,100명에 달했으며, 이후 일본이 칭다오에서 세력을 유지하는 데 없어서는 안 될 별동대가 되었다.

둘째, 일본인 거류민단을 설립해 칭다오 일본인을 비호하는 기구로 삼았다. 1923년 3월 1일 일본은 칭다오에 일본인거류민단을 설립했다. 이 기구는 일본『거류민단법居留民團法』에 의해 건립된 일본인 자치조직이었지만, 실제로는 일본총영사관에서 직접 관리하는 정치조직이었다. 1925년 칭다오총영사관은 관령 제1호로『칭다오거류민단법실시세칙青島居留民團法實施細則』을 선포했고, 일본 정부가 직접 보조금을 지급했다. 이 단체는 일본이 철수할 때 넘겨 준 일본인학교, 신사, 병원 등을 이어서 경영했기 때문에 관영적인 성격이 매우 뚜렷했다. 이들은 민간의 자발적 행동이라는 명목 하에 일본영사관이 계획한 일을 수행했다. 예를 들어 민단 아래에 소위 의용대義勇隊를 두어 일본과 일본인의 이익을 보호한다는 명목을 내세워 폭력으로 수차례 시정당국을 위협했다. 1931년 민간의용대가 국민당 칭다오시당부를 불태운 사건이 그 대표적인 예이다. 그 밖에 재칭다오일본상공회의소, 각종 기업조합, 재향군인회 등의 조직도 일본 경제 발전 및 일본인사회의 협력과 이익보호에 중요한 역할을 했다.

<표 3> 1930년 칭다오 및 기타 주요 도시 일본인의 직업 비교표[14]

직업구분	칭다오 인구(명)	칭다오 비율(%)	상하이 관내 인구(명)	상하이 관내 비율(%)	톈진 관내 인구(명)	톈진 관내 비율(%)	지난 인구(명)	지난 비율(%)	샤먼 관내 인구(명)	샤먼 관내 비율(%)
농업	14	0.10	51	0.20	21	0.24	3	0.15	36	0.61
수산업	288	1.90	70	0.28	2	0.02	0	0.00	29	0.49
광업	18	0.10	4	0.02	3	0.03	0	0.00	1	0.02
공업	1,054	7.00	2,800	11.25	390	4.38	106	5.30	340	5.73
상업	2,586	17.00	3,435	13.80	1,516	17.02	527	28.61	1,381	22.11
교통업	370	2.50	1,006	4.04	147	1.65	14	0.70	103	1.74
공무·자유업	1,255	8.50	3,150	12.65	1,870	21.00	188	9.40	403	6.80
가사도우미	96	0.70	400	1.61	115	1.29	2	0.10	12	0.20
기타	95	0.70	95	0.38	33	0.37	0	0.00	79	1.33
무직	9,046	61.00	13,888	55.78	4,809	54.00	1,159	57.98	3,549	59.85
합계	14,822	100.00	24,899	100.00	8,906	100.00	1,999	100.00	5,933	100.00

<표 4> 칭다오 일본인 직업 유형[15]

	1924년 종사자	1924년 가족	1929년 종사자	1929년 가족	1936년[16] 종사자	1936년 가족
농업	26	63	25	52	2	-
어업	156	169	189	118	382	-
광업	3	9	10	44	1	-
공업	423	976	393	1,026	351	-
상업	2,656	5,037	2,481	5,916	2,776	-
교통	127	291	205	356	91	-
공무	127	313	179	493	195	-
자유업	500	844	392	788	540	-
가사도우미	167	82	-	-	163	-
기예/기생	488	2	652	33	616	-
기타	251	548	609	559	254	-
합계	4,937*	8,334	5,135	9,386**	5,371	9,651
	13,271		14,521		15,022	

셋째, 저금리 융자를 제공했다. 1923년 일본 정부는 연리 4푼으로 칭다오거류민단에게 300만 위안의 저금리 융자를 10년간 제공하고, 칭다오총영사가 거류민단의 자금 사용내역을 감독하도록 결정했다. 이 대출금은 칭다오 및 자오지철도 연선에 거주하는 일본인의 경제활동을 돕기 위한 일종의 구제조치로, 일본 중소기업을 비롯한 칭다오 일본인의 경제 발전을 도왔으며,13) 침체된 칭다오 일본인사회에 활력을 부여했다.

넷째, 기업 투자를 독려해 일본의 경제적 기반을 공고히 했다. 1925년 4월 칭다오총영사 호리우치 켄스케堀內謙介는 『산둥정책에 관한 의견』에서 '평화적이면서 경제적인' 정책을 실시해야한다고 주장했다. 자국민이 가지고 있는 경제적 지위를 지키기 위해 자본 원조를 해 줄 필요가 있으며,17) 이를 통해 일본인이 산둥에서 누려온 경제적 지위를 공고히 할 것을 제의했다. 1920년대 후반부터 일본 방직공장의 생산력이 증대되고 새로운 공장이 설립되면서, 칭다오 방직산업 내 일본의 지위는 더욱 부각되었다. 게다가 천연고무, 화학공장 등이 설립되면서 일본기업이 다시 급속히 발전하고, 칭다오와 일본 간 상업 및 무역 활동도 지속적으로 늘어났다. 〈표 3〉에서는 칭다오에서 공업, 상업, 교통업에 종사하는 일본인 인구가 상하이보다는 적지만 톈진天津, 지난濟南, 샤먼廈門보다는 훨씬 많았으며, 특히 종사자의 가족으로 여겨지는 무직 인구의 비율이 가장 높았다는 것을 알 수 있다. 이러한 특징은 칭다오에 진출한 일본기업 중 대기업의 수가 많았기 때문으로, 이러한 기업들은 칭다오 일본인인구가 안정적으로 유지되거나 증가하는 데 있어 중요한 기반이 되었다.

이상의 조치들은 중국의 주권을 침범하는 것으로, 일본인사회를 중국법률과 중국정부의 관리에서 벗어난 '나라 안의 나라'로 만들었다. 이와 같은 조치를 통해 일본인은 칭다오에 장기 거주할 수 있었고, 칭다오의 반식민지적 색채는 더욱 짙어졌다.

V. 나오며

칭다오 반환의 여파가 진정되고 칭다오에서의 일본 경제가 회생하면서 칭다오 내 일본인 인구 규모도 안정을 찾아갔다. 이 시기를 전후로 두 차례에 걸친 일본의 산둥출병이 발생하고, 9·18사변, 1·28송호항전淞滬抗戰[18] 등 심각한 정치적 사건이 폭발하였는데, 이를 통해 일본의 중국 침략에 대한 중국인의 반감이 날로 증폭되었다는 것을 쉽게 추측할 수 있다. 이러한 상황에서도 칭다오의 일본인 인구가 안정적으로 유지되고 나아가 회복되고 있었다는 것은 일본의 자국민에 대한 지원 및 보호정책이 칭다오 사회에 얼마나 큰 영향을 미치고 있었는지를 보여준다.

1937년 중일전쟁 발발 당시, 일본은 칭다오에 대한 투자규모를 고려해 상하이와 마찬가지로 현지 보호 정책을 채택했고, 군대를 파견해 일본기업과 일본인을 보호했다. 산둥 내륙의 일본인을 전부 칭다오에 집결시켰고, 칭다오 일본인의 일부는 다롄大連과 뤼순旅順 등지로 철수시키면서 8월 23일까지 모두 1만 5,000여 명의 일본인이 철수했다. 8월 24일 전쟁의 긴박함을 고려하여 일본은 칭다오에서 시행하던 현지 보호 정책을 포기하고 자국민을 모두 철수시키기로 결정했다. 일본은 외교적 수단을 이용해 칭다오에서 군사적 행동을 취하지 않는다는 것을 조건으로 삼아 중국 측이 일본인의 철수를 허락하고 그들의 경제적 이익을 손상시키지 않는다는 승낙을 얻어냈다. 이를 보호막으로 8월 31일에는 모든 일본인이 칭다오를 떠났다.

1920년대 후반은 일본의 대외 식민지배가 절정을 이루던 시기였다.

일본은 정부 차원의 후원을 통해 일본인을 동남아, 북미, 남미 등지로 이주시켰다. 특히 중국에서는 둥베이지방을 점령하여 노골적인 무장이민과 '백만 호 이민' 등의 조치를 취했다. 이로 인해 둥베이지역의 일본인 인구가 급증했고, 이곳은 일본의 식민지가 되었다. 상하이에서는 구미 각국과의 격렬한 경쟁에 직면하면서, 상공기업을 중심으로 일본인을 모았다. 조약을 통해 훙커우虹口에 일본인거주지를 세우고 일본인 거주자를 모아, 이를 기반으로 하여 열강과 대립했다. 일본은 이와 같이 둥베이지방에서는 무력 이민정책으로, 상하이에서는 경제중심정책으로 이민을 장려했으나, 칭다오에서는 먼저 군사보호를 통해 대규모 이민 환경을 구축함으로써 단기간에 많은 일본 이민을 유도했다. 칭다오의 반환 후 일본은 경제적 유도와 군사적 보호가 결합된 조치를 통해 칭다오에서의 우세한 지위를 확립하고 유지했다. 이로써 칭다오는 식민지라는 이름이 붙여지지 않은 일본의 식민지·반식민지가 되었고, 일본의 대중국 전략에 있어서 중요한 최전방기지가 되었다.

■ 주

1) 이 표는 다음 자료들을 바탕으로 작성했다. 田原天南(1914), 『膠州灣』, 滿洲日日新聞社; 靑島守備軍司令部(1921), 『靑島守備軍第一統計年報. 大正四年』, 『靑島守備軍第二統計年報. 大正五年』, 『靑島守備軍第三統計年報. 大正六年』, 『靑島守備軍第四統計年報. 大正七年』, 『靑島守備軍第五統計年報. 大正八年』; 日本外務省通商局編(1931), 『在外本邦人國勢調査報告. 昭和5年』, 外務省通商局; 日本外務省調査部(1940), 『海外各地在留本邦內地人職業別人口表(昭和11年10月1日)』, 日本外務省調査部. 일본인 인구 중 괄호 안의 수치는 둥베이지방 및 대만을 제외한 재중국 일본인의 수를 나타낸다.
2) 靑島市檔案館編(2007), 『靑島開埠十七年-《膠澳發展備忘錄》全譯』, 中國檔案出版社, 233쪽.
3) 靑島大使館參事官男爵船越光之丞(1914-1915), 「靑島之現狀竝山東鐵道沿線狀況之件」(大正3年12月18日-大正4年1月20日), 『靑島占領後之施政及前後處分雜件第一卷』(アジア歷史資料センターRef. B07090809500).
4) 松浦厚(1915), 『靑島遊記』, 葛西又次郎, 27쪽.
5) 田中次郎編(1915), 『山東槪觀』, 田中次郎, 163쪽.
6) 靑島大使館參事官男爵船越光之丞(1914-1915), 앞의 글.
7) 靑島民政署 編(1918), 『新刊靑島要覽』, 嚴松堂, 137쪽.
8) 「最近之靑島」, 『靑島新報』, 1918.1.22.
9) 靑島民政署 編(1918), 앞의 글, 244쪽.
10) 靑島守備軍司令部(1921), 『靑島守備軍第一統計年報. 大正四年』, 12쪽.
11) 靑島守備軍司令部(1921), 『靑島守備軍第三統計年報. 大正六年』, 12쪽.
12) 靑島總領事 森安三郎(1923), 「1.靑島總領事館/分割1」(大正12年6月25日~大正12年7月12日), 『在支那本邦人之發展狀況雜件/在支那本邦人企業及貿易調査之件第9卷』(アジア歷史資料センター Ref. B11090775000).
13) 「靑島居留民團貸付金ニ關スル件ヲ決定ス」(大正12年03月10日), 『公文類聚・第四十七編・大正十二年・第十五卷・外事三・通商・雜載』(日本國立公文書館 アジア歷史資料センター Ref. A01200516800).
14) 이 표는 日本外務省通商局編(1931), 『在外本邦人國勢調査報告. 昭和5年』, 外務省通商局, 62~67쪽을 참고하여 작성했다.
15) 1924년 각 직업별 종사자를 합한 수는 합계란의 수치보다 13명이 적고, 1929년 각 직업별 종사자의 가족을 합한 수는 합계란의 수치보다 1명이 적은데 표기의 오류로 보인다. 원 자료에는 '일본본토인' 외에도 '조선인'(1924년 종사자 57명, 가족 25명. 1929년 종사자 121명, 가족 209명)과 '대만인'(1929년

종사자 3명, 가족 4명)의 수가 표기되어 있었으나 이 표에서는 생략했다.
16) 日本外務省調査部(1940), 『海外各地在留本邦內地人職業別人口表(昭和11年10月1日)』, 日本外務省調査部, 47쪽.
17) 靑島總領事　堀內謙介(1925), 「山東政策ニ關スル意見在靑島總領事堀內謙介ヨリ上申ノ件」(大正14年4月14日), 『公文雜纂・大正十四年・第十卷・宮內省・宮內省・外務省一・外務省一』(アジア歷史資料センター Ref. A04018181800).
18) 제2차 상하이사변이라고도 한다. 1937년 7월 화베이지역에서 중국과 일본 간에 전쟁이 발발한 후 전화가 상하이로 확대되었으며, 8월에 일본 육군이 참전하면서 난징南京, 우한武漢 등지의 중국 전역으로 확대되어 중일전쟁의 도화선이 된 전쟁을 말한다.

■ 참고문헌

日本外務省通商局 編(1931), 『在外本邦人國勢調査報告. 昭和5年』, 外務省通商局.
日本外務省調査部(1940), 『海外各地在留本邦內地人職業別人口表(昭和11年10月 1日)』, 日本外務省調査部.
松浦厚(1915), 『靑島遊記』, 葛西又次郞.
靑島民政署 編(1918), 『新刊靑島要覽』, 嚴松堂.
『靑島新報』, 1918.1.22.
靑島守備軍司令部(1921), 『靑島守備軍第一統計年報. 大正四年』.
_____, 『靑島守備軍第二統計年報. 大正五年』.
_____, 『靑島守備軍第三統計年報. 大正六年』.
_____, 『靑島守備軍第四統計年報. 大正七年』.
_____, 『靑島守備軍第五統計年報. 大正八年』.
靑島大使館參事官男爵船越光之丞(1914-1915), 「靑島之現狀竝山東鐵道沿線狀況之件」(大正3年12月18日~大正4年1月20日), 『靑島占領後之施政及前後處分雜件 第一卷』(アジア歴史資料センター Ref. B07090809500).
「靑島居留民團貸付金ニ關スル件ヲ決定ス」(大正12年03月10日), 『公文類聚・第四十七編・大正十二年・第十五卷・外事三・通商・雜載』(日本國立公文書館 アジア歴史資料センター Ref. A01200516800).
靑島總領事 森安三郞(1923), 「1.靑島總領事館/分割1」(大正12年6月25日~大正12年7月12日), 『在支那本邦人的發展狀況雜件/在支那本邦人企業及貿易調査之件 第9卷』(アジア歴史資料センター Ref. B11090775000).
靑島總領事 堀內謙介(1925), 「山東政策ニ關スル意見在靑島總領事堀內謙介ヨリ上申ノ件」(大正14年4月14日), 『公文雜纂・大正十四年・第十卷・宮內省・宮內省・外務省一・外務省一』(アジア歴史資料センター Ref. A04018181800).
田原天南(1914), 『膠州灣』, 滿洲日日新聞社.
田中次郞 編(1915), 『山東槪觀』, 田中次郞.

靑島市檔案館編(2007), 『靑島開埠十七年-《膠澳發展備忘錄》全譯』, 中國檔案出版社.

양라이칭 | 칭다오시당안관(靑島市檔案館) 부관장
쑨바오펑 | 칭다오시당안관(靑島市檔案館) 처장

7.
20세기 초 산둥인의 둥베이이동과 해항도시

권경선

I. 들어가며

이 글은 20세기 초 산둥인山東人의 둥베이지방東北地方으로의 이동을 통해, 산둥성山東省을 둘러싼 인구의 이동에 있어 칭다오青島, 옌타이煙臺, 룽커우龍口로 내표되는 산둥성 해항도시의 위치와 역할을 비교분석하고 그 가운데 칭다오의 특징을 규명하고자 한다.[1)]

산둥인의 산둥성 역외지역으로의 이동은 19세기 후반에 본격화되어 가깝게는 중국 둥베이지방과 한반도 및 일본은 물론, 멀리 미주·유럽·아프리카까지 확대되었다.[2)] 그중에서도 중국 둥베이지방으로의 이동(이하 둥베이이동)은 가장 오랜 기간 동안 대규모로 나타난 역외이동 현상이었다.[3)] 산둥인의 둥베이이동은 청대 초기부터 보이기 시작하여, 18세기 전반부터 19세기 중반 둥베이지방 각지에 한족漢族의 유입을 금지하는 봉금령封禁令이 실시되었던 시기에도 꾸준히 이어졌다. 19세기 후반 즈푸芝罘(지금의 옌타이, 이하 옌타이)의 개항과 둥베이지방의 개발은 보다 많은 산둥인의 이동을 촉발했다. 중화민국시기中華民國時期(1912~1949, 이하 민국시기)에는 매년 약 35만~100만 명의

〈그림 1〉 다롄항으로 향하는 산둥인[4]

산둥인이 둥베이지방으로 이동하면서 산둥 및 둥베이 사회에 큰 영향을 미쳤다.

산둥인의 둥베이이동은 지리적 범위에서 보았을 때 중국 국내이동의 범주에 속하지만, 그 배경과 양상은 국내에 한정지어 설명할 수 없다. 산둥인의 둥베이이동이 산둥성 전역에 걸쳐 폭발적으로 증가한 것은 20세기 초로, 이 시기 둥베이지방은 러시아와 일본에 의해 분할되어 있었다. 둥베이지방의 남부, 소위 남만주南滿洲와 한반도, 대만을 세력 하에 두고 있던 일본은 제1차 세계대전의 발발과 함께 칭다오를 점령하면서 동아시아 내 세력 확장에 박차를 가하고 있었다. 산둥인의 둥베이이동은 당시의 이와 같은 국제관계를 배경으로 이루어졌고, 둥베이지방으로 이동한 산둥인 중 일부는 일본 세력 하의 한반도와 일본 본토, 러시아 시베리아 등지로 건너가 현지의 화교가 되었다. 이와 같은 이동의 배경과 양상을 고려했을 때, 산둥인의 둥베이이동은 일국적 범위를 넘어 동북아시아의 범위에서 재고되어야 할 필요성이 있다.

이 시기 칭다오, 옌타이, 룽커우와 같은 산둥성의 해항도시들은 산둥인의 둥베이이동과 밀접한 관련을 맺고 있었다. 이들 도시는 산둥인 이동의 출입구인 동시에, 노동을 위해 이동하는 산둥인들의 연락기관 혹은 이민알선기관이었던 객잔客棧과 노동자모집소가 들어서면서 이동의 중계지로 기능했다. 한편 산둥인의 둥베이이동은 이들 도시의 발전기반이 되기도 했다. 많은 산둥인들이 이동 과정 중에 각 도시의 해운회사와 객잔 등을 이용하면서 도시경제에 직접적인 효과를 발휘했고, 그들의 송금 및 투자가 산둥성 재원의 큰 부분을 이루면서 도시의 상업무역을 비롯한 각종 산업에 영향을 주었다.

　산둥을 비롯한 화베이지방華北地方 한족의 둥베이이동은 중국, 대만, 일본 학계를 중심으로 다년간에 걸쳐 많은 주목을 받아왔으며 상당한 연구 성과가 나와 있다.[5] 그러나 기존의 관련연구는 이동의 송출지 사회 혹은 유입지 사회에 초점을 맞추어, 이동의 거점으로서 해항도시와의 관계, 이동 과정 속에 보이는 해항도시 간 네트워크와 그 역할에 관해서는 소홀히 해 온 경향이 있다. 근대 산둥인의 역외이동을 해항도시와의 관계 속에서 고찰한 연구로는 아라타케 다츠로荒武達朗와 김승욱의 연구가 있다. 18세기부터 20세기 중반까지 화베이지방과 둥베이지방 사이에 전개된 한족의 대규모 이동·이주 현상을 고찰한 아라타케 다츠로는, 해항도시가 가진 교통수단 및 교통망에 대하여 이러한 조건이 이동의 직접적 동기는 아니었으나 이동을 촉진하는 역할을 했다고 보았다.[6] 20세기 초 한반도의 산둥화교를 고찰한 김승욱의 연구는 산둥반도山東半島, 랴오둥반도遼東半島와 둥베이지방, 한반도로 연결되는 일정 권역과 그 속의 네트워크에 주목하여 산둥인의 경외境外 이동을 다루었다. 필자는 산둥인의 이동을 둘러싼 권역 설정은 물론, 칭다오, 옌타이, 룽커우와 이 도시들의 상호 네트워크가 주변 지역의 노동력을 흡수하여 영외로 송출하는 회로를 구성하고 있었다는 그의 관점에 동의한다.[7] 이처럼 해항도시는 교통의 결절로서 이동을 촉진하는 역할을 했을 뿐만 아니라, 이동 네트워크상의 거점으로서 이동의 규모와 양상에 영향을 주었다.

　상술한 내용이 당시 산둥인의 둥베이이동과 관련한 해항도시의 일반적인 성격 혹은 역할이었다면, 한편으로 각각의 도시가 가진 특수한 조건과 특징이 있었다. 각 도시의 특수한 조건들은 해당 도시를 거점으로 이동하는 산둥인의 규모와 성격에 영향을 미쳤을 것이고, 산둥인의 이동 양상은 다시 각 도시의 특징으로 귀결되었을 것이다. 실제 칭다오, 옌타이, 룽커우는 모두 근대 산둥인 둥베이이동의 거점이었으나, 각 도시를 둘러싼 양상은 동일하지 않았다. 주지하는 바와 같이 옌타이는 근대 산둥성 최초의 통상무역항으로서 19세기 중엽부터 도시로 성장했다. 그에 비해 19세기 말에 이르러 건설된 칭다오는 도시로서의 역사가 짧았다. 이는 칭다오를 통한 이동의 역사 또한 짧음을 의미하며, 따라서 이동과 관련된 각종 조건들이 옌타이에 비해 미비한 측면이 있었다. 또한 둥베이지방으로의 이동에 있어 보하이渤海를 끼고 둥베이의 랴오둥반도와 마주하고 있던 옌타이, 룽커우와 비교하여 산둥반도 중남부의 칭다오는 지리적으로도 불리한 위치에 있었다. 이러한 불리한 조건에도 불구하고 칭다오가 산둥성 전역을 배후지로 포섭하며 옌타이, 룽커우와 함께 산둥인 둥베이이동의 거점이 될 수 있었던 이유 또는 조건은 무엇이었는가. 이것은 산둥인의 둥베이이동에 있어 각 해항도시가 가지고 있던 특징은 물론, 이동의 출입구이자 중계지로서 칭다오의 위치를 파악할 수 있는 단서가 될 것이다.

본론에서는 20세기 초 각 해항도시를 통한 이동 양상을 살펴보기 위해 먼저 송출지별로 이동규모와 특징, 이동방법과 경로를 분석한 후, 각 해항도시와의 관계를 분석한다. 끝으로 산둥인의 둥베이이동과 관련한 칭다오의 성장요인을 밝힘으로써 각 도시의 특징을 포착하고 칭다오의 위치를 고찰하도록 한다.

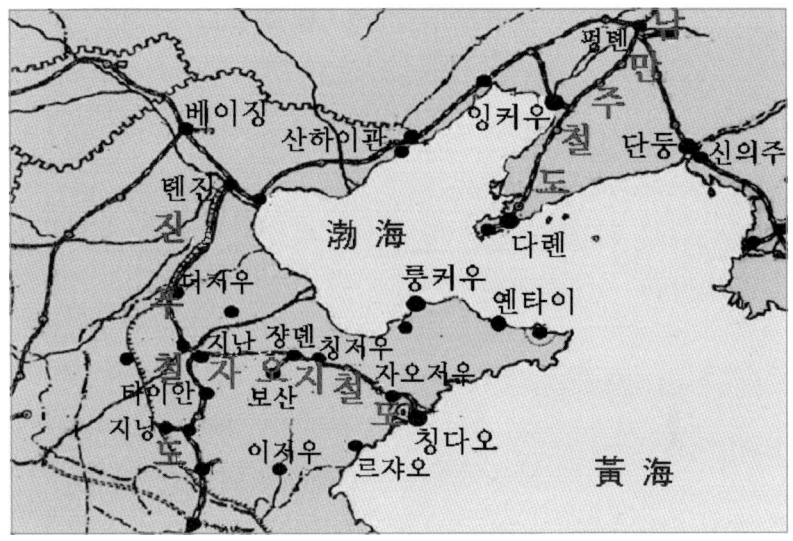

〈그림 2〉 산둥반도 및 랴오둥반도의 주요 도시와 철도[8]

Ⅱ. 이동의 송출지와 해항도시의 관계

1. 송출지에 따른 이동규모

19세기 후반까지 산둥반도 북부를 중심으로 이루어지던 산둥인의 둥베이이동은 20세기에 접어들면서 산둥성 전역으로 확대되었다. 앞서 밝힌 것처럼 민국시기 둥베이지방으로 이동한 산둥인은 매년 적게는 35만 명에서 많게는 100만 명 이상에 달했다.[9] 산둥인의 둥베이이동은 산둥성 내에서도 지역에 따라 이동의 원인, 규모, 방법이 달랐다.

〈표 1〉은 1910년대 및 1920년대의 어느 한 해 동안 둥베이지방으로 이동한 산둥인의 수를 송출지별로 나타낸 것이다. 산둥성은 크게 황

〈표 1〉 산둥인 둥베이이동의 송출지별 규모(1910~1920)

		1910년대 후반		1920년대 후반	
		인구(명)	비율(%)	인구(명)	비율(%)
동 부	덩저우지방	150,000	42.9	172,098	24.6
	라이저우지방	60,000	17.1	81,853	11.7
	칭저우지방	60,000	17.1	76,912	11
	이저우지방	30,000	8.6	71,667	10.2
	자오저우지방	20,000	5.7	47,777	6.8
	합 계	320,000	91.4	450,307	64.3
서 부		30,000	8.6	250,000	35.7
합 계		350,000	100	700,307	100

해黃海와 보하이에 연해있던 동부지역과 내륙부인 서부지역으로 나눌 수 있다. 1910년대 후반에는 이동인구의 90% 이상이 동부지역 출신자였으나, 1920년대 후반에 이르면 서부지역 출신자의 비율이 35%로 증가했음을 알 수 있다. 이는 1910년대 후반부터 서부 각지에서 노동을 비롯한 다양한 목적하에 둥베이로 이동하는 산둥인이 증가한 것과도 관련이 있으나, 이 시기 산둥성 서남부를 중심으로 전개된 북벌전쟁과 비적匪賊으로 인한 피해, 자연재해로 대규모 피난민이 발생하면서 일시적으로 급증한 측면이 크다.10) 이처럼 1910~1920년대 둥베이이동의 주요 송출지는 일찍부터 바다를 통한 역외이동이 활발했던 산둥성 동부에 집중되어 있었다고 볼 수 있다.11)

산둥성 동부지역은 다시 덩저우지방登州地方, 라이저우지방萊州地方, 칭저우지방靑州地方, 자오저우지방膠州地方, 이저우지방沂州地方으로 나눌 수 있다.12) 각 시기를 통틀어 이동의 최대 송출지는 옌타이의 배후지였던 덩저우지방이었고, 라이저우지방과 칭저우지방이 그 뒤를 이었다. 산둥반도 북부의 덩저우지방 및 라이저우지방은 지리적으로 둥베이지방과 가까웠을 뿐만 아니라 바다를 통한 이동이 편리했기 때문에 일찍부터 많은 주민들의 이동이 이루어졌다. 자오저우만膠州灣에 면한 자오저우지방과 산둥성 동남부에 위치한 이저우지방 출신자의 이동은 칭다오 시구 건설과 자오지철도膠濟鐵道의 부설, 칭다오항 축조 및 항로 개설 등 칭다오를 중심으로 하는 교통망이 구축되면서부터 크게 증가했다.

산둥성 서부 각지로부터의 둥베이이동은 20세기에 들어서부터 점차 증가했다. 중국의 전통경제시스템 하에서 대운하大運河가 통과하는 서부는 산둥성 경제의 중심이었고, 지역경제의 번영으로 인해 주민들은 대개 타지로 나가 생계를 모색할 필요가 없었다.[13] 그러나 19세기 중반부터 운하 경제가 쇠퇴하고 바다를 이용한 조운과 무역이 활성화되면서 산둥성의 경제 중심은 점차 동부로 옮겨갔다.[14] 지역 경제가 쇠퇴하면서 서부 주민들은 새로운 생계방식을 모색하지 않으면 안 되었다. 타지에서의 노동이 하나의 돌파구가 될 수 있었겠지만, 19세기 말까지 산둥성 내륙은 운하를 제외한 이동수단이 정비되어 있지 않아 외부로의 이동이 쉽지 않았다. 이와 같은 상황에 획기적인 변화를 가져온 것이 산둥성을 횡단하는 자오지철도와 산둥성 서부를 종단하는 진푸철도津浦鐵道의 부설이었다. 지난濟南을 중심으로 산둥성을 종횡하는 철도 교통이 마련되면서 서부 주민의 산둥성 내 이동 및 역외로의 이동이 한층 용이해졌다. 이러한 이동조건의 변화와 함께, 제1차 세계대전의 발발에 따른 각지에서의 노동력 수요 증가는 주민의 이동을 더욱 촉진했다. 그러나 동부 출신자와 비교하여 서부 출신자의 둥베이이동은 재해나 농작의 상황에 따라 일시적으로 이루어지는 경우가 많았으므로, 이동의 규모 역시 시기마다 변동의 폭이 컸다. 이는 산둥성 동부와 비교하여 주민 이동의 역사가 짧아 둥베이지방에 기반을 둔 고정적이고 상시적인 이동이 적었던 것과도 관련이 있을 것이다. 또한 교통수단의 발달로 이동이 용이해졌다고 해도, 거리나 운임 면에서 연해지역보다 이동에 큰 부담이 따르는 것도 영향을 미쳤을 것으로 보인다.

이와 같이 산둥인의 둥베이이동은 20세기에 들어 산둥성 전역으로 확대되었다. 그 가운데서도 바다에 면한 산둥성 동부, 특히 일찍부터 주민의 둥베이이동이 시작되었던 산둥반도 북부는 이동의 최대 송출지였다. 한편 산둥인의 이동은 송출지에 따라 그 양상을 달리했다. 산둥성 동부 주민의 이동은 오랜 기간 축적된 송출지와 유입지 관계에 의해 항상적이고 안정적으로 이루어졌으나, 둥베이이동의 역사가 짧은 서부 주민의 이동은 시기마다 변동의 폭이 컸다.

2. 송출지에 따른 이동방법과 경로

근대 산둥인의 둥베이이동은 송출지에 따라 일정한 방법과 경로로 이루어졌다. 당시 산둥성과 둥베이지방 사이를 이동하는 방법으로는 해로이동과 육로이동이 있었다. 해로이동은 일반적으로 산둥성 각지에서 철도나 도보, 범선으로 옌타이, 룽커우, 칭다오로 이동한 후, 각 항구에서 기선이나 범선을 타고 둥베이지방의 다롄大連, 잉커우營口, 안둥安東(지금의 단둥丹東, 이하 단둥으로 표기)으로 들어가 다시 철도나 도보로 목적지까지 이동하는 방법이었다. 육로이동은 일반적으로 진푸철도를 이용하여 톈진天津에 도착한 후, 징펑철도京奉鐵道로 환승하여 목적지로 가거나, 톈진에서 기선을 타고 둥베이지방의 각 항구로 들어가 철도나 도보 등으로 이동하는 방법이었다.[15]

봉금령이 풀리지 않았던 시기, 화베이지방과 둥베이지방 간을 육로로 이동할 때에는 통제가 엄격했던 산하이관山海關을 통과해야만 했다. 따라서 많은 산둥인들이 해금정책에도 불구하고 범선을 타고 해로로 이동했다. 1861년 톈진조약天津條約에 의해 산둥성에서 가장 먼저 개항한 옌타이는 개항 이래 둥베이지방으로 이동하는 산둥인의 주요 출입항으로 발전했다. 옌타이의 서쪽에 위치한 룽커우도 보하이만에 연한 지리적 특성으로 인해 많은 산둥인들의 출입항으로 이용되었다. 칭다오의 개항과 함께 칭다오항을 통한 이동도 증가하여 해로를 이용하는 산둥인의 수는 더욱 증가하였다. 1912년 산둥성 서부를 통과하는 진푸철도가 개통된 후로 철도 연선과 그 주변을 중심으로 육로로 이동하는 산둥인도 증가하였으나, 20세기 전반 산둥인의 둥베이이동은 일반적으로 해로를 통해 이루어졌다.[16]

해로를 통한 이동이 큰 비중을 차지하고 있었던 것은, 우선 둥베이지방으로 이동하는 산둥인의 주요 송출지가 연해지역이었던 것과 관련이 있다. 해로를 통한 이동이 활발한 가운데, 산둥반도의 각 해항도시들은 이동의 주요 출입구로서의 역할을 하고 있었다.[17]

산둥반도 북부의 덩저우지방, 라이저우지방, 칭저우지방의 주민들은 주로 옌타이, 룽커우 등지에서 선박을 이용하여 이동했다. 옌타이는 덩저우지방 동부에서 이동하는 주민의 주요 출입구였으며, 라이저우 및 칭저우지방의 출신자 중에서도 옌타이를 통하는 경우가 적지 않았다.[18] 룽커우는 덩저우지방 서부와 라이저우지방 및 칭저우지방 주민들의 주요 출입구였다. 산둥성 서부와 샤오칭허小淸河 유역의 주민 중에는 범선으로 샤오칭허를 따라 양자오거우¥角溝에 도착한 후, 룽커우나 옌타이를 통해 둥베이지방으로 이동하는 경우도 적지 않았다[19].

산둥반도의 동남부에 위치한 칭다오는 도시 건설 이래 자오지철도 주변의 자오저우지방, 칭저우지방, 남부의 이저우지방, 덩저우의 하이양海陽과 라이저우지방, 서부내륙의 각지 등, 옌타이 주변의 일부 지역을 제외한 산둥성 전역 주민의 출입구가 되었다. 칭다오까지의 이동 경로를 보면 자오지철도 주변이나 산둥성 서부에서는 자오지철도를 이용하여 칭다오로 들어오는 경우가 많았고, 산둥성 동남부의 경우는 스주쒀石臼所나 장쑤성江蘇省 북부의 하이저우海州에서 정크선을 타거나 도보로 칭다오까지 이동하는 경우가 많았다.[20] 각지에서 칭다오로 들어온 사람들은 칭다오항에서 기선이나 정크선을 타고 둥베이지방의 각 해항도시로 이동한 후, 다시 철도나 도보로 목적지로 이동했다.

3. 해항도시별 이동규모와 특징

20세기 초, 산둥성과 둥베이지방을 왕래하던 산둥인의 주요 출입항은 옌타이와 룽커우였으나, 1910년대에 접어들며 칭다오를 통한 이동도 크게 증가했다.[21]

〈표 2〉 산둥성 해항도시에서 둥베이지방으로 유입된 중국인 여객 수 (1916~1918)[22]

연도	항구명	칭다오	옌타이	룽커우	합계
1916	여객수	44,854	66,452	42,394	153,700
	비율(%)	29.2	43.2	27.6	100
1917	여객수	95,129	75,043	45,613	215,785
	비율(%)	44.1	34.8	21.1	100
1918	여객수	55,284	76,734	42,904	174,922
	비율(%)	31.6	43.9	24.5	100

〈표 2〉는 1916년부터 1918년까지 칭다오항, 옌타이항, 룽커우항을 통해 둥베이지방으로 유입된 중국인의 수를 나타낸 것이다. 각 해항도시를 통해 둥베이지방으로 이동한 중국인의 수는 세 개 도시 모두 연간 4만 명을 넘었고, 특히 옌타이와 칭다오를 통한 이동은 매년 증가세를 보였다.

이동 인구가 급증한 1917년에는 세 개 도시를 통한 이동이 모두 증가한 동시에, 칭다오를 통한 이동이 옌타이를 추월한 것을 알 수 있다. 1910년대 중반, 화베이지방에는 가뭄으로 인한 피해가 속출하고 있었다. 피해가 정점에 달한 1917년에는 산둥성 내에서도 가장 피해가 컸던 서부 각지를 중심으로 생계 모색을 위해 산둥성 내의 기타 도시나 역외지역으로 나가는 주민들이 급증했다. 또 제1차 세계대전의 전쟁특수로 둥베이지방 경제가 호황을 누리고 있었고, 영국·프랑스 등 연합국이 대규모 화공 모집을 펼치는 등 역외 각지에서 산둥 노동력에 대한 수요가 급증하며 산둥인의 역외이동을 촉진했다. 이러한 배경 아래서 둥베이지방으로 이동하는 산둥인이 증가했고, 특히 내륙지방에서 자오지철도와 칭다오항을 이용하여 둥베이지방으로 이동하는 주민이 급증함에 따라 칭다오를 통한 이동규모가 일시적이나마 옌타이를 앞지른 것으로 보인다.[23] 이후 칭다오를 통한 산둥인의 이동은 계속 증가하여, 1920~1940년대에는 옌타이가 최대 출입항의 위치를 지키는 가운데, 칭다오가 룽커우를 넘어 산둥성 제2의 출입항으로서 자리매김하게 된다.

20세기 초 산둥인의 둥베이이동을 송출지와 각 해항도시와의 관계를 중심으로 요약하면 다음과 같다. 산둥반도 북부는 산둥성 내에서도 둥베이이동이 가장 먼저 보이기 시작한 지역으로 18세기부터 이동이 시작되었고, 둥베이지방으로 이동하는 산둥인의 주요 송출지이기도 했다. 그에 비해 산둥성 내륙부는 20세기 초에 들어 둥베이이동의 움직임이 활발해졌다. 산둥반도 북부의 옌타이와 룽커우는 19세기 후반부터 배후지 주민의 주요 출입항으로 성장했고, 산둥반도 남부의 칭다오는 20세기에 들어 산둥성 전역을 배후지로 포섭하며 산둥인 이동의 주요 출입항으로서 옌타이, 룽커우와 어깨를 나란히 하게 되었다.

20세기 초 칭다오의 등장은 산둥성 사회 전체에 큰 변화를 가져왔다. 칭다오의 성장에 따라 산둥성 최대 해항도시였던 옌타이와 발전가도를 달리고 있던 룽커우의 사회경제는 큰 타격을 입었다. 이것은 산둥인 둥베이이동의 출입구로서 이들 도시의 역할과도 관련이 있었다. 칭다오는 단기간에 산둥성 전역을 배후지로 포섭하며 각 지역 주민들의 둥베이이동을 촉진하였고, 그 과정에서 기존에 옌타이와 룽커우를 통해 이동했던 사람들을 흡수하기도 했다. 해항도시를 둘러싼 이러한 변화들은 각 도시가 가지고 있던 관련조건에서 기인하는 바가 컸다. 다음 절에서는 산둥인의 둥베이이동과 관련한 칭다오의 조건을 중심으로 그 성장 요인을 분석하고, 각 해항도시의 특징을 살펴보고자 한다.

Ⅲ. 둥베이이동의 출입구로서의 칭다오의 조건

산둥반도 북부를 중심으로 이루어지던 산둥인의 둥베이이동은 20세기 초 산둥성 전역으로 확대되었고, 그 과정에서 칭다오는 산둥인 이동의 주요 출입구로 성장했다. 이번 절에서는 칭다오의 성장 요인을 식민도시로서의 요소에 초점을 맞추어 교통망의 구축, 점령주체의 도시경영과 그 성격, 일본 제국주의의 확장이라는 측면에서 살펴보고자 한다.

1. 칭다오 중심의 교통망 구축

독일의 자오저우만 점령 이후 칭다오 시구 건설, 자오지철도 부설, 칭다오항 축조를 통해 칭다오를 중심으로 하는 교통망이 구축되었다. 이러한 교통망을 기반으로 하여 산둥성과 둥베이지방이 물리적으로 이어졌고, 결절지 칭다오는 산둥성의 중심도시로 성장했다. 교통망의 구축은 사람의 이동에도 획기적인 변화를 가져왔다. 산둥성 내륙과

〈그림 3〉 칭다오역 여객의 모습[24]

역외지역이 연결되면서 대규모의 인구가 먼 지역까지 빠르게 이동할 수 있게 되었고, 이는 산둥성 내륙 주민의 역외이동을 촉진했다.

 칭다오와 산둥성 내륙 최대 도시 지난을 연결하는 자오지철도는 산둥성을 동서로 횡단하며 연해지역과 내륙지역을 잇는 역할을 했고, 그 과정에서 칭다오의 영향력은 자오지철도 연선 지역을 중심으로 내륙까지 크게 확대되었다. 그러나 자오지철도가 끝나는 지난의 서부지역까지는 그 영향력이 크게 미치지 못했다. 산둥성 서부와 칭다오의 관계가 더욱 긴밀해진 것은 1912년 진푸철도가 개통되면서부터이다. 중국 대륙을 종단하는 진푸철도는 영국과 독일의 차관을 도입하여 부설된 철도로, 1912년에 허베이성 톈진과 장쑤성 푸커우浦口 간의 전선이 개통되었고, 산둥 내에서는 린청臨城・타이안泰安・지난・더저우德州를 통과하며 산둥성 서부 지역의 주요한 교통수단으로 자리 잡았다. 진푸철도의 개통으로 지난은 두 개의 철도가 종횡으로 교차하는 교통의 중심지가 되었고, 칭다오는 진푸철도의 북쪽 시종착역인 톈진과 경쟁해가며 배후지를 확장해갔다.

 자오지철도・진푸철도의 개통과 도로 정비에 의해 산둥성 내륙과 칭다오를 잇는 육로 교통망이 구축되었다면, 칭다오항의 축조와 항로 개설은 산둥성과 역외지역을 잇는 기반이 되었다. 칭다오항은 기선무역항 대항大港과 정크선무역항 소항小港으로 나누어 축조되었다. 1899년 착공 이래 1901년에는 소항이, 1906년에는 대항이 완성됨에 따라 칭다오는 산둥성의 기선 및 정크선 무역의 중심지로 성장했고 이용여객의 규모도 증가했다. 칭다오항을 이용하는 여객 중에는 산둥성 각지에서 육로를 통해 칭다오로 들어온 사람들과 함께, 산둥성 남부나 장쑤성 북부 연안에서 정크선을 타고 칭다오로 들어와 다시 칭다오항에서 기선을 타고 둥베이지방으로 이동하는 경우도 적지 않았다. 이렇듯 교통망의 구축을 통해 칭다오는 산둥성 전역 및 일부 역외지역을 배후지로 흡수하며, 산둥성과 역외지역을 오가는 사람들의 주요 출입구로 성장할 수 있었다.

이에 반해 산둥성 내륙을 잇는 교통망이 발달하지 못했던 옌타이와 룽커우의 배후지는 산둥반도 북부에 한정되어 있었다. 옌타이는 개항 이래, 중국 북부항로를 이용하는 선박의 기항지寄港地 및 중계무역항으로 성장했다. 옌타이의 개항과 성장에 따라 주변 지역의 정크선 무역과 여객 운송도 점차 옌타이에 흡수되었고,25) 러시아와 일본이 둥베이지방의 개발에 착수하면서 더욱 많은 산둥인들이 옌타이를 통해 둥베이지방으로 이동하게 되었다. 그러나 19세기 말 철도와 항만시설을 갖춘 다롄, 칭다오의 등장과 함께 중계무역항으로서 옌타이의 지위가 흔들리기 시작했고, 특히 선박과 항로가 칭다오에 집중하면서 산둥성 내 무역의 중심이 옌타이에서 칭다오로 옮겨가게 되었다.

교통망의 구축을 앞세운 칭다오의 성장이 옌타이의 쇠퇴에 영향을 미쳤다는 점은 널리 알려진 바이나, 산둥인의 둥베이이동과 관련해서는 이러한 관점을 그대로 적용할 수는 없다. 앞서 간단히 서술한 것처럼 두 도시를 통한 인구 이동의 성격이 달랐고, 특수한 시기를 제외하고 옌타이를 통한 이동의 비중이 칭다오보다 줄었다고 볼 수 없기 때문이다. 그러나 교통상의 불편으로 인해 옌타이의 배후지는 산둥반도 북부에 머무를 수밖에 없었고, 이는 역외이동의 출입구로서 옌타이가 가진 한계로 작용했다.

일찍이 산둥반도 북부에서도 교통상의 불편을 타개하기 위해 옌타이와 웨이현을 잇는 옌웨이철도煙濰鐵道의 부설계획이 세워졌으나 의견대립과 자금난 등으로 이루어지지 못했다. 이를 대신한 것이 1922년 개통된 옌웨이루煙濰路로, 옌타이-푸산福山-펑라이-황현黃縣-룽커우-예현掖縣-창이昌邑-웨이팡을 잇는 청대의 역도驛道를 자동차도로로 만든 것이다.26) 옌웨이루의 개통으로 인해 옌타이와 주변 지역의 교통사정은 개선되었으나, 산둥성 내륙부와 옌타이를 잇는 역할을 할 수 없었다. 옌타이는 오랜 기간 룽커우의 배후지를 흡수해 왔으므로, 룽커우의 상황은 더욱 좋지 않았다. 교통수단 및 교통망의 미비로 인해 옌타이와 룽커우의 배후지가 산둥반도 북부에 한정되어 있던 상황에서, 칭다오는 산둥성과 역외지역을 잇는 교통의 요충지로서 산둥성 전역을 배후지로 포섭하며 성장할 수 있었다.

2. 점령주체의 도시경영과 그 성격

20세기 전반 차례로 칭다오를 경영한 독일·일본·중국 당국은 매년 대규모로 이루어지는 산둥인의 둥베이이동, 특히 노동력 이동이 칭다오의 발전과 깊은 연관이 있음을 인식하고 있었다.

독일 총독부는 칭다오 번영정책의 일환으로 칭다오를 통해 둥베이지방 및 러시아 블라디보스토크로 이동하는 노동자의 흡수에 노력했고, 그 결과 칭다오를 통한 산둥인의 역외이동이 서서히 증가하기 시작했다.27)

이러한 움직임은 1910년대 후반에 들어 더욱 활발해졌다. 1910년대 후반은 일본이 칭다오 및 자오지철도 연선을 점령한 시기로, 칭다오를 비롯한 산둥성 일부지역과 다롄을 중심으로 한 소위 남만주 지역이 일본의 세력 하에 놓여있었다. 이 시기 칭다오를 통해 둥베이지방으로 이동하는 산둥인이 증가한 것은 칭다오와 남만주 통치 당국의 이해관계의 일치에서 기인한 바가 크다. 칭다오수비군은 산둥인의 이동을 통해 칭다오 시내 경제성장을 촉진하고, 더 나아가 산둥인들이 둥베이지방 등 역외지역에서 벌어들인 수입으로 구매재원을 확충하여 칭다오의 무역, 특히 자국과의 무역을 발전시키고자 했다.[28] 한편 노동력의 대부분을 산둥성에서 공급받고 있던 남만주지역은 칭다오가 일본 세력 하에 들어오면서 칭다오를 중심으로 한 산둥인 노동자의 흡수에 힘을 기울였다. 이와 같은 배경 하에 칭다오를 통한 산둥인의 둥베이이동을 촉진하기 위한 조치들이 나왔다.

그 중 하나가 1916년부터 시행된 자오지철도, 다롄기선大連汽船, 남만주철도주식회사南滿洲鐵道株式會社(이하 만철) 3사 간의 연락운송계약이었다. 이 계약은 대규모 산둥인이 산둥성과 둥베이지방 간을 이동하는 춘절春節 전후의 일정기간 동안 적용되었다. 연락운송의 범위는 자오지철도의 종착역에서 만철 창춘역長春驛까지로, 자오지철도 본선 지난역과 지선 보산역博山驛에서 자오지철도를 이용하여 칭다오로 들어와, 칭다오항에서 다롄기선을 이용하여 다롄, 잉커우, 단둥으로 입항한 후, 다시 만철을 이용하여 선양瀋陽, 푸순撫順, 카이위안開原, 창춘으로 이동할 수 있었다. 1922년 칭다오 및 자오지철도 연선지역이 중국 북양정부에 반환됨에 따라 3사의 연락운송은 폐지되었다. 북양정부 시기에도 자오지철도는 다롄기선과의 연락운송을 유지하며 일본 아와공동기선阿波共同汽船, 중국 정지공사政記公司와도 연락운송계약을 맺었다. 연락운임을 적용할 경우, 자오지철도는 3등차의 운임을 60%

할인한 4등차 운임으로 취급하였고, 칭다오와 다롄 간의 선박운임은 협정가격으로 취급하였다.29) 이러한 연락운송은 산둥인 대이동의 시기에 빠르고 저렴한 이동 수단을 제공함으로써 칭다오를 통한 산둥인의 이동을 촉진했다.

칭다오를 통한 산둥인의 둥베이이동을 촉진했던 또 다른 조치로 만철 푸슌탄광撫順炭鑛 노동자모집소의 설치는 칭다오와 둥베이지방의 관계는 물론, 칭다오와 옌타이의 관계를 보여주는 상징적인 예라 할 수 있다. 대규모 노동력을 상시 필요로 하는 업종의 특성상 노동자 모집에 부심하던 푸슌탄광은, 노동자 대량모집의 가능성을 시험해보기 위해 1911년 옌타이에 노동자모집출장소를 설치했다. 당시 산둥성은 푸슌탄광의 주요 노동력 공급지였고, 옌타이 출장소의 설치는 산둥인 둥베이이동의 최대 출입항으로서 옌타이의 위치를 보여주는 것이었다. 푸슌탄광은 옌타이에 출장소를 설치한 이듬해, 푸슌 현지에 중앙초공공소中央招工公所를 설치하고 둥베이지방 및 화베이지방의 주요도시에 모집기관을 설치했다. 그러던 중 제1차 세계대전이 발발했고 산둥 노동자 모집을 위한 푸슌탄광의 조치에 변화가 발생했다. 전쟁특수로 푸슌탄광의 노동력 수요가 더욱 높아져 가던 중 옌타이의 노동자모집출장소가 폐지되고(1915년 10월), 칭다오에 새로운 모집소가 설치된 것이다(1916년 1월). 이러한 변화의 배경에는 칭다오의 교통조건과 함께 칭다오 및 자오지철도 연선이 일본의 세력권에 편입되어 이 지역을 통한 노동자 모집과 수송이 용이해졌다는 점이 크게 작용했을 것이다. 노동자모집소가 칭다오로 옮겨가면서 옌타이를 통해 푸슌탄광으로 가던 많은 노동자들이 칭다오를 거쳐 이동하게 되었고, 이들을 대상으로 영업하던 옌타이의 해운업과 객잔업은 적지 않은 타격을 받았을 것으로 여겨진다. 이후 푸슌탄광 칭다오 모집소는 각지의 모집소 가운데 가장 높은 실적을 올리며 칭다오를 통한 노동자의 이동을 견인했다.30)

한편 둥베이지방으로의 이동은 아니지만 제1차 세계대전 동안 칭다오에서 행해진 연합국의 중국인 노동자, 즉 화공華工 모집은 일본 점령하 노동자 모집의 요지로서 칭다오의 면모를 보여주는 또 다른 사례이다. 전쟁의 격화로 노동력 부족문제에 직면한 영국, 프랑스, 러시아는 화공 모집에 나섰다. 산둥성에서 많은 화공을 모집한 영국은 자국 조차지였던 웨이하이웨이威海衛에 모집본부를 세우고, 지난, 저우춘周村, 팡즈坊子, 칭다오 등 자오지철도의 중요지점에 출장소를 개설했다. 프랑스는 베이징北京 프랑스공사관 내에 모집본부를 두고, 칭다오, 톈진, 푸커우에 지국을 설치하여 화공 모집에 나섰다. 칭다오 및 자오지철도 연선에서 모집된 화공들은 대개 칭다오항을 통해서 웨이하이웨이로 보내진 뒤 다시 목적지로 수송되거나, 칭다오항에서 홍콩이나 북미를 경유하여 목적지로 수송되었다.31) 제1차 세계대전 동안 양국의 모집에 응하여 유럽 각지로 이동한 산둥 화공은 자오지철도 연선 지역에서 모집된 후 칭다오를 거쳐 출항한 경우가 약 6~7만 명, 웨이하이웨이에서 출항한 경우가 약 4~5만 명이었다. 그 밖에 칭다오에서의 직접 모집에 응한 화공과 해관자료에서 누락된 화공의 수를 더하면 약 15~20만 명에 달했던 것으로 추산된다.32) 당시 칭다오가 연합군 화공 모집의 중심지이자 화공 수송의 거점으로 기능할 수 있었던 이유로는 교통조건과 함께, 이 지역이 동맹국가인 일본의 세력 하에 놓여 있어 중국 정부의 영향을 받는 기타 지역보다 화공 모집이 용이하고, 일본 측의 적극적인 협조를 얻을 수 있었던 점을 들 수 있을 것이다.

이처럼 칭다오를 중심으로 한 수륙 교통망의 구비, 도시 경영자의 인식과 관련 조치, 북중국 내 일본 제국주의의 확대라는 당시의 역사적 배경은 독일·일본점령기 산둥인의 둥베이이동에 있어 칭다오가 이동의 주요 출입구로 성장할 수 있었던 요인이었다.

V. 나오며

산둥인의 둥베이지방으로의 이동은 송출지에 따라 이동의 규모와 성격, 경로 등을 달리하고 있었다. 산둥반도 북부의 각 지역은 주민의 둥베이지방으로의 이동이 가장 먼저 시작된 지역이자 주요 송출지였다. 19세기 후반, 이들 지역을 배후지로 둔 옌타이와 룽커우는 둥베이지방으로 이동하는 산둥인의 주요 출입구로 성장했다. 산둥반도 남부에 위치한 칭다오는 20세기에 들어서면서 옌타이 주변의 지역을 제외한 산둥성 전역을 배후지로 흡수하며 옌타이, 룽커우와 어깨를 나란히 하게 되었다. 산둥반도 북부에서 둥베이지방으로 오가는 주민의 이동은 전 시기에 걸쳐 주기적이고 안정적으로 이루어졌고, 옌타이와 룽커우는 이 지역 주민들의 주요한 출입구로서 기능했다. 칭다오는 산둥반도 북부와 비교하여 시기에 따라 이동 규모의 변동이 컸던 산둥성 내륙 각지를 배후지로 두고 있었으므로 이 지역을 통과하는 이동인구의 규모는 옌타이, 룽커우와 비교하여 변동의 폭이 컸다.

비록 옌타이와 룽커우를 통한 이동이 칭다오에 비해 안정적으로 이루어지고 있었다 하더라도, 칭다오의 등장과 발전은 산둥인의 역외이동 및 각 해항도시의 관련 양상에 큰 변화를 가져온 것이 사실이다. 칭다오의 성장과 더불어 산둥인의 역외이동은 산둥성 전역으로 확대되었으며, 그 속에는 기존에 옌타이와 룽커우를 통해 이동하던 사람들도 적지 않게 포함되어 있었다. 칭다오의 이러한 성장은 칭다오라는 도시가 가진 조건과 이동인구의 송출지와 유입지 상황, 중국 국내 사정 및 국제관계에 이르기까지 다양한 층위와 영역의 요인들이 유기적으로 작용하며 이루어진 결과이다. 이 글은 다양한 요인 중에서도 칭다오가 가지고 있던 조건에 주목하였는데, 이는 식민도시로서 칭다오가 가지고 있던 요소들과 무관하지 않다. 칭다오는 독일점령기에 만들어진 교통망으로 이동의 물리적 기반을 마련했고, 독일·일본으로 이어지는 점령 주체의 도시 경영 방침 및 관련 정책을 통해 산둥인의 이동을 촉진했다. 특히 칭다오를 통한 역외이동이 산둥성 전역으로 확산된 1910년대 후반에는 일본 제국주의의 확장이라는 역사적 배경 하에 칭다오가 이동의 출입구로서 크게 성장할 수 있었다. 즉 칭다오와 남만주가 동시에 일본의 세력권에 놓이고, 영일동맹 및 대전 연합국의 일원인 일본이 점령지 내에서 동맹국가의 화공모집에 협조하는 과정 중에 많은 산둥인이 둥베이지방, 유럽 각지로 이동했다. 칭다오를 둘러싼 이러한 조건들은 이 지역이 단순히 산둥인 이동의 경유지가 아니라, 이동을 촉진하고 확대하는 중요한 역할을 하고 있었음을 증명한다.

　이 책의 3장과 5장이 산둥인 이동의 유입지로서 칭다오의 위치를 논했다면, 이번 장은 칭다오를 비롯한 해항도시를 산둥인 이동의 거점이자 이동의 출입구 및 중계지라는 측면에서 파악하고자 했다. 그러나 결과적으로 산둥성 각 해항도시를 산둥인 역외 이동의 출구로 상정하고 각 도시를 통해 나간 이동인구의 규모와 양상을 파악하는데 그치고 있는 것이 사실이다. 이는 분석의 초점을 이동인구의 출신지 및 송출항, 즉 산둥성 역내의 상황과 조건에 맞추었기 때문이다. 이러한 한계를 극복하기 위해서는 먼저 산둥성에서 둥베이지방 등 역외로의 이동 전 과정을 시야에 두고 산둥성의 해항도시와 둥베이지방의 해항도시들과의 관계를 밝히는 것이 우선되어야 할 것이다. 산둥인의 둥베이이동에 있어 각 해항도시가 가지는 이동의 출입구, 중계지로서의 위치는 이동의 네트워크 속에서 각 도시의 역할과 성격을 파악할 때 보다 명확하게 드러날 수 있을 것이기 때문이다. 이러한 의미에서 칭다오를 비롯한 산둥성의 해항도시들은 근대 동북아시아 해항도시 네트워크 연구의 시작점이 될 수 있다. 산둥성 및 그 해항도시를 기점으로 한 이동 네트워크에서 다롄을 비롯한 랴오둥반도의 각 해항도시, 더 나아가 한반도 및 일본의 각 해항도시와의 관계를 찾아나간다면, 근대 동북아시아 인구의 이동의 성격과 프로세스를 보다 유기적으로 파악할 수 있을 뿐 아니라, 각 해항도시의 유사성과 특수성을 포착할 수 있을 것이다.

■ 주

1) 이 글에서 쓰이는 용어에 대해 간단히 설명하고자 한다. 먼저 산둥인은 기본적으로 산둥성의 한족漢族 주민을 가리킨다. 둥베이이동은 현재 중국의 둥베이삼성東北三省, 즉 랴오닝성遼寧省, 지린성吉林省, 헤이룽장성黑龍江省과 네이멍꾸자치구內蒙古自治區 동부지방으로의 이동을 가리킨다.
2) 각 시기 국외로 이동한 산둥인의 규모와 유입지, 이동 방식, 유입지에서의 생활에 대해서는 산둥성정망 산둥성성정자료고山東省情網 山東省省情資料庫의 교무고僑務庫를 참고. http://sd.infobase.gov.cn/bin/mse.exe?seachword=&K=a&A=80&run=12#0(검색일: 2014.1.9)
3) 이러한 현상은 중국에서 '촹관동闖關東'으로 불리며 학계는 물론, 문화예술계 등 각계의 주목을 받고 있다. 광의의 '촹관동'은 유사 이래 산하이관山海關 이남의 중국 민중이 생계 모색을 위해 산하이관 이북으로 이동하는 것을 가리킨다. 협의의 '촹관동'은 청대부터 중화민국시기에 걸쳐 산둥, 허베이河北, 산시山西, 허난河南, 완베이皖北, 쑤베이蘇北의 민중이 생계를 위해 둥베이삼성으로 이동한 것을 가리키며, 현재 화제를 모으고 있는 '촹관동'은 대개 협의의 '촹관동'을 가리킨다. http://chinaneast.xinhuanet.com/2008-03/03/content_12590137.htm(검색일: 2014.1.4)
4) 南滿洲鐵道株式會社經濟調查會(1934), 『滿洲の苦力』, 南滿洲鐵道株式會.
5) 산둥을 비롯한 화베이지방 주민의 둥베이이동에 관한 고전적 연구들은 이동의 양적규모와 함께, 송출지 및 유입지의 사회경제구조를 중심으로 이동요인의 분석에 초점을 맞춘 경향이 있다. 루위路遇의 연구는 청대부터 민국시기에 걸친 산둥인의 둥베이이동 및 귀환의 원인과 결과를 분석했다. 路遇(1987), 『淸代和民國山東移民東北史略』, 上海社會科學院出版社. 자오중푸(趙中孚)의 연구는 청대 및 민국시기에 걸친 둥베이지방의 개발을 중심으로 한족의 이동 요인을 분석하고, 한족 유입에 따른 둥베이지방의 한족화를 논하였다. 趙中孚(1972), 「移民與東三省北部的農業開發」, 『中央研究院近代史研究所集刊』 3-下, 臺灣中央研究院; 趙中孚(1974), 「近代東三省移民問題之研究」, 『中央研究院近代史研究所集刊』 4-下, 臺灣中央研究院; 趙中孚(1986), 「淸代東三省部的開發與漢化」, 『中央研究院近代史研究所集刊』 15-下, 臺灣中央研究院. 최근에는 이동 시기나 송출지와 유입지의 범위를 구체화하여 이동 요인을 분석하거나, 이동이 송출지와 유입지의 사회문화에 미친 영향, 이동의 송출관리 형태, 송출지에 따른 이동의 유형 및 성격에 초점을 맞추는 등 다양한 관점에서 연구가 진행되고 있다. 산둥인의 이동이 둥베이지방의 사회문화에 미친 영향을 분석한 연구로는 다음과 같은 것이 있다. 範立君(2006), 「闖關東與民間社會風俗的嬗變」, 『大連理工大學學報(社會科學版)』 1, 大連理工大學; 王康康, 王向前(2008), 「近代關東文化的

嬗變—文化模式視閾下的山東人闖關東現象」,『滄桑』6, 山西省地方志辦公室. 송출지와 송출관리형태에 초점을 맞춘 연구로는 우에다 타카코(上田貴子)의 연구가 있다. 우에다는 화베이지방에서 둥베이지방으로 이동한 노동자의 경우, 송출지에 따라 직업에 일정한 경향이 있었음에 주목하여 직업과 송출지, 송출을 중개하는 존재의 관계를 분석했다. 上田貴子(2008),「東北アジアにおける中國人移民の變遷1860-1945」, 蘭信三 編,『日本帝國をめぐる人口移動の國際社會學』, 不二出版株式會社.
6) 아라타케는 교통조건의 여하를 논의하는 것은 현(縣) 정도의 범위에서 이동의 다과(多寡)를 검토함에는 유익하지만, 이것이 이동을 유발하는 직접적 동기는 될 수 없다고 보았다. 荒武達朗(2008),『近代滿洲の開發と移民』, 汲古書院.
7) 김승욱(2013),「20世紀初 韓半島의 山東華僑-半島空間의 도시 네트워크와 이민」,『中國史研究』82, 중국사학회, 263~295쪽.
8) 督辦魯案善後事宜公署編輯處(1922),『青島』의 부록 「膠州灣位置及交通圖」를 이용하여 작성했다.
9) 민국 초기부터 증가세를 보이던 이동인구의 규모는 1920년대 후반에 들어서 폭발적으로 증가했다. 1920년대 후반은 화베이지방, 특히 산둥성 서남부를 중심으로 전쟁과 자연재해, 비적에 의한 피해로 인해 대규모의 피난민이 발생했던 시기로, 기존의 항상적 이동에 특수상황이 겹쳐지며 미증유의 이동이 발생한 것으로 보인다. 이후 산둥성 사회의 안정, 1931년의 만주사변滿洲事變, 1932년 만주국滿洲國의 수립과 둥베이지방 출입을 둘러싼 만주국 및 중국정부의 통제에 의해 둥베이지방으로 유입된 중국인의 수는 감소했다. 그러나 이후 만주국 내의 노동력 수요의 증가에 따라 다시 증가한 유입자의 수는 1938년 중일전쟁의 발발로 인해 다시 감소했다. 1930년대 말에 이르러 둥베이지방으로 유입된 중국인의 수는 급격히 증가하여 1940년을 전후하여 다시 한 번 정점에 달하게 된다. 이는 중일전쟁의 격화와 태평양전쟁의 발발로 인한 전시노동력 수요 및 동원과 관련된 부분이 크다고 보인다. 그러나 종전이 가까워질수록 둥베이지방으로 향하는 중국인의 수는 감소하여, 종전 후 민국 말기에는 대량의 귀환자가 발생했다. 1920년대 후반과 1940년대 초반에 보이는 미증유의 이동은 전쟁 및 자연재해 등의 특수한 요인에 의한 부분이 컸다고 볼 수 있으나, 그 밖의 시기에도 많은 수의 산둥인들이 둥베이지방에 유입되었다.
10) 당시 발생한 피난민의 수, 피난의 원인과 유형, 피난민의 출신지와 이주지, 피난 경로, 피난 중의 양상에 대해서는 다음 자료를 참고. 滿鐵臨時經濟調査委員會(1929),『山東避難民記實』.
11) 1910년의 수치는 青島實業協會(1918),『青島實業協會月報』4, 11쪽을, 1920년의 수치는 青島日本商工會議所(1928),『山東勞動者の移動狀況』을 참고하여 작성하였다.

12) 덩저우지방은 청대의 덩저우부登州府로서, 펑라이蓬萊, 룽커우, 치샤棲霞, 자오위안招遠, 라이양萊陽, 옌타이, 원덩文登, 룽청榮成, 하이양海陽 등이 속해 있는 지역이다. 라이저우지방은 청대의 라이저우부萊州府로서, 현재의 라이저우시 일대와 웨이팡시濰坊市 일부가 속해 있었다. 칭저우지방은 청대의 칭저우부靑州府로서, 현재의 칭저우시와 웨이팡시의 일부가 속해있었다. 자오저우지방은 자오저우만에 면한 칭다오와 자오저우시 일대를 가리킨다. 산둥성 동남부의 이저우지방은 청대의 이저우부沂州府로서 현재의 린이臨沂, 르쟈오日照, 이수이沂水, 탄청郯城, 페이시엔費縣, 멍인蒙陰 일대를 가리킨다.

13) 명청시대, 대운하는 조운漕運의 통로이자 중국 남북을 잇는 주요한 수상교통로의 역할을 했다. 이 시기 대운하에 연해 있던 지닝濟寧, 류청柳城, 린청臨城, 더저우德州 및 그 주변지역은 산둥성 내 경제중심지로 발전했다. 劉海岩(2002), 「近代華北交通的演變與區域城市重構(1860-1937)」, 『城市史硏究』 21-22, 天津社會科學院出版社, 28쪽.

14) 1853년 태평천국운동으로 인해 대운하를 통한 운송이 중단되었고, 1855년 황허黃河의 개도개도로 지닝과 린칭 간의 운하가 막히면서 조운은 점차 해로를 통해 이루어지게 되었다. 이와 함께 아편전쟁 이후, 열강이 중국의 연해지역을 주목하고 무역의 거점으로 삼음으로써 산둥성의 경제중심은 동부 연해지역으로 옮겨갔다. 任銀幕(2004), 「近代靑島城市發展與腹地農村社會經濟」, 『揚州大學學報(人文社會科學版)』 8-4, 揚州大學, 85쪽.

15) 靑島實業協會(1918), 앞의 글, 11쪽.

16) 1923-1928년까지 화베이지방에서 둥베이지방으로 유입된 중국인의 이동경로를 보면 칭다오, 옌타이, 룽커우, 톈진 및 그 외의 지역에서 해로로 이동한 비율이 75%를 차지했고, 징펑철도를 경유하는 육로 이동의 비율이 25%를 차지했다. 南滿州鐵道株式會社總裁室人事課(1929), 『滿州勞動事情第二輯: 南滿州に於ける支那勞動者募集及移動槪況』, 67쪽. 1930~1936년에는 해로를 통해 이동한 중국인의 비율이 70~80%를 넘었다. 1937년에 들어서는 육로이동의 비율이 40% 정도를 차지하게 되었는데, 이는 둥베이지방에 근접한 허베이로부터의 이동이 급증했기 때문으로 보인다. 高岡熊雄, 上原轍三郞(1943), 『東亞經濟硏究Ⅱ: 北支移民の硏究』, 有斐閣, 184쪽.

17) 1918년과 1928년의 통계에 의하면 옌타이를 통하여 둥베이지방으로 이동한 산둥인들의 송출지로서는 덩저우지방이 75%로 가장 많은 비율을 차지하였고, 라이저우지방과 칭저우지방이 그 뒤를 이었다. 룽커우를 통한 이동의 송출지는 덩저우지방이 55%, 라이저우지방이 25%, 칭저우지방이 20% 정도의 비율을 보였다. 칭다오를 통한 이동의 송출지는 이저우지방이 33%로 가장 높고, 칭저우와 자오저우지방이 각각 22%, 라이저우지방이 16%, 덩저우지방이 5%로 가장 낮았다. 통계에는 나타나지 않으나 이 시기 산둥성 서부지역에서 칭다오를 통해 이동하는 주민의 수도 점차 증가했다. 靑島實業協會(1918), 앞의 글, 11쪽. 靑島日本商工會議所(1928), 앞의 글, 24~31쪽.

18) 특히 칭저우 지방에서 해로를 이용하여 둥베이지방으로 이동할 시에는, 룽커우항이나 양자오거우를 이용하는 것이 지리적으로 가까웠다. 그럼에도 불구하고 옌타이항을 통해 이동하는 케이스가 적지 않았던 요인으로서는 이동의 목적지에 따른 선박이나 항로 관계와 함께, 핑두平度, 창이昌邑, 웨이팡 지역 출신자들 중에서 동향인이 경영하는 객잔을 이용하기 위해 옌타이로 오는 경우가 많았기 때문이다. 『滿洲日日新聞』, 1919.4.15.~24.
19) 『滿洲日日新聞』, 1919.4.15.~24.
20) 靑島日本商工會議所(1928), 앞의 글, 25쪽.
21) 『滿洲日日新聞』, 1919.4.15.~24.
22) 靑島守備軍民政部(1919), 앞의 글, 16~23쪽을 참고하여 작성하였다.
23) 『大阪每日新聞』, 1917. 5. 30.
24) 上仲尙明(1914), 「山東鐵道靑島停車場」, 『膠州灣詳誌』, 上仲尙明.
25) 옌타이의 개항 이전에는 부근의 양마다오養馬島와 펑라이를 중심으로 범선무역과 주민의 둥베이이동이 이루어졌다. 吉田美之(1934), 앞의 글, 204~205쪽.
26) 山東省情網省情資料庫交通庫. http://sd.infobase.gov.cn/bin/mse.exe?seachword=%u70DF%u6F4D%u8DEF&K=a&A=40&rec=15&list=&page=&run=13(검색일: 2013.1.16)
27) 靑島實業協會(1918), 앞의 글, 10~11쪽. 총독부는 러시아 영사관의 칭다오 설치로 칭다오와 블라디보스토크 및 시베리아 간의 왕래가 편리해지고, 옌디이가 독짐해 온 블라디보스토크 방면으로의 노동자 수출에 큰 도움을 줄 것으로 기대했다. 膠澳總督府 著, 靑島市檔案館 編譯(2007), 『靑島開埠十七年-《膠澳發展備忘錄》全譯』 全譯』, 中國檔案出版社, 554쪽.
28) 靑島守備軍民政部(1919), 『山東硏究資料第一編』, 15쪽.
29) 吉田美之(1934), 앞의 글, 176~178쪽.
30) 南滿州鐵道株式會社總裁室人事課(1929), 앞의 글, 21~24쪽.
31) 靑島守備軍民政部(1919), 앞의 글, 13쪽.
32) 吉田美之(1934), 앞의 글, 169~174쪽.

■ 참고문헌

김승욱(2013), 「20世紀初 韓半島의 山東華僑-半島空間의 도시 네트워크와 이민」, 『中國史研究』82, 중국사학회.

荒武達朗(2008), 『近代滿洲の開發と移民』, 汲古書院.
小山淸次(1919), 『支那勞動者研究』, 東亞實進社.
『滿洲日日新聞』, 1919. 4. 15~24.
滿鐵臨時經濟調査委員會(1929), 『山東避難民記實』.
南滿州鐵道株式會社總裁室人事課(1929), 『滿州勞動事情第二輯: 南滿州に於ける支那勞動者募集及移動槪況』.
南滿洲鐵道株式會社經濟調査會(1934), 『滿洲の苦力』, 南滿洲鐵道株式會.
『大阪每日新聞』, 1917. 5. 30.
靑島實業協會(1918), 『靑島實業協會月報』4, 靑島實業協會.
靑島守備軍民政部(1919), 『山東硏究資料第一編』.
靑島日本商工會議所(1928), 『山東勞動者의 移動狀況』.
欒玉璽(2009), 『靑島の都市形成史1897—1945: 市場經濟の形成と展開』, 思文閣出版.
田原天南(1914), 『膠州灣』, 滿州日日新聞社.
高岡熊雄, 上原轍三郎(1943), 『東亞經濟硏究Ⅱ: 北支移民の硏究』, 有斐閣.
上仲尙明(1914), 『膠州灣詳誌』, 上仲尙明.
吉田美之(1934), 「山東河北出稼移民發航地事情」, 『勞務時報』61, 滿州鐵道株式會社總務部勞務課.
督辨魯案善後事宜公署編輯處(1922), 『靑島』.
膠澳總督府 著, 靑島市檔案館 編譯(2007), 『靑島開埠十七年-《膠澳發展備忘錄》全譯』, 中國檔案出版社.
劉海岩(2002), 「近代華北交通的演變與區域城市重構(1860-1937)」, 劉海岩 主篇 『城市史硏究』21-22, 天津社會科學院出版社.
任銀幕(2004), 「近代靑島城市發展與腹地農村社會經濟」, 『揚州大學學報(人文社會科學版)』8-4, 揚州大學.
路遇(1987), 『淸代和民國山東移民東北史略』, 上海社會科學院出版社.

山東省情網 山省東情資料庫(www.infobase.gov.cn)
趙中孚(1972),「移民與東三省北部的農業開發」,『中央研究院近代史研究所集刊』3下.
趙中孚(1974),「近代東三省移民問題之研究」,『中央研究院近代史研究所集刊』4下.
趙中孚(1986),「清代東三省部的開發與漢化」,『中央研究院近代史研究所集刊』15下.

권경선 | 한국해양대학교 국제해양문제연구소 HK연구교수

8.
제2차 세계대전 종식 후 한인 송환과 칭다오

장예(張曄)

Ⅰ. 들어가며

　1945년 제2차 세계대전의 종식 후 난징南京 국민정부國民政府는 중국 내 한인과 일본인 송환 문제에 직면했다. 국민정부와 미국은 문제 해결을 위하여 1945년 10월 25일부터 1946년 2월 6일까지 상하이上海와 도쿄東京에서 세 차례에 걸쳐 연합회의를 열었다. 쌍방은 '중국 육군총사령부가 중국 내 일본인과 한인을 중국 연해의 12개 항구로 수송하고, 미국 제7함대가 이들을 귀국시킬 선박을 마련하며, 중국 전구戰區의 미군 총사령부가 중국 측 제7함대와 연합군 주일駐日최고사령부, 일본선박관리처 사이의 협력을 책임'질 것을 약속했다.
　1945년 말 국민정부와 미국은 재중일본인의 집중 송환을 실시했다. 1946년 1월 11일 중국 육군총사령부는 재중 한인과 대만인의 송환은 일본군 포로와 교민의 송환이 끝난 후에 처리한다는 훈령을 내렸다. 그러나 얼마 후 장제스蔣介石는 각 성의 피해 상황이 매우 심각하고 인민들의 부담이 크므로, 중국 변경에 있는 모든 한인과 한인 병사는 교통 상황에 따라 가능한 빨리 귀국하게 하라는 훈령을 내렸다. 따라서 한인 송환 역시 1946년 초부터 시작되었다. 국민정부는 한인 송환을 위하여 상하이, 칭다오, 톈진天津에 연락대를 갖추어 업무를 처리하고, 화베이지방華北地方에 있는 6,000명의 한인은 칭다오 및 톈진을 통해 송환하기로 확정했다.[1] 그중 칭다오는 주로 칭다오지역 및 산둥山東, 허난河南 등지에 있는 한인의 송환을 책임졌다.

Ⅱ. 칭다오지역 한인의 집결 및 관리

칭다오에서 한인의 집결·관리·송환을 책임졌던 기관은 1945년 12월 6일에 설립된 칭다오시 일교집중관리처日僑集中管理處(이하 일교관리처)였다. 일교관리처의 사무실은 지양루濟陽路 14호에 위치했고, 칭다오시 경찰국장 순빙시엔孫秉賢이 주임을 겸하고 있었다. 이후 1946년 3월 16일에는 칭다오시 일교집중관리소日僑集中管理所로 개편되었고, 칭다오시정부 참의원인 펑화원逢化文이 소장으로 임명되어 일본인 및 한인의 집결·관리·송환을 책임졌다. 대부분의 일본인과 한인이 고국으로 송환된 1946년 7월 이후에는 칭다오시 경찰국이 관리소를 접수하여 관할했다.

칭다오지역 한인의 집결과 송환을 책임지는 한국 측 기구는 한국광복군 국내진군총지휘부 칭다오지부와 칭다오한국민회青島韓國民會(이하 한국민회)였다. 한국임시정부의 주석 김구는 한교선무단韓僑宣撫團을 조직하여 중국의 각 지역으로 사람을 보내 중국 정부와의 연락 및 교포 송환 관련 업무를 처리하도록 했다. 한교선무단은 활동 범위를 화베이지방, 화중지방華中地方, 화난지방華南地方의 세 구역으로 나누어 각각 단장 한 명을 두고 그 지휘 하에 교민업무, 구호, 군무를 담당할 세 개 조를 설치했다. 교민업무 조직은 주로 등기조사, 명령 선포 및 훈도, 상벌 등의 사무를 다루었고, 구호조직은 위생 구제, 한인의 귀국 호송 등을 담당했으며, 한국 광복군사령부가 담당한 군무조직은 주로 각 구역 내 한국적 병사의 교화와 훈련 등을 책임졌다. 칭다오지역은 화베이선무단華北宣撫團의 관할 구역에 속해있었다.[2) 화베이선무단의 단장은 조지영趙志英으로 칭다오에 칭지분단靑濟分團을 세우고 한국주중대표단 칭다오사무소를 설치하여 한인의 집결 및 송환과 관련된 업무를 처리했다.

1. 한인의 집결

1946년 1월 22일부터 24일까지 칭다오시 일교관리처는 칭다오 시내 한인의 1차 집결을 완료했다. 당시 칭다오 시내에는 203세대 1,039명(이후 칭다오로 집결한 사람들을 포함하면 1,186명)의 한인이 있었다. 칭다오 시내에서도 우청루武城路, 샤진루夏津路, 린칭루臨淸路, 칭핑루淸平路 일대에 전체 한인의 4분의 1 이상을 차지하는 373명이 거주하고 있었으므로, 일교관리처는 이 일대를 한인 집결구역으로 선정했다. 또한 일교관리처는 관리상의 편의를 위하여 한인 집결구역을 다시 상인 거주지, 무직자 거주지, 기술자 거주지로 나누어 관리했고, 한인의 생활편의를 위해 가옥을 압류하지는 않았다.

1946년 2월 11일 한국민회 회장 이대영李大榮의 요청에 따라, 중국 정부는 한인의 기한 내 완전 집결을 명령했다. 이는 귀국을 희망하는 사람들에게는 편리한 조치였으나, 칭다오에 잔류하고자 하는 사람들에게는 그렇지 못하였다. 따라서 일교관리처는 한인에 대한 조사를 실시하여 귀국할 사람과 잔류할 사람을 나눈 후에 집중 관리를 실시하도록 했다. 이 조치에 따라 칭다오지역의 한인 중에서 기업경영자, 교사, 목사 등 21세대 87명이 집결 유예를 신청했고, 일교관리처는 이들에 대해 적위산업처리국敵僞産業處理局3)의 공동 조사 후에 재집결하도록 허가했다.4) 국민정부 외교부는 한국 임시정부의 거듭된 요구에 따라 1946년 6월 20일에 『한교관리판법대강韓僑管理辦法大綱』을 공포했다. 『한교관리판법대강』은 한국임시정부의 전현직 직원이거나, 대등한 자본을 가진 동종 업종의 중국 상점 두 곳이 보증하고 영업 행위가 정당한 한인실업가에 한해서 집중관리를 면제받을 수 있도록 규정했다. 『한교관리판법대강』의 정식 시행은 칭다오시가 한인 전체의 완전 집결 및 송환 정책을 포기하고, 상황에 따라 각기 다른 대처 방침을 채택했음을 보여준다. 즉 칭다오시는 국민정부의 한인 집중관리 및 송환 정책을 집행하는 동시에, 구체적인 상황에 근거하여 융통성 있는 정책을 채택함으로써 한인의 이익을 최대한 보호하고자 했다.

한편 일교관리처는 외지에서 칭다오로 온 한인을 위해 류팅루流亭路 8호(한교 제1수용소), 티에산루鐵山路 58호(한교 제2수용소), 페이청루肥城路 5호(한교 제3수용소), 환타이루桓臺路 59호(한교 제4수용소)에 수용소를 세워 2,209명의 한인을 수용했다.

2. 한인의 관리

칭다오시는 한인 집결구역 및 수용소에 대한 관리 강화를 위해 보갑장保甲長을 추천, 선발하여 일체의 정령 시행을 맡기는 보갑保甲제도를 실시하고, 『집중한교임시규칙集中韓僑臨時規則』을 공포했다. 『집중한교임시규칙』의 주요 내용은 다음과 같다. ① 칭다오에 뚜렷한 직업이 없는 한인은 모두 본 규칙을 준수해야 한다. ② 한교수용소는 한국광복군이 임시로 관리하도록 하고, 수용자는 외출 시 위병의 확인을 받아야 한다. ③ 외박 시에는 반드시 관리담당자에게 먼저 고지하도록 하고, 3일이 지나도 돌아오지 못할 경우에는 반드시 한국민회에 비준을 요청한 후 외출하여야 한다. ④ 외출 및 귀소 시간은 매일 오전 8시와 오후 5시로 한다. 규정시간을 준수하지 못했을 시에는 칭다오시 일교관리처 파견인의 조사를 받아야하며, 상기의 수속을 거치지 않고 독단적으로 외출했을 시에는 처벌을 받는다. ⑤ 수용소 및 집결구역에 사사로이 중국인 혹은 외국인을 유숙시키는 것을 엄금한다.5) 이러한 조치는 도시 관리는 물론 한인 집결지의 안전 유지를 위해 마련된 것으로 보인다.

아울러 칭다오시는 린칭루 70호에 한교집훈소韓僑集訓所를 설치하고 한인에 대한 강연을 열기도 했다. 강연자는 주로 국민당 칭다오시당부, 삼민주의청년단三民主義靑年團, 11전구 정치부, 제8군 정치부, 시교육국, 신문협회, 문화협회 등의 단위에서 파견되었고, 일교관리처에서 파견한 간사 세 명이 조직 업무를 담당했다. 강연 내용은 일교관리처의 주간업무총괄에서 살펴볼 수 있다. 1946년 2월 18일부터 24일까지는 삼민주의청년단 칭다오시당부나 칭다오 일교관리처의 평화원 부주임 등의 강연자가 '동아시아의 장래'와 같은 내용을 강연했다.6) 1946년 2월 25일부터 3월 3일까지는 '한국의 인사 활용에 대한 인식과 임무', '한국의 향후 기본적 혁명공작' 등의 강연을 진행했다.7) 이 밖에 한인 집결구역에 신문열람실을 설치하고 『민언보民言報』에서 제공한 신문을 비치했다.8)

칭다오시 일교관리처는 한인 집결구역의 전염병 방지를 위하여 한교노동복무반韓僑勞動服務班을 조직하여 수용소 및 집결구역의 청소를 담당하도록 했다. 또한 의료문제와 관련해서는 린칭루 59호에 한교임시병원을 설립하고, 아직 귀국하지 않은 한인 의사들을 일시적으로 배치했다. 또한 일본 상점인 인옥약방寅屋藥房의 약품을 일교관리처로 귀속시켜 일본인 및 한인에게 공급했으며, 치료의 편의를 위해 진료허가증을 발급하여 지정된 병원에서 치료를 받을 수 있도록 했다.

칭다오시는 정치 관련 문제에 있어서는 비교적 신중했다. 예를 들어 1946년 2월 말, 칭다오한국민회는 한인 집결지역에서 3·1절 기념대회를 개최하고자 했다. 칭다오시정부는 행사의 의의 자체에는 동의하나 간단히 거행할 것을 요구하며 행사의 확대를 금지시켰고, 현장지도를 위해 일교관리처의 책임자 두 명을 선발, 파견했다.9)

Ⅲ. 한인에 대한 칭다오시의 구제

제2차 세계대전의 종전 후, 칭다오 시내 한인의 생활은 어느 정도 유지가 되었으나 외지에서 온 한인은 생필품이 부족하고 의지할 곳이 없는 경우가 많았다. 칭다오시정부는 구제 활동 차원에서 군용담요 1,000장을 필요한 한인에게 제공했다. 일본인은 식량을 스스로 해결해야했지만, 한인의 식량은 대부분 일교관리처에서 조달했다. 1946년 1월 4일, 한국민회가 지난에서 온 한인 2,000여 명의 구제를 칭다오시정부에 요청하자 시정부는 이를 받아들여 구제 활동을 전개했다.10) 시정부는 당시 칭다오의 한인 3,395명 중 식량이 부족했던 2,500여 명에 대해서도 여러 곳을 통하여 식량을 조달하여 제공했다. 1946년 1월 21일 칭다오시 일교관리처와 미군 민사처는 한인을 위한 구호식량을 방출했다. 수용소 내 한인을 일곱 개 대隊로 편성하여 매주 한 차례 일인당 하루 평균 쌀(또는 밀가루) 한 근, 12세 미만의 아동의 경우는 절반의 식량을 배급했다. 그 밖에도 매주 일인당 콩 한 근, 2주마다 얼음설탕 한 근을 배급했다. 배급 시 일교관리처는 식량수령책자를 준비하여 한인이 식량을 수령한 후 책자에 도장이나 지문을 찍도록 했다.11)

1946년 2월 7일, 한국광복군 제3지대 김삼익金三益 대장은 지난에서 칭다오로 이동하던 한인 중 다섯 명이 식량과 의복 부족으로 사망했다며 도움을 청했다. 칭다오시 일교관리처는 구제본부 루칭분서魯靑分署와 협력하여 밀가루 72포대를 제공하고, 경제부 루위진구魯豫晉區와 연계하여 4톤의 석탄을 제공했다.12) 앞서 1월 29일에는 송환 과정 중 병으로 귀국하지 못한 사람들을 지정병원으로 보내 치료하도록 했다.13)

다년간의 전쟁으로 당시 중국 경제는 극히 어려웠고 중국 국민의 생활 역시 빈곤했다. 이에 비해 칭다오 한인의 생활과 그들에 대한 대우는 상대적으로 좋은 편이었다. 그러나 칭다오시의 한인에 대한 구제가 모든 방면에서 이루어진 것은 아니었다. 1946년 2월 25일, 칭다오시 일교관리처는 물과 전기를 무료로 공급해달라는 일부 한인의 요구를 거절했다. 일교관리처는 칭다오지역 빈곤 한인에게 배급하는 생필품은 종전과 같이 쌀과 밀가루, 석탄과 땔감으로 한정하되 규정에 따라 계속 공급할 것을 밝히고, 물과 전기의 무료 공급은 선례가 없기 때문에 한국민회가 칭다오에 거주하는 경제 여건이 좋은 한인을 통해서 돕도록 지시했다.14)

Ⅳ. 칭다오지역 한인의 귀국 송환

1946년 초에 칭다오 한인의 송환 업무가 시작되었다. 칭다오시 일교관리처는 한인의 집중 관리와 등기 심사 등을 담당했고, 칭다오시 경찰국은 검사와 항구로의 수송을 책임졌으며, 칭다오 항구운수사령부와 미군은 항구에서 한인 송환과 관련된 구체적인 사무 처리를 맡았다. 한인은 귀국선에 오르기 전에 예방 접종과 짐 소독 등 위생검역 수속을 밟아야 했다. 1946년 1월 29일에 1차 송환이 이루어졌다. 당시 송환 한인은 남성 1,223명, 여성 606명으로 총 2,109명이었다. 같은 해 4월 12일에는 2차 송환이 실시되어 남성 509명, 여성 524명, 총 1,033명의 한인이 칭다오 대항大港 부두에서 수속을 밟은 후, 13일 미국 선박을 이용하여 한국으로 돌아갔다. 전체 송환 중 1, 2차 송환 시에 귀국한 한인의 수가 많았고, 이후에는 보다 적은 수가 분산 송환되었다.

칭다오 일교관리소의 1946년 5월 15일 통계보고서에 따르면, 당일까지 칭다오지역에서 송환된 한인의 수는 3,159명으로, 상술한 두 차례의 송환 이외에 15명의 한인이 송환항을 변경하여 귀국했다. 당시 한인 중 두 명이 병사했고, 236명의 한인이 칭다오에서 임시 거주하며 귀국선을 기다리고 있었다. 제4육전대陸戰隊 사령부의 비망록에 따르면 칭다오지역 한인의 송환 임무는 7월 19일에 완성되었고, 이후에 칭다오로 오는 한인에 대해서는 다른 항구를 통해 집중 송환하도록 되어 있다. 칭다오지역 한인의 송환 임무는 이 시기에 이르러 기본적으로 완성되었고, 잔류 허가를 받은 일부 한인이 칭다오에 남아 나머지 한인 송환 업무를 처리했다. 당시 잔류 한인은 모두 33명으로 한국정부기관의 직원 및 그 가족이 아홉 명, 목사 및 그 가족이 24명이었다. 이후 1947년 11월 15일에도 칭다오의 한인 22명이 일본의 물자교환선을 이용하여 송환되었다는 기록이 보인다.

V. 나오며

이처럼 칭다오지역의 한인 송환은 전반적으로 순조롭게 진행되었던 것으로 보인다. 마지막으로 송환이 순조롭게 이루어질 수 있었던 배경을 다음 두 가지로 정리하면서 이 글을 마치고자 한다.

먼저 중국 정부 및 칭다오시가 중국과 한국 간의 우의를 바탕으로 한인과 일본인을 분류하여 관리·대우하는 것을 원칙으로 했기 때문이다. 송환 과정 중의 집결과 관련하여 일본인에 대해서는 강제 집결을 실시했으나, 한인은 조사를 실시한 후 집결하도록 했고 특수한 상황에서는 집결이 면제되기도 했다. 집결 과정 중에 일본인의 보급 물자는 일본 측이 조달했으나, 한인의 보급 물자는 칭다오시가 조달했다. 또한 송환 당시 일본인은 전원 강제 귀국시켰지만 한인에 대해서는 융통성을 발휘했다. 1949년 중화인민공화국의 성립 이전까지 일부 한인은 계속해서 칭다오에 상주했다. 예를 들어 칭다오 신생대약방新生大藥房의 한인 이동열李東烈은 중국인과의 관계가 돈독하여 칭다오에 남기를 자원했다.15)

다음으로 칭다오지역 한인의 송환 과정을 종합해 보면, 기본적으로 국민정부의 통일된 절차에 따라 진행되었으나 칭다오 지역만의 특징도 가지고 있었다. 당시 칭다오시정부는 국민정부의 기본 원칙을 위배하지 않는 범위 내에서 최대한 한인의 이익을 고려했고, 송환 과정 중에 발생한 문제에 대해서는 한국 측의 관련 기관과 소통·협력하여 적절하게 해결하고자 했다. 칭다오시정부는 한인과 일본인의 집결 과정 중 한인의 가옥은 몰수하지 않았다. 또한 송환 과정 중에는 칭다오에 부동산이 있는 일부 한인을 고려하여 적위산업처리국의 처리 수속이 끝나지 않았음에도 특별히 임시 집결 완화를 승인했다. 이처럼 칭다오시는 한인의 실정에 맞추어 국민정부의 관련 정책을 집행했다.

■ 주

1) 中國陸軍總司令部第二處 編(1946), 『遣送日俘僑及韓台人歸國有關條規彙集』, 53쪽. (青島市檔案館 관장자료, 자료번호 A3875).

2) 青島市檔案館館藏檔案(1946), 『韓僑宣撫團服務條例』, 全宗號 B0021, 目錄號 001, 案卷號 00290, 144~146쪽.

3) (역자주) 중국에서는 중일전쟁 기간 일본군과 그에 협력한 친일파를 아울러 흔히 적위敵僞 혹은 일위日僞라고 부르며, 그들이 장악한 재산을 적위재산敵僞財産 혹은 일위재산日僞財産이라 부른다. 적산敵産은 적국, 즉 일본군이나 일본 점령 당국이 장악·징집한 군용 군수 물품, 일본 및 일본인 소유의 중국 내 공장, 회사, 상점, 개인의 동산·부동산 등을 일컫는다. 위산僞産은 친일 협력정권이나 조직 혹은 개인이 장악하고 있던 재산을 통칭한다. 종전 직후, 국민정부는 각 수복구收復區의 적산과 위산의 접수에 나섰으나, 접수 규정의 미비, 업무담당자의 자질 부족, 관련 기구의 중첩과 경쟁으로 업무가 순조롭게 진행되지 못했다. 이에 국민정부 행정원은 산하에 수복구전국성사업접수위원회收復區全國性事業接收委員會를 설치하고, 지역별로 분구分區 및 적위산업관리국을 배치한 후에 해당 지역 적위산업을 몰수, 처리하였다. 樸尙洙(2009), 「중일전쟁 종결 후 국민정부의 '漢奸' 재산 처리」, 『중국근현대사연구』 44, 115~139쪽.

4) 青島市檔案館館藏檔案(1946), 『青島市日僑集中管理處關於本市現有韓僑中其因經營工商業牧師及不動財産者暫緩集中的呈』, 全宗號 B0024, 目錄號 001, 案卷號 00683, 161쪽.

5) 青島市檔案館館藏檔案(1946), 『青島市日僑管理處關於青島市日僑集中管理1946年2月18日~24日工作周報』, 全宗號 B0024, 目錄號 001, 案卷號 00669, 139쪽.

6) 青島市檔案館館藏檔案(1946), 『青島市日僑管理處關於青島市日僑集中管理1946年2月18日~24日工作周報』, 全宗號 B0024, 目錄號 001, 案卷號 00669, 139쪽.

7) 青島市檔案館館藏檔案(1946), 『青島市日僑管理處關於青島市日僑集中管理1946年2月18日~24日工作周報』, 全宗號 B0024, 目錄號 001, 案卷號 00669, 1152쪽.

8) 青島市檔案館館藏檔案(1946), 『青島市社會局關於韓僑日僑管理』, 全宗號 B0021, 目錄號 001, 案卷號 00466, 120쪽.

9) 青島市檔案館館藏檔案(1946), 『青島市日僑管理處關於青島市日僑集中管理1946年2月18日~24日工作周報』, 全宗號 B0024, 目錄號 001, 案卷號 00669, 1152쪽.

10) 青島市檔案館館藏檔案(1946), 『青島市警察局關於請日僑管理處負責籌備食宿的公函』, 全宗號 A0019, 目錄號 001, 案卷號 00806, 125쪽.

11) 青島市檔案館館藏檔案(1946), 『青島市日僑管理處關於青島市日僑集中管理處關於本市韓僑集中完竣的呈』, 全宗號 B0024, 目錄號 001, 案卷號 00683, 83쪽.

12) 靑島市檔案館館藏檔案(1946), 『靑島市日僑管理所關於每月份日韓僑人口變動情形報告』, 全宗號 B0024, 目錄號 001, 案卷號 00669, 122쪽.
13) 靑島市檔案館館藏檔案(1946), 『靑島市日僑管理處關於本處辦理韓僑集中收容及救濟遣送經過情形的呈文』, 全宗號 B0024, 目錄號 001, 案卷號 00684, 133쪽.
14) 靑島市檔案館館藏檔案(1946), 『靑島市日僑管理處關於市日僑管理處1946年2月至3月3日工作周報』, 全宗號 B0024, 目錄號 001, 案卷號 00669, 152쪽.
15) 靑島市檔案館館藏檔案(1946), 『關於留用韓籍技師的呈文』, 全宗號 B0021, 目錄號 003, 案卷號 00030, 5쪽.

■ 참고문헌

靑島市檔案館館藏檔案(1946), 『韓僑宣撫團服務條例』, 全宗號 B0021, 目錄號 001, 案卷號 00290.

靑島市檔案館館藏檔案(1946), 『靑島市日僑集中管理處關於本市現有韓僑中其因經營工商業牧師及不動財産者暫緩集中的呈』, 全宗號 B0024, 目錄號 001, 案卷號 00683.

靑島市檔案館館藏檔案(1946), 『靑島市日僑管理處關於靑島市日僑集中管理1946年2月18日~24日工作周報』, 全宗號 B0024, 目錄號 001, 案卷號 00669.

靑島市檔案館館藏檔案(1946), 『靑島市社會局關於韓僑日僑管理』, 全宗號 B0021, 目錄號 001, 案卷號 00466.

靑島市檔案館館藏檔案(1946), 『靑島市警察局關於請日僑管理處負責籌備食宿的公函』, 全宗號 A0019, 目錄號 001, 案卷號 00806.

靑島市檔案館館藏檔案(1946), 『靑島市日僑管理處關於靑島市日僑集中管理處關於本市韓僑集中完竣的呈』, 全宗號 B0024, 目錄號 001, 案卷號 00683.

靑島市檔案館館藏檔案(1946), 『靑島市日僑管理所關於每月份日韓僑人口變動外情形報告』, 全宗號 B0024, 目錄號 001, 案卷號 00669.

靑島市檔案館館藏檔案(1946), 『靑島市日僑管理處關於本處辦理韓僑集中收容及救濟遣送經過情形的呈文』, 全宗號 B0024, 目錄號 001, 案卷號 00684.

靑島市檔案館館藏檔案(1946), 『靑島市日僑管理處關於市日僑管理處1946年2月至3月3日工作周報』, 全宗號 B0024, 目錄號 001, 案卷號 00669.

靑島市檔案館館藏檔案(1946), 『關於留用韓籍技師的呈文』, 全宗號 B0021, 目錄號 003, 案卷號 00030.

장예 | 칭다오시당안관(靑島市檔案館) 연구원

3부
식민도시의 사회와 문화

9.
독일점령기 칭다오 내 언론활동

가오잉잉(高瑩瑩)

Ⅰ. 들어가며

　칭다오는 제국주의 전성기에 독일과 일본의 침략을 받았던 지역이다. 최근 들어 중국, 독일, 일본 학계를 중심으로 칭다오사에 관한 연구가 꾸준히 이루어지고 있으나 전문적인 저작은 많지 않다.[1] 독일점령기의 칭다오에 관해서는 칭다오 통치를 둘러싼 중국과 독일의 외교관계, 칭다오에서의 독일 통치체제를 다루는 연구 등이 이루어졌다. 그러나 필자가 관심을 가지고 있는 신문업이나 신문업계 종사자의 활동에 관한 연구는 거의 전무하다고 할 수 있다.[2]

　필자는 칭다오 내 신문의 출현 및 신문업의 발전이 독일의 침략과 더불어 실현된 점에 주목했다. 정보를 전파하는 매체로서 신문업은 발신자와 수용자에 연결되어 있다. 따라서 칭다오의 독일 신문업은 이 지역 중국인과 독일인, 중국인과 중국인, 독일인과 독일인, 그리고 독일 총독부와 청조 정부(산둥정부) 간을 교차하는 복잡한 관계를 구현했다고 할 수 있다. 당시의 신문업을 여론 형성과 그 영향이라는 관점에서 고찰하는 것은, 독일의 조차지가 된 이후 칭다오 사회의 변천

뿐만 아니라, 독일의 칭다오 식민통치정책을 밝히는 데에도 도움이 될 것이다.

한편 이 연구를 진행하면서 가장 먼저 부딪친 문제는 참고자료가 부족하다는 점이었다. 칭다오 신문업에 대해 총체적으로 다룬 자료로는 칭다오시사지판공실青島市史志辦公室에서 편집한『칭다오시지·신문출판지/당안지青島市志·新聞出版志/檔案志』와 산둥성지방사지편찬위원회山東省地方史志編纂委員會에서 편찬한『산둥성지·보업지山東省志·報業志』를 들 수 있다. 그러나 이들 자료 역시 관련 서술이 간단하거나, 착오 및 누락된 부분들이 적지 않다.3) 그러므로 칭다오 내 독일 신문업에 대한 심층적인 연구를 진행하기에 앞서, 현존하는 자료를 바탕으로 독일점령기에 발행되었던 신문의 창간 및 정간 시점, 발행 상황 등을 정리할 필요가 있다. 이 작업이 선행되어야 하는 이유는 얼핏 간단해 보일 수도 있는 신문의 창간과 정간이 결코 단순한 경영행위가 아니라 독일의 식민통치정책과 깊은 관계를 맺고 있었기 때문이다. 이 글에서는 독일점령기 칭다오 3대 독일어 신문인『덕화회보Deutsch Asiatische Warte, 德華匯報』(이하『덕화회보』),『칭다오신보Tsingtauer Neueste Nachrichten, 青島新報』(이하『칭다오신보』),『산둥휘보Kiautschou Post, 山東彙報』(이하『산둥휘보』)를 통해 칭다오의 독일신문업을 고찰하고, 나아가 독일의 식민통치정책과의 관련성을 밝히고자 한다.

Ⅱ. 식민통치의 안정과『덕화회보』

『덕화회보』는 1898년 11월 21일에 창간되어 1904년 12월 31일에 종간되었다.4) 이 신문은 칭다오 최초의 독일어 신문이자 가장 일찍 창간된 외국어신문으로 알려져 있으며, 칭다오 신문업의 서막을 연 신문이기도 하다.5) 독일의 칭다오 점령은 중국 내에 큰 반향을 불러 일으켰고, 독일인의 언동은 중국 언론계를 비롯하여 각계 인사의 주목을 받았다. 1898년 12월 23일 일본에서 『청의보清義報』를 창간한 량치차오梁啓超, 캉유웨이康有爲는 창간호에 다음과 같은 소식을 게재했다. '독일인이 작년 10월 21일에 자오저우膠州에서 신문사를 하나 열고 신문명을 독일어로 독일아시아신문이라고 했다. 신문 지면에는 W. J. R이라는 세 글자와 독일 독수리 문양이 발톱으로 땅에 자국을 내는 형상을 실었는데,6) 이는 오랫동안 독일 영토로 귀속하려는 뜻이다.'7)

여기서는 칭다오 최초의 독일어 신문인 『덕화회보』의 창간 및 변천, 내용구성, 정간에 대해 살펴보고자 한다.

1. 『덕화회보』의 창간 및 변천

상술한 바와 같이 『덕화회보』는 1898년 11월 21일 칭다오에서 창간되었다. 창간 초기 신문의 정식명칭은 독일아시아신문Deutsch Asiatische Warte이며 Amtlicher des Kiautschou-Gebietes (직역하면 교주만 조차지 정부의 공보)라는 부제를 달고 있었다. 중문 명칭은 덕속교주관보德屬膠州官報였다. 그러나 1903년에 신문 부제는 Wochenblatt des Deutschen Kiautschou-Gebiets (직역하면 독일 교주만 조차지 주보)로 바뀌었고 중문 명칭은 없어졌다. 1904년에 들어 독일어 신문명 및 부제는 1903년의 것을 유지하되 중문 제목을 『덕화회보』로 고쳐서 정간 때까지 사용했다.8)

여기서 주의해야 할 점은 이 신문이 발행되는 6년 동안, 최소 세 번에 걸쳐 명칭이 바뀌었다는 것이다. 개명의 의의를 살펴보기 위해 먼저 중문 명칭을 분석해 보자. 창간 당시의 관보官報는 정부가 발송하는 신문이라는 뜻으로, 대중에게 통지하는 각 항목의 관방 정보를 포

〈그림 1〉 덕화회보
(Deutsch Asiatische Warte)

함하고 있었다. 1904년의 중문 명칭 중 회보匯報는 분류별로 편찬한 단신을 가리키며, 관보에 비해 광범위하고 풍부한 내용을 담고 있었다.

이어서 개명의 배경을 살펴보자.『덕화회보』가 탄생하기 전 칭다오에는 신문이 없었다. 중국 내 독일 어용신문으로는 상하이上海의 『덕문신보Der Ostasiatische Lioyd, 德文新報』9) 가 있어, 중국과 관련된 시사평론을 전문적으로 게재했다.10) 독일은 칭다오 점령 후부터『덕문신보』의 부록에 점령지의 군령軍令을 발표했고, 이 신문을 통해 산둥지방의 관리들에게 압력을 가함으로써 초기 식민 통치의 안정을 유지했다.11)『덕화회보』는 비록 총독부 간행물은 아니었지만,『덕문신보』와 마찬가지로 총독부의 명령을 발표하는 기능을 맡았다.12) 그러나 1900년 7월 7일에『칭다오관보Amtsbiatt für das Deutsche Kiautschou Gebiet, 青島官報』(이후『자오아오관보膠澳官報』로 개명. 이하『칭다오관보』)가 창간된 후 이러한 상황에도 변화가 생긴다. 최고 통치자인 총독부가『칭다오관보』를 '법률 명령 및 관부의 공고를 게재하는 완전한 관보'로 규정한 이후,『덕화회보』는 정부 대변인으로서의 기능을 잃게 되었다.13) 자료의 제한으로 1900년부터 1902년까지『덕화회보』

〈표 1〉『덕화회보』의 변천

연대	독문 명칭	중문 명칭	편집자	출판	인쇄
1899.2.22	Dertsch Asiatische Warte Amtkcher Anzeiger des Kiautschou-Gebietes	德屬膠州官報	Gast.Picker	Pcdkardt	Picker
1900~1903			O.Corbach[14]		
1903. 1.3~3.7 제10기	Dertsch Asiatische Warte Wochenblatt des Deutschen Kiautschou-Gebietes	없음	W.Schittler		Druck und Verlag der Deutschen Druckerei und Verlagsanstalt
1903.3.14 제11기~ 5.30 제22기	상동	없음	F.Bachmann		상동
1903.6.6 제23기	상동	없음	Victor Roehr	좌동	Druck und Verlag der Deutschen-Chinesishen Drucherei und Verlagsanstalt
1904.1.2 제1기	Deutsch Asiatische Warte Wochenbiatt des Deutschen Kiautschou-Gebiets Mit Beiliag Die Welt des Ostens (Wöchentlich eine Nummer)	德華匯報	상동	좌동	상동

의 정황을 고증할 방법은 없으나, 필자는 이것이 『덕화회보』가 일반적인 독일어 주간지로 전환하게 되는 주요 원인이라고 생각한다.

한편 『덕화회보』의 편집자는 발행 기간 중에 계속 교체되었다. 이는 1899년, 1903년, 1904년의 신문을 통해 알 수 있다. 『덕화회보』의 편집자는 대부분 지명도가 없는 독일인으로 관련 기록이 거의 남아있지 않다. 필자는 그들 중에서 가장 오랜 기간 편집을 담당했던 오토 코르바흐Otto Corbach에 주목했다. 그는 1900년부터 1903년까지 『덕화회보』의 편집자를 역임했고, 이 기간 동안 신문의 성격 변화와 신문명의 개명이 이루어진 것으로 보인다. 오토 코르바흐는『덕화회보』의 편집 외에도 다수의 저작을 집필했다. 필자는 그중에서 1909년의『멀리 자오저우를 떠나며Fort aus Kiautschou』,15) 1923년의『교육대사 모스크바—소련에서의 체험과 관찰Moskau als Erzheher:Erlebnisse und Einsichten aus Sowjet-Russland』16), 그리고 1932년의『개방된 세계Offene Welt』17)를 살펴보았다.『개방된 세계』에서 오토 코르바흐는 중국의 '탁월한 문명'에 대한 자신의 체험을 기록했다. 필자는 이 체험을 한학漢學의 범주에서 분석하고자 한다. 이 체험은 또한『덕화회보』의 성격 변화에 중대한 영향을 미쳤는데, 이와 관련하여 다음에서 상세하게 서술하고자 한다.

2.『덕화회보』의 내용

필자는 앞서『덕화회보』의 창간과 변화에 대해 간략하게 설명하고, 편집자가 잇달아 교체되었음을 밝혔다. 우리는 이러한 변화의 영향으로 신문의 내용도 시기마다 달라졌음을 추측할 수 있다. 필자는 1903년과 1904년의 신문을 바탕으로 일반 주간지로 전환된 후『덕화회보』의 내용 변화를 고찰하고자 한다. 먼저 각 시기의 지면 구성을 살펴보도록 하자.

① W. 쉬틀러(W. Schittler) 편집장 시기 (1903.1.3.~1903.3.7)
　사설, 칙령, 중점뉴스, 중국뉴스, 한 주 소식, 단신, 투고, 책 소개, 광고
② F. 바흐만(F. Bachmann) 편집장 시기 (1903.3.14.~1903.5.30)
　사설, 식민지뉴스, 중국뉴스, 내지뉴스, 한 주 소식, 단신, 책 소개, 투고, 광고, 법정, 일본소식, 요인동태要人動態, 전보, 문예
③ 빅토르 뢰르(Victor Roehr) 편집장 시기 (1903.6.6.~1904.12.31)

-1903.6.6.~1903.12.26

  사설, 한 주 소식, 식민지뉴스, 요인동태, 내지뉴스, 법정, 전보, 문예, 단신, 책 소개, 광고, 동아시아뉴스(이후 중국뉴스, 일본뉴스, 한국뉴스로 세분화), 현지뉴스, 과학·예술, 문학·과학, 과학기술, 중국격언, 산둥뉴스, 만언당Sprechsaal, 萬言堂.

  -1904.1.2.~1904.12.31

  이 시기는 편집자의 변동은 없었으나, 부록 『동방세계Die Welt des Ostens』가 개설되면서 본문 지면의 문예, 중국격언, 과학기술 등의 내용이 모두 밀려났다. 아울러 1904년 러일전쟁이 격화되어감에 따라 본문 지면에 전쟁전보Kriegs-Telegramme와 전쟁에 관하여Vom Kriege를 신설했다.

사설은 열강 세력의 정황에 대한 보고와 분석, 독일인의 칭다오 통치상황 보고, 중국사 소개가 중심이 되었다. 칙령은 주로 독일 황제의 명령을 전달했다. 중심뉴스에서 보도하는 내용은 칭다오 이외 산둥 내륙지방의 소식으로, 자사 기자가 취재·편집한 내용뿐 아니라 칭다오 현지의 중문 신문 『사오저우바오膠州報』의 내용도 전재했다.[18) 중국 뉴스는 베이징北京, 상하이 등 산둥 이외 중국 각지의 소식을 게재했다. 한 주 소식은 상하이의 『덕문신보』를 이용하여 세계 각지의 뉴스를 수집·게재했다. 책 소개에서는 다양하고 광범위한 내용의 독일어 저작을 다루었고, 소개된 책은 신문사가 대리 판매했다.[19)

F. 바흐만이 편집장이 된 후, 신문 지면에는 법정, 일본뉴스, 요인동태, 전보, 문예 등 다섯 개의 전문적인 항목이 추가되었다. 법정은 주로 칭다오에서 발생한 사건 심리의 경과 및 결과를 게재했다. 당시 칭다오 및 산둥성에서는 독일인과 중국인 간의 분규가 끊이지 않았고, 그 내용이 중국 신문이나 외국 신문에도 자주 보도되어 독일에 대한 비난 여론이 높아지고 있었다. 신문은 법정란에 스스로 이러한 분규를 게재함으로써 칭다오 현지 독일법정의 공정함과 공평함을 강조하고자 했다. 일본뉴스는 일본에 관련된 소식이라면 사안의 대소를 가리지

않고 게재했다. 요인동태는 독일과 중국의 정부 관리나 선교사의 각종 동태를 정기적으로 통지했다. 문예는 중국사나 문학 대작을 독일어로 번역하여 게재했을 뿐만 아니라, 중국문화를 소개하는 글들도 게재했다. 율리우스 켈러Julius Keller가 집필한「중국소사Chinesische Geschichtchen」[20)]는 바로 이 시기에 연재된 것이다.

이후 빅토르 뢰르가 편집장이 되면서 신문의 내용은 더욱 풍부해졌다. 그 중 주목할 만한 것은 현지뉴스, 산둥뉴스, 중국·일본·한국을 포괄하는 동아시아뉴스 등 뉴스 전문란의 증설이었다. 신문은 독자 원고를 도입하여 보다 풍부한 내용을 확보함으로써, 칭다오를 기지로 '동아시아에서 발생한 큰 사건 및 각국의 정황을 객관적으로 전파하는' 자사의 입장을 확고히 하고자 했다.[21)] 아울러 이 시기에는 문예란이 담당하고 있던 문화정보 분야가 중요해지면서 과학·예술, 문학·과학, 과학기술, 중국격언으로 세분화되었고, 타오위안밍陶淵明의『도화원기桃花源記』를 필두로 한 중국 고전문학이 독일어로 번역되어 연재되었다.

1903년 1월 3일에 발간된『덕화회보』는 중문소설 부록Beilagez을 증설했다. 중국에서 신문잡지의 부록이 처음 등장한 것은 19세기 말 상하이로 종합 부록과 전문 부록이 있었다. 종합 부록은 대개 문예적 색채를 띠고 있었으며, 다양한 표현양식으로 사회모습을 반영하고 문화 및 과학 관련 정보를 소개했다.[22)] 이와 비교하여『덕화회보』의 부록은 전문 부록으로 분류할 수 있다. 창간 초기 부록의 내용은 논문과 약간의 광고, 칭다오 교통상황Tsingtauer Verkehszeitung으로 이루어져있었다. 논문은「최신 독문의 올바른 해서법Von der neusten deutschen Rechtschreibung」과 같은 매우 전문적인 내용까지 포함했다.[23)] 부록의 가장 많은 지면을 차지한 것은 칭다오 교통상황으로, 기차시간표, 선박상황, 해상운수, 승객상황, 기상정보, 칭다오·다바오다오大鮑島·뉘구커우女姑口의

만조일람, 헨리왕자호텔의 여객명단, 주택임대정보, 고향으로 보내는 편지, 일출·일몰 예보 등을 포함했다. 이 칭다오 교통상황은 시민들, 특히 독일인의 편의를 위하여 개설된 것이었다. 이 부록은 원칙적으로 매주 수요일 오후에 발행되었으나 칭다오 교통상황에 실을 정보를 얻지 못했을 때에는 부록 자체가 발행되지 않았고,24) 교통상황으로만 부록을 충당하는 경우도 있었다.

1904년에 빅토르 뢰르가 편집장에 취임하면서 부록의 내용은 전면 개편되어 칭다오 교통상황의 모든 항목은 신문지면의 광고란으로 옮겨졌다. 그리고 이를 대신한 것이 『동방세계』였다. 『동방세계』는 중국, 일본, 한국을 비롯한 아시아 각국의 역사와 문화를 주로 다루었다. 당시 칭다오에서 활동한 독일인 선교사 리하르트 빌헬름Richard Wilhelm은 공자의 『논어論語』를 독일어로 번역하여 『동방세계』에 연재했고,25) 1905년에는 이를 독일 잡지 『선교학과 종교학을 위한 잡지 Zeitschrift für Missionkunde und Religionswissenschaft』에 게재하여 독일 독자들에게 소개했다.26) 1904년 12월 31일 『덕화회보』는 연말 최종호를 발행한 후 자취를 감추었다. 부록 『동방세계』에 관해서는 현재 가지고 있는 자료만으로는 신문과 함께 정간되었는지 확인할 방법이 없다. 유일하게 확신할 수 있는 것은 앞으로 서술할 『산둥휘보』의 부록이 『동방세계』였고, 내용 역시 한국, 중국, 일본 등 아시아 각국의 역사와 문화를 소개했다는 점이다.

상술한 문예 전문란의 내용과 관련하여 1903년, 특히 빅토르 뢰르가 『덕화회보』의 편집장을 맡은 후에 중국역사, 문학, 문화에 대한 비중이 증가했음을 알 수 있다. 이는 당시 독일 국내에서 독일의 칭다오 식민지경영보다는 오히려 한학에 대한 관심이 높아지고 있었던 것과 관계가 있을 것이다. 독일 내의 한학은 18세기 천주교 선교사의 번역 활동에서 비롯되어 독일어로는 Sinologie라고 표기하고 Chinakunde,

즉 중국학의 일부분으로 간주되었다.27) 그 내용으로는 중국 고전 문헌 연구를 바탕으로 작품을 번역하거나 중국을 포함한 동아시아의 언어, 역사, 문화에 대한 연구 활동이 주를 이루었다. 앞에서 언급한 리하르트 빌헬름은 번역 활동을 통해 독일 국내 한학의 공헌자라는 영예를 얻었다.28) 독일의 중국학 속에는 전통적인 한학 외에 중국의 정치·경제를 연구하는 실용학으로 분류되는 학문이 있었으며, 이는 독일제국의 이익을 위한 학문으로 강조되었다. 예컨대 독일의 칭다오 점령에 큰 공을 세운 페르디난트 폰 리히트호펜 남작Ferdinand Freiherr von Richthofen이 중국지리 분야에서 진행한 연구가 실용학으로 분류된다.29) 20세기 초 독일에는 한학자 아우구스트 콘라디August Conrady를 비롯한 중국 전문가가 등장하여, 정치·경제가 아닌 중국의 문학이나 문화 등 전통 한학을 널리 알려야 한다고 호소했다. 확실한 근거는 제시할 수는 없으나 필자는 빅토르 뢰르 편집장과 아우구스트 콘라디와 같은 한학자의 당시 한학 선양활동이 관계를 맺고 있었을 것으로 보고 있다. 『덕화회보』는 비록 독일 본토가 아닌 칭다오에 있었으나, 리하르트 빌헬름 등의 한학자가 칭다오에서 활동하면서 한학을 널리 알리는 해외신문의 거점으로 만들기 위해 노력했다.

3. 총독부 정책과의 괴리와 정간

1897년 11월 독일이 칭다오를 침공하면서 독일의 군인 및 상인이 잇따라 이 지역에 유입되었다. 이러한 상황에서 신문·잡지의 필요성이 제기되었고, 1898년 총독부 내에서 관련 논의가 이루어졌다. 당시 논의의 의제는 자오저우도서관Kiautschou-Bibliothek의 설립에 관한 것이었으나, 식민지 통치자인 총독부의 목적은 명확했다. 즉 풍속과 세계관이 다르고 언어가 통하지 않는 중국에 거주하며 온갖 어려움에 직면할 독일 젊은이들이 일과 후에 긴장을 풀고 휴식을 취함으로써 향수병에 걸리지 않도록 하는 것이었다. 또 그들에게 조국의 사상을 접할 기회를 만들어주어,30) 독일문명을 이해하고 전문적인 학문에 접촉할 기회를 보장하기 위한 것이기도 했다.31) 총독부는 이러한 목적 하에 『덕화회보』가 칭다오뿐만 아니라 기타 해외식민지로 향하는 독일인에게 다양한 정보를 제공할 수 있기를 희망했다. 이와 관련하여『덕화회보』는 일정 정도 총독부의 요구에 순응했다고 할 수 있다. 이는 책 소개란이 편집자의 인사 변동에도 불구하고 줄곧 유지되었고, 신문사가 '각종 흥미로운 학술서적 및 중고서적'의 판매에도 계속 개입했다는 점에서도 미루어 짐작할 수 있다.32) 또한『덕화회보』는 훌륭한 우송체계를 갖추고 있어, 칭다오뿐만 아니라 독일 및 기타 해외식민지에도 우송서비스를 제공했다.33)

총독부는 순조로운 식민통치를 위하여 칭다오 통치에 대한 긍정적인 여론과 지지를 모을 필요가 있었다. 이는 일찍이 독일의 칭다오 시민통치에 대해 불리한 기사를 게재한 외국신문이 있었던 것과 무관하지 않다. 미국인 선교사 칼빈(Calvin W. Mateer)이 산둥성 덩저우登州에 설립한『산둥시보山東時報』34)는 1897년 쥐예교안巨野敎案이 발생했을 때부터 칭다오 내 독일인의 행동에 주의를 기울이며 비우호적인 태도로 일관했다. 1898년 11월『덕화회보』가 창간되면서 총독부는『산둥시보』의 비판 대상이 되어왔던 피동적인 국면을 전환하고 자신의 신문을 내세워 반격할 수 있는 전기를 잡았다. 예를 들어 1899년 3월 18일『산둥시보』는 기독교장로회의 한 미국 소녀가 창커우滄口를 거쳐 칭다오로 가던 중에 만난 독일 병사의 무례함을 다루며 독일군의 기율이 느슨하다고 질책했다. 『덕화회보』는 곧바로 이 소식은 루머이며 독일인의 이익을 해치는 행위라고 반박했다. 5월 13일에『산둥시보』는 다시 반박 기사를 게재했으나『덕화회보』역시 조금도 물러서지 않아

양측의 여론전은 거의 두 달간 계속되었다. 이렇듯 총독부의 관보였던 시기에 『덕화회보』는 독일의 식민지통치 및 유지에 공헌했다고 할 수 있을 것이다.

그러나 편집자가 교체되고 총독부의 관보가 아닌 일반 주간지로 전환되면서 『덕화회보』의 성격에 변화가 발생했다. 신문은 독일 식민통치의 안정에 기여하고자 했던 기존의 입장을 관철하지 않았을 뿐더러, 내용상으로도 중국의 역사와 문화 등 이른바 한학에 편중하기 시작했다. 다음은 1904년 7월 2일에 발표된 '해외의 독일신문Die deutsche Presse im Auslande'이라는 사설이다. 이 사설은 첫머리에 신문이 가진 역량의 위대함을 강조한 후, 해외식민지의 독일어 신문이 견지해야 할 입장에 대한 신문사 측의 인식을 공개적으로 표명했다.

> 해외의 신문은 정부기관의 간행물이 아니며 될 수도 없다. 해외에서 발행되는 신문을 구입하는 많은 독자들도 해외(언론)에서 함부로 (현지의 정치상황에 대해) 반박함으로써 예측불가의 결과를 초래하는 것을 우려한다. 국외에서는 많은 독일인들이 외국과 밀접한 관계를 유지하고 있으며, 신문이나 잡지에 게재된 보도는 내정뿐 만 아니라 국제 여론을 전제로 발표된다. 이 때문에 (해외 신문이) 정치문제에 대한 취급을 삼가는 것은 일종의 의무가 되었다. 이는 행정문제에 대해 침묵하라는 것은 아니다. 그래서 우리는 만언당을 개설하여 예의를 지키면서 현지 상황에 대하여 설명하고 있으며, 이를 앞으로도 계속 유지할 것이다. 그러나 우리는 정치에 대한 개입이 해외신문의 임무라고 여기지 않으며, 편집부는 지금까지 정치 사안에 대해서 적절히 삼가는 태도를 의무로 간주해왔다.[35]

이 시기 『덕화회보』는 이미 독일의 해외식민지통치를 정치문제로 간주했고, 관련 사안을 취급하는 것을 삼가야한다고 주장했다. 총독부의 입장에서 봤을 때, 『덕화회보』의 이러한 태도는 신문의 존재가치를 부정하는 것이었다. 총독부의 불만은 1904년 11월 1일 『칭다오신보』창간호에 게재된 전 독일 육군중위 한스 폰 크로프Hans von Kropff의 사설에서 그 단서를 찾을 수 있다.

> 자오저우만 지역의 발전에 따라 낙후되었던 칭다오에 『덕화회보』가 출현했다. 이 신문은 신문사 사주뿐만 아니라 편집자 및 편집방침이 매 시기마다 바뀌었다. 이 주간지는 중국이나 일본의 문학작품을 자주 게재했으나, 정치·경제와 관련해서는 어떠한 중요한 지위도 갖지 못했다. 이 신문은 객관적 사실의 보도를 목적으로 하여 러일전쟁과 관련된 보도 외에는 비판적 입장에 서는 것을 피했기 때문이다.36)

『덕화회보』는 총독부의 지지를 잃은 후, 1904년 12월 31일에 정간을 발표했다.

Ⅲ. 『칭다오신보』와 『산둥휘보』의 창간: 경제정책에서 문화정책까지

1904년 10월 1일 한스 폰 크로프는 칭다오 최초의 일간지 『칭다오신보』를 창간했다. 10월 1일 발행된 것은 시험판으로, 정식 창간은 한 달 후인 11월 1일에 이루어졌다. 이것은 혹자의 표현에 따르면 '칭다오의 가장 유력한 신문'37)으로, '일요일 및 법정 휴일의 다음날을 제외하고 매일 발행되다가',38) 1914년 6월 30일 일본과의 전쟁이 발발하기 전날 정간되었다.

『칭다오신보』의 창간인 한스 폰 크로프에 대해서는 일본외무성의 『청국 신문에 대한 조사淸國ニ於ケル新聞紙ニ關スル調査』에 퇴직한 육군중위로 일본에 대단히 비우호적이라는 기록이 남아있다.39) 그는 1904년부터 1913년까지(1910년 제외) 9년 동안 『칭다오신보』의 편집자를 역

임했으며, 1908년에는 『산둥휘보』를 창간하고 1912년에 간행을 중단할 때까지 편집을 맡았다. 그가 편집한 『칭다오신보』와 『산둥휘보』는 모두 총독부의 기관지였다.

『덕화회보』와 달리 『칭다오신보』는 창간과 함께 사설을 통해 정치·경제 부문을 적극적으로 다루어 영향력을 발휘하겠다는 경영 방침을 표명했다.

> 좋은 신문의 가치와 영향력은 이미 모든 문화대국이 인정한 바이다. 신문의 입장이 냉정하고 객관적이며 공평해야만 정치·경제생활에 대한 신문의 영향력이 더욱 커질 수 있을 것이다. 1886년 10월 1일 전까지 동아시아의 모든 신문은 영자신문이었으며, 친영親英적인 입장을 견지했다. 10월 1일 이후 상하이에서 첫 번째 독일어 신문인 『덕문신보』가 창간되었다. 이 신문은 창간 당시에는 일간지였으나 오래 지나지 않아 재정위기를 겪으면서 주간지로 바뀌었다. 극동지역 내 독일의 이익을 대표하는 이 신문의 중요한 위치는 현재의 편집자가 1899년에 신문을 개편한 후 형성된 것이다. …(중략)… 일본에서는 6년 전에 『독일어를 위한 잡지Zeitschrift Für deutsche Sprache』가 창간되었고, 이어서 1902년 4월에 주보인 『독일일본보Deutsche Japanpost』가 발행되어 만족할만한 발전을 거두었다. 톈진의 군사신문인 『연대신문Brigadezeitung』 및 일본의 『독일선교보Deutsche Missionsschrift』는 모두 특정 독자층을 대상으로 하기 때문에 정치적인 영향력은 그다지 중요하지 않다. 2년 전 상하이에서 창간된 독일어 화보 『원동보遠東報』는 정치·경제적 문제를 논하지 않고 문화사나 문예와 관련된 소식을 게재했는데, 작품성이 뛰어난 중국이나 일본의 문학작품이 다수를 차지했다. 현재 동아시아에서 독일어 일간지는 여전히 초보적 단계에 머물러 있어 그 발간이 절실하게 필요하며 더욱 큰 발전 가능성을 가지고 있다.[40]

이 사설에서 한스 폰 크로프는 신문의 정치·경제적 영향력의 중요성을 강조하면서, '절실하게', '필요'라는 단어를 사용하여 일간지의 중요성을 피력했다. 이 단어들은 구체적으로 무엇을 가리키는 것일까? 신문의 문화적 작용은 대립일까 공존일까? 한스 폰 크로프 역시 줄곧

이 문제에 대해 깊이 생각했던 것으로 보인다. 필자는 이 두 문제를 가지고 『칭다오신보』의 창간과 변천, 그리고 『산둥휘보』 및 그 부록의 창간과 정간에 대하여 고찰하고자 한다. 이들 신문의 발전과 변화 역시 한스 폰 크로프와 총독부의 칭다오 통치정책의 변화를 반영하고 있다.

1. 『칭다오신보』의 창간

한스 폰 크로프는 창간과 함께 '절실'과 '필요'를 강조했는데, 이는 경제정책으로 치우친 독일총독부의 식민지정책과 밀접한 관련이 있었다. 1902년 산둥 순무巡撫 저우푸周馥가 칭다오를 방문한 이후, 총독부와 산둥정부 사이에는 밀접한 상호관계가 형성되었고 표면적으로 우호적인 분위기가 조성되었다. 1903년 4월 칭다오 총독 트루페Truppe의 지난濟南 답방으로 쌍방 지도자의 정기적인 상호방문 또한 실현되었다. 이 방문은 당시 『덕화회보』에 상세하게 보도되었다. 그에 따르면 쌍방의 이해관계가 충돌하는 면은 있으나 협력을 통해 경제발전을 이루기를 희망했다고 한다.41) 양국 정부 사이에 형성된 이러한 협력관계는 칭다오 경제발전에 가능성을 제공했다. 아울러 1904년 3월 6일에는 칭다오 대항大港의 항만건설 제1기 공정인 잔교棧橋가 완성되었다. 6월 11일에는 지난으로 향하는 자오지철도膠濟鐵道가 완공되었고 보산선博山線도 개통식을 거행했다. 이렇듯 당시의 정치적 환경이나 기초 시설의 발전 모두 칭다오 경제발전의 거대한 가능성을 예고하고 있었다. 경제발전은 신속하고 정확하며 전면적인 정보를 필요로 했고, 이러한 역할을 담당할 수 있는 것은 오직 일간지뿐이었다. 이는 한스 폰 크로프가 강조한 정치·경제적 영향력을 가지기 위하여 일간지를 '절실하게' 시작하게 된 '필수적인' 원인이었을 것이다.

『칭다오신보』는 한스 폰 크로프가 편집을 맡았으나 그 경영권은 상하이에 거주하는 카를 핑크Carl Fink에게 있었다. 카를 핑크는 『덕문신보』의 편집자이자 다른 잡지사의 경영자로 저명한 언론인이었다.[42] 중국 내 독일신문업의 선구자인 그는 일찍이 경제적 문제로 휴간한 『덕문신보』를 회생시키고 편집자를 맡았다. 그 외에도 한스 폰 크로프가 앞의 사설에서 언급했던 '동아시아 유일의 화보 간행물'[43]인 『원동보』를 만들고, 독일연합통신사Deutsche Kabelgram Gesellschaft 및 Koluich Yeiting Ldanbnrg Nachrichten의 극동통신원을 담당하는 등 매우 영향력이 있는 신문평론가였다.[44] 언론인으로서 그의 영향력은 한스 폰 크로프의 사설 속에 보이는 그에 대한 평가를 통해서도 짐작할 수 있다. 그가 개편한 뒤의 『덕문신보』는 상업신문으로 일컬어지며 외국인 사이에서 평판이 매우 좋았다고 한다.[45]

다음으로 『칭다오신보』의 내용구성을 통해 그 상업성을 검증해보자. 1904년 11월 1일에 정식 창간한 이래 『칭다오신보』의 지면은 전보소식, 상하이 증시, 사설, 동아시아뉴스, 칭다오 현지뉴스, 내지뉴스, 유럽소식과 광고로 구성되었고, 이후에도 거의 바뀌지 않았다. 그 중 광고의 비중이 가장 높아서 전체 16페이지의 절반 정도를 차지했다. 일찍이 총독부 토지국 장관을 맡았던 빌헬름 슈라마이어Wihelm Schrameier는 칭다오의 유럽 상인은 광고를 하지 않아 상업의 범위가 좁다고 지적하며 독일 상인의 광고 활용을 장려했다.[46] 이는 광고를 게재할 작업대, 즉 신문을 필요로 했다. 『칭다오신보』의 창간 전에도 『덕화회보』가 있었으나 정치·경제의 취급을 멀리했으므로 이 역할을 할 수가 없었다. 1900년 이후부터는 총독부의 관보 역할을 한 『칭다오관보』가 광고 기능을 담당했으나, 1904년 『칭다오신보』가 창간된 후에 이 기능을 대신하면서 정부의 공고를 제외하고 『칭다오관보』에 광고를 게재하는 현상은 더 이상 나타나지 않았다.[47]

상하이증시는 『칭다오신보』가 창시한 것으로 보도의 출처는 주로 상하이에서 발행하는 『덕문신보』에 근거했다. 증시 정보는 신속성이 관건이었으므로 일간지만이 증시 보도를 실현할 수 있었다. 증시란은 『칭다오신보』의 중상주의 경영 방침을 보여주는 근거이기도 하다.

2. 『산둥휘보』의 창간

한스 폰 크로프는 1908년까지 『칭다오신보』의 편집자로 있으면서 별도로 독일어 주간지인 『산둥휘보』를 창간하고 경영과 편집을 책임졌다. 이 신문은 매달 총독부로부터 약간의 보조금을 받아 매주 토요일에 발행되었다.[48)]

『산둥휘보』는 칭다오 및 산둥성에 대한 편견 없는 독일 주간지를 표방했다. 신문의 지면구성을 자세히 살펴보면 『덕화회보』를 많이 참고했다는 것을 알 수

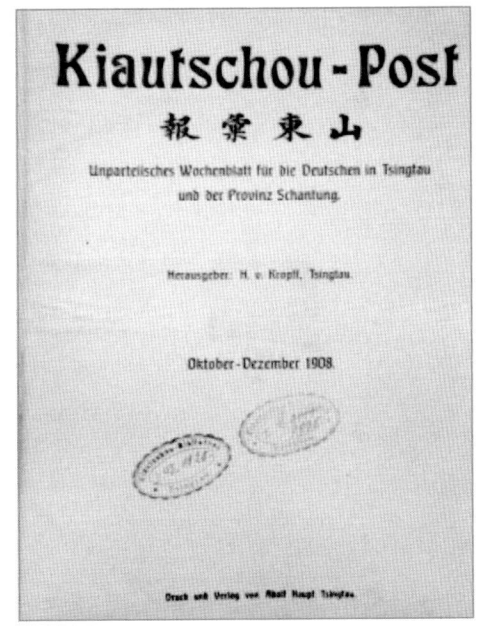

〈그림 2〉 산둥휘보(Kiautschou Post)

있다. 이 신문에는 사설 외에도 정치 개황, 육군과 해군, 무역과 교통, 동아시아뉴스, 산둥뉴스, 식민지뉴스, 독자의 소리 등 여러 개의 항목이 있었다. 그 중 독자의 소리와 정치개황은 『덕화회보』를 모방한 부분이 많았다.

먼저 독자의 소리는 1903년 6월 6일 빅토르 뢰르가 『덕화회보』의 편집장을 맡은 후에 개설한 만언당과 내용이 비슷했다. 양자는 모두 독자에게 식민지 행정문제에 대한 토론의 장을 제공했다. 정치 개황은 중국, 한국, 일본, 필리핀 등 국가별로 세분하여 각국의 최근 뉴스를 소개했는데, 이 또한 『덕화회보』에서 선례를 찾을 수 있다. 1904년 9월 10일부터 10월 1일까지 『덕화회보』는 '본보는 동아시아에서 발생한 가장 중요한 사건 및 각국의 상황을 여러분께 제공한다'고 공고하고, 일본, 한국, 필리핀으로 나누어 정보란을 설치했다. 이는 『산둥휘보』의 정치 개황과 유사한 부분이 많았다.

상술한 정보란의 유사점 이외에도 특히 주의해서 보아야 할 것은 『덕화회보』의 발행 기간 중에 출현했던 부록 『동방세계』가 『산둥휘보』의 창간과 함께 부활했다는 점이다. 복간 후 『동방세계』의 내용은 부제에 보이는 바와 같이 '동아시아 국가 및 민족학 관련 투고'로, 철학, 역사, 종교사, 대중과학, 시가詩歌, 오락으로 나누어져 있었고 인문과학이 대다수를 점했다. 『동방세계』는 1908년 『산둥휘보』의 창간과 함께 발간된 후, 신해혁명 발발 후인 1912년에 정간되었다.

상술한 세 가지 사실, 특히 『동방세계』의 재발간은 일찍이 『덕화회보』의 인문적 특성을 강하게 비판했던 한스 폰 크로프의 사상과 인식의 변화를 보여준다. 현재 필자는 이 변화의 원인을 설명할 유력한 증거를 가지고 있지는 않으나, 이후 총독부의 중국문화에 대한 정책 및 태도의 변화와 결합해 보면 신문평론가로서 한스 폰 크로프의 통찰력과 정치적 민첩성을 발견할 수 있다.

3. 신해혁명의 발발과 독일 총독부의 문화정책

1910년 신해혁명의 발발 전야에 이르러 칭다오의 독일 신문업과 신문인의 활동에 일련의 변화가 발생했다.

먼저 1910년 1월에는 『칭다오신보』가 주식회사로 전환하였다. 그 후 1년 동안 한스 폰 크로프는 편집자의 자리를 떠났고, 그 자리에는 J. 발터J. Walther와 프리츠 제커Friz Secker가 임명되었다. 그 중 J. 발터는 카를 핑크와 함께 신문의 책임자가 되었는데, 이를 통해 그가 출자자 중의 한 명이었음을 추측할 수 있다. 1911년에는 한스 폰 크로프가 다시 편집자로 돌아왔고, 카를 핑크를 대신해서 책임자 자리에 올랐다. 그러나 광고와 상업 관련 보도는 여전히 J. 발터가 전권을 쥐고 있었다.[49]

프리츠 제커는 취임 초인 1910년 2월 17일에 독일식민지협회 칭다오지부에서 『산둥성 경제 사정 개황』이라는 제목으로 강연을 했다.[50] 프리츠 제커는 강연 중에 중국 경제정책의 집행이 독일에 유리하다는 점을 주장하고, 동시에 독일의 문화정책을 언급했다. 문화정책은 1905

〈표 2〉『칭다오신보』의 변천

기간	형식	편집자	발행인·경영자	편집 및 발송	인쇄
1904.10.1. ~ 1909.12.31	독일 총독부 기관지	H.v.Kropff	C.Fink (上海)	IRENE-ECKE FRIEDRICHSTRASSE, TSINGTAU.	Adikf.Haupt (칭다오)
1910.1 ~	주식제	J.Walther/ Fritz Secker	C.Fink & Walther	Ecke Irene-und Richthofenstrasse	덕화서국(德華書局) (소유인: Gottfried Werner)
1911	상동	H.v.Kropff	H.v.Kropff/ J.Walther		
1912.1.3. ~ 1913.12.31	상동	H.v.Kropff	H.v.Kropff/ J.Walther	Ecke Friedrich- und Berlinerstrasse	Tsingtauer Zertungsgesellschaft m.b.H
1914.1.1. ~ 6.30	불명	Dr. Gerh-Menz	좌동	Ecke Friedrich- und Berlinerstrasse	Tsingtauer Zertungsgesellschaft m.b.H

년 독일 국내에서 교육 사업을 중심으로 등장한 정책으로 독일의 영향력 강화를 목적으로 했으며,51) 칭다오 총독부 내에서도 중시되었다. 독일의 경제적 이익과 함께 문화정책을 중시하는 프리츠 제커의 강연은 신문업의 역량을 통해 독일의 문화정책을 과감하게 추진하려는 신문인이 칭다오에 출현했음을 의미한다.

같은 해 4월에는 중국 내 독일 신문업에서 중대한 영향력을 가지고 있던 『칭다오신보』의 책임자 카를 핑크가 배일주의 태도를 버리고 도쿄東京 독일공관의 요청을 받아들여 일본을 방문했다. 일본 측에서는 그의 방문을 매우 중시하여 일체의 편의를 제공했다.52) 방일을 마친 후 10월에 카를 핑크는 상하이에서 중문 주간지인 『협화보協和報』를 만들고,53) 이듬해『칭다오신보』에서 물러났다. 『협화보』는 독일의 문화, 과학, 기술을 선전하는 내용을 대량으로 게재했다.54)

한스 폰 크로프와 카를 핑크의 변화는 신해혁명 전에 진행된 것으로, 혁명 이후 독일의 정책을 이해한다면 이러한 변화가 중국 내 독일의 활동, 특히 문화정책 방면에 큰 영향을 미쳤음을 알 수 있다.

신해혁명 후 칭다오 총독부는 중국에서의 영국, 미국, 일본의 계획적인 세력 확장에 직면했다. 이에 총독부는 대책 마련에 나섰고 총독부 내 시보試補 겸 번역을 맡고 있던 F. W. 모어F. W. Mohr가 집필을 맡아 독일 선전방안을 발표했다. 이 선전방안은 중국 내 독일 서적의 출판 및 신문 활동이 줄곧 독일어에 편중되어 왔음을 지적하고, 신해혁명 후에 지도자가 된 중국인들 중에는 독일어에 정통한 사람이 드물어 기존 방식으로는 독일의 영향력 확대가 어려우므로, 이러한 사실에 주의하여 신문정책을 수행해야 한다고 제시했다.55)

총독부의 이와 같은 방안이 나온 후, 1912년 10월에는 중국 내 세력 강화를 모색하던 상하이 독일협회가 활동방침을 발표했다. 이 방침은 독일 국내를 대상으로 중국 문화나 역사를 비롯한 한학을 대대적으로 선전하는 것뿐만 아니라, 중국 각지에서 중국어 신문을 발행하거나 신문사를 사들여야 한다는 내용도 포함하고 있었다. 이러한 독일의 신문정책 방침은 일본과의 전쟁 중에 큰 역할을 했고,56) 일본 역시 이를 '신문조종책新聞操縱策'이라 하며 중시했다.57)

Ⅳ. 나오며

이상으로 독일점령기 칭다오의 독일어신문 『덕화회보』, 『칭다오신보』, 『산둥휘보』를 대상으로 각 신문의 창간 및 변천과정을 살펴보았다. 이들 신문은 각 시기마다 칭다오 총독부와 일련의 관계를 맺고 있었다. 『덕화회보』는 총독부의 식민통치 안정에 기여했고, 『칭다오신보』는 총독부 상업정책의 산물이라 할 수 있다. 끝으로 『산둥휘보』는 신해혁명을 전후하여 총독부의 통치정책이 경제중심에서 문화중심으로 변해가는 경향을 반영하고 있었다. 이를 통해 1898년부터 1914년까지 칭다오 독일 신문업의 변천에는 독일의 한학에 대한 관심, 식민통치자가 중시하던 상업적 이익, 중국 내 세력 확장을 위한 문화정책 등이 교차하고 있다는 것을 알 수 있었다.

이러한 신문과 신문인의 활동은 우리에게 다음 두 가지를 알려준다. 첫째, 당시의 신문은 식민통치자의 이익과 결부되어 있었다는 점이다. 상술한 것처럼 신해혁명 이전 독일은 칭다오에서 상업적 이익을 중시했기 때문에, 한학 위주의 『덕화회보』는 정간에 이르렀다. 둘째, 신문인의 활동은 그 직업적 특성을 발판으로 총독부에 앞서 식민통치체제의 통치방향을 제시하는 역할을 했다는 점이다. 예컨대 독일 신문인들은 신해혁명 전부터 국내외를 향한 문화선전에 나서면서, 혁명 이후 총독부의 문화정책에 큰 영향을 미쳤다.

마지막으로 『덕화회보』와 『산둥휘보』가 정간된 후의 상황을 소개해 두고자 한다. 증시정보 발송을 비롯한 상업 활동에 관련되어 있던 『칭다오신보』는 일본과의 전쟁이 발발할 때까지 계속 발간되었다. 한편 제1차 세계대전 발발 전까지 독일 문화정책의 중심이 된 독일계 중국어신문 『협화보』가 상하이에서 발행되면서, 칭다오는 중국 내 독일의 상업기지로만 남게 되었다.

■ 주

1) 독일의 칭다오 점령에 관한 전문 저작으로는 다음의 연구를 들 수 있다. Klaus Mühlhahn Herrschaft und Widerstandinder(2000), *"Muster kolonie" Kiautschou. Interaktionen zwischen China und Deutschland, 1897-1914*, R. Oldenbourg Verlag. 이 책은 식민지 체제 내 통치와 피통치의 상호 작용이라는 관점에서 독일의 칭다오 점령 상황을 전면적으로 고찰했다. 중국에는 번역서(餘凱思 著, 孫立新 譯(2005), 『"模範植民地"僑州灣的統治與抵抗―1897~1914年中國與德國的相互作用』, 濟山東大學出版社)가 나와 있다. 기타 연구 논문으로는 칭다오를 독일 식민지 통치질서와 정책의 각도에서 고찰한 일본 학자 아사다 신지淺田進史의 연구가 있다. 淺田進史(2005),「膠州灣租借地における中國人(1897-1914)―ドイツ植民地法と植民地政策の關連から」, 『歷史學研究』 797, 青木書店; 淺田進史(2008),「植民地支配移行期における青島の工業化と貿易構造―日本勢力圈・東アジア經濟・世界經濟のはざままで」, 『三田學會雜志』 2008(1), 三田學會; 淺田進史(2008),「ドイツ統治下の膠州灣租借地における支配秩序―總統府參事會の再編問題を中心に」, 『公共研究』 2008(3). 이상의 관련 연구 성과는 현재 저서(淺田進史(2011), 『ドイツ統治下の青島』, 東京大學出版會)로 출판되었다. 그 밖에도 일본에서는 칭다오에 관한 일련의 전문적인 테마 연구가 진행되어 왔다. 고베대학神戶大學의 모리 노리코森紀子 교수를 필두로 진행되는 「식민도시・칭다오의 형성과 문화다중성에 관한 종합 연구コロニアル都市・青島の形成と文化多重性に關する綜合研究」 등이 대표적이다.
2) 중국 내 독일인의 신문업에 관해서는 니우하이쿤牛海坤의 연구가 신문사 영역에서 중국의 독일어신문에 대한 연구 공백을 보충하고 있지만, 칭다오 내 독일인 신문업은 여전히 주목받지 못하고 있다. 牛海坤(2012), 『『德文新報』研究(1886-1917)』, 上海交通大學出版社.
3) 青島市史志辦公室 編(1997), 『青島市志・新聞出版志/檔案志』, 新華出版社; 山東省地方史志編纂委員會 編(1993), 『山東省志・報業志』, 山東人民出版社.
4) 이 신문의 창간과 정간 일자는 기록과 문헌에 따라 제각기 다르다.
    1. 1897년 11월 21일설
    대표적인 문헌으로 『칭다오시지・신문출판지/당안지青島市志・新聞出版志/檔案志』와 『산동성지・보업지山東省志・報業志』가 있다. 『보업지』에는 '1897년 11월 21일에 창간되었으며, 독일 선교사 2명이 차오저우曹州의 쥐예巨野에서 피살된 것을 구실로 독일 황제 빌헬름2세가 파병하여 칭다오를 점령한 1년 후에 독일인이 창간한 독일어신문이다.'라고 기록되어 있다. 山東省地方史志編纂委員會 編(1993), 앞의 글, 24쪽. 『칭다오시지・신문출판지/당안지』도 같은 내용을 기재하고 있다. '1897년 11월 21일 창간되었으며 독일이 칭다오를 점령한 1주년 뒤에 독일인이 창설한 독일어신문이다.' 青島市史志辦公室 編

(1997), 앞의 글, 41쪽.
2. 1898년설
두 개의 출처가 있다. 하나는 독일연방공문서관의 정부 당국 웹사이트로 원문은 이 웹사이트에 게재되어 있다. '모범식민지 자오저우의 형성Die Entstehung der Musterkolonie Kiautschou' 항목에서 '1898년에서 1904년까지 발행된 주간지였다.' 다른 하나는『산둥시보山東時報』광서 24년 11월 12일(서기 1898년 12월 24일)자 보도 중에서 '독일인이 자오저우에서 신문사를 하나 열었는데, 독일어라서 독자는 많지 않을 것이다.'라는 기록이 있다. 山東省歷史學會 編(1961),『山東近代史資料』第三分冊, 山東人民出版社, 85쪽.
3. 1899년설
範慕韓主 編(1995),『中國印刷近代史初稿』, 印刷工業出版社. '광서 24년(1898년)에 독일함대가 차오저우 쥐예에서의 선교사 피살사건을 구실로 삼아서 자오저우만을 점령하고 청 정부와『중독자오아오조차조약中德膠澳租借條約』을 체결했다. 1899년에 독일은 칭다오에 인쇄소를 세우고『아주료망보亞州瞭望報』를 창립했다.'라는 기록이 있다.
5) 본고에서 필자가 참고한 신문의 원본(1903~1904)은 현재 일본 교토대학京都大學의 종합도서관에 보관되어 있으나, 제1기 2쪽, 제4기 52쪽은 결락되었다. 그 외에 중국 칭다오당안관에도 일부가 보존되어 있는데, 현재 대외개방이 제한되어 있으므로 구체적인 정보는 확실하지 않다.
6) 아직 이 신문의 창간호를 보지 못했기 때문에 'W. J. R'이 어떤 단어의 약칭인지 분명하지 않다.
7) 「德人在占居地創設報館」,『淸議報』光緖 24年 11月 11日(1898년 12월 23일).
8) 『덕속교주관보』와『덕화회보』를 제외하고 현재 발견된 기타 문헌에도 다른 호칭이 있는데 종합하면 아래와 같다.
1.『德意亞細亞報』(『淸議報』,『報業志』,『新聞出版志』).
2.『亞洲瞭望報』.
이 외에 이 신문의 일문명은『ドイツアジャチッシェ・ワルテ』였음을 이 기회에 언급하고자 한다. 田原天南(1914),『膠州灣』, 滿洲日日新聞社, 41쪽.『新聞雜誌操縱關係雜纂/膠州灣 Deutsche Asiatisch Warte』, 外務省 外交史料館 B-1-3-010(アジア歷史資料センター Ref. B03040607200).
9) 『덕문일보』의 중문 명칭은『덕문신보德文新報』였으며 1866년부터 1917년까지 발간되었다. 戈公辰(1990),『中國報學史』, 上海書店, 92쪽.
10) 田原天南, 앞의 글, 27쪽.
11) 黃福慶主 編(2000),『膠澳專檔 光緖二十三年 - 民國元年』, 中央硏究院近代史硏究所, 256~257쪽.
12) 田原天南, 앞의 글, 27쪽.
13) 田原天南, 앞의 글, 179쪽.

14) 이는 오토 코르바흐Otto Corbach를 가리킨다. 필자가 비록 1900년판『덕화회보』를 보지는 못했지만, 1903년 1월 3일의 부록Beilage z. Nummer1 der Deutsch Aisatischer Warte에 실린 독일인쇄출판사Dertsche Drucherei und Veragsanstalt 광고는 오토 코르바흐가 당시『덕화회보』의 주편이었음을 뒷받침하고 있다. 이밖에 오토 코르바흐가 집필한『개방된 세계』(Otto Corbach(1932), *Offene Welt*, Rowohlt)의 작자 소개에서 그가 1900년부터 1903년까지 칭다오의『덕화회보』의 편집장을 맡았음을 밝히고 있다.
15) Otto Corbach(1909), *Fort aus Kiautschou*, in: Das Blaubuch4, pp.135~140. 본고의 내용은 餘凱思(2005), 앞의 글, 524쪽에서 인용했다. 원서는 아직 보지 못했다.
16) Otto Corbach(1923), *Moskau als Erzheher: Erlebnisse und Einsichten aus Sowjet-Russland*, E. Oldenburg.
17) Otto Corbach(1932), *Offene Welt*, Rowohlt.
18) 이것은 1902년 말에서 1903년 초의 일일 것이다. 지난의 산동대학당에서는 한학에 정통한 독일인 박사 빌헬름 그루베Wilhelm Grube를 받아들여 교사로 임명할 예정이었으나 어떤 이유에선지 실현되지 못하고 영국인 구스로 바꿔서 초빙했다. 이 일은 지난과 칭다오 두 곳에서 모두 주목받았고, 칭다오의『덕화회보』와 중문 주간지인『교주보』가 모두 보도했다.
19) 「독서광들께 드리는 말씀Für Bücherfreunde!」,『德華匯報』, 1903.2.28.
20) 「중국소사Chinesische Geschichtchen」,『德華匯報』, 1903.3.28.
21) 「구입하는 독자에게 드리는 말씀(An unsere Abonnenten)」,『德華匯報』, 1904.9.17.~10.1.
22) 王文彬 編(1988),『中國報紙的副刊』, 中國文史出版社, 18쪽.
23) Robert Berger, "Von der neusten deutschen Rechtschreibung, Beilagez. Nummer 1 der Deutsch Asiatischen Warte",『德華匯報』, 1903.1.3.
24) 'Durch den sehr unregelmässigen Postverkehr der letzten Wochen konnten wir nur selten das stets zu spät eintreffende Material zu unserer Verkehrszeitung verwenden. Da auch in dieser Woche die Post ausgeblieben ist, müssen wir leider die Verkehrszeitung ausfallen lassen, und bitten wir unsere Leser, dies entschuldigen zu wollen. Gleichzeitig machen wir darauf aufmerksam, dass die nächste Nummer unserer Zeitung schon am Mittwoch erscheint', "Deutsch Asiatischen Warte",『德華匯報』, 1903.1.24, p.4.
25) 馬漢茂 主編, 李雪濤 譯(2005),『德國漢學：歷史, 發展, 人物與視覺』, 鄭州大象出版社, 467쪽.
26) 新田義之(1994),『リヒアルト・ヴィルヘルム傳』, 築摩書房, 101쪽.
27) Haenisch 著, 王光祈 譯(1930),『漢學』(中德學會 編譯,『五十年來德國學術』

(中德文化叢書2), Deutschland – Institut), 671~695쪽.
28) Haenisch(1930), 앞의 글, pp.675~690.
29) Haenisch(1930), 앞의 글, pp.675~690.
30) 志村惠(2007), 「靑島虜獲書籍について―現在の所藏を中心に」, 『金澤大學文學部論集』 27, 金澤大學, 24쪽. 원주는 Bundesarchiv/Militärachiv, RM2/1836, B1. 65/66, 독일공문서관 군사분관 소장.
31) 志村惠, 앞의 글, 25쪽. 원주는 Klaus Mühhahn: Qingdao (Tsingtau)-Ein Zentrum deutscher Kultur in China(Http://www.dhm.de/ausstellungen/tsingtau/katalog/auf1_9htm).
32) 「독서광에게 드리는 말씀Für Bücherfreunde!」, 『德華匯報』, 1903.2.28.
33) 원문은 "Abonnementspreis: Im Kiautschougebiet und Hinterland durch die Post vierteljährlich $1.75. In Deutschland und den Kolonien durch die Post vierteljährlich. Mark 3.50. In Ländern des Weltpostvereins $2.10 preis pro Einzelnummer: 20Cents=40Pfg"(칭다오지구 : 칭다오지구의 배송은 우체국을 거칠 필요 없이 직접 거주지로 우편 배송되며, 구독료는 3개월에 1.75 멕시코달러다. 독일 경내 및 기타 식민지로는 매주 한차례 발송하며 3개월에 1.90 멕시코달러다. 독일 이외의 지역은 관례대로 3개월에 2.10 멕시코달러를 징수한다). 『德華匯報』, 1903.1.3.
34) 미국 선교사 칼빈이 덩저우에서 경영한 회문관會文館에서 발행했다. 山東省 歷史學會 編, 앞의 글, 76~89쪽에 수록된 『산동시보』의 보도에 의하면, 이 신문은 주로 산동 각지의 기독교 신자와 선교사 혹은 민간 전설을 취재원으로 하였다.
35) 「해외 독일 신문Die deutsche Oresse im Auslande」, 『德華匯報』, 1904.7.2.
36) 「동아시아 여론Die Press in Ostasien」, 『靑島新報』, 1904.11.1.
37) 「淸國ニ於ケル新聞紙ニ關スル調査」(明治四十二年一月), 『芝罘·靑島·及濟南』, 外務省 外交史料館 B-情-28(アジア歷史資料センター Ref. B02130817100).
38) 『靑島新報』, 1904.11.1, 광고.
39) 「淸國ニ於ケル新聞紙ニ關スル調査」(明治四十三年五月), 『芝罘·靑島·及濟南』, 外務省 外交史料館 B-政-2 (アジア歷史資料センター Ref. B02130558000).
40) 「동아시아 여론Die Press in Ostasien」, 『靑島新報』, 1904.11.1.
41) 『德華匯報』, 1903.4.18.
42) 戈公辰, 앞의 글, 92쪽.
43) 『德華匯報』, 1903.1.3.
44) 『上海ニ於テ發刊スル東亞『ロイド』關係雜纂』, 外務省 外交史料館 B-1-3-2-054 (アジア歷史資料センター Ref. B03040855900).

45) 『上海ニ於テ發刊スル東亞『ロイド』關係雜纂』, 外務省 外交史料館 B-1-3-2-054 (アジア歷史資料センター Ref. B03040855900).
46) Dr. Schrameier 著, 朱和中 譯(1923), 『膠州行政』, 民智書局, 203쪽.
47) 1904년 이전 『칭다오관보』의 광고 게재에 대해서는 필자가 고베대학 인문학연구과 해항도시연구센터 홈페이지에서 언급했으므로 구체적인 것은 이를 참고하기 바람. http://www.lit.kobe-u.ac.jp/port-city/qingdao.html
48) 「淸國ニ於ケル新聞紙ニ關スル調査」(明治四十三年五月), 『芝罘, 靑島, 及濟南』, 外務省 外交史料館 B-政-2 (アジア歷史資料センター Ref. B02130558000).
49) 『靑島新報』, 1911.10.1.
50) フリッツ・ゼッカー 著, 南滿洲鐵道株式會社 東亞經濟調査局 譯(出版年度 不詳), 『山東省經濟事情梗槪』, 東亞經濟調査局. 강연 전 1910년 2월 26일 "Demnächst erscheint als Broschüre: Streiflichter auf die wirtschaftlichen Verhältnisse in Schantung Von Fritz Secker"을 내용으로 『산동휘보』에 광고를 실었다. 그의 중문 이름은 帥格爾였고 1913년 칭다오에서 『양자 및 백한 중간지역 Zwischen Jangtse und Peiho, 楊子及白漢中間地域』을 출판했다. 袁榮叟(1928), 『膠澳志』, 1357쪽.
51) 餘凱思(2005), 앞의 글, 277~281쪽.
52) 『上海ニ於テ發刊スル東亞『ロイド』關係雜纂』, 外務省 外交史料館 B-1-3-2-054 (アジア歷史資料センター Ref. B03040855900).
53) 中國社會科學院近代史硏究所文化史硏究室 丁守和主 編(1986), 『辛亥革命時期期刊介紹』4, 人民出版社, 645쪽.
54) 1911~1912년의 『협화보』 관련 서술은 다음을 참고했다. 中國社會科學院近代史硏究所文化史硏究室 丁守和主 編(1986), 앞의 글, 645~653쪽.
55) 陸軍省·海軍省(1917), 「在支獨逸人ノ秘策ニ關スル件」, 『公文雜纂』 第14卷 (アジア歷史資料センター Ref. A04018124200). 이 문건은 1916년 일본 칭다오수비군이 압류한 독일총독부 문고의 비밀문서 중에서 발견된 것을 일어로 번역한 것이다. 수비군이 붙인 제목 『재중국 독일인의 비책在支獨逸人ノ秘策』에서 이 문건이 당시 칭다오 통치자인 칭다오수비군에 지대한 반향을 불러 일으켰음을 알 수 있다.
56) 「日獨戰爭ノ際新聞操縱一件」(外務省 外交史料館 B-5-2-18-60), 『自大正三年 十二月 日獨戰爭/際新聞操縱雜件/分割1』, アジア歷史資料センター Ref. B08090055500.
57) '新聞操縱策'이란 용어는 『만주일일신문滿洲日日新聞』을 참고했다. 이 용어는 당시의 일본 매체에서 많이 사용되었을 뿐만 아니라, 일본 외교 문서에도 빈번하게 보인다.

▣ 참고문헌

『新聞雜誌操縱關係雜纂/膠州灣 Deutsche Asiatisch Warte』, 外務省 外交史料館 B-1-3-010(アジア歴史資料センター Ref. B03040607200).
「淸國ニ於ケル新聞紙ニ關スル調査」(明治四十二年一月), 『芝罘・靑島・及濟南』, 外務省 外交史料館 B-情-28(アジア歴史資料センター Ref. B02130817100).
「淸國ニ於ケル新聞紙ニ關スル調査」(明治四十三年五月), 『芝罘・靑島・及濟南』, 外務省 外交史料館 B-政-2 (アジア歴史資料センター Ref. B02130558000).
『上海ニ於テ發刊スル東亞『ロイド』關係雜纂』, 外務省 外交史料館 B-1-3-2-054 (アジア歴史資料センター Ref. B03040855900).
陸軍省・海軍省(1917),「在支獨逸人ノ秘策ニ關スル件」,『公文雜纂』第14卷(アジア歴史資料センター Ref. A04018124200).
「日獨戰爭ノ際新聞操縱一件」(外務省 外交史料館 B-5-2-18-60),『自大正三年十二月 日獨戰爭/際新聞操縱雜件/分割1』(アジア歴史資料センター Ref. B08090055500).
田原天南(1914),『膠州灣』, 滿洲日日新聞社.
フリッツ・ゼッカー 著, 南滿洲鐵道株式會社 東亞經濟調査局 譯(出版年度 不詳), 『山東省經濟事情梗槪』, 東亞經濟調査局.
新田義之(1994),『リヒアルト・ヴィルヘルム傳』, 築摩書房.
志村惠(2007),「靑島虜獲書籍について─現在の所藏を中心に」,『金澤大學文學部論集』27, 金澤大學.

『淸議報』, 1898.12.23.
『德華匯報』, 1903.1.3.
『德華匯報』, 1903.1.24.
『德華匯報』, 1903.2.28.
『德華匯報』, 1903.3.28.
『德華匯報』, 1903.4.18.
『德華匯報』, 1904.7.2.
『德華匯報』, 1904.9.17.~10.1.

『靑島新報』, 1904.11.1.
『山東彙報』, 1908.10.31.
『靑島新報』, 1911.10.1.
Dr.Schrameier 著, 朱和中 譯(1923), 『膠州行政』, 民智書局.
袁榮叜(1928), 『膠澳志』, 文海出版社.
Haenisch 著, 王光祈 譯(1930), 『漢學』.
山東省歷史學會 編(1961), 『山東近代史資料』第三分册, 山東人民出版社.
中國社會科學院 近代史硏究所 文化史硏究室 丁守和 主編(1986), 『辛亥革命時期期刊介紹』4, 人民出版社.
王文彬 編(1988), 『中國報紙的副刊』, 中國文史出版社.
戈公辰(1990), 『中國報學史』, 上海書店.
山東省地方史志編纂委員會 編(1993), 『山東省志·報業志』, 山東人民出版社.
範慕韓主 編(1995), 『中國印刷近代史初稿』, 印刷工業出版社.
靑島市史志辦公室 編(1997), 『靑島市志·新聞出版志/檔案志』, 新華出版社.
黃福慶主 編(2000), 『膠澳專檔 光緖二十三年-民國元年』, 中央硏究院近代史硏究所.
餘凱思 著, 孫立新 譯(2005), 『"模範植民地"膠州灣的統治與抵抗-1897～1914年中國與德國的相互作用』, 山東大學出版社.
馬漢茂 主編, 李雪濤 譯(2005), 『德國漢學:歷史, 發展, 人物與視覺』, 鄭州: 鄭州大象出版社.

Otto Corbach(1923), *Moskau als Erzheher: Erlebnisse und Einsichten aus Sowjet-Russland*, E. Oldenburg.
Otto Corbach(1932), *Offene Welt*, Berlin: Rowohlt.

http://www.lit.kobe-u.ac.jp/port-city/qingdao.html (검색일: 2013.09.10)

가오잉잉 | 중국사회과학원 근현대사연구소(中國社會科學院 近現代史研究所) 연구원

10.
독일점령기 칭다오의 서양종교와 그 영향

자오청궈(趙成國)

Ⅰ. 칭다오의 서양종교

20세기 초 중국의 서양교회들은 이전의 교훈을 받아들여 자신들의 행동을 반성했다. 많은 교회가 선교 방식을 바꾸기 시작했고, 현지회를 통해 교회의 사회적 이미지를 바꿔나갔다. 의화단운동義和團運動이 실패한 후, 청말의 신정新政이 신속하게 추진되면서 입헌운동과 신해혁명辛亥革命이 잇달아 발생했다. 이러한 사회변혁 속에서 중국인의 관념도 점차 개방되어 갔다. 그러한 가운데 중국 내 서양종교의 생존환경은 크게 개선되었고, 20세기 초 서양교회와 신도의 수는 빠르게 증가했다.

1897년 자오저우만膠州灣을 침략하여 칭다오를 점령한 독일은 전면적인 식민계획을 추진하기 시작했다. 독일은 칭다오에 그들의 '기독교문화중심'을 건설하고자 했다. 서양교회들은 학교와 병원 설립 및 각종 자선사업을 추진했다.[1] 그러나 오래지 않아 산둥성山東省에서 폭발한 의화단운동이 빠르게 확산되면서 화베이지방華北地方 전체의 기독교와 천주교에 막대한 타격을 가했다. 한편 칭다오는 독일에 조차된 후 도시질서가 상대적으로 안정되면서 기독교의 발전에 유리한 조건을 제공했다. 1899년의『자오아오발전비망록膠澳發展備忘錄』을 살펴보면 당시 칭다오는 서양종교의 피난처가 되었음을 알 수 있다.

> 선교회의 산동 내지에서의 활동은 최근 완전히 답보 상태에 빠졌다. 많은 선교사가 칭다오로 도망쳐왔다. 각 선교회는 작은 교회들을 설립하고, 그곳에서 정기적으로 현지인을 위한 예배를 보았다. 동선회同善會와 천주교선교회는 선교활동 외에 군대와 사회단체를 위한 정신적인 지원까지 책임지고 있었다. 총독부는 베를린선교회에 중국인 학교 건설을 맡겼고, 베를린선교회는 탁월한 성과를 내었다.2)

칭다오 식민당국은 정치·경제적인 측면에서도 서양교회에 강력한 지지를 보냈다. 식민당국은 교회가 칭다오에서 더욱 많은 자원과 발언권을 장악할 수 있도록, 선교사업 뿐만 아니라 교육, 의료, 위생 등의 공공사업에 전면적인 지원을 아끼지 않았다. 1901년의『자오아오발전비망록』에는 다음과 같은 내용이 있다.

> 각 선교사절단 및 그 활동 상황에 관해서는 이왕의 비망록에서 간략하게 서술했다. 그들도 이제 자신의 일에 익숙해졌고, 다른 사업들을 개척하고 있는 중이다. 해군 당국이 처음부터 견지한 관점은…(중략)…선교사절단이 현지인 사이에서 문화 활동을 전개해 나가는 데 모든 역량을 다할 수 있도록 하는 것이다. 독일 선교사절단이 중국인을 위해 세운 학교와 병원은 일률적으로 모든 세금이 감면되었다.3)

『자오아오발전비망록』의 기록을 살펴보면, 독일 식민당국의 교회 및 선교사에 대한 지원정책은 독일이 칭다오에서 물러나기 1년 전인 1913년까지 계속되었음을 알 수 있다.

식민지 교회에 대한 지원에는 변화가 없었다. 독일의 보호구 및 산동전역에서 두 교파(가톨릭과 개신교: 역자)의 교회들은 지난 1년간 안정적인 발전을 이루었다. 그들은 자신의 사업영역을 한층 확대시켰고, 교육과 의료영역에서 탁월한 성과를 거두었다는 것을 다시 확인할 수 있었다.[4]

다음으로 당시 칭다오에서 활동한 주요 서양교회 조직을 간략하게 소개하고자 한다.

첫째, 북미장로회北美長老會이다. 1861년 북미장로회는 중국에 선교사를 파견해 중국지역 교회를 조직했다. 1865년에는 산동독회[5]를 조직했고 코레베트Hunter Corebett, 郭顯德가 구성원이 되었다. 1873년 코레베트는 자오저우膠州, 지모卽墨, 라오산嶗山 일대에서 선교하였다. 1898년 북미장로회는 라각羅閣을 칭다오 교회로 파견했고, 1908년에는 지양루濟陽路 4호에 작은 교회를 세우고 이곳에 교구를 두었다.

둘째, 기독교 신교파인 베를린신의회柏林信義會이다. 독일 기독교신의회 베를린교회는 1898년 4월 군체Adolf Kunze, 昆祚 목사를 칭다오에 파견했다. 쿤체는 칭다오 기독교신의회의 창시자이자 수임목사일 뿐만 아니라, 독일 총독부의 고문이었다. 총독부의 지원 아래 신의회는 빠르게 발전했다. 1899년 9월 2일 독일 기독교신의회 베를린교회는 지금의 자오저우루膠州路에 첫 번째 교회를 짓고 기독교베를린교회基督教柏林敎會라고 이름 지었다. 1910년대에 이르러 베를린신의회는 칭다오에서 세력이 가장 큰 교회 조직이 되었다.

셋째, 1884년 독일에서 창립된 동선회同善會이다. 1898년에 파버Ernst Faber, 華之安[6]가 칭다오로 와서 대표를 맡았지만 불행히도 1900년에 세상을 떴다. 1901년에는 리하르트 빌헬름Richard Wilhelm, 衛禮賢[7]이 화덕의원華德醫院과 예현서원禮賢書院을 동시에 열었다.

넷째, 성언회聖言會이다.[8] 천주교회로 1898년에 독일 선교사 발터스

〈그림 1〉 리하르트 빌헬름
(Richard Wilhelm)

P. Bartels, 白明德가 칭다오에 와서 타이핑루太平路에 위치한 천후궁天后宮 뒤에 목조주택을 짓고 선교장소로 삼았다. 이곳은 칭다오 최초의 천주교 활동지였다. 1900~1902년 사이에 발터스는 취푸루曲阜路, 안후이루安徽路, 더시엔루德縣路, 저장루浙江路가 만나는 길목에 택지를 구입하고 석조 기초에 벽돌기와를 얹은 단층 교회를 지었다. 이는 칭다오 최초의 천주교회였으며 활동의 중심지이기도 했다.

Ⅱ. 서양종교와 교육의 근대화

1897년 자오저우만을 점령한 독일은 경제적 약탈을 진행하는 한편, 문화 확장을 전개하여 장기적이고 안정된 식민통치를 보증하는 수단으로 삼았다. 점령 초기 독일 식민자들은 칭다오 및 인근 지역에서 경제적 약탈뿐만 아니라 차별적이고 폭력적 통치로 중국인에게 거칠고 무례한 행위를 저질렀기 때문에, 중국인의 강한 불만과 반항을 야기했다. 게다가 당시 의화단운동의 영향으로 자오저우, 지모, 가오미高密 등지에서 백성들의 항독抗獨투쟁이 끊임없이 일어났고, 이는 중국 내 독일의 이익 실현에 심각한 영향을 미쳤다. 식민당국은 이러한 사태를 통해 다음의 사실을 깨우쳤다. '선교사들은 그들의 사명을 완수하기 위해 적극적으로 노력하고 있는데, 이는 반가운 일이다. 중국인들은 그들의 활동이 사회에 행복을 가져올 것이라 생각한다. 일부 중국인들의 편견은 선의의 해석과 가르침으로 사라졌다. 군사점령과 경제

개발 중에 불가피하게 나타난 불공정은 선교사의 온화하고 참을성 있는 작업을 통해 완화되었다.'9)

당시 독일 총독부의 중국인 사무 전담직원이었던 빌헬름 슈라마이어Wilhelm Schrameier, 單威廉는 1910년에 교회가 칭다오에서 진행한 문화교육사업의 실제 목적을 다음과 같이 묘사했다.

> 신교와 천주교 또한 독일문화가 중국에 침투하는 데 공헌했다. 많은 이들이 중국인은 결코 기독교 교회를 찾지 않을 것이며, 우리의 신앙을 이해하지 못할 것이라고 단언했다. 즉 기독교에 대한 중국인의 이해를 도모하는 것은 시대적 요구에 대한 판단착오이며, 역사적 교훈에 대한 부정인 것이다. 그러나 중요한 것은 유럽 문화 중 기독교적 요소에 대한 중국인의 주의를 불러일으키고, 그들 마음속 깊은 곳에서 기독교사상이 작용하게 했다는 점이다. 우리는 기독교 문화로서 중국문화를 대체하려는 것이 아니라 기독교 사상이 중국문화에 침투하기 위한 길을 닦으려는 것이다.…(중략)… 기독교로 지탱되는 민족사상으로 중국인을 끌어들이는 것이 바로 오늘날 중국에서 활동하는 선교사들의 사명이다.10)

독일 식민당국은 교회 조직을 문화정책을 실천하는 주요 수단의 하나로 삼아, 각종 조치를 통해 각 교회 조직이 칭다오에서 여러 활동을 펼치는 것을 지원하고 권장했다. 무상제공 혹은 토지세 면제의 우대방식을 통해 각 교회 조직에 많은 토지를 제공했고, 재정지출을 통해 교회부속학교의 경비를 부분적으로 해결해주었다. 독일점령기에 서양교회가 칭다오에 세운 학교로는 소학교, 중학교, 직업학교와 여학교가 있었다.

1. 학교 교육

베를린신의회의 선교사 쿤체는 1898년 덕화서원德華書院을 설립했다. 1901년 덕화서원에는 '베를린선교회를 대표하는 세 명의 독일 선교사와 함께 열 명의 중국인 조리목사와 교사, 네 명의 중국인 선교원이 있었다. 이들의 주요 활동지는 칭다오와 지모였다. 총독부에서 증여한 토지에 건립 중이던 덕화고급교사학교德華高級敎師學校는 거의 완공단계에 있었고, 100명의 학생에게 학습 장소를 제공했다. 학생들은 작은 방 하나에 두 사람이 함께 생활하면서 수업을 들었다. 과정은 중국 고문古文, 독일어, 지리, 산수, 물리 등을 포함했고, 독일의 중학교 수준에 해당했다.'[11]

〈표 1〉 1911년 자오저우만조차지의 교육현황

학교구분	주최자	학교(개)	교사(명)		학생(명)			
			구미인	기타	기독교		비기독교	
					남	여	남	여
소학교	베를린신의회	10	2	15	20	45	129	41
	동선회	2	-	3	23	12	10	-
	성언회	8	-	9	56	-	66	-
	총독부	11	-	29	396			
소 계		31	2	56	798			
중학교	베를린신의회	1	1	3	2	-	40	-
	동선회	2	4	13	40	40	63	-
	성언회	2	4	2	4	12	23	-
	총독부	1	21	6	178			
소 계		6	30	24	402			
직업학교	베를린신의회	-	-	-	-	-	-	-
	동선회	-	-	-	-	-	-	-
	성언회	1	3	2	-	88	-	-
	총독부	1	1	2	182			
소 계		2	4	4	270			
총 계		39	36	84	1,470			

동선회의 활동 역시 활발했다. 1898년 동선회 선교사 파버가 이 단체를 칭다오로 들여왔지만, 그는 오래지 않아 세상을 떠났다. 1899년 봄에 동선회의 다른 선교사 리하르트 빌헬름이 칭다오에 와서 선교회를 주재하게 되었다. 동선회의 재력에는 한계가 있었기 때문에 신도 확충보다는 주로 문화 활동에 힘을 쏟았다. 1909년 당시 동선회 소속의 외국인 선교사 여덟 명이 칭다오에서 활동하고 있었다. 또 동선회는 병원 두 곳과 외래진료부 한 곳, 남녀중학교 각각 한 곳과 소학교 두 곳을 운영하고 있었다. 당시 동선회가 세운 교회부속학교는 영향력이 가장 컸으며, 이 선교회의 책임자인 빌헬름 또한 당시 칭다오 교회부속학교 관계자 중에서 가장 중요하고 영향력 있는 인물이었다. 1901년 빌헬름이 세운 예현서원의 교육은 두 부문으로 나뉘어져 있었다.

하나는 실천지향적인 상업기술부로 부기, 공문서 작성, 회계, 기하제도와 수학 등의 과목을 개설했다. 다른 하나는 과학부로 자연과학과 인문과학을 수업내용으로 삼았다. 입학생은 일반적으로 중국 경서 經書에 대한 기초를 갖추고 있어야할 뿐만 아니라, 독일어도 완전히 장악하고 있어야 했다. 학교 교과목 개설은 중국정부의 교학계획과 일치했다. 1905년 이후에는 소학교 3년 과정에 중국어, 지리, 수학, 역사와

〈그림 2〉 예현중학교

독일어를 포함시켰고, 중학교 4년 과정에는 독일어, 중국어, 수학, 지리와 자연과학입문을 포함시켰다. 고등학교 역시 3년과정이었다. 예현서원은 교육의 질을 중시했기 때문에 교사의 수준이 높았다. 수학, 물리, 화학 과정의 교원은 모두 산둥성 원덩文登의 문회관文會館 졸업생이었으며, 국문을 가르치는 교사는 모두 거인擧人이나 진사進士였고, 독일어와 독일사를 가르치는 교사 역시 독일대학의 졸업생이었다. 이 학교는 산둥성 내에서 대단히 명성이 높았다.

2. 여성 교육

여성 교육에서도 동선회의 활동은 일정 정도의 성과를 거두었다. 1904년 여학교를 건립한 리하르트 빌헬름은 아내의 중국어 이름을 따서 미의여학교美懿女學校로 이름 지었다가 후에 숙범여자학당淑範女子學堂으로 개명했다. 이 학교의 취학 인원은 당시 칭다오의 여학교 중에서 가장 많았다. 일반적으로 교회부속학교는 모두 독일 학제를 채택해 독일어로 강의했고 교과 과정 편성에서 독일어를 중요시했기 때문에, 외국인 교사의 비중이 상당히 높았다. 이들은 학생들에게 현대과학 지식의 전수 외에도, 독일의 종교·언어·문화와 생활방식을 학습시켜 독일문명을 홍보했다. 아울러 종교생활도 중시했기 때문에 대부분 종교과목은 필수과목이었다.

3. 직업 교육

1899년 가을, 성언회는 철도학교를 설립했다. 이 학교는 자오지철도膠濟鐵道를 부설하고 경영하던 산둥철도주식회사가 필요로 하는 기술 인력을 양성하기 위해 설립된 것으로, 회사는 성언회에 일정한 교

〈그림 3〉 성심수도원

육 사례금을 납부했다. 따라서 자오지철도에 근무하는 중국인 직원 중에는 이 학교 졸업생이 적지 않았다. 이곳의 학제는 1년으로 주로 독일어, 계산, 전보, 회사와 기차역 직무에 필요한 지식을 배웠다. 기독교를 믿는 학생은 선교사무소에 기숙하며 보살핌을 받았고, 그 비용은 학업이 끝난 후에 산둥철도주식회사가 교회에 지불했다.12)

예현서원 역시 직업학교의 성격을 가지고 있었는데, 여기서는 학생들에게 부기, 서신, 회계, 기하제도와 기초수학에 관한 실질적인 지식을 전수했다. 식민지를 위한 실용인재를 양성한다는 측면에서 교회조직들은 매우 많은 일을 했다. 문화전파와 인재양성에 대한 선교사와 교회부속학교의 노력 및 그 성과는 독일 총독부로부터 인정받았다.13)

Ⅲ. 서양종교와 근대의료위생

학교 건립을 통한 문화·교육사업과 함께 병원 설립을 통한 현대의료위생의 보급 또한 서양교회의 주된 활동 중의 하나였다. 『자오아오발전비망록』에는 거의 매년 교회병원의 의료 활동에 관한 기록이 남아있다.

동선회의 주요 사업 중 하나는 1901년 9월에 세운 중국인 병원이다. 1899년 칭다오에서 세상을 떠난 선교사 파버를 기념하기 위해 이 병원은 파버의원福柏醫院이라고 이름 지었다. 이런 기구를 설립하는 것이 고인의 숙원이었기 때문이다. 병원은 총독부가 동선회에 기부한 다바오다오大鮑島와 샤오바오다오小鮑島 사이에 있는 택지에 건립되었다. 세 동의 2층 건물로 이루어져 있으며 건물마다 큰 홀과 두 개의 개인 병실이 있어 모두 60명의 환자를 수용할 수 있다. 그밖에 50명의 전염병 환자를 수용할 수 있는 임시숙사 한 채와 진단실, 진료실, 수술실을 갖춘 작은 개인주택 하나가 있다. 환자는 주로 가난한 시민이기 때문에 진료는 대부분 무료이다. 이때는 개원 후 얼마 지나지 않았지만 60명의 환자를 치료했으며, 여기 와서 진료받은 사람은 200명가량 된다.[14]

1905년에는 동선회와 유럽인협회의 영국, 독일, 미국 교민들이 5만 위안을 모아 현재 칭다오시 안후이루 21호에 유럽인을 위한 병원을 세웠다. 원래 파버의원의 주치의였던 의학박사 적파이狄帕爾를 원장으로 초빙하고, 역시 파버의원이라고 불렀다. 이 병원은 오래지 않아 중국인 환자도 진료했다.[15]

〈표 2〉 동선회 파버의원의 진료현황(1902~1909)

연도	1902	1903	1904	1905	1906	1907	1908	1909
진료 인원수	2,364	3,724	5,008	5,271	7,615	8,778	9,145	92,39
치료 횟수	6,474	10,803	16,931	24,988	33,684	27,049	27,755	21,463

〈그림 4〉 파버의원

『자오아오발전비망록』의 기록에 따르면 동선회 이외에 천주교선교회 역시 중국인을 위한 병원을 설립했나.

1905년 6월 천주교선교회가 시 중심에 현지인을 위한 병원(천주당의원天主堂醫院: 필자)을 하나 개원하여 환영받았다. 병원에는 두 개의 병실이 있었으며 30명의 남성 환자와 10명의 여성 환자를 수용할 수 있었다. 모든 병실은 현대적인 시스템을 갖추되 현지스타일에 맞게 만들었다. 전문의가 오기 전에는 해군 군의관 한 명이 환자를 진료했다. 프란체스코회 수녀들이 이 병원의 관리를 책임지고 있다. 파버의원 환자 수는 이 병원의 영향을 전혀 받지 않았다. 이는 이 병원이 수요에 부합한 것임을 증명하고 있다.[16]

1906년도의『자오아오발전비망록』에는 다음과 같은 기록이 남아있다.

지난 보고년도가 끝나기 얼마 전까지, 천주교회가 칭다오에 개설한 중국인 병원의 업무는 대단히 바빴다. 환자 간병은 몇 명의 유럽인 여자 간호사가 책임졌지만 의료 업무는 해군 군의관 한 명이 책임졌다. 본 보고년도에 모두 5,037명의 환자가 1만 5,206번의 진료를 받았고, 210번의 크고 작은 수술을 시행했으며, 107명의 환자가 입원치료를 했다.

1907년도의 『자오아오발전비망록』에도 이 병원에 관한 기록이 있다.

천주교회가 1905년 6월에 칭다오에 개원한 중국인병원은 총독부 해군 군의관 한 명이 관리하고 있는데 내원해서 진료를 받는 사람이 크게 늘어났다. 1906년 10월 1일부터 1907년 9월 30일까지 내원한 환자는 모두 7,227명으로 2만 5,132회의 진료와 311차례의 수술이 진행되었고, 137명의 환자가 입원치료 했다.

1908년도의 『자오아오발전비망록』의 기록은 다음과 같다.

작년에도 많은 중국인이 교회병원을 이용했다. 총 7,077명의 환자를 2만 1,240차례에 걸쳐 진료했다. 수술 실시 사례는 603회이며 입원 환자는 189명이었다.

1909년도의 『자오아오발전비망록』에도 다음과 같은 기록이 있다.

칭다오의 교회병원은 이전과 마찬가지로 유명한 의사를 찾는 중국인을 자주 받아들였다. 금년에도 모두 6,936명의 환자가 3만 355차례 진료를 받았고, 수술은 604번, 입원환자는 210명이었다.[17]

상술한 사례를 통해 서양교회가 칭다오 초기 공공의료위생에 많은 기여를 했고, 일반 민중에게 현대적 의학치료를 제공했다는 것을 알 수 있다. 이는 중국 관료와 민중의 서양종교에 대한 인식을 크게 바꾸었고, 서양종교 전파를 위한 사회적 기반이 되었다.

Ⅳ. 서양종교와 칭다오의 근대화

　칭다오의 근대화는 독일점령기에 들어 시작되었다. 서양교회는 칭다오의 초기 근대화, 특히 교육의 근대화에 기여했다. 20세기 초 서양교회는 19세기 중국에서 야기된 민족모순과 문화충돌을 교훈삼아 중국 정서에 부응하는 선교정책을 채택했다. 기독교와 천주교 전파를 핵심으로 하면서, 교회부속학교 및 기타 문화체육체계를 세워 서양의 교육이념을 전파하고, 서양종교를 현지화해 문화 선교모델을 구축했다. 교회부속학교는 중국과 서양을 아우르고 근대적 인문지식과 과학기술에 정통한 많은 인력을 공급했다.

　선교사는 '중국과 서양의 문화변용 전 과정에 참여하고 서양의 자연과학과 사회과학의 기본체계를 중국에 도입하였을 뿐만 아니라, 중국과 서양문화에 대한 비교와 평가를 시도했다. 선교사는 이러한 비교와 평가의 기초 위에서 중국과 서양문화에 대한 조화와 융합을 이루고, 중국문화를 개조해 중국과 서양문화가 용해된 새로운 문화를 창조했다.'[18]

　교육을 예로 들면, 칭다오의 교회부속학교는 기본적으로 중국학문과 서양학문을 병행하도록 했다. 칭다오 최초의 교회 부속중학교인 예현중학교의 경우, 리하르트 빌헬름이 초빙한 중국인 교원 중 적지 않은 이들이 유교 경서를 숙독한 구 지식인이었다. 그들은 대개가 과거출신의 거인舉人이거나 공생貢生으로 박식한 선비였다. 예컨대 핑두平度 출신의 거인 싱커창邢克昌은 빌헬름의 첫 번째 경학 선생이기도 했다. 빌헬름은 『논어論語』, 『대학大學』, 『시경詩經』 등 유가 경전을 학습하고 이해할 때 그의 도움을 받았을 뿐만 아니라, 초기 유교경전의 번역작업에서도 도움을 받았다.

　또한 교회부속학교는 서학西學 지식을 대대적으로 보급했다. 많은

〈그림 5〉 예현중학교 실험실

선교사들은 교회부속학교의 학생이 먼저 서양의 과학교육을 받은 후, 그들이 중국 민중에게 이 지식을 전파하도록 했다. 선교사들은 '중국이 세계와 차단된 날은 이제 손에 꼽힐 정도이다. 중국이 원하든 그렇지 않든 서양 진보의 물결이 중국을 향해 밀려오고 있다. 이러한 항거할 수 없는 흐름은 장차 반드시 중국 전역에 두루 확산될 것이다. 이뿐만 아니라 많은 중국인이 서양을 이처럼 강대하게 만든 과학을 배우려고 하고 있다. 과학의 명성은 이미 중국의 외진 곳까지 퍼져가고 있다'[19]고 인식했다.

서학 교육의 수요를 만족시키기 위해 일부 선교사들은 실험교육을 실시했다. 그 중에서도 예현중학교의 실험교육은 가장 뛰어나 칭다오 지역 내 중학교 가운데에서 교육설비가 가장 좋았고, 물리·화학·생물 등 전문 실험실과 실험 도구를 완비하고 있었다.[20] 선교사들은 학생들이 한학과 서학에 모두 통달할 것을 강조했다.

교회가 설립한 학교는 여성 교육을 중시했다. 그들은 남녀가 평등하며 남녀 교육이 함께 진행되어야 한다고 여겼다. 여학교의 출현은 여성이 교육을 받을 수 없었던 중국의 전통을 바꾸었고, 남존여비의 사회 기풍을 바꾸어 중국 여성에 대한 봉건세력의 구속을 어느 정도 타파했다.

그 밖에도 교회가 설립한 학교는 구 지식인들과는 달리 일정한 과학 지식을 갖춘 근대적 지식인들을 양성해 사회변혁과 사회건설을 위한 인력을 공급했다. 칭다오의 교회부속학교는 근대 칭다오 신교육의 중요 구성부분이었다. 이는 서양 학문의 기초를 갖추고 문화, 교육, 실업 및 정치 등의 영역에서 중국 근대화사업과 신중국 건설 사업을 추진했던 지식인들을 양성했다. 그들은 양질의 교육을 통해 획득한 선진 지식과 기능을 기반으로 각기 다른 영역에서 자신의 조국을 위하여 일했다. 예컨대 예현서원은 왕시엔탕王獻唐 등의 저명한 인물을 배출했다. 왕시엔탕은 이곳을 졸업한 후 1914년에 다시 칭다오 덕화고등학당德華高等學堂에 들어가서 토목공정을 공부했다. 그는 칭다오에서 성장하고 고등교육을 받은 문화 명인이었다. 이와 같이 교회가 설립한 학교는 많은 실용적인 인재들을 양성했고, 이러한 인재들은 칭다오의 근대화 과정에서 크게 활약했다.

V. 나오며

1897년 독일이 칭다오를 강제로 조차면서 칭다오는 독일의 식민지가 되었다. 독일의 조차로 칭다오의 정치 환경은 상대적으로 안정되어 있었기 때문에, 칭다오에 들어온 많은 선교사들은 식민당국의 비호와 지지 아래 그들이 추진하는 문화정책의 선봉역할을 담당했다.

교회는 전통적인 선교 방식을 바꾸어 문화 교육을 종교 전파의 주요 수단으로 삼았고, 교회의 문화 교육 활동은 식민당국의 강력한 지지를 받았다. 교회는 소학교, 중학교, 직업학교, 여학교 나아가 단과대학과 종합대학의 설립을 통해 서양 교육체계를 중국에 도입했다. 선교사는 중국의 교육 근대화에서 사상적 계몽작용을 했다. 선교사의 활동이 중국의 교육을 일정 수준으로 높이거나 중국의 발전을 촉진하기 위한 것은 결코 아니었다. 하지만 '교회가 설립한 학교는 중국에 과학기술과 문화 지식을 전수했고, 근대적 교육제도와 교육방법을 전수했으며 …(중략)… 자유주의 정신을 가져왔다. 교회부속학교는 중국 학생들이 예전의 봉건적 중국에 비해 좀 더 선진적인 서양의 문물을 흡수하도록 했다.'[21] 교회는 칭다오의 초기 공공의료위생에서도 많은 역할을 했고, 일반 민중에게 편리한 의료서비스를 제공했다. 이러한 교회의 노력은 서양종교에 대한 중국 관료와 민중의 인식을 크게 변화시키고, 서양종교의 전파를 위한 사회적 기초를 다졌을 뿐만 아니라, 의료위생의 근대화를 이끌었다.

  서양종교의 발전은 도시발전과 하나가 되었다. 칭다오의 경제 및 사회발전은 서양종교 발전의 기반이 되었고, 교회는 문화교육과 의료위생을 통해 도시형성 및 도시문화 발전과 긴밀하게 결합했다. 서양종교는 20세기 칭다오의 근대화 촉진에 일정한 기여를 했다고 할 수 있다.

■ 주

1) 和士謙 著, 任書梅 譯(1998), 「德國在山東的租借地」, 『山東文獻』 24-1, 山東文獻社, 119쪽.
2) 靑島市檔案館 編(2007), 『靑島開埠十七年-《膠澳發展備忘錄》全譯』, 中國檔案出版社, 97쪽.
3) 靑島市檔案館 編(2007), 앞의 글, 144쪽.
4) 靑島市檔案館 編(2007), 앞의 글, 727쪽.
5) (역자 주) 독회督會 혹은 노회老會는 장로회에서 각 교구의 목사와 장로 대표가 모이는 회합을 의미한다.
6) 파버Ernst Faber, 福柏 혹은 華之安(1839~1899)는 독일의 선교사이자 한학자, 식물학자이다. 1865년 예현회禮賢會를 대표하여 홍콩에 왔으며 후에 광동의 내륙지방에서 선교 활동을 했다. 1880년 예현회와의 관계를 끊고 독립적으로 선교 활동을 했다. 1885년 동선회同善會에 가입했고 1898년 독일이 칭다오를 점령한 후 칭다오로 이주해 다음 해 칭다오에서 사망했다.
7) 리하르트 빌헬름Richard Wilhelm, 衛禮賢(1873~1930)은 독일의 선교사이다. 중국에 온 후 자를 예현禮賢이라고 했다. 그는 선교사 신분으로 중국에 와서 중국에서 20여 년을 보냈고, 학교와 병원의 운영 방면에 관심을 가지고 힘을 쏟았다. 또한 중국의 전통문화를 깊이 탐구하여 중서문화교류사에 있어서 '중국학 서양 전파'의 공신이었다.
8) 성언회(라틴어로 Societas Verbi Divini이며 약칭은 SVD, 영문이름은 Divine Word Missionaries)는 천주교 선교회로 1875년 신부 아놀드 얀센Arnold Janssen이 창립했다.
9) 靑島市檔案館 編(2007), 앞의 글, 144쪽.
10) 김춘식(2008), 「독일제국의 중국 교주만 식민지 문화정책(1898~1914)」, 『역사학연구』 32, 호남사학회, 379~407쪽.
11) 靑島市檔案館 編(2007), 앞의 글, 144쪽.
12) Martin Schlunk(1914), *Das Schulwesen in den deutschen Schutzgebieten*, Hamburg, 340~341쪽.
13) 靑島市檔案館 編(2004), 『膠澳租界地經濟與社會發展—1897-1914』, 中國文史出版社, 2쪽.
14) 靑島市檔案館 編(2007), 앞의 글, 145쪽.
15) 靑島市檔案館 編(2007), 앞의 글, 244~596쪽에 근거하여 필자가 정리하였다.
16) 靑島市檔案館 編(2007), 앞의 글, 370쪽.

17) 靑島市檔案館 編(2007), 앞의 글, 436~680쪽.
18) 王立新(2008), 『美國宣敎師與晩淸中國現代化』, 天津人民出版社, 148쪽.
19) 陳學恂 主編(1987), 『中國近代敎育史敎學參考資料』 下冊, 人民敎育出版社, 10쪽.
20) Richard Wilhelm 著, 王宇潔 外 譯, 魯海 注(2007), 『靑島的故人們』, 靑島出版社, 3쪽.
21) 顧長聲(1981), 『宣敎師與近代中國』, 上海人民出版社, 113쪽.

■ 참고문헌

김춘식(2004), 「독일제국의 중국 교주만 식민지 문화정책(1898~1914)」, 『역사학연구』 32, 호남사학회.

顧長聲(1981), 『宣敎師與近代中國』, 上海人民出版社.
陳學恂 主編(1987), 『中國近代敎育史敎學參考資料』 下冊, 人民敎育出版社.
和士謙 著, 任書梅 譯(1998), 「德國在山東的租借地」, 『山東文獻』 24-1, 山東文獻社.
靑島市檔案館 編(2004), 『膠澳租界地經濟與社會發展-1897~1914』, 中國文史出版社.
靑島市檔案館 編(2007), 『靑島開埠十七年-《膠澳發展備忘錄》全譯』, 中國檔案出版社.
衛禮賢(Richard Wilhelm) 著, 王宇潔 外 譯, 魯海 注(2007), 『靑島的故人們』, 靑島出版社.
王立新(2008), 『美國宣敎師與晩淸中國現代化』, 天津人民出版社.

Martin Schlunk(1914), *Das Schulwesen in den deutschen Schutzgebieten*, Hamburg.

자오청궈 | 중국해양대학(中國海洋大學) 교수

11.
1930년대 칭다오의 국립대학과 도시문학 형성

최낙민

Ⅰ. 들어가며

 칭다오라는 도시를 생각하면 '청산靑山, 벽해碧海, 홍와紅瓦, 녹수綠樹'가 어우러진 중국 속의 작은 유럽이라는 이미지를 떠올린다. 여기에 칭다오맥주를 더하면 사람들은 어렵지 않게 독일과의 관계를 연상하게 된다. 이처럼 1898년 독일인의 조차와 함께 근대적인 해항도시로 발전한 칭다오는 상하이上海나 다롄大連과는 다른 자기만의 선명한 도시이미지를 가지고 있다.
 1994년 칭다오시는 각계의 의견을 수렴하여 해항도시 칭다오의 문화발전에 공헌한 문화명인 20인을 선정하고, 공원에 동상을 세워 시민들과 함께 그들의 공로를 기억하고자 하였다.[1] 당시 칭다오의 문화명인으로 선정된 20인 중에는 청대淸代의 문인 푸송링蒲松齡, 화가 가오펑한高鳳翰, 정치인이자 사상가 캉유웨이康有爲가 포함되었다. 또한 해양생물학자와 해양물리학자 등 7명의 해양과학자와 함께 현당대작가 량전성梁振聲, 홍선洪深, 왕통자오王統照, 원이둬聞一多, 라오서老舍, 선충원沈從文, 우바이수吳伯簫, 류즈시아劉知俠 등 여덟 명이 포함되었다.[2] 이들의 면면을 통해 근대이후 칭다오라는 해항도시가 중국 해양과학 발전의 요람이었을 뿐만 아니라 중국현대문학가의 중요한 활동무대였고, 그들을 칭다오에 모이게 한 것이 바로 1930년대 칭다오에 세워진 국립대학이었음을 알 수 있다.

1930년 독일점령군이 남기고 간 비스마르크병영자리에 국립칭다오대학國立靑島大學이 설립되면서 량전성, 원이둬, 선충원, 양스추梁實秋, 자오치趙畸가, 그 후신인 국립산동대학國立山東大學에도 훙선, 라오서 등 당시 문단을 대표하던 작가이자 학자인 지식인들이 모여들어 전국에서 선발된 영재들과 함께 학문을 논하고 창작활동에 전념하였다. 그들은 산문이나 소설과 같은 새로운 형식의 문학작품을 통해 캉유웨이가 남긴 '홍와록수紅瓦綠樹, 벽해람천碧海藍天', '불한불서不寒不暑, 가주가차可舟可車' 16자 진언에 풍성한 주석을 달아 칭다오라는 해항도시의 이미지를 창조하였다. 그들은 상하이나 베이징, 톈진天津 등에서 간행되는 잡지와 신문 등을 통해 칭다오의 아름다움을 전 중국에 알리는 중요한 역할을 수행했다. 그들 대부분이 칭다오에서 활동했던 기간은 짧았지만 칭다오 사람들은 이들을 해항도시 칭다오의 문화를 건설하고, 아름답고 선명한 도시이미지를 창조한 문화명인들로 기억하고 있다.

난징조약南京條約 이후 중국의 동남연해에서는 수많은 항구가 개항되었다.[3] 하지만 그중에서 칭다오를 비롯한 광저우廣州, 샤먼厦門, 상하이, 톈진 등 오늘날에도 해항도시로서의 명성을 유지하고 있는 도시들의 공통점을 찾는다면 해항도시가 갖는 경제적, 군사적 기능 외에 새로운 문화의 중심으로 성장하였다는 것이다. 동서양을 막론하고 고등교육기관의 설치는 현지의 문화발전에 중요한 역할을 수행해 왔다. 특히 서구로부터 대학이라는 근대적인 교육·문화기관을 받아들인 중국에서는 이러한 영향관계가 더욱 명확하다.[4] 때문에 새롭게 건설된 해항도시의 문화발전과 대학과의 상호영향관계를 고찰하는 작업은 '해항도시의 문화교섭연구'에 있어서 반드시 고려되어야 할 중요한 요소라고 생각된다.

본문에서는 1930년대 국립칭다오대학과 국립산둥대학에 재직하면서 창작활동에 종사했던 작가들의 작품 중 칭다오를 내용으로 한 산문들을 중심으로 먼저, 그들의 창작활동의 배경이 된 해항도시 칭다오의 도시면모를 재구성할 것이다. 다음으로 1930년 개교한 국립칭다오대학에 원이둬와 양스추 등 '신월파新月派'5) 작가들이 모이게 된 과정과 그들의 작품 속에 재현된 칭다오의 이미지를 살펴볼 것이다. 마지막으로, 국립산둥대학에서 교학과 창작에 종사했던 작가들의 활동을 『피서록화避暑錄話』를 중심으로 살펴보고, 칭다오 현지 작가를 대표하는 왕통자오의 작품 속에 그려진 해항도시 칭다오의 모습과 사람들의 삶을 고찰할 것이다. 이를 통해 두 대학에 모였던 작가들 간의 풍격을 비교하고, 그 차별성을 밝혀 칭다오의 도시문화건설에 대한 그들의 공로를 살펴볼 것이다.6)

1930년대 상하이나 베이징에서 활동한 작가들에 비해 칭다오를 무대로 활동한 작가들이 많지 않았고 작품 수도 적었다. 때문에 칭다오 지역의 문학 활동에 관한 연구 성과 역시 풍부하지 않다.7) 또한 칭다오와 관련한 문학연구가 전무한 한국의 중문학계 상황을 고려한다면 이 글은 일정한 의의를 가질 것이다. 나아가 근대시기에 개항한 해항도시의 문화발전과 대학과의 관계를 고찰하는 것이 해항도시의 문화정체성을 밝히는 하나의 방법론이 될 수 있기를 희망한다.

Ⅱ. 국립칭다오대학과 '주중팔선(酒中八仙)'

1929년 칭다오를 접수한 난징국민정부는 같은 해 4월 난징, 상하이,

〈그림 1〉 국립칭다오대학

톈진, 한커우漢口와 함께 칭다오를 5대 특별시의 하나로 지정하고 행정원의 직할지로 삼았다. 현지의 문화역량이 부족했던 특별시 칭다오는 새로운 도시에 문화적인 색채를 더하기 위해 외부로부터 많은 지식인과 문화인들을 수혈 받아야만 했다. 1930년대 걸출한 작가들과 과학자들이 칭다오에 모일 수 있었던 것은 국민당행정부에 의한 근대적인 고등교육기관의 설치, 즉 국립대학의 신설과 밀접한 관련이 있다. 국립칭다오대학과 국립산동대학에서 초빙한 많은 지식인과 작가들은 새롭게 탄생한 해항도시 칭다오에 사상과 문화, 과학적 품격을 가져다주었다.

1. 국립칭다오대학과 '신월파(新月派)'

칭다오를 강점한 독일제국은 의화단운동義和團運動이 경과한 후, 강압통치가 아닌 '평화적인 침투'를 모토로 독일의 과학기술·학문·교육·문화·건축 등을 홍보전시할 독일식 도시공간을 건설하고자하는 '해양모델도시Marinemodelstadt'를 제기하였다.8) 독일 식민주의자들과 함께 선교사들 역시 각종 자선단체와 의료기관뿐만 아니라 예현서원禮賢書院, 덕화고등학당德華高等學堂 등을 포함한 근대적인 교육기관들을 설치하여 칭다오의 도시문화 발전에 초석을 마련하였다.9)

일본으로부터 칭다오의 통치권을 돌려받은 북양정부, 국민정부 역시 근대적인 지식인들을 교육하고, 새로운 관료와 문화 엘리트를 양성하기 위해 고등교육을 중시하였다. 북양정부는 1924년 가오언훙高恩洪을 중심으로 한 칭다오총상회青島總商會가 신청한 사립칭다오대학의 설립을 인가했고,10) 1929년 산둥성과 칭다오의 통치권을 확보한 국민정부는 산둥성의 성회인 지난濟南에 국립산둥대학을 세우고자 하였다. 그러나 당시 국립대학설치준비위원이었던 차이위안페이蔡元培는 '지난은 화베이지역의 교통요충지라 군사적으로 반드시 쟁탈이 벌어질 것이니, 그 형세가 걱정스럽다 할 것이다. 칭다오는 전란으로부터 멀리 떨어져 있고, 자연조건도 우월하다.' '칭다오의 지세나 기후를 볼 때, 장차 이곳은 반드시 문화의 중심이 될 것이며, 이 대학과 관계가 아주 밀접할 것이다'라고 자신하면서 칭다오에 국립대학을 설치할 것을 주장하였다.11) 1930년 마침내 국민정부는 이미 폐교된 사립칭다오대학의 기초 위에 국립칭다오대학을 설립하기로 결정하고, 량전성을 초대 총장으로 임명하였다.

민국시기 대학총장들은 상당히 강력한 권한을 가지고 있었다. 때문에 어떤 인물이 총장이 되는 가는 그 대학의 성격을 결정하는 주요한 요소가 되었다. 량전성은 베이징대 출신으로 지인들이 적지 않았고, 산둥 출신으로 교육청 사람들과도 관계가 있어 총장으로는 아주 적당한 인물이었다.12) 베이징대학 총장이었던 차이위안페이의 추천으로 총

〈그림 2〉
초대총장 량전성

장이 된 량전성은 베이징대학과 칭화대학清華大學에서의 경험을 바탕으로 학교운영에 있어 '과학민주科學民主'와 '학술자유學術自由'를 제창하고, 파벌간의 편견을 타파하여 전문지식을 갖춘 저명인사를 보직교수로 임명하였다.13) 그는 독단적인 학교운영보다 교무회의를 통해 교수들과 함께 대학을 운영하는 규정을 제정하고, 베이징대학과 마찬가지로 문과 이과를 병중 하는 것으로 칭다오대학의 기초를 삼았다. 또한 량전성은 지역 환경에 걸 맞는 해양생물학 등 특수한 전공을 두어 다른 국립대학들과 차별성을 갖고자 하였다.14)

5·4운동에 참여한 문인으로 후스胡適, 쉬즈모徐志摩, 천위안陳源 등과 『현대평론現代評論』을 통해 활동했던 량전성은 문학원의 설치와 발전을 특히 중시하였다. 량전성은 자신의 문학교육이념을 함께 실현하고, 신설 대학의 위상을 단시일 내에 높여줄 수 있는 지명도가 높고 영향력이 큰 교수들을 초빙하기 위해 새로운 문화중심지로 부상한 상하이를 찾았다.15) 원이둬와 양스추를 방문한 량전성은 "상하이는 사람이 살 만한 곳이 아닙니다. 풍경과 환경으로 친다면 칭다오가 전국에서 제일이라 생각합니다. 두 분이 괜찮으시다면 먼저 한 번 오셔서 유람하십시오. 만일 마음에 드시면 칭다오에 남아 가르치시고, 만족하시지 못하신다면 결코 강요하지 않겠습니다"16)라는 파격적인 제의를 하였다.

'신월파新月派'를 대표하는 이론가였던 양스추는 당시 정치적, 문학적 입장차이로 인해 중국현대문학의 선구자이자 문학혁명운동의 대부였던 루쉰魯迅과 혁명문학진영에 맞서 공개적인 논쟁을 진행하고 있었다.17) 이미 상하이에서의 생활에 염증을 느낀 양스추와 원이둬는 상하이가 아닌 새로운 근대적인 도시공간을 찾고 있었다. 칭다오를 방문한 두 사람은 춥지 않은 겨울과 덥지 않은 여름, 아름다운 자연경관, 순박한 인심, 즉 칭다오의 '천시, 지리, 인화' 세 방면에 모두 만족하고 칭다오대학으로 옮기기로 결정하였다.18)

〈그림 3〉 원이둬

원이둬는 '신월파'를 대표하는 시인이자 학자로 당시 문단에서 상당한 영향력을 갖고 있었다. 중문과주임과 문학원장을 겸임하게 된 원이둬는 중국문학과에 선충원, 팡진루方令儒, 유구어언遊國恩, 딩산丁山, 지앙수밍薑叔明, 탄지에푸譚戒甫, 천멍지아陳夢家 등 적지 않은 인물들을 불러들였다.19) 그들 중에는 구미유학을 통해 선진적인 사상의 영향을 받고, 높은 학력과 학위를 소지한 신월파 인물들이 많았다. 칭다오라는 안정된 정치환경, 대학교원이라는 안정된 신분과 높은 임금으로 여유로운 생활을 향유하게 된 이들은 수업과 강연, 문학창작활동 등을 통해 칭다오지역의 문화발전을 추동한 주인공들이 되었다. 1930년대 해항도시 칭다오는 전통도시 지난을 넘어 산둥지역의 문화중심으로 베이징, 상하이와 더불어 새로운 문화의 중심지로 성장할 수 있는 역량을 갖게 된 것이었다.

자유주의 전통의 수호자이자 엄격한 학문적 방법론의 신봉자로서, 자유로운 정신과 모던한 생활방식을 추구했던 원이둬와 양스추 등은 바다가 내려다보이는 칭다오대학에서 짱커자臧克家와 같은 시인들과 문학연구자들을 길러내었다.20) 총장 량전성의 바램처럼 원이둬와 양스추를 중심으로 모인 문학원의 교수작가들은 작품과 연구 활동을 통해 칭다오와 국립칭다오대학의 지명도를 높이는데 중요한 역할을 수행하였다.

2. '주중팔선'과 칭다오문학

국립칭다오대학총장 량전성은 교무장 자오치와 비서장 천밍판陳命凡, 문학원장 원이둬와 도서관장 양스추 등 보직교수 7, 8명이 참가하는 교무회의를 통해 민주적인 대학운영을 실천하였다. 매주 토요일 열렸던 교무회의는 자연스럽게 술자리로 이어졌는데, 어느 날 원이둬는 주연에 참가한 사람이 여덟 명임을 보고 그들을 '주중팔선'이라 부르기 시작했다. 양스추의 기억에 따르면 소위 '주중팔선'은 량전성, 자오치, 원이둬, 양스추, 천밍판, 황지위黃際遇, 류캉푸劉康甫, 팡진루와 같은 인물들이었다.21) 그들 대부분은 가족을 두고 단신으로 칭다오에 부임한 사람들이었기 때문에 '3일에 한 번 가볍게 마시고, 5일에 한 번 큰 연회를 갖는' 호방한 나날들을 보냈다. 예로부터 칭다오의 라오산崂山은 도가의 성지로 잘 알려졌고, 펑라이거蓬萊閣와 '팔선과해八仙跨海'라는 해양신화는 칭다오사람들뿐만 아니라 중국인들에게 아주 친숙한 이야기였다. 칭다오대학의 '주중팔선'은 서양의 살롱문화에 익숙했던 원이둬가 칭다오지역의 해양신화를 차용해 지은 모임 이름이었다고 할 것이다.

여덟 명의 신선들이 각자 자기의 장기를 발휘하여 바다를 건너 불로장생의 펑라이산蓬萊山으로 날아갔던 것처럼 '주중팔선'도 칭다오에서 아름다운 명문들을 남겼다. 특히 팔선의 주장이라 할 수 있는 원이둬는 그의 작품 중 몇 안 되는 서정산문「칭다오青島」를 통해 바다에서 바라본 칭다오를 신비하고 아름다운 필치로 그려내었다.

해선(海船)이 자오저우만에 진입할 때쯤이면, 저 멀리 푸른 점 하나가 만경창파 속에서 부침하는 모습이 보이고, 만의 오른쪽으로는 라오산의 무수한 석주와 기괴한 봉우리가 눈에 들어와 당신으로 하여 수많은 신선들의 이야기를 떠올리게 할 것이다. 만으로 진입하면 먼저 샤오칭다오(小靑島)가 보인다. 그것이 바로 앞서 거대한 파도 속에서 부침하던 푸른 점이다. 그곳에서 몇 리쯤 떨어진 곳이 바로 산동반도의 최동단-칭다오다. 족신(簇新)하고 정제된 건물은 한 채 한 채 나지막한 산언덕에 늘어섰고, 플라타너스 사이로 곧게 뻗은 아스팔트길은 산꼭대기까지 이어져 마치 한 마리 뱀처럼 보인다. 지금 눈앞에 펼쳐진 신기루가 백여 년 전에는 그저 황량한 섬이었다는 사실을 누가 믿겠는가.[22]

미국에서의 유학생활, 상하이라는 국제적인 도시에서의 생활을 경험한 원이둬는 독일풍의 건축물보다 칭다오의 미려한 자연환경과 넓고 깨끗한 거리에 매혹되었다. 그는 벚꽃이 은하수처럼 피어있는 칭다오의 봄날, 수영모를 쓴 각국의 여인들이 즐겁게 해변을 찾는 여름, 시원한 바람과 함께 조용함을 되찾는 칭다오의 가을을 유려한 필치로 표현하였다.

'바람 없는 날에도 3척의 흙먼지가 쌓이고, 비가 오면 온 거리가 진흙탕이 되는' 베이징에서 성장한 양스추는 특히 칭다오의 깨끗함을 사랑하였다. '봄에는 온갖 꽃들이 피고 가을이면 밝은 달이 있는 곳, 여름이면 시원한 바람이 불고 겨울이면 눈이 내리는' 아름다운 도시 칭다오를 예찬하였다.[23] 양스추는 칭다오의 아름다움은 산에 있는 것이 아니라 바다에 있다고 하며 후이취안匯泉해수욕장과 수족관, 바다에서 나는 풍부한 해산물로 만든 칭다오의 음식, 다양한 과일, 독일인이 운영하는 레스토랑의 스테이크와 포도주, 특히 순박하고 예의바른 산동인들에 대한 찬사를 아끼지 않았다. 또한 칭다오대학에서 함께 생활했던 문인들에 대한 기억, 칭다오대학을 찾아와 특별강연을 했던

후스나 차이위안페이 등 수 많은 명인들에 대한 기록들을 남기고 있다.24)

칭다오대학은 가족을 두고 단신으로 부임한 교원들을 위해 학교 부근에 숙사를 마련해 거주하게 하였다. 관하이산觀海山 자락에 마련된 칭다오대학의 교원숙사는 가족의 구속으로부터 해방된 문화명인들의 자유로운 토론공간이자 사교생활이 펼쳐지는 살롱이었다. 아울러 이곳은 선충원 소설의 무대가 되기도 하였다.

> 내가 지금 거처하는 곳은 외관이 아름다운 양옥건물입니다. 이곳은 학교가 먼 곳에서 초빙한 몇몇 교수들을 위해 마련한 숙소입니다. 이곳에 거주하는 사람들은 모두 여덟 명으로 나머지 일곱 분에 대해서는 아직 잘 모릅니다. 이곳에 거주하게 될 사람 중에는 물리학자 교수 갑, 생물학자 교수 을, 도덕철학자 교수 병, 중국사 전문가 교수 정, 육조(六朝)문학사 전문가 교수 무 등등으로 이 유명한 인사들은 아직 만나지 못했습니다. 며칠이 지나면 그들의 신기(神氣)를 하나하나 당신에게 소개할 수 있을 것 같습니다.25)

칭다오대학에 모인 사람들 대부분이 외국유학을 한 고학력자이거나 문단의 중요인사였던데 반해 샹시湘西출신 선충원의 학력은 중학교졸업이 전부였다. 선충원은 샹시의 순박한 민풍에 익숙한 사람이었고, 그의 창작은 도덕적 비판에 편중되어 있었기 때문에 금방 도시생활 속의 염증 나는 풍토를 발견할 수 있었다.26) 신월파의 대표시인 쉬즈모의 추천으로 칭다오대학에 부임하게 된 선충원이었지만 교원숙사와 '주중팔선'의 살롱식문화를 풍자하는 소설 「팔준도八駿圖」를 창작하게 된 것이다.

> 여름이 되자 학교는 정해진 날짜에 맞춰 개학하였습니다. 총장이 준비한 환영회장에서 그는 엄숙하고 부드러운 모습으로 교학을 위해 먼 길을 마다않고

칭다오에 모인 사람들을 '천리마'라고 불렀습니다. 모두 대단한 명성을 가진 사람들이라는 것이 첫 번째 이유이고, 먼 길을 마다하지 않았다는 것이 두 번째 이유였습니다. 만약 우리가 모두 천리마라면, 우리가 지금 거처하고 있는 곳은 '마방(馬房)'이라 불러야 옳은 게 아닐까요!
　　나는 총장의 생각과 조금 다릅니다. 내가 느끼기에 몇 사람이 함께 거처하고 있는 숙사는 '자연요양원'이라 부르는 것이 명실상부할 것 같습니다. 당신이 믿으실지 모르겠지만 이곳에 모인 사람들은 의학적인 관점에서 보면 모두 약간의 병을 가지고 있는 것 같습니다.27)

　스스로 '시골사람'이라 자부했던 선충원은 푸산루福山路에 위치한 그들의 숙소와 중산공원, 해수욕장, 백사장을 배경으로 함께 생활하는 일곱 명의 동료교수들의 생활을 관찰하였다. 또한 그들과의 대화를 통해 체면을 중시하고 정중한 척하는 자유파 도시지식인들의 잠재의식 속에는 이성 관계에 대한 저속하고 비열한 병태적인 심리가 내재하고 있음을 알게 되었다.
　문화의 중심에서 벗어나 칭다오에서의 생활을 시작한 많은 교수작가들 중 현지생활 적응이 가장 힘들었던 사람은 시작詩作보다는 엄격한 학문적 태도로 중국고전시가연구에 몰입했던 원이둬였다. 주중팔선의 모임이나 신월파 작가들과의 교류를 통해 현지 생활에서의 안위를 구하려고 했던 원이둬였지만 전통문화에 대한 욕구가 컸기 때문에 칭다오에서의 생활에 점점 지쳐가고 있었다.

　'칭다오는 비록 모던한 도시이지만 결국 해추海陬의 작은 읍일 뿐이다. 이곳에는 난징의 공자묘孔子廟도, 베이징의 유리창琉璃廠도 없다.' 원이둬는 칭다오에는 '문화가 없다'고 토로하였다. 한 사람의 학자로서 그의 영혼이 기대하는 바가 적지 않았는데 칭다오가 어찌 하나 하나 다 만족시킬 수 있었을까. 그래서 그는 1932년 6월 9일 우바이수에게 보낸 편지 속에서 '이곳 칭다오의 자연환경은 모두 마음에 들지만 인사人事의 여러 가지 취미에 있어서는 부족한 점이 너무 많다. 대화에 있어서도 최저의 수준을 요구하지만 이조차 쉽게 만족할 수 없다'는 원망을 토로하였다.[28]

당시 두보杜甫의 시와 『시경詩經』, 『초사楚辭』에 몰두했던 원이둬는 연구에 필요한 고문헌자료를 구하기 힘들고, 고대 문인들이 남긴 문학전통이나 전통문화를 갖고 있지 못한 칭다오에서의 삶에 만족하지 못했다. 게다가 1932년 항일운동 참여방식과 학점도태제 등의 문제로 학생들과 갈등을 빚게 된 원이둬는 칭다오대학의 교직을 그만두고, 총장직을 사임한 량전성과 함께 전통문화의 중심지인 베이징으로 돌아갔다. 두 사람이 떠나고 오래지 않아 국민정부는 학생운동과 경비 등의 문제로 칭다오대학의 폐교를 결정했다. 서로 다른 이유와 목적으로 칭다오대학에 모였던 교수작가들도 하나 둘 칭다오를 떠나갔다. 결국 그들에게 있어 칭다오대학은 잠시 거쳐 가는 경유지와도 같았다.

칭다오대학에 모였던 교수작가들은 칭다오에서 많은 작품들을 발표하였다. 그러나 정작 칭다오를 배경으로 한 작품들은 대부분 짧은 산문들이 주를 이루었고, 내용에 있어서도 계절마다 모습을 달리하는 칭다오의 자연, 이국적인 도시풍경, 신변잡기 등이 주를 이루었다. 또한 이렇게 완성한 작품들을 상하이나 베이징에서 발표했지 칭다오 현지에서 발간되는 신문에 발표한 것은 없었다.[29] 당시 칭다오에는 아직 상하이나 베이징과 같은 문학시장이 형성되지 못했기 때문에 대부분의 작가들은 끊임없이 베이징이나 상하이의 문화시장을 기웃거릴 수밖에 없었다.

Ⅲ. 국립산둥대학과 왕퉁자오

11. 1930년대 칭다오의 국립대학과 도시문학 형성   283

〈그림 4〉 국립산둥대학

 1932년 7월 국민정부의 교육부는 장제스蔣介石의 미온적인 항일태도를 비판하는 학생운동탄압과 학교운영경비 등의 이유로 국립칭다오대학을 폐교시켰지만, 같은 해 9월 국립산둥대학으로 개명하여 다시 개교하였다. 국립산둥대학의 총장이 된 자오치는 새로운 교원들을 초빙하여 빈자리를 채우고 제2의 도약을 도모하게 되었다. 산둥대학에 모인 홍선과 라오서 같은 교수작가들은 왕통자오를 중심으로 한 칭다오 현지 작가들과 결합하였고, 징파이京派와 하이파이海派의 문학투쟁이 진행되던 당시 문단에서 칭다오만의 색깔을 갖기 위해 노력하였다.

1. 국립산둥대학과『피서록화』

 1930년대 장제스 정권의 권력이 공고히 되기 시작하면서, 국민당 정치인들은 교육부를 통해 교육체제를 강화하고 필수과목과 복잡한

〈그림 5〉
초대총장 자오치

시험제도를 도입하여 학생들이 공부하는데 바빠 시위를 할 수 없게 만들었다.30) 새롭게 국립산둥대학의 총장이 된 자오치는 이러한 정치적 상황 속에서도 량전성의 민주적인 대학운영방침을 계승하였다. 그는 교수를 초빙하는 데에 있어서 더욱 개방적인 태도를 취하여 정치적 견해와 주의를 달리하는 작가와 학자들도 초빙하였다. 콜롬비아대학에서 희곡을 전공했던 자오치는 좌익극작자연맹左翼劇作者聯盟의 총서기 훙선을 초빙하여 1934년 산둥대학을 떠난 양스추의 뒤를 이어 외국어과 주임으로 임명하였다. 또한 지난의 지루대학濟魯大學에 몸담고 있던 민주주의 작가 라오서를 중문과 교수로 초빙하였다. 자오치가 총장으로 재임하는 동안 자유주의 작가, 좌익작가연맹左翼作家聯盟(이하 좌련으로 약칭)31)에 참가한 작가와 연구자를 모두 수용한 국립산둥대학의 문학연구는 국내 최고의 수준을 자랑했고, 칭다오문화가 주변을 넘어 중심으로 성장할 수 있는 토대를 마련했다.

칭다오에 오랫동안 거주한 사람들은 산둥대학에 새로 부임한 훙선이 1914년 일본군에게 라오산의 명소 '관촨타이觀川臺'라는 별장을 강탈당한 훙수주洪述祖의 아들이라는 사실을 잘 알고 있었다. 칭다오로 이주한 훙선은 관촨타이가 여전히 일본인들의 수중에 있음을 확인하고 돌아오는 길에, 무의식중에 자기의 손에 들려진 일본상품들을 보면서 칭다오에 대한 일본의 영향력을 절감하였다.32) 1922년 워싱턴회의 이후 일본은 칭다오의 소유권을 공식적으로 북양정부에 반환했고, 1929년 국민정부가 칭다오를 접수한 이후 칭다오의 개발은 중국인의 것이 되었다. 하지만 칭다오에 잔류하고 있는 일본인의 세력은 여전

히 막강한 것이었고, 철도와 항만 등 중요한 산업에 대한 일본의 영향력은 여전히 강력했다.33)

'절대 일본인을 잊지 마라'는 이 말은 칭다오에 오래 머물고 있는 약간의 지식이라도 갖춘 사람들이라면 쉽게 떠올릴 수 있는 문제다. 일본인, 비록 전체적으로는 이 지역을 원주인에게 돌려준 것 같지만 철도의 가치, 보유하고 있는 건물, 철도선을 따른 각종 권리는 여전히 그들 수중에 있다. 군함은 아침에 출발하면 저녁이면 이곳에 도착한다. 이 도시의 미래를 생각하면 그 누군들 일본인들이 다시 손을 뻗칠 것을 두려워하지 않겠는가! '이곳에 남아있는 일본의 세력이 얼마인지 생각해보라! 중요한 상업과 항운(航運)의 편리는 전적으로 그들이 조종하고 있다. 지금 칭다오의 평화가 언제까지 유지될지는 아무도 모른다.'34)

만주사변 이후 일본제국주의의 침략이 거세지고 있었지만 장제스의 국민정부는 미온적인 항일태도로 일관하면서 오히려 좌익계 문학단체와 진보적인 지식인, 학생들에 대한 탄압을 강화하고 있었다. 때문에 자유주의적인 경향이 강했던 칭다오에서도 '좌익작가연맹'에 참가하는 작가들이 늘어났다. 홍선과 라오서, 칭다오 현지작가의 대부 왕통자오 등은 칭다오에 남아 있는 일본 세력의 위험성에 대해 명확하게 인식하고 있었고, 칭다오의 미래에 대해 결코 장밋빛 환상만을 가진 것이 아니었다. 이러한 위기감은 국립산둥대학의 교수작가와 현지 문단의 영수 왕통자오가 힘을 합치게 만들었다. 『칭다오민보靑島民報』의 부간副刊 형식으로 창간된 주간잡지 『피서록화』는 바로 산둥대학을 중심으로 한 작가교수들과 현지문단의 결합이 낳은 성과물인 것이다. 홍선은 창간호에 실린 「발간사」를 통해 『피서록화』가 지향하는 바를 명확하게 밝혔다.

1935년 여름, 우연히 서로 알고 지내던 사람들이 칭다오에 모였다. 왕위치王餘杞, 왕통자오, 왕야핑王亞平, 라오서, 두위杜宇, 리통위李同愈, 우바이수, 멍차오孟超, 홍선, 자오샤오허우趙少候, 짱커자, 류시멍劉西蒙 등 12인이었다. 그들 가운데 어떤 이는 칭다오에서 장기적인 직업을 위해, 어떤 이는 단기적인 임무를 위해, 모두 본연의 일을 위해 칭다오에 온 사람들이다. 그들 중 어느 한 사람도 진정한 유한자나 피서를 즐기기 위해 칭다오에 온 사람은 없다. 그러나 그들 모두는 사람들에게 '피서의 성지인 칭다오에서 우리는 반드시 피서를 해야 한다'고 말한다.……피서라는 것은 국민당 나리들의 매서운 위협을 피해야 한다는 것이다. ……1935년의 여름, 피서의 성지인 칭다오에서의 이야기는 반드시 '피서'의 태도를 견지해야 한다. 35)

홍선은 이 12명의 작가들은 '서로 작풍이 다르고, 정조도 다르고, 견해도 다르고, 그 말하는 것도 모두 다르지만', '그들 모두 문학을 사랑하는 사람들이고, 문예라는 것이 인류의 행복을 증진시키기 위해 인류가 만들어낸 도구라는 의식을 가지고 있다'고 했다. 또한 마음속에 가득한 '정의감에 불타오르는 뜨거운 피, 까맣게 타들어 가는 심정을 토해낸 말들은 너무도 뜨거울 것이기에'36) 그들은 부득의하게 피서의 태도를 견지하여 국민당 검열당국의 사찰을 피하고자 한다고 밝힌 것이다.

『피서록화』에 참가한 작가 중 홍선과 라오서는 이미 전국적인 지명도를 가진 명망 높은 교수작가였고, 산둥대학 졸업생 짱커자와 교직원 우바이수는 칭다오에서 이름을 얻은 문단의 신예작가였다. 왕통자오는 칭다오지역 현대문학의 대부요 정신적인 지도자였으며 왕야핑과 두위, 리통위와 류시멍 등은 칭다오의 언론·문화계에서 활동하는 문학청년들이었다. 또한 이들 가운데 홍선, 멍차오, 왕위치, 우바이수, 류시멍, 왕야핑, 두위 등은 모두 좌련의 회원이었고, 왕통자오 역시 좌련의 성원은 아니었지만 그들과 긴밀한 관계를 가지고 있었다. 새롭게 출발한 국립산둥대학은 현지 작가와 지식인들, 자유주의 작가와 좌익작가를 결속시키는 명실상부한 칭다오지역 문화의 구심점으로 성장하게 된 것이다.

칭다오에서 출간된 『피서록화』는 현지에서 뿐만 아니라 전국적으로 환영을 받으면서, 칭다오가 상하이·베이징과 함께 새로운 문화의 중심으로 성장할 수 있는 가능성을 보여주었다. 하지만 라오서가 종간호에 발표한 「완료完了」의 내용처럼 '우리의 피서는 원래 어쩔 수 없는 것이었다. 우리는 칭다오에서 모두 해야 할 일이 있었다. 이곳에서 우리는 피서생활처럼 시간을 보낼 수 없었다. 게다가 우리 모두가 칭다오에서 여름 한 철을 날 수 있었던 것도 아니었다.'37) 『피서록화』는 그들이 칭다오에서 함께 할 수 있었던 여름 2달간의 작업이었을 뿐, 함께 했던 사람들은 고향으로 베이징으로, 지난으로 돌아갔고 칭다오가 상하이와 베이징과 같은 문화의 중심이 될 가능성도 흩어졌다. 일본이 다시 칭다오를 강점할 때까지 칭다오를 지킨 작가는 왕통자오었다.

2. 왕통자오와 칭다오문학의 확립

왕통자오는 1921년 정전둬鄭振鐸, 마오둔茅盾 등과 함께 '문학연구회文學硏究會'를 발기했던 작가로, 1927년 정치와 문화의 중심인 베이징을 떠나 칭다오에 정주했다. 문단의 중심을 벗어나 문화의 불모지 칭다오에서 적막한 생활을 보내던 왕통자오는 같은 해 9월, 칭다오 소항 부근에서 발생한 일본선박 '겐다이마루現代丸'의 침몰로 수많은 중국인들이 목숨을 잃는 불행한 사건을 목도하였다.38) 이 사건을 통해 왕통자오는 '사랑과 아름다움'만이 문학의 전부라는 문학관에서 벗어나 시대와 역사에 대한 관심을 가지게 되었고, 농민과 도시노동자 같은 칭다오의 소외된 계층에 깊은 애정을 가지게 되었다.39)

〈그림 6〉 왕통자오

새로운 해항도시 칭다오의 한적함과 무엇도 결핍되지 않음을 사랑하게 된 왕통자오는 '칭다오에는 문화가 없다', '칭다오는 문화의 사막'이라는 말에 동의하지 않았다.

어떤 이는 이곳에 중국문화가 없다고 말한다. …… 이곳에 중국의 오랜(古老) 문화가 없다는 것은 오히려 새로운 문화를 쉽게 건설할 수 있다는 것일 것이다. 비록 보다 나은 다른 문화를 건설할 수 있을지 여부는 알 수 없지만, 적어도 전통문화의 필요 없는 찌꺼기를 제거하는 것이 어렵지 않다는 것이다. 나는 이곳 사람들이 성실하고, 소박하고 후덕하며, 일을 시작하면 진지하다는 것을 잘 안다. 아주 융통성이 있는 것은 아니지만 이곳에 온 사람들은 이해할 수 있고, 이처럼 한적하고 또 발전을 기다리는 지역에 어울린다. 국내에 있어 칭다오의 장래는 장밋빛 희망이 부족한 것은 아니다.40)

칭다오의 자연환경을 사랑했던 원이둬는 칭다오에 '문화의 불모지' 혹은 '문화의 사막'이라는 오명을 남기고 떠났다. 하지만 왕통자오는 칭다오에는 봉건시대의 고로한 문화전통이 적기 때문에 오히려 새로운 문화를 건설하기에 적합한 공간이며, 이곳에 모인 새로운 칭다오 사람들은 이러한 사업을 완수하기에 충분한 자질을 갖추고 있다는 강한 자신감을 가지고 있었다. 이러한 희망과 자신감은 칭다오를 그저 잠시 머물다가는 객잔客棧 정도로 여겼던 사람들이 갖기 힘든 것이었다. 왕통자오는 많은 문인들이 동경하는 전통도시 베이징과 근대적인 개항도시 상하이의 한계를 정확하게 지적하고, 칭다오에 새로운 문화를 건설하고자 하는 희망을 드러내었다.

베이징에서 오든, 상하이에서 오든. 아니면 중국의 어느 도시에서 칭다오에 오더라도 당신은 또 다른 느낌을 가지게 될 것이다. 베이징의 먼지, 도시를 가득 채우고 있는 옛 풍속, 오랜 중국 사회는 당신을 침정沈靜하게 하고, 망중한을 느끼도록 하고 작은 재미를 누리도록 할 것이다. 상하이에는 도처에 미국식의 마천루를 모방한 건물, 화려하고 울긋불긋한 등불, 거리의 견디기 힘든 소음이 있다. 여러 종류의 인간들이 벌이는 경쟁, 혼란함, 번잡함과 분주함, 교활함은 제국주의 식민지의 위풍당당한 기세를 대표하는 것이다. 그러나 칭다오는 오히려 중국의 남방과 북방의 도시 사이에서 또 다른 제 2의 면모를 표현하고 있다.[41]

왕통자오의 이 말은 당시 상하이와 베이징을 중심으로 진행되고 있던 '하이파이'와 '징파이'의 논쟁을 염두에 두고 있는 듯하다. 그러나 베이징이나 상하이와 다른 칭다오만의 새로운 도시문화를 건설하고자 하는 왕통자오의 희망은 신월파나 하이파이와 징파이에 대한 불만이나 비판에서 비롯된 것만은 아니었다. 일찍이 1929년 왕동사오는 칭다오에서 활동하던 두위 등 신진작가들을 규합하여 『청조淸潮』라는 월간지를 창간하고, 창간사 「우리의 견해我們的意思」를 통해 『청조』가 지향하는 바를 명확하게 밝혔다.

문예는 원래 지역으로 제한할 수 있는 것이 아니다. 그러나 이처럼 장려한 풍경과 근대적인 신도시의 여러 가지 자극이 드러나 있는 칭다오에서 우리는 평소 이러한 간행물을 꿈꾸어왔다. 이 잡지는 '산하에 빛을 더하고, 향토에 빛을 더하기'기 위함이 아니며, 사회가 필요로 하는 오래되거나 시대에 영합하는 상품관념을 위한 것도 아니다. 그러나 천풍해수(天風海水)의 광대함 속에서 분출되어 나온 이 무력한 한 가닥의 청조(青潮) 역시 흥미 있는 일일 것이다.[42]

비록 두 권의 잡지를 발행하고 폐간되었지만, 왕통자오는 『청조』가 지향하는 바가 단순한 지역주의가 아니며 상품화된 문학작품을 창작하는 것이 아님을 분명히 밝혔다. 몸은 칭다오에 있지만 마음은 언제나 베이징이나 상하이에 가 있는 작가들과 달리 『청조』의 동인들은 근대적인 신도시 칭다오의 도시문학을 개창하고 도시문화를 건설하고자 하는 의지를 지니고 있었다.43) 때문에 왕통자오는 잠시 칭다오를 스쳐간 많은 작가들처럼 눈앞에 펼쳐진 칭다오의 아름다운 거리, 서구풍의 건물, 자연환경을 노래하는 것에 머물지 않고자 했다.

> 이 도시의 거리, 꽃과 나무, 건물의 건축에 관해서는 일찍이 많은 사람들이 유기(遊記)를 남겼기 때문에 다시 자세히 거론할 필요가 없을 것 같다. 그러나 또 다른 측면에서 살펴보면 이곳의 모든 상황은 독일인의 침중(沈重)함과 일본인의 소교(小巧), 중국 고유의 박후(樸厚)함이 혼합되어 있다. 만약 당신이 주의를 기울여 관찰하는 사람이라면 중요한 거리를 지날 때 거리의 모든 표현에서 이를 확인할 수 있을 것이다.44)

그는 시대정신과 인민들의 생활 전체를 표현하고, 한 국가와 한 지역의 최고 문화를 드러내주는 건축물들을 통해 칭다오를 건설하는데 참여한 이름 모를 주인공들을 반추하였다. 왕통자오는 칭다오를 건설한 독일인의 침중함과 일본인의 정교함과 함께, 벽돌 하나하나를 쌓아올린 중국 노동자의 소박하고 후덕한 품성을 드러내고자 하였다.

왕통자오는 새롭게 건설된 해항도시의 구석구석을 탐방하면서 칭다오가 안고 있는 빈민, 위생, 매춘, 교육 등 수많은 문제점들을 들춰내었다. 그리고, 열악한 환경 속에서 어렵게 생활하는 최하층 칭다오인의 삶에 따뜻한 눈길을 보냈다. 왕통자오는 칭다오를 통해 어떤 도시가 건강한 도시인지, 무엇이 진정한 도시문학인지 고민하고 있었다.

> 하루 종일 돌아다니며 본 것들이 머릿속에서 어지럽게 떠올랐다. 나는 생각했다. 나쁘지 않아, 이처럼 조용하고 아름다우며, 맑고 깨끗한 도시. 모든 것이

대도시와 비교해서 무엇 하나 부족한 것이 없는 좋은 곳이야. 이곳에 온 많은 사람들이 쉽게 떠나지 못하는 것이 이상한 일도 아니지. 그러나 다르게 이야기 한다면 똑같지는 않아, 중국 도시의 결함도 있어. 혹은 작은 약점? 조용하고 아름답기는 하지만 사람들에게 강건한 느낌을 주지는 못해. 이상적인 경계는 본래 찾기 어려운 것이지만, …… 이곳은 다른 곳에 비해 장점이 많은데 어떻게 하면 이 도시를 더욱 충실하고 건강하게 만들 수 있을까?

왕통자오는 독일인의 조차, 일본인의 지배를 겪고 새롭게 중국인의 손으로 돌아온 칭다오에 더욱 충실하고 건강한 도시문화를 건설하기 위해 국립산둥대학의 작가교수와 현지작가들, 지식인을 규합하는데 노력을 아끼지 않게 된 것이다.

Ⅳ. 나오며

본문에서는 1930년대 국립칭다오대학과 국립산둥대학에 적을 두고 활동했던 교수작가들의 작품을 통해 그들의 교학공간이자 사색과 창작의 공간이었던 해항도시 칭다오의 다양한 면모를 살펴보았다. '청산, 벽해, 홍와, 녹수'가 어우러진 중국속의 작은 유럽 칭다오에 국립칭다오대학이 설립되면서 원이둬와 양스추 등 신월파와 관련된 작가들이, 국립산둥대학에는 홍선과 라오서와 같은 작가들이 모여들었다. 칭다오대학과 산둥대학에 모였던 이들 교수작가들은 창작과 강연 등을 통해 '문화의 불모지', '문화의 사막' 칭다오에 다양한 문화적인 색채를 더하였음은 분명하다. 하지만 이 두 대학에 모였던 작가교수들의 활동을 비교하면 약간의 차별성이 존재하고 있음을 확인할 수 있었다.

초대총장 량전성의 요청으로 칭다오대학에 모인 교수작가들은 분명 당시 문단의 최선봉이었다. 원이둬와 양스추 등은 작품을 통해 계절의 변화에 따라 모습을 달리하는 칭다오의 자연풍광과 서구적인 도시경관, 친절하고 예의바른 지역민들의 모습 등을 전국에 알리는데 중요한 역할을 담당했다. 하지만 그들 대부분이 짧은 기간 칭다오에 머물렀기 때문에 칭다오라는 새로운 해항도시가 가진 사회문제 등에는 큰 관심을 가지지 않았다. 이는 그들 대부분이 당시 상류사회의 신사풍격을 문학에 반영하는, 귀족주의적인 표현에 익숙한 신월파 출신이었다는 점과도 관련이 있을 것이다. 때문에 1932년 학생운동에 참여했던 많은 학생들이 '신월파가 칭다오대학을 점령했다'고 주장했던 것이 결코 근거 없는 행동이 아니었음을 확인할 수 있다. 대중과 분리된 그들의 문예사상은 칭다오라는 도시를 배경으로 살아가는 많은 인민들의 생활을 드러내고, 현실과 부합한 도시문학을 발전시키기에는 일정한 한계를 가졌었다.

1932년 9월 국립산둥대학의 총장이 된 자오치는 장제스 국민정부의 외압에도 불구하고 자유주의, 민주주의, 좌익작가 등 다양한 성향의 교수들을 초빙하였다. 양스추에 이어 외국어과 주임으로 부임한 훙선은 좌련의 중요인물이었다. 그는 항일의식과 혁명의식을 고취하려는 학생들의 희곡공연활동을 적극적으로 지원했다. 1935년에는 현지작가의 대부인 왕통자오와 힘을 합쳐『피서록화』라는 잡지를 발간하면서 대학과 지역의 문화역량을 결집시켰다.『피서록화』에 투고한 12명의 작가 중 그 절반이 산둥대학과 관련이 있음을 통해 산둥대학이 칭다오지역 문화운동의 중심으로 성장하였음을 확인할 수 있다. 그들은 국민정부의 감시와 탄압을 피하기 위해 '피서'라는 외투를 입었지만 시대에 대한 불만을 드러내고 있음을 분명하게 알 수 있었다.

하지만 진정한 의미에서 칭다오문학을 확립한 사람은 왕통자오라고 할 것이다. 1926년 문화의 중심인 베이징을 떠나 칭다오에 정주한 왕통오는 현지의 척박한 문화 환경 속에서 치열한 문학적 성찰을 경험했던 왕통자오는 칭다오라는 해항도시가 갖고 있는 여러 가지 사회문제와 칭다오항을 둘러싸고 있는 배후지의 열악한 환경 속에서 생활하고 있는 도시하층민에 대해 관심을 가지면서 도시문학의 가능성을 모색하고 있었다.

근대 중국이라는 특정한 시공간 속에서 독일이라는 외세에 의해 개항된 칭다오는 베이징과 상하이라는 대도시의 중간에 위치하여 현대 중국의 정치, 경제, 문화의 중심이 되지는 못했다. 하지만 1930년대 칭다오대학과 산둥대학이 건립된 이후 칭다오는 제2의 문화중심지로 급성장할 수 있었다. 이를 통해 대학이라는 근대적인 고등교육기관이 새롭게 개항된 해항도시의 문화발전을 주도하는 공간이며, 대학이 현지의 사회문제에 관심을 갖고 현지문화인들과 결합할 수 있는 개방성과 포용성을 가지고 있을 때 지역에 뿌리를 둔 진정한 문화주제가 될 수 있음을 확인할 수 있다.

■ 주

1) 1995년 칭다오시정부는 중국의 유명한 조각가들이 제작한 문화명인 20인의 동상을 시내 바이화위안百花苑 공원에 설치하였다.
2) 칭다오의 문화명인 20인에 선정된 인물 중에는 통디저우童第周(생물학자), 장시張璽(생물학자), 주수핑朱樹屛(해양생태학자), 허충번赫崇本(해양학자), 마오한리毛漢禮(해양학자), 수싱베이束星北(물리학자), 린샤오원林紹文(해양학자) 등과 같은 해양과 관련된 생물학자·물리학자와 역사고고학자 왕시엔탕王獻唐, 교육자 화강華崗이 포함되었다. 또한 20명 중 청대의 인물 3사람을 제외하면 국립칭다오대학과 그 후신인 국립산둥대학과 밀접한 관련성을 가지고 있었음을 확인할 수 있다.
3) 난징조약, 톈진조약, 베이징조약 등 서구와의 불평등 조약의 결과 광저우, 푸저우, 샤먼, 닝보寧波, 상하이, 잉커우營口, 옌타이煙臺, 타이난臺南, 딴수이淡水, 샨토우汕頭, 충저우瓊州, 한커우漢口, 지우장九江, 난징, 전장鎭江, 톈진 등 16개의 통상항구가 개방되었다. 1920년대에는 62개의 항구로 확장된 네트워크를 통해 무역을 통제하였다. Francois Gipouloux, *The Asian Mediterranean: Port Cities and Trading Networks in China, Japan and Southeast Asia, 13th-21st Century*, Cheltenham, UK: Edward Elgar, 2011, pp. 145~153 참고.
4) 중국현대문화와 대학과의 연관관계에 대해서는 천핑위안陳平原이 2002년에 발표한 『中國大學10講』과 2006년에 발표한 『大學何爲』 및 2009년에 발표한 『大學有精神』 등의 연구성과가 있다.
5) 중국현대시 발전에 중요한 영향을 끼친 시파로 1923년 베이징에서 성립되었다. 그들은 '건강에 방해를 주지 않으며', '존엄에 해를 주지 말자'라는 문학원칙을 내세우고 혁명문학과 대립하였다. 신월파는 정치적인 문제에서 벗어나 창작과 학술연구에 종사하며 자유와 이성이라는 문화적인 이상을 추구한 단체였다.
6) 1930년대 칭다오대학과 산둥대학에서 활동한 작가들에 관한 연구 성과로는 2005년 劉香의 『邊緣的自由-1930-1937 : 國立靑島/山東大學"敎授作家"硏究』(山東大學博士學位論文)과 2011년 傅宏元의 『1930年代前期靑島의 文學生態 : 以國立靑島/山東大學爲中心(1930-1937)』(北京大學碩士學位論文)와 같은 학위논문들이 있다. 하지만 이들은 칭다오대학과 산둥대학에 모였던 작가들의 차별성에 대해서는 크게 주의하고 있지는 않다.
7) 왕퉁자오, 원이둬, 라오서, 양스추, 선충원 등 개별 작가에 대한 단편논문들과 함께 2006년 孫保鋒의 『靑潮 - 20世紀30年代靑島現代文學現象硏究』(靑島大學碩士學位論文)과 2011년 申玉俊의 『本土作家王統照在靑島其間文學活動述平』(靑島大學碩士學位論文)과 같은 몇 편의 학위논문이 있다.

8) 김춘식(2010), 「제국주의 공간과 융합-독일제국의 중국식민지 도시건설과 건축물을 중심으로」, 『독일연구』 제19호, 116쪽.
9) 독일이 칭다오에서 펼친 문화중심주의적인 식민정책은 김춘식(2010)의 「독일제국의 중국 교주만 식민지 문화정책(1898-1914) - 독·중 고등교육기관 '칭다오대학'에서의 과학기술교육을 중심으로」, 『역사학연구』 32와 본서의 10장을 참조.
10) 1924년 사립칭다오대학 건립을 준비하고 있던 칭다오총상회青島總商會가 학교 설립기금을 구하기 위해 칭다오의 미국공사에게 보낸 호소문은 참고할 만 하다. '첫째, 칭다오는 국제적으로 중요한 가치를 가지고 있습니다. 둘째, 칭다오는 최신의 상업항구로 교통이 편리하여 이곳에 대학을 설립하는 것은 발전의 기회가 될 것입니다. 셋째, 칭다오에는 부두공사, 철도공장, 농림실험장, 기선 등과 같은 각종 시설이 있어 학생들에게 실습의 기회를 제공할 수 있습니다.' 青島市檔案館 編(2010), 『青島通鑑』, 中國文史出版社, 209쪽.
11) 蔡元培(1998), 「致吳稚暉函」(1929.8.31), 『蔡元培全集』 第12卷, 浙江教育出版社, 53쪽; 傅宏元(2011), 『1930年代前期青島的文學生態:以國立青島/山東大學爲中心(1930-1937)』, 5쪽, 재인용.
12) 梁實秋(1999), 「青島故人兩想憶」, 『客居青島』, 青島出版社, 45쪽.
13) 국립칭다오대학과 산동대학과 관련한 내용은 山東大學校史編史組(1986), 『山東大學校史(1901年-1966年』, 山東人學出版社를 참고. 孫德漢主 編(2012), 『青島文化通覽』, 山東人民出版社, 266쪽.
14) 傅宏遠(2011), 『1930年代前期青島的文學生態: 以國立青島/山東大學爲中心(1930-1937)』, 10~15쪽.
15) 1928년 문화인들이 상하이로 이동한 사건은 중국의 현대사상문화에 있어 하나의 역사적 전환점이 되었다. 이 사건은 문화의 중심이 남방으로 이동하는 계기가 되었을 뿐만 아니라, 중국 현대사상문화 성격의 근본적인 변화를 가져왔다. 1927년 남방은 이미 북벌이 기본적으로 완수되었지만 베이징은 여전히 북양군벌의 통치하에 있었다. 때문에 많은 문화인들은 정치적인 압박을 피하기 위해 베이징을 떠났던 것이다. 더욱 중요한 것은 당시 상하이는 이미 동양 최대의 도시가 되었고, 중국경제의 중심이 되었을 뿐만 아니라 동란이 그치지 않는 중국에 있어 홀로 번영을 이룬 고도孤島였다. 특히 제국주의의 조계는 백색테러 통치 하의 중국의 혁명작가들에게 좋은 은신처를 제공하였다. 曠新年(1998), 『1928: 革命文學』, 山東教育出版社, 19-20쪽.
16) 梁實秋(2007), 『梁實秋懷人叢錄』, 當代世界出版社, 146쪽.
17) 권철·김제봉(1989), 『중국현대문학사』, 청년사, 206~210쪽.
18) 梁實秋, 앞의 글, 44쪽.

19) 梁實秋(2007), 『梁實秋懷人叢錄』, 當代世界出版社, 138쪽.
20) 짱커자는 칭다오대학 재학시절 원이둬의 총애를 받았다. 그는 원이둬 선생의 첫 번째 작문시간에 학생들이 받은 제목이 '바다海'였고, 원이둬는 '푸른 소나무와 바다를 사랑했다'라고 회상하였다. 臧克家(2008), 「海一回憶一多先生」, 『名人筆下的靑島』, 靑島出版社, 145쪽.
21) '팔선과해八仙跨海'에 등장하는 여덟 명의 신선 중 하선고何仙姑가 홍일점이었듯 원이둬는 중국문학을 가르치던 팡진루를 팔선의 한사람으로 모셨다. 梁實秋(2004), 「酒中八仙 - 記靑島舊遊」, 『梁實秋文集』 4, 鷺江出版社, 545쪽.
22) 聞一多(2008), 「靑島」, 『名人筆下的靑島』, 靑島出版社, 22쪽.
23) 梁實秋(2008), 「憶靑島」, 『名人筆下的靑島』, 靑島出版社, 155쪽.
24) 양스추는 칭다오에서 생활하는 4년 동안 「憶靑島」, 「憶梁今甫」, 「憶靑大念一多島」, 「烤羊肉」 등 많은 산문을 남기고 있다.
25) 沈從文(1991), 「八駿圖」, 『沈從文文集』 第六卷, 花城出版社, 171~172쪽.
26) 黃修己 저, 高大中國語文硏究會 역(1992), 『中國現代文學發展史』, 범우사, 453쪽.
27) 沈從文(1991), 「八駿圖」, 『沈從文文集』 第六卷, 花城出版社, 175쪽.
28) 公日·張蓉 編(1999), 『客居靑島』, 靑島出版社, 3쪽.
29) 傅宏遠(2011), 앞의 글, 34쪽.
30) 조너선 D. 스펜스 저, 김희교 역(2001), 『현대중국을 찾아서 1』, 이산, 476쪽.
31) 세계 공산주의사조와 혁명문예운동 가운데 1930년 상하이에서 성립된 '좌익작가연맹'은 무산계급좌익문화운동을 확산하기 위해 빠른 시간 내에 광저우, 한커우, 칭다오, 난징, 항저우杭州 등지에 지부와 소그룹을 건립하라는 명령을 하달하였다.
32) 洪深(2008), 「我的'失地'」, 『名人筆下的靑島』, 靑島出版社, 17~18쪽.
33) '거리에 나가, 보기만 해도 몸서리치는 것은 도처에서 게다를 끌고 다니는 일본인과 배낭을 둘러맨 일본 부녀자들을 만날 수 있다는 것이다. 일본인의 점포는 도처에 있다. 모든 칭다오 사람들의 일상생활은 일본 상품과 분리될 수 없다. 사람들은 흔히 있는 일이라 이상하게 생각하지도 않는다. 랴오청루聊城路, 랴오닝루遼寧路, 스창루市場路 일대는 일본 국내와 거의 차이가 없는 그들만의 세계로 변했다. 당시(1936) 칭다오공안국의 조사에 따르면 시내에 거주하는 일본인들은 2,287호로 남자가 4,841명, 여자가 3,851로 8,692명 이었고, 시외에는 256호에 남자가 1,527명, 여자가 591명 2,117명이었다. 전체 시에 2,543호 10,412명이 거주하는 것으로 조사되었다. 인구도 많았을 뿐만 아니라 경제적인 수준도 상당했다.' 芮麟(2008), 「靑市巡禮」, 『名人筆下的靑島』, 靑島出版社, 95쪽.
34) 王統照(2008), 「靑島素描」, 『名人筆下的靑島』, 靑島出版社, 34쪽.

35) 洪深(1935.7.14),「發刊辭」,『避暑錄話』第1期.
36) 洪深(1935.7.14), 앞의 글.
37) 老舍(1935.9.15),「完了」,『避暑錄話』第10期.
38) 왕통자오는 1927년 '겐다이마루'의 침몰로 수많은 중국인들이 목숨을 잃는 불행한 사건을 소재로「침선沈船」이라는 단편소설을 발표하였다.
39) 王統照(1980),「號聲」自序,『王統照文集』第一卷, 山東人民出版社.
40) 王統照(2008), 앞의 글, 37쪽.
41) 王統照(2008), 앞의 글, 34쪽.
42) 王統照(1929),「我們的意思」,『淸潮』.
43) 『청조』 창간호의 편집후기에는 "북방에는 순수문예 출판물이 아주 적다. 이 작고 작은 월간지가 여러분의 작품을 발표할 수 있는 무대가 되기를 희망하고 있습니다"라는 왕통자오의 소박한 포부가 드러나 있다.
44) 王統照(2008), 앞의 글, 34쪽.

■ 참고문헌

권철·김제봉(1989), 『중국현대문학사』, 서울: 청년사.
黃修己 저, 高大中國語文硏究會 역(1992), 『中國現代文學發展史』, 서울: 범우사.
조너선 D. 스펜스 저, 김희교 역(2001), 『현대중국을 찾아서 1』, 서울: 이산.
蔡元培(1998), 『蔡元培全集』第12卷, 杭州: 浙江敎育出版社.
公日(1999), 『客居靑島』, 靑島: 靑島出版社.
梁實秋(2004), 『梁實秋文集』, 第4卷, 厦門: 鷺江出版社.
梁實秋(2007), 『梁實秋懷人叢錄』, 北京: 當代世界出版社.
王統照(1982), 『王統照文集』, 山東: 山東人民出版社.
沈從文(1991), 『沈從文文集』第六卷, 廣州: 花城出版社.
魯海(2004), 『名人故居』, 靑島: 靑島出版社.
靑島歷史建築編委會 編(2005), 『靑島歷史建築 1891~1949』, 靑島: 靑島出版社.
劉金平(2007), 『視覺靑島』, 北京: 中國旅遊出版社.
靑島市檔案館 編(2010), 『靑島通鑑』, 北京: 中國文史出版社.
孫德漢主 編(2012), 『靑島文化通覽』, 濟南: 山東人民出版社.
王金勝(2012), 『藝術靑島』, 靑島: 靑島出版社.
曠新年(1998), 『1928: 革命文學』, 濟南: 山東敎育出版社.
Francois Gipouloux(2011), *The Asian Mediterranean: Port Cities and Trading Networks in China, Japan and Southeast Asia, 13th-21st Century*, Cheltenham, UK: Edward Elgar.
孫保鋒(2006), 『靑潮-20世紀30年代靑島現代文學現象硏究』, 靑島大學碩士學位論文.
傅宏元(2011), 『1930年代前期靑島的文學生態:以國立靑島/山東大學爲中心(1930-1937)』, 北京大學碩士學位論文.
김춘식(2010), 「제국주의 공간과 융합-독일제국의 중국식민지 도시건설과 건축물을 중심으로」, 『독일연구』 제19호.
김춘식(2010), 「독일제국의 중국 교주만 식민지 문화정책(1898-1914) - 독·중 고등교육기관 '칭다오대학'에서의 과학기술교육을 중심으로」, 『역사학연구』 제32집.

김형열(2011), 「獨逸의 靑島經略과 植民空間의 擴張(1898-1914)」, 『中國史硏究』 第70輯.
馬樹華(2011), 「海水浴場與民國時期靑島的城市生活」, 『靑島近代城市史』, 靑島: 靑島出版社.

12.
후이취안(匯泉)해수욕장과 칭다오인의 일상생활

최낙민

I. 들어가며

　더운 여름 바닷물에 몸을 담그고, 해변의 시원한 나무그늘을 찾아 땀을 식히는 일은 칭다오사람들의 오랜 일상이었다. 때문에 칭다오에서는 수영을 하거나 바닷가에서 시간을 보내는 일을 '시하이자오洗海澡'라고 한다. 바다를 자기의 욕조정도로 친근하게 여기고 있었던 것이다.1) 하지만 개항 이후에는 탈의장에서 수영복을 갈아입어야 해수욕장에 들어갈 수 있게 되었고, 인공적으로 조성된 숲과 위락시설이 갖춰진 공원을 찾아 여가시간을 보내게 되었다. 칭다오시 구도심의 동쪽에 위치한 후이취안만匯泉灣을 중심으로 해수욕장, 경마장, 공원과 같은 서구의 근대적인 공공 공간(public space)이 이식되면서 칭다오사람들의 일상생활과 공간인식에 변화가 발생한 것이다.

　칭다오인의 일상생활과 인식에 변화를 초래한 근대적인 공공 공간의 출현은 1898년 독일의 칭다오 조차와 함께 시작되었다. 1900년 첫 번째 도시발전계획을 수립한 독일 총독부는 '위생'과 '안전'을 명분으로 칭다오를 중국인구역과 유럽인구역으로 분리하고, 유럽인구역을 다시 칭다오구青島區와 별장구別莊區로 나누었다.2) 특히 독일해군당국은 후이취안만을 중심으로 한 별장요양구역에 해수욕장과 공원 등 공공 공간을 조성하여 자국민에게 휴양공간을 제공하고, 독일의 선진적인 문화와 위생 정책을 대외적으로 선전하고자 했다.3)

해안선 길이가 600미터에 이르는 반월형의 후이취안만은 오래전부터 고기잡이를 생업으로 하는 '후이치엔촌會前村'4) 주민들이 배를 고치고 그물을 말리던 생활터전이었다. 칭다오에 진주한 독일해군은 후이치엔촌을 점거하고 어민들을 강제 이주시킨 후, 이 해변을 해군의 군사작전훈련장과 수영교육장 등으로 사용하였다. 1901년 해군당국은 도시발전계획에 따라 후이취안만을 일반인에게 개방하였다. 모래가 곱고 물이 맑으며 조석潮汐이 안정적이어서 수영하기에 적합한 이 해변에 빅토리아해수욕장Viktoria Badestrand5)이 개장되면서 칭다오지역 근대 해수욕장의 역사가 시작되었다. 이후 빅토리아해수욕장을 중심으로 경마장, 삼림공원森林公園: Forst Fabrik6) 등 다양한 레저시설들이 들어서게 된 후이취안만 일대는 칭다오사람들이 서양으로부터 이입된 서구의 여가문화를 접할 수 있는 공공장소가 되었다. 1914년 독일에 이어 칭다오를 지배한 일본인들 역시 문명국으로서의 이미지를 강조하기 위해 해수욕장과 공원을 확대하고, 근대적인 관리규정 마련과 함께 시설확충을 진행하였다.

1929년 칭다오의 통치권을 이양 받은 국민정부는 독일 총독부의 시정운영에 대해 긍정적인 평가를 내렸다. 특히 빅토리아해수욕장의 휴양객 유치를 위해 독일칭다오여객초대회獨逸青島旅客招待會를 설치하고 『칭다오지남青島指南』과 같은 가이드북을 발행해서 전 세계에 칭다오를 광고하고, 하계 음악회, 무도회跳舞會, 수영회, 승마회, 사격회, 등산회 등을 조직하여 시민들을 고상한 취미로 이끌고자 했던 독일 총독부의 문화정책을 높이 평가했다. 도시노동자의 노동생산력을 제고하기 위해서는 노동과 휴식의 적절한 조화가 필요하다고 판단한 국민정부는 칭다오 시민들에게 충분한 휴식과 오락 장소를 제공하기 위해 공원과 해수욕장과 같은 공공 공간을 더욱 확충하였다.[7]

후이취안해수욕장과 근대적인 공원은 독일점령기, 일본점령기, 국민당 통치기를 경과하는 동안 단순한 공공 공간의 의미를 넘어 칭다오 현지인들의 일상생활뿐만 아니라 의식과 심리상태에까지 영향을 끼치는 주요한 문화공간이자 상징공간으로 작용하게 되었다. 칭다오 사람들은 식민세력에 의해 조성된 근대적인 해수욕장과 공원을 통해 서구문화를 접하게 되었을 뿐만 아니라, 식민지적 상황에 처해있는 민족현실을 인식하고 민족감정에 자극을 받게 된 것이다.

본문에서는 후이취안해수욕장이 개장된 1901년부터 제2차 일본점령기가 시작되는 1937년까지 근대도시 칭다오에 새롭게 형성된 공공공간 중에서 해항도시 칭다오의 특징을 잘 드러내 주는 후이취안해수욕장의 탄생과 변천과정을 살펴볼 것이나. 이를 통해 각 시기의 시정 담당 주체에 따라 후위취안해수욕장에 부여한 의미가 어떻게 달랐는지를 확인하고, 이것이 칭다오사람들의 일상생활과 인식변화에 어떠한 영향을 주었는지를 고찰하고자 한다.

Ⅱ. 후이취안해수욕장의 탄생

독일의 역사학자 에두아르트 푹스(1870~1940)는 『풍속의 역사』에서 19세기 중엽부터 과거의 욕탕생활이나 온천여행 대신에 해수욕 여행이 나타났다고 했다. 또한 독일에서는 소수의 해수욕장에서 최근에야 남녀가 함께 수영을 하게 되었고, 해수욕장이나 강가의 수영장에 가는 것은 합리적으로 행해지는 스포츠와 마찬가지로 건강에 대단히 도

〈그림 1〉 독일점령기 후이취안해수욕장

움을 준다고 적고 있다.[8] 초기 귀족들의 휴양이나 요양지로 사용되던 해수욕장은 점차 일반시민들과 노동자들이 함께 할 수 있는 공간으로 바뀌어 가고 있었다. 당시 독일의 보건정책 중에서도 해수욕장은 점점 중요한 공공 공간으로 자리 잡아가고 있었다.[9]

전체적인 칭다오발전계획을 수립했던 독일 총독부는 칭다오의 아름다운 자연경관을 십분 활용하여 산과 바다 그리고 섬이 도시와 하나로 융합될 수 있도록 기획하고, 특별히 후이취안만에 별장요양구역과 함께 해수욕장을 건설하고자 하였다.[10] 독일 총독부가 남긴 『자오아오발전비망록膠澳備發展忘錄』을 살펴보면, 독일해군당국은 빅토리아해수욕장 개발을 통해 칭다오를 위생도시와 하계휴양도시로 건설하고자 하는 두 가지 목적을 가지고 있었음을 확인할 수 있다. 또한 당시 독일에서는 해수욕을 통한 국민의 건강증진이 강조되고 있었지만, 칭다오 독일 총독부는 해수욕장을 개발하면서 '건강'보다는 '위생'에 더욱 중점을 두었음을 알 수 있다. 식민모국의 문화적 기준에 의거해 규정되었던 '위생적인' 건조환경의 창출이 주된 목표가 되었던 것이다.[11]

1902년은 독일해군당국이 해수욕장 개발을 통해 칭다오를 위생과 휴양도시로 발전시키려는 계획을 실천하는데 결정적인 계기가 된 한 해였다. 그해 여름 일본과 필리핀을 포함한 동아시아 연해지역에 유행성전염병이 성행하였고, 상하이上海에서는 성홍열猩紅熱과 콜레라가 만연하여 화베이지방華北地方까지 영향을 끼쳤다. 하지만 총독부의 노력으로 위생상황이 크게 개선된 칭다오에서는 별다른 문제가 발생하지 않았다. 때문에 이해 여름, 상하이와 톈진天津에서 생활하는 외국인들이 가족단위로 칭다오를 찾아와 수 주간 휴가를 보내고 바다에 들어가 수영을 즐겼다. 중국에 거주하는 외국인들이 위생환경이 양호한 칭다오를 찾아와 피서를 즐기기 시작하자 독일 총독부는 '모범식민지' 칭다오가 향후 전체 화중지방華中地方 및 화베이의 연해지역 항구도시 중에서 여행 사업이 발전할 수 있는 가장 뛰어난 조건을 가지고 있다고 확신하게 되었다.12)

당시 빅토리아해수욕장 해변에는 〈그림 1〉에 보이는 것과 같이 목재로 지은 작은 방갈로 30여 채가 설치되어 있었다. 휴가기간에는 해군3함대의 군악대가 일주일에 최소 2회 이상 해변음악회를 개최하였고, 음악회가 열리는 날에는 특히 많은 사람들이 모여들어 성황을 이루었다.13)

독일 총독부는 칭다오 시내에 위치한 빅토리아해수욕장, 교외의 라오산崂山과 주산珠山 일대의 빼어난 자연환경을 결합한다면 향후 칭다오의 여행 사업이 크게 번성하리라 기대하게 되었다. 1903년에는 외국에서도 휴가를 즐기려는 사람들이 칭다오를 찾아와 호텔은 투숙객들로 넘쳐났다. 독일 총독부는 특별히 양호한 위생환경으로 인해 칭다오가 모든 사람들이 좋아하는 해수욕장이 될 수 있을 것이라는 지난해의 예상이 이미 사실로 증명되었다고 확신하게 되었다. 총독부는 중국에 건설한 '위생적인 식민지' 칭다오의 모습을 세계에 홍보하여

〈그림 2〉 후이취안해수욕장 비치호텔

외국관광객을 유치하고, 외국기업인의 투자를 이끌어내고자 하였다.

> 만약 칭다오가 중국 연해에서 가장 위생적인 지역이라는 명성을 널리 알릴 수 있다면, 이것은 식민지의 위생이라는 명성으로도 환영할 만한 일일 것이다. 또한 외지에서 온 상인들이 자신의 직접적인 경험에 근거하여 이 식민지와 여러 가지 시설에 대해 이해하고 평가할 수 있을 것이다.[14]

칭다오호텔주식회사青島賓館股份公司는 늘어나는 관광객과 투자자들을 위한 새로운 호텔건설의 필요성을 제기하고 공사에 착수하였다. 비치호텔Beach Hotel, 海濱旅館이 완공된 1904년은 후이취안해수욕장 발전에 있어 전기가 되는 중요한 한 해였다. 깨끗한 백사장과 가을까지 해수욕을 즐길 수 있다는 기후적인 장점은 새롭게 완공된 비치호텔의 훌륭한 서비스와 결합되어 후이취안해수욕장을 찾는 관광객을 크게 증가시켰다.[15]
중세 독일의 민간건축양식으로 건설된 지하 1층 지상 3층의 호텔에는 31개의 객실이 갖추어져 있었다. 넓은 홀과 전망이 좋은 베란다와 함께 노천카페, 서구식 바, 댄스홀뿐만 아니라 열람실을 구비한 호텔은 외국인들에게 편안한 여가시간을 보장해 주었다. 비치호텔이 완공되면서 피서객들은 시내에 위치한 호텔에서 먼 길을 걸어와야 할 필요가 없게 되었고, 해변에서 머무를 수 있는 기회를 제공받게 되어 아름다운 칭다오의 해변풍광을 마음껏 감상할 수 있게 되었다. 비치호텔은 특히 상하이에서 온 피서객들을 많이 흡수하였고,16) 톈진이나 홍콩, 베이징과 산둥의 내지에서 온 많은 여행객들을 받아들여 호텔은 곧 만원이 되었다. 이용객들이 늘어나자 비치호텔 주변에는 커피숍, 서양식 술집, 댄스홀 등이 들어서 빅토리아해수욕장은 칭다오지역 레저생활의 중심으로 성장하였다.

1906년 여름에는 특별히 극동 각 지역에 거주하는 영국인들이 피서를 위해 연이어 칭다오를 찾았다. 또한 독일, 오스트리아, 미국, 영국과 일본의 많은 의사들이 방문해 칭다오의 위생조건과 해수욕 조건에 대한 조사를 진행하였고 미국교회는 타이핑만太平灣에 미국인 선교사를 위한 요양원을 설립했다.17) 이렇게 칭다오는 동아시아에 거주하는 외국인들의 여름 휴양지로 자리잡아가고 있었다.

> 동아시아의 많은 가정에서는 칭다오를 자기들의 정기적인 휴양지로 간주하게 되었다. …… 여행객들 중에는 독일인이 주요한 부분을 이루었다. 그 다음으로는 영국인(약 200명), 미국인, 러시아인, 프랑스인 순 이었다. 그들이 거주하는 곳을 보면 인근의 상하이와 즈푸芝罘(지금의 옌타이煙臺), 톈진 등 국내 해항도시에서 온 외국인이 가장 많았다. 또한 동아시아의 먼 곳에 위치한 항구(고베, 도쿄, 홍콩, 블라디보스토크)에서 온 사람들도 있었다.18)

독일이 칭다오를 조차한지 10년이 경과하면서 해군당국이 예견한 것처럼 칭다오는 중국 연해지역에서 가장 청결하고 위생적인 지역이라 불리게 되었고, 칭다오의 해수욕장은 독일인뿐만 아니라 많은 외국인들에게 사랑받는 휴양과 여가의 공간이 되었다.19) 독일해군당국의 해수욕장 발전계획은 성공적으로 진행되어 칭다오의 여름은 위생적인 환경 속에서 휴가를 즐기려는 유럽인과 중국 상류사회의 인사들이 즐겨 찾는 '대 게르만제국이 우리의 거환부상巨宦富商, 공자왕손公子王孫들을 위해 개벽開闢한 유리琉璃의 세계요 도원桃源의 승지'20)가 되었다.

Ⅲ. 칭다오인의 후이취안해수욕장 인식

1. 근대성의 학습 공간

독일점령기 자국민의 위생과 휴양의 공간으로 개발되기 시작한 빅토리아해수욕장에는 일부 상층 중국인만 출입이 허가되었다. 때문에 당시까지만 해도 평범한 칭다오사람들의 여가나 일상생활과는 큰 관련이 없었다. 귀족이나 부르조아지의 휴양과 보건을 위해 시작되었던 유럽의 해수욕장이 20세기 전반에 산업사회의 정착과 함께 중산층과 노동자가 함께 이용할 수 있는 공공 공간으로 변모한 것처럼, 1914년 일본인의 진출과 함께 후이취안해수욕장은 중국인들에게도 개방되었고, 칭다오인들이 가장 즐겨 찾는 해수욕장으로 빠르게 발전하였다.21)

일본 칭다오군정위원회는 1915년 칭다오 시내에 후이취안해수욕장 등 세 곳의 일반 공중해수욕장을 지정하고,22) 해수욕장에서 지켜야할 공중도덕에 관한 규정을 제정·공포하였다. '해수욕장 단속규칙海水浴場取締規則'에서는 모든 해수욕장에서는 빈병과 빈 깡통 등 쓰레기를 지정된 장소 이외에 버리는 행위를 금지하고, 해수욕을 하려는 자는 반드시 수영복을 입어야 한다고 규정하였다. 또한 후이취안해수욕장과 일본인 전용 산가츠해수욕장三月浴場의 이용과 관련해서도 다음과 같은 내용의 네 개의 금지조항과 함께 단속규칙을 어기는 사람에 대해서는 구류나 벌금을 부가한다고 공포하였다.23)

1. 탈의장 부근에 말이나 애완견 등 가축을 데리고 들어가는 행위
2. 탈의장 이외의 장소에 함부로 자리를 마련하는 행위
3. 탈의장 안을 훔쳐보거나 타인의 신체에 접촉하는 행위
4. 해수욕장 내에서 물건을 파는 행위

1915년과 1917년에 공포된 '해수욕장 단속규칙'을 비교해 보면 몇 가지 달라진 점을 확인할 수 있다. 먼저 제1항의 금지조항을 전체 해수욕장으로 확대 실시하였다. 이는 당시 주요한 교통수단이었던 우마차를 끄는 마필이나 애완견 등을 백사장이나 바닷물에 들여놓는 행위가 질병 발생의 원인이 될 수 있다는 근대적인 위생관념이 확대되었음을 보여준다. 제3항의 내용은 '탈의장(매점 내 탈의장을 포함) 이외의 장소에서 탈의를 하거나 탈의장의 문을 열어두고 옷을 벗는 일'이라는 말로 바뀌어 개인의 안전은 스스로 책임져야 한다는 점을 명확하게 밝히고 있다.

또한 후이취안해수욕장 이용객이 증가하면서 해변에서 물건을 판매하는 중국인과 일본인들이 증가하자 이를 법으로 금지하였다. 당시 칭다오에 거주하는 일본인 중 수입이 많지 않은 사람들이 만들어 파는 일본식 도시락이나 찹쌀떡 같은 먹거리는 중국인들의 환영을 받았다.24) 하지만 더운 여름 위생상태가 확인되지 않은 음식을 섭취하면 식중독과 같은 집단적인 위생사고가 발생하기 쉽기 때문에 해변에서의 물품판매를 엄격하게 금지한 것이다. 이 외에도 해수욕에 방해가 되는 장소에서의 뱃놀이를 금지하는 등 공중도덕과 위생에 관한 요구가 전체적으로 높아졌음을 확인할 수 있다.25)

〈그림 3〉 1930년대 후이취안해수욕장

　1917년 6월 일본 칭다오수비군이 발행한 공보公報에서 특이한 사항은 수영복 착용, 특히 여성의 수영복에 대한 명확한 규정이 공포되었다는 점이다. '해수욕을 하려는 여성은 반드시 수영복(색깔이 있거나 무늬가 있는 것에 한함)을 착용하여야 하고, 아사히초해수욕장旭町海水浴場에 한해서는 남자도 반드시 수영복을 착용해야 한다'고 하였다. 해수욕장 개장 초기, 다른 지역에 비해 전통적인 유교적 가치관이 강했던 칭다오에서는 여성들의 해수욕장 출입이 비교적 적었다. 하지만 해수욕이 점차 일반화되기 시작하면서 여성 이용자가 증가하고 신체 노출로 인한 여러 가지 문제가 빈번하게 발생하였음을 짐작할 수 있는 내용이다.[26] 여성의 수영복에 대한 규제는 1923년 북양정부가 공포한 '해수욕장 관리규정'에도 포함되어 있다. 1930년대에도 칭다오시 당국은 외국 거류민들이 수영복을 입고 해수욕장 거리를 활보하는 행위가 '풍속교화에 방해가 된다'고 하여 특별히 금지령을 제정하고 고액의 벌금을 부가하기도 했다.[27] 시내 곳곳에 천연의 백사장을 가진

12. 후이취안(匯泉)해수욕장과 칭다오인의 일상생활   311

칭다오사람들에게 있어 바다에 들어가 수영을 하고, 해변에서 노는 행위는 '시하이자오' 혹은 '푸쉐이鳧水'라고 부를 만큼 일반적인 일이었다. 하지만 이제 후이취안해수욕장은 사람들이 바다에서 몸을 씻는 자연공간이 아니라, 몸을 건강하게 하고 여가를 즐기려는 이용객들이 근대적인 공중도덕의 제약을 받고 근대성을 학습하는 공공 공간으로 변모했다.

국민정부가 칭다오를 관할하게 되면서 도시화는 더욱 가속화 되었고, 도시민의 증가와 함께 외부에서 유입되는 노동자의 수도 확대되어갔다. 칭다오시의 시정을 책임지게 된 국민정부는 시민들의 여가생활의 중요성을 특별히 강조하고 이를 위한 휴식과 오락공간을 마련하고자 하였다.

> 사람들이 본디 가지고 있는 욕망을 살펴보면 편안함을 좋아하고 힘듦을 싫어한다. 무력을 사용하여 위협하거나 유혹하여 일을 시키기보다는 차라리 고무하고 안위하여 그 노고를 잊게 하는 편이 낫다. 사람들로 하여금 일의 즐거움을 알게 하면 강요하지 않아도 스스로 힘써 일하고, 사람들로 하여금 오락의 적절함을 알게 하면 사사로움을 버리고 공을 취하게 된다. 때문에 공공오락 역시 시정을 펼치는 조치 중의 한 실마리가 된다. 휴식과 유희 가운데에서 성령性靈을 함양하고 신체를 단련하며, 일과 함께 대오를 정제하는 교육 역시 인정을 따르고 일의 발전추세에 부응하는 도리道理 중의 하나인 것이다. 자오아오膠澳 지역 내에 설치한 오락장소로는 공원이 있고, 해수욕장이 있고, 경마장이 있고, 시내와 시외의 여러 명승이 있다. 또 라오산의 여러 봉우리가 있어 유람할 만하다.28)

1930년대 칭다오의 도시규모가 확대되고 인구가 증가하여 후이취안해수욕장의 부대시설이 부족하게 되자 칭다오시정부는 후이취안해수욕장에 다이빙대와 부대浮臺, 산판舢舨, 구명튜브 등 각종 편의시설

〈그림 4〉 칭다오마루靑島丸에서 제공한 엽서

과 안전시설을 적극적으로 확충하였다. 또한 남녀의 사용이 구별된 많은 탈의장을 마련하여 바닷가 모래사장에는 흰빛을 띤 녹색의 목재로 지은 방갈로가 고기비늘처럼 즐비하게 늘어섰다. 이는 대부분 칭다오시의 각 기관에서 그들의 직원들을 위해 준비한 것이었고, 시정부에서 건설하여 임시로 대여하는 곳도 있었다.[29] 30년대 칭다오지역 문화 활동의 중심지였던 칭다오·산둥대학 역시 백사장의 서쪽 끝에 판자로 지은 방갈로를 가지고 있어 전국 각지에서 찾아드는 문인이나 학자들에게 편의를 제공하기도 하였다. 또한 시정부는 후이취안해수욕장 주변도로에 가로수와 꽃을 심어 가로경관을 개선하여 쾌적한 공간을 제공하고자 노력했다.

　한반도를 강점한 일본제국주의가 부산 송도해수욕장을 개장한 후 학생 및 교직원들을 상대로 등급별 수영시험을 보게 하고 학교연합수영대회를 개최했던 것처럼,[30] 칭다오수비군은 일본체육협회와 함께 해수욕장에 수영교실을 마련하고 여러 종류의 수영대회를 개최하여 이곳을 근대적인 보건교육의 장으로 활용하였다. 국민당의 칭다오시정부 역시 해수욕장을 시민의 신체를 단련하는 교육의 장으로도 활용하여, 매년 여름이면 각 기관과 학교의 수영대회를 개최하였다. 1930년대 칭다오의 일간지들도 해수욕이 신체를 강화하고 각종 질병을 치료하는 효과가 있음을 적극적으로 홍보하고 있었다.[31]

일본윤선공사日本輪船公司가 칭다오나 다롄을 항해하는 칭다오마루靑島丸나 다롄마루大連丸 선상에서 제공한 엽서(그림 4)에는 파라솔 아래 붉은 색 수영복을 입은 여인, 일광욕을 즐기고 있는 남성의 모습 등과 함께 해수욕장의 치안유지를 담당하는 경찰의 모습이 담겨져 있다. 공권력에 의해 해수욕장의 치안이 유지되고, 위생적인 환경과 현대적인 부대시설을 완비한 후이취안해수욕장은 칭다오 시민뿐만 아니라 아시아 각 지에서 몰려든 피서객들이 근대적인 공중도덕과 질서를 경험하고, '휴식과 유희 가운데 심령을 함양하고 신체를 단련하는' 공간으로 자리 잡아가고 있었다.

2. 새로운 여가 공간

독일인에 의해 개장된 후이취안해수욕장이 칭다오인의 일상생활과 더욱 밀접하게 연관되어진 것은 1930년대의 일이다.[32] 이때가 되면 후이취안해수욕장은 칭다오에서 생활하는 모든 사람들이 즐겨 찾는 휴양지 일뿐만 아니라, 피서와 휴양을 목적으로 전국에서 사람들이 찾아오는 피서의 성지가 되었다. 칭다오를 방문한 사람들은 남녀노소를 막론하고 바다에 들어가 해수욕을 하겠다는 욕망을 가지지 않을 수 없었고, 후이취안해수욕장을 찾아 바다의 세례를 받고자 했다.

여름이 되면 칭다오는 거의 천국과 같았다. 두 마리의 말이 끄는 마차는 사람들을 태우고 후이취안해수욕장으로 간다. 남자와 여자, 중국인과 세계 각처에서 온 이객(異客)들은 챙이 넓은 모자를 썼다. 해변 백사장에는 사람들이 작은 물고기처럼 쏟아지는 태양아래 드러누워 사람을 절일 듯한 짠바람을 품고 있다. 백사장에는 작은 방갈로가 수없이 늘어섰고, 방갈로 앞에는 파라솔이 펼쳐져 있다. 사람들은 모두 하늘을 마주 한 채 백사장에 누웠고, 어떤 이는 바다에 들어가 수영을 즐기고, 파도를 밟는 이도 있다. 아이들은 벌거벗은 채 해변에서 조개껍데기를 줍고 있다.[33]

당시 칭다오에는 후이취안해수욕장 외에도 여러 곳의 해수욕장이 있었지만 지리적 근접성, 교통의 편리성, 주변 자연환경, 여러 가지 편의시설 등의 요인으로 후이취안해수욕장이 가장 인기 있는 장소였다. 때문에 여름철의 후이취안해수욕장은 수많은 남녀들이 끊임없이 모여드는 '환락의 중심, 소서消暑의 복토福土, 연애의 성지'[34]가 되었다. 후이취안해수욕장이 주는 여러 가지 즐거움 중에서 가장 인상적인 일은 여인들의 나신을 훔쳐보는 일이었다.

해수욕장을 가득 메운 사람들, 울긋불긋 부드러운 수영모를 쓴 여인들은 특히 흥미 있었다. 여성들이 보여주는 물속에서의 자세, 물 밖으로 나온 후의 몸매는 아름답고 부드러우며, 생기에 넘쳐 원래 황량하던 해변모래사장에 많은 생동감을 불어넣었다. 눈에 보이는 것은 모두 드러난 팔과 허벅지, 돌출된 가슴과 짤록하게 들어간 가는 허리. 그녀가 아름답든지 추하든지, 황인종이이든 백인종이든 여인들은 모두 사람들의 주의를 불러 일으켰고, 어린아이들의 웃음소리도 있다. 이 때문에 이곳에서 해수욕을 하는 사람들 혹은 구경하는 사람들은 모두 망아의 상태 속에서 훈도되고 있었다.[35]

이처럼 새롭게 유행하게 된 해수욕과 피서생활의 꽃은 수영복을 입은 여인들의 아름다운 나신이었던 것이다. 여성의 근대적인 수영복은 무엇보다도 제2의 피부로서의 작용을 노리고 있었다. 여성은 이 제 2의 피부에 의해 모두에게 '나체처럼 보이게 만드는' 것이 허락되었던 것이다.36) 여성의 노출이 일상화되지 않았던 당시, 특히 이용객이 많았던 후이취안해수욕장은 자신의 몸매를 과시하려는 여성과 수영복을 입은 여성들의 몸을 훔쳐보려는 사람들로 넘쳐났다. 후이취안해수욕장은 근대적인 서구문화와 새로운 세계관을 받아들인 신인류의 청춘의 로맨스, 애욕과 열정, 사치스러운 휴양과 사교, 만남과 이별 등이 전개되는 공간이었다.

또한 후이취안해수욕장은 칭다오인의 일상생활에 파급된 서구적인 가족문화를 체현하는 공간이기도 하였다. 독일점령시기 가족단위의 많은 서양피서객들이 후이취안해수욕장을 찾아 여름을 보낸 것처럼, 후이취안해수욕장은 중국의 신식가정에서 여름철 가족활동을 위해 가장 먼저 선택하는 휴식공간이 되었다. 1930년대 산둥대학에 모였던 많은 문화명인들 중에는 전통적인 가치관에 따라 가족들을 고향에 두고 온 사람들도 있었지만, 서구문화에 익숙한 일부 지식인들은 가족과 함께 칭다오로 이주했다.37) 특히 아이들을 중요하게 생각하는 서구적인 가족문화에 익숙했던 량스추梁實秋는 칭다오에서 생활하는 동안 아이들을 데리고 후이취안해수욕장에서 시간 보내기를 즐겼다.

> 해수욕장에서의 놀이 중 가장 즐거운 것은 부부 두 사람이 어린 딸의 손을 잡고 해변에 가는 것이다. 아이는 작은 모래 삽과 작은 쇠스랑, 작은 물통을 가지고 모래사장에서 모래놀이를 할 때 제일 즐거운 것 같았다. 많은 사람들이 모여 있는 백사장에서의 놀이가 지겨워지면 천천히 걸어 수족관까지 걸어갔다. 수족관은 볼만하다. 더욱 재미있는 것은 그 아래 바위틈에 파도가 밀려드는 작은 물웅덩이가 있는데 그 곳에는 작은 동물들이 많았다. …… 아이들은 그들의 작은 연장을 사용하여 작은 통에 가득 잡아 집으로 가져와 유리병에 담아두고 놀았는데 어른들이 열대어를 키우는 것 보다 더 즐거워했다.38)

〈그림 5〉『칭다오시보靑島時報』1932년 7월 10일

당시 중국의 근대도시가 창출하고자 하는 사생활과 핵가족 중심의 새로운 가족문화를 체현한 전형적인 인물인 량스추는 해수욕장을 단순히 수영을 통해 몸을 건강하게 하는 공간으로 간주하지 않았고 온 가족이 함께 여가시간을 보내는 공공장소로 받아들였다. 〈그림 5〉에서 볼 수 있듯이 후이취안해수욕장을 배경으로 파라솔 아래에서 준비해 온 음식을 먹으며 즐거운 한 때를 보내고 있는 모던한 가족의 모습을 통해 라오산광천수와 코카콜라를 광고하고 있는 신문 삽화는 당시 후이취안해수욕장이 새로운 가정문화와 함께 근대성을 상징하는 공간이었음을 확인할 수 있게 한다.

여름은 칭다오의 황금시절이고, 후이취안은 여름철 칭다오의 황금지대였다. 후이취안에는 해변공원, 중산공원, 해수욕장, 운동장, 경마장이 있었다. 평소 이곳은 산책을 하고 놀이를 하기에 좋은 장소였다. 여름이 되면 일반인들이 하루라도 가지 않으면 안 되는 여름 피서의 성지가 된 것이다. 후이취안, 여름의 후이취안에서 흡인력이 제일 큰 장소는 바로 해수욕장이었다.[39]

3. 현실인식의 공간

당시 중국인과 외국인들은 평소 생활공간이 달랐기 때문에 상호간의 직접적인 접촉 기회가 많지 않았다. 하지만 여름의 칭다오는 피서의 성지가 되어 세계 각국 각계각층의 사람들이 모여 휴가를 보내는 공간이 되었기 때문에 서양인과의 접촉이 빈번하게 발생하였다. 하지만 1930년대 해수욕장을 이용하는 서양인들 중에서 군인들이나 선원들의 수가 늘어나면서 해수욕장에서는 많은 사회적 문제가 발생하게 되었다. 칭다오를 '동방 제1의 피서지'라고 평하는데 주저하지 않았던 위다푸郁達夫는 칭다오가 갖고 있는 부정적인 측면에 대해서도 신랄한 비판을 펼쳤다.

> 외국의 동방함대 중에서 피서를 위해 칭다오에 정박하는 수가 실제 너무 많았다. 때문에 여름이 되면 백계러시아 매춘부, 외국인을 상대하는 중국인 기녀鹽水妹들이 몰려와 장사진을 펼쳤다. 혼잡하고 번잡해 누가 양가집 규수인지 알 수 없을 정도였다. 이국의 타락한 분위기를 좋아하는 사람들은 오히려 흥미를 느낄지 모르겠다. 하지만 술 냄새와 분 냄새에 취한 음난淫暖한 바람이 불어오면 책을 읽거나 일을 하려고 하는 사람들은 오히려 머리가 혼란하고 토하고 싶은 마음뿐이다.[40]

위다푸는 가족과 함께 칭다오에서 여름 한 철을 지내면서 조용히 책을 읽고 글을 쓰고자 희망했다. 하지만 피서의 성지 후이취안해수욕장의 한낮은 수영복을 입은 나신으로 가득하고, 밤이 되면 베란다에서 들려오는 외설적인 이야기로 넘쳐나서 한 글자도 쓰지 못하고, 책 한권도 읽지 못했다고 회고했다. 위다푸를 힘들게 만들었던 피서 성지 칭다오의 음난한 도시 분위기는 바로 극동아시아에서 근무하는 각국 병사들과 선원들을 노린 임시적인 댄스홀이 가져온 문제였다.

칭다오의 댄스홀에는 두 종류가 있었다. 도시의 모던 보이와 모던 걸을 위한 사교공간으로 일 년 내내 영업을 하는 곳과 함께, 커피숍이나 서양식 술집과 마찬가지로 여름철에 극성하였다가 가을이 되면 형체도 그림자도 없이 사라지는 임시적인 댄스홀이 있었다. 해항도시의 성격과 관련하여 특히 우리의 주목을 끄는 것은 여름철이면 독버섯처럼 피어나는 임시적인 댄스홀이다.

1930년을 전후해서는 중국인 댄서를 거느린 서양식 댄스홀이 상하이와 중국의 다른 항구도시에서 개장하기 시작했고,[41] 여름이면 상하이의 댄서들은 외국 수병들의 여름 휴가지인 칭다오로 몰려와 영업을 하였다. 이런 종류의 댄스홀은 항구 인근의 관셴루冠縣路와 몇 몇 거리에 집중되어 있는데 군함과 함께 칭다오에 상륙하는 각국 선원(특히 미국선원)들을 위해 생겨난 것들이었다. 때문에 매번 미국 선박이 칭다오에 입항하면 댄스홀이 늘어났다가 미국 선박이 출항하면 영업을 멈추었다.[42]

> 천천히 외국의 수병들이 모여든다. 각지에서 피서를 온 사람들도 모여든다. 해변가의 방들은 열 배 스무 배 가격이 뛰어 오른다. 바Bar마다 영업은 번성하고, 몸을 가눌 수도 없이 취한 수병과 백계러시아와 조선의 무녀들로 언제나 가득 찬다. 유흥가의 화려한 밤풍경, 음악은 자정까지 연주가 끊어지지 않는다. 들어보라! '헬로우', 'OK' 소리, 인력거꾼들의 '진리키샤Jinriksha' 소리가 온 거리에 가득하다. 이곳저곳에서 부딪치는 것은 서양노래를 흥얼거리는 사람들이다. 헤이, 이것은 칭다오의 좋은 시절이다.[43]

수병과 선원들을 유혹하기 위해 부나비처럼 칭다오에 모여든 백인종, 황인종, 흑인 무녀들은 모두 맨발이었고, 발톱에는 새빨간 매니큐어를 바르고 얇은 끈이 달린 하이힐을 신고 있었다. 복장이나 모자의 스타일은 뭐라 한마디로 표현할 수 없었다.[44] 항구에서 가까운 술집이나 댄스홀에는 화려한 조명과 재즈의 선율이 끊이지 않았고, 화려하고 농염하게 성장盛裝한 무녀들은 오랫동안 선상생활을 해야 했던 수병과 선원들에게 하룻밤 환락을 제공하였다. 상하이에서 댄서들을 이끌고 칭다오로 찾아온 포주는 중국인이 아니었다. 댄스홀의 경영자 중에는 백계러시아인이 가장 많았고, 공식적인 댄스홀은 많건 적건 백계러시아 여성들이 거의 독점하고 있었다.

> 이 커피숍은 백계러시아 상인이 개업한 곳이라고 했다. 이곳 사장은 매년 여름 한 철만 영업을 하고, 여름이 지나면 다른 사업을 하지만 여름 한철의 수입이 대단하다고 하였다. 그는 또 후이취안호텔은 일본인이 개업한 것이라 하였다. 칭다오 경제의 명맥은 완전히 일본인의 수중에 있었고, 많은 공장들 역시 그들의 돈줄이요 흡혈관이라고 할 것이다. 어떤 것은 중국자본이라고 간판은 걸었지만 그 배후는 여전히 일본인이었다.[45]

조국을 잃고 중국 땅을 전전하던 많은 백계러시아 소녀들은 먹고살기 위해 항구를 찾아 웃음을 파는 댄스가 되었고, 일제에 강제 동원된 조선의 젊은 여성들도 칭다오에 있었다. 하지만 여름이 지나고 피서객들이 썰물처럼 칭다오를 빠져 나가면 거리를 밝히던 화려한 조명도 꺼지고, 덴시들도 제비 떼처럼 싱하이로 돌아가 칭나오의 환락노 쉬어가는 계절이 되었다.

또 다른 사회문제는 도시화와 함께 발생한 계층 간의 문제였다. 칭다오시정을 맡은 당국은 생산성의 효율을 제고하기 위해 도시민들의 휴식과 유희의 필요성을 강조하였지만 실제 칭다오의 하층사회를 구성하는 도시노동자의 생활은 열악한 것이었다. 조사된 자료에 따르면 1920년 칭다오에 거주하는 중국인의 숫자가 82,680명이었는데 1921년 해수욕장 이용자 수를 살펴보면 7,588명으로 10%가 되지 않고 있음을 확인할 수 있다.[46] 근대 시기 유급휴가를 받은 노동자들이 해수욕장을 찾아 해수욕, 뱃놀이, 테니스, 골프, 일광욕을 즐겼던 유럽의 상황[47]과는 차별성이 있음을 확인할 수 있다.

후이취안해수욕장을 중심으로 한 후이취안만에는 코카콜라나 광천수를 마시며 더위를 식힐 수 있는 커피숍, 스테이크와 와인을 즐길 수 있는 레스토랑, 댄스홀들이 늘어서 서구와 별 다를 것 없는 여가시설과 도시풍광을 가지고 있었다. 하지만 이것은 절대다수의 산업노동자나 부두노동자들의 삶과는 전혀 관련이 없었다.

> 기회가 있다면 대항大港부두에 나가보라. 그곳에서는 개미떼와 별반 다를 것 없는 빈궁한 사람들을 만날 수 있을 것이다. (중략) 부두노동자들은 하루 종일 끙끙되며 온 얼굴이 석탄가루와 땀으로 범벅이 되었고, 온 몸이 무쇠처럼 검게 변했다. 매일 후이취안해수욕장에서 수영을 하고, 태양 아래에서 검게 몸을 태운 것을 '건강미'라고 여기는 신사숙녀와 그들을 비교하면 그야말로 천양지차였다.[48]

태양이 작열하는 여름이면 전국의 복 많은 사람들이 칭다오로 모여들어 피서를 즐겼다. 하지만 복이 없는 칭다오의 많은 노동자들은 뜨거운 부두에서 짐을 하역하거나 석탄을 옮기느라 무쇠처럼 검게 변했다. 칭다오의 발전 속도만큼이나 사회는 빠르게 계층화되고 있었다.

국민당이 칭다오를 접수할 당시 시내에는 이미 크고 작은 19곳의 공원이 있었다. 하지만 도시노동자나 부두노동자들이 모여 사는 타이둥진臺東鎭과 타이시진臺西鎭에는 공원이 없었다.[49] 입장권을 사야하는 공원의 출입은 감히 엄두도 내지 못했을 것이다. 매일 해수욕을 즐기는 복 많은 사람들의 삶과 달리, 먼 해변에서 밀려오는 파도소리가 들리는 타이시진의 빈민굴에는 부두노동자와 산업노동자의 열악한 삶이 존재하고 있었던 것이다. 뙤약볕 아래에서 고된 노동에 지친 도시 하층민의 몸을 잠시나마 편히 식혀줄 수 있는 공간은 칭다오의 도심을 감싸고 펼쳐진 해수욕장이었을 것이다.

Ⅳ. 나오며

　1930년대 칭다오는 '피서의 성지'라는 명성을 얻게 되었는데, 그 명예는 후이취안해수욕장과 직결되어 있었다. 본문에서는 근대 이후 새로운 해항도시로 성장한 칭다오에 건설된 많은 공공 공간 가운데에서 후이취안해수욕장의 형성과 변천과정을 살펴보고, 이를 통해 칭다오인의 일상생활에서 일어난 변화를 함께 고찰했다.
　건강증진과 휴식 공간으로서의 근대적 해수욕장 문화를 칭다오에 처음 이식한 것은 독일이었다. 독일 총독부와 독일 해군당국은 빅토리아해수욕장 개발을 통해 칭다오를 위생도시이자 하계휴양도시로 건설하고자 하였다. 독일해군당국은 식민모국의 문화적 기준에 맞춰 해수욕장 건설을 통해 '위생적인' 건조환경을 창출하기 위해 노력하였고, 칭다오 시내에 위치한 해수욕장과 교외의 라오산과 주산의 빼어난 자연환경을 결합하여 칭다오의 여행 산업을 육성하고자 했다. 그 결과 위생적인 설비가 잘 갖춰진 후이취안해수욕장이 건설되었고, 칭다오는 동양에서 가장 매력적인 하계휴양지로 발전할 수 있었다. 하지만 제한된 중국인의 출입만을 허용했기 때문에 칭다오인의 일상생활에 끼친 영향은 그리 크다고 할 수 없었다.
　1914년 칭다오의 새로운 지배자가 된 일본은 중국인에게 후이취안해수욕장을 개방하고, 해수욕장을 근대적인 보건교육의 장으로 활용하는 계기를 마련해 주었다. 또한 그들은 해수욕장 이용과 관련한 여러 가지 규정을 제정하고 공포하여 칭다오인들에게 근대적인 공중도덕의 필요성을 교육하였다. 특히 여성 이용자의 수영복에 관한 규정들은 이후 국민정부의 해수욕장관리지침에도 영향을 주었다.
　1929년 칭다오를 접수한 국민정부는 휴식과 여가활동을 통한 성령의 함양과 신체단련을 강조하고, 적극적으로 해수욕장을 늘리고 부대

시설을 확충하여 칭다오인의 일상생활 속에서 해수욕장이 가지는 의미를 적극적으로 확장하였다. 그 결과 1930년대가 되면 후이취안해수욕장은 칭다오인의 일상생활에서 중요한 여가 공간으로 자리 잡았다.

 칭다오사람들은 후이취안해수욕장을 이용하면서 서구적인 레저문화를 경험하고 근대적인 공공질서를 학습하게 되었고, 자녀를 중심으로 하는 새로운 가족문화에 대해 인식하게 되었다. 또한 후이취안해수욕장, 주변 댄스홀과 서구식 술집을 가득 메운 외국인들을 통해 반식민지적 상황에 놓여있는 중국의 현실을 확인하고 민족적 각성을 이끌어 내기도 하였다. 때문에 후이취안해수욕장은 칭다오인의 일상생활을 변모시키고 중국의 현실에 대해 눈뜨게 하는 중요한 공공 공간이었다.

 원이둬는 칭다오를 '문화의 사막'이라고 평하였다. 난징의 공자묘나 베이징의 유리창과 같은 전통문화유산이 없다는 것이 이유였다. 하지만 후이취안만에 들어선 해수욕장과 근대적인 공원들을 가진 칭다오인들은 베이징이나 난징과 같은 전통도시에 생활하는 사람들과는 차별화된 해항도시민으로서의 생활문화와 현실인식을 가지게 되었다.

■ 주

1) 魯海(2005), 『青島舊事』, 青島出版社, 55쪽.
2) 王志民主 編(2012), 『山東區域文化通覽·青島文化通覽』, 山東人民出版社, 554쪽.
3) 독일제국에 의한 칭다오 식민지 도시공간은 먼저 장기적으로 독일의 상업적 경제이익을 담보하고자 항만과 교통을 최우선으로 하는 '해양요충도시'로 설계되었다. 둘째 독일의 학문과 과학기술, 건축물을 전시할 홍보박물관의 기능을 담당할 수 있도록 '문화도시'로, 셋째 도로정비와 상하수도 시설 등 생활환경 개선을 목표로 한 '위생도시', 그리고 마지막으로 자오아오만膠澳灣의 포근한 기후를 이용한 '하계휴양도시Stadt der Sommerfrische'로 기획됐다. 김춘식(2010), 「제국주의 공간과 융합 - 독일제국의 중국식민지 도시건설계획과 건축을 중심으로」, 『독일연구』 19, 117쪽.
4) 명나라 말기 윈난雲南, 스촨四川 그리고 구이저우貴州 등지에서 칭다오로 이주해 온 사람들의 후예들이 생활하던 마을이다.
5) 독일점령기에는 독일황제 빌헬름 2세의 황후(Auguste Viktoria)의 이름을 따 빅토리아해수욕장, 일본점령기에는 타다노우미해수욕장忠海海水浴場 혹은 아사히초해수욕장旭町海水浴場이라 불렸다. 국민정부 이후부터 지금까지 디이해수욕장第一海水浴場이라고 부르고 있다. 하지만 대부분의 칭다오사람들은 이곳을 후이취안해수욕장匯泉海水浴場이라 부르기를 좋아한다. 본문에서는 독일점령기를 제외한 나머지 서술에서는 후이취안해수욕장이라는 명칭을 사용한다.
6) 일본 점령기에는 아사히공원旭公園이라 불렸고, 이후 디이공원第一公園, 중산공원中山公園으로 개명되어 오늘에 이르고 있다.
7) 青島市檔案館(2011), 「民事志·遊覽」, 『膠澳志』 卷三, 青島出版社, 121쪽.
8) 에두아르트 폭스 저, 이기웅·박종만 역(2011), 『풍속의 역사Ⅳ : 부르조아의 시대』, 까치, 297~300쪽.
9) 독일작가 토마스 만이 1901년에 발표한 『부덴브로크가의 사람들』을 통해서도 당시 독일 해수욕장의 상황을 엿볼 수 있다. 토마스 만은 소설을 통해 당시 북유럽의 대표적인 휴양도시인 트라베뮌데의 모습을 소개하고 있다. 독일의 연구자들은 트라베뮌데가 해수욕장이라고는 하지만 오늘날 우리들이 생각하는 물놀이가 허용된 것은 1920년대였고, 초창기의 해수욕장은 귀족이나 부르조아지의 치료와 휴양의 목적으로 사용되었다고 밝히고 있다. 조현천(2011), 「사랑과 죽음의 바다: 토마스 만의 『부덴브로크가의 사람들』에 묘사된 트라베뮌데」, 『세계문학비교연구』 34 참고.
10) 青島市檔案館編(2002), 『青島地圖通鑑』, 山東省地圖出版社, 106쪽.
11) 앤소니 킹 저, 이무용 역(1999), 『도시문화와 세계체제』, 시각과 언어, 105쪽.

12) 靑島市檔案館 編(2007), 『靑島開埠十七年-《膠澳發展備忘錄》全譯』, 中國檔案出版社, 174쪽.
13) 靑島市檔案館 編(2007), 위의 책, 195~196쪽.
14) 靑島市檔案館 編(2007), 위의 책, 248~249쪽.
15) 　　　　　〈표 1〉 1902-1909년 칭다오 해수욕장 장기이용객 수

년 도	1902	1903	1904	1905	1906	1907	1908	1909
이용객(명)	30	126	500	546	미상	425	575	537

『膠澳發展備忘錄』에 산재해 있는 독일점령기 해수욕장 장기 이용객 수를 정리한 것이다. 책에서는 이 숫자가 호텔에 체크인 한 사람만 파악된 것이라 밝히고 있다.
16) 비치호텔은 20세기 초 상하이를 배경으로 한 소설『상하이』에도 등장한다. "해안가에 세워진 그 호텔에는 독일식의 작은 탑과 이중지붕이 얹혀져 있었다. 바다를 본 메리 엘렌은 빨리 수영하고 싶다고 하였다. (중략) 메리 엘렌이 물에서 올라온 것은 하늘이 어둑어둑해질 무렵이었다. 딱 몸에 달라붙은 수영복 차림이 요염하였다. (중략) 메리 엘렌이 목욕을 하고 옷을 갈아입는 동안 덴튼은 큼직한 잔으로 맥주를 마시고 있었다. 두 사람은 해안이 내려다보이는 베란다에서 중화요리를 먹었다. (중략) 그녀는 천천히 커피를 마셨다. 다른 테이블에서 저녁식사를 하던 베이징주재 독일 외교관이 정중한 인사를 하고 나갈 때도 여전히 그것을 마시고 있었다." 크리스토퍼 뉴, 이경민 역(1994), 『상하이』, 서울: 삼성서적, 220-232쪽.
17) 靑島市檔案館 編(2007), 위의 책, 440쪽.
18) 靑島市檔案館 編(2007), 위의 책, 602쪽.
19) 靑島市檔案館 編(2007), 위의 책, 477쪽.
20) 柯靈(2008), 「島國新秋 - 靑島印象之一」, 『名人筆下的靑島』, 靑島出版社, 25쪽.
21) 　　　　　〈표 2〉 1921년 후이취안해수욕장 이용객 수

국적별	중국인	일본인	영국인	미국인	프랑스인	러시아인	독일인	기타	총계
이용객(명)	7588	2735	2498	2350	623	9,844	101	1,052	26,791

王鐸(2006), 『靑島掌故』, 靑島出版社, 83쪽 참고.
22) 일본 칭다오군정위원회는 빅토리아만의 이름을 아사히초만旭町灣으로 바꾸고 해수욕장의 이름을 타타노우미초해수욕장으로 변경하였지만 일본사람들은 아사히초, 중국인들은 후이취안해수욕장이라 부르기를 좋아했다. 그리고 다강大港과 샤오강小港 사이에 산가츠해수욕장三月浴場을 일본인 전용 해수욕장으로 개장하고, 타이시진臺西鎭 서쪽 해안에 마이즈루하마舞鶴濱해수욕장을 일반 공중해수욕장으로 지정하였다.
23) 『靑島守備軍 公報』 35, (大正4年7月18日) 1915년 7월 18일, Japan Center for Asia Historical Records, http://www.jacar.go.jp

24) 魯海(2005), 『靑島舊事』, 靑島出版社, 56쪽.
25) 『靑島守備軍 公報』303, (大正6年6月7日) 1917년 6월 7일.
26) 1927년 일본총독부가 부산 송도해수욕장에 부인들을 위한 부인해수욕장을 송도 남쪽에 신설하고 탈의장을 따로 마련한 것을 보더라도 신체를 드러내는 행위가 자연스러운 일은 아닌 것으로 받아들여지고 있었다고 할 것이다.
27) 木香(2001), 「靑島曾經有8個海水浴場」, 『滄桑』, 77쪽.
28) 靑島市檔案館(2011), 『膠澳志』卷三 「民事志·遊覽」, 靑島出版社, 121쪽.
29) 蘇雪林(1999), 「匯泉海水浴場」, 『客居靑島』, 靑島出版社, 64쪽.
30) 김승(2013), 「동양의 나폴리, 송도해수욕장의 형성과 변천과정」, 『해항도시문화교섭학』8, 123쪽.
31) 吳撫亭(1934), 「談談海水浴的益處」, 『靑島時報』(8月 22日) ; 馬樹華(2011), 「海水浴場與談民國時期靑島的城市生活」, 『史學月刊』5, 97쪽 재인용.
32) 馬樹華(2011), 「海水浴場與談民國時期靑島的城市生活」, 『史學月刊』5, 97쪽.
33) 聞一多(2008), 「靑島」, 『名人筆下的靑島』, 靑島出版社, 23쪽.
34) 蘇雪林(1999), 「匯泉海水浴場」, 『客居靑島』, 靑島出版社, 64쪽.
35) 王統照(1980), 「海浴之後」, 『王統照全集』1, 318쪽.
36) "해수욕은 많은 여성에게는 구실에 지나지 않았다. 이 사실은 프랑스의 두루빌, 벨기에의 오스탕드 등 일류해수욕장에서 많은 부유한 여성들이 한 번도 바다에는 들어가지 않고 우아한 수영복을 입은 자신의 도발적인 나체를 바닷가에서 몇 시간씩 전시하는 것만으로 만족하는 것을 보더라도 명확하다." 에두아르트 폭스 저, 이기웅·박종만 역(2011), 『풍속의 역사 Ⅳ : 부르조아의 시대』, 까치, 132쪽.
37) 崔洛民(2013), 「1930년대 문학작품을 통해 본 해항도시 칭다오-國立靑島大學, 國立山東大學 교수작가들을 중심으로」, 『동북아문화연구』35 참고. 이 책 10장을 참고.
38) 梁實秋(2008), 「憶靑島」, 『名人筆下的靑島』, 靑島出版社, 156쪽.
39) 芮麟 著, 芮少麟 編纂(2005), 『神州遊記』, 上海古籍出版社, 435~43쪽.
40) 郁達夫(2008), 「靑島巡遊」, 『名人筆下的靑島』, 靑島出版社, 54~55쪽.
41) "1930년대 상하이의 도시환경 가운데 불명예스러운 표상이 되었던 댄스홀이 칭다오에서도 번성하였다. 1930년대 말에 이르면 상하이에는 대략 2천 5백 명에서 5천 명의 댄서가 있었는데, 그중 60퍼센트는 자신들을 직업적인 매춘부로 인식하고 있었다." 李歐梵 저, 장동천 역(2007), 『상하이모던』, 고려대학교출판부, 76쪽.
42) 馬樹華(2009), 「民國時期靑島的文化空間與日常生活」, 『東方論壇』4, 124쪽.

43) 吳伯簫(2008), 「島上的季節」, 『名人筆下的靑島』, 46~47쪽.
44) 老舍(2008), 「靑島與我」, 『名人筆下的靑島』, 靑島出版社, 80쪽.
45) 柯靈(2008), 「咖啡與靑島―靑島印象之二」, 『名人筆下的靑島』, 靑島出版社, 28쪽.
46) 당시의 인구구성에 대해서는 본서의 3장의 〈표 1〉을 참조.
47) 근대 프랑스사회에서 해수욕장이 부르조아지의 특권적 공간에서 대중적 여가의 소비공간으로, 다시 개인의 해방과 쾌락의 원초적 감각이 발산되는 공간으로 변화해 온 것에 대해서는 김미진(2012), 「프랑스 사회의 여가와 해변, 그리고 새로운 꿈」, 『石堂論叢』53 참조.
48) 柯靈(2008), 「如此桃源」, 『名人筆下的靑島』, 靑島出版社, 31쪽.
49) 靑島市檔案館(2011), 『膠澳志』卷三「民事志・遊覽」, 靑島出版社, 71쪽.

▣ 참고문헌

크리스토퍼 뉴 저, 이경민 역(1994), 『상하이』, 삼성서적.
앤소니 킹 저, 이무용 역(1999), 『도시문화와 세계체제』, 시각과 언어.
李歐梵 저, 장동천 외 역(2007), 『상하이모던』, 고려대학교출판부.
에두아르트 폭스 저, 이기웅·박종만 역(2011), 『풍속의 역사 Ⅳ: 부르조아의 시대』, 까치.
靑島市檔案館 編(2007), 『靑島開埠十七年-《膠澳發展備忘錄》全譯』, 中國檔案出版社.
_____(2011), 『膠澳志』, 靑島出版社.
_____(2002), 『靑島地圖通鑑』, 山東省地圖出版社.
王志民主 編(2012), 『山東區域文化通覽·靑島文化通覽』, 山東人民出版社.
公日(1999), 『客居靑島』, 靑島出版社.
芮麟 著, 芮少麟編纂(2005), 『神州遊記』, 上海古籍出版社.
魯海(2005), 『靑島舊事』, 靑島出版社.
王鐸(2006), 『靑島掌故』, 靑島出版.
劉宜慶 編(2008), 『名人筆下的靑島』, 靑島出版社.
김춘식(2010), 「제국주의 공간과 융합-독일제국의 중국식민지 도시건설계획과 건축을 중심으로」, 『독일연구』 19.
조현천(2011), 「사랑과 죽음의 바다: 토마스 만의 『부덴브로크가의 사람들』에 묘사된 트라베뮌데」, 『세계문학비교연구』 34.
김미진(2012), 「프랑스 사회의 여가와 해변, 그리고 새로운 꿈」, 『石堂論叢』 53.
김승(2013), 「동양의 나폴리, 송도해수욕장의 형성과 변천과정」, 『해항도시문화교섭학』 8.
崔洛民(2013), 「1930년대 문학작품을 통해 본 해항도시 칭다오―國立靑島大學, 國立山東大學 교수작가들을 중심으로」, 『동북아문화연구』 35.
陳蘊茜(2005), 「日常生活中植民主義與民族主義的衝突」, 『南京大學學報』 5.
馬樹華(2009), 「民國時期靑島的文化空間與日常生活」, 『東方論壇』 4.
馬樹華(2011), 「海水浴場與民國時期靑島的城市生活」, 『史學月刊』 5.

『靑島守備軍 公報』第35號(大正4年7月18日),『靑島守備軍 公報』第303號(大正6年6月7日).
Japan Center for Asia Historical Records, http://www.jacar.go.jp

4부
초국적 도시의 형성과 변용

13.
개혁개방 후 칭다오의 도시화와 지역사회의 재구성

사사키 마모루(佐々木衛)

Ⅰ. 들어가며

현대도시는 끊임없이 이주자를 받아늘여 확장하며 지역형태와 성격을 재편성하고 있다. 시카고학파의 버제스Ernest Watson Burgess는 도시구조의 재편메커니즘을 구심적 분권화 시스템a centralized decentralized system, 조직화와 해체화organization & disorganization라는 두 개의 상반된 벡터의 균등관계로 표현했다. 지금의 도시구조 재편에서도 이러한 움직임을 확인할 수 있다. 오늘날 도시구조의 변용은 시카고학파가 창성創成했던 1920~1930년대 미국사회와 달리 글로벌 구조변동에 편입되어있다. 그러나 커뮤니티 변용의 구체적인 모습은 그 지역의 역사적 경험이 길러낸 독자적인 형태와 논리에 따라 다양하게 드러난다.

지구화에서 비롯된 격차格差로 인한 지역사회의 재편양상이나 사람의 이동에 동기를 부여하는 논리에는 편차가 존재한다. 왜냐하면 각국은 세계와 접한 상황이 다르고, 사회를 구성하는 논리와 계급구조가 상이하기 때문이다. 따라서 지구화 속에서 계층 간 격차가 확대되는 메커니즘은 개별 사회의 심층구조와 연관하여 검토할 필요가 있다. 이 같은 연구의 축적은 동북아시아 구조전환의 다양성을 규명하고, 사회변동의 일반이론을 이끌어 낼 수 있을 것이다. 이 글은 이러한 문제의식에서 시론적인 첫발을 내딛는 것이다.

본문에서는 지구화시대 구조전환의 특성을 사람과 사람의 관계와 이것의 확장으로 이루어지는 집단 및 사회를 구성하는 논리로 검증할 것이다. 이 글에서는 이것을 '기층구조패러다임'이라 부르고자 한다. 역사적으로 축적된 사회경험은 친족관계나 지역사회 속에 포함되어, 사람과 사람의 관계구조로 규범화되어 있다. 일본 근대화에 관한 연구는 이에家;イェ로 규범화된 구조가 산업화 에너지를 이끌어냈다는 것을 논증했다. 이 명제에 따르면, 지구화시대의 사회구조 전환도 그 심층에 존재하는 구조적 특성이 변동의 에너지를 끌어내어 그 방향을 규정하고 있다고 볼 수 있다.

II. 왜 중국의 지역사회를 대상으로 하는가

중국은 '세계의 공장'으로 눈부신 경제성장을 달성했다. 2010년 명목GDPNominal GDP는 5조 9천억 달러로 일본(5조 5천억 달러)을 상회하며, 미국에 이어 세계 2위가 되었다. 또 가장 큰 소비지의 하나로서 거대한 '세계의 시장'으로 성장하고 있다. 하지만 이 과정에서 도농 간, 지역 간, 사회계층 간 격차가 확대되었다. 2011년 '제12차 5개년 계획'의 핵심과제는 격차해소와 지속적인 사회발전의 실현이었다. 즉 지금 중국은 격차해소와 부유함을 우선 과제로 두고 성장해나가고 있다고 볼 수 있다. 물론 격차확대는 중국만의 특수한 문제가 아니다. 현재 일본에서도 불평등과 불안정의 확대가 계층연구의 핵심주제이다.

게다가 각국이 대체 가능한 저임금 노동력으로 외국인을 대량으로 받아들이고 있는 현실도 사회심층에 새로운 격차가 확산되는 배경으로 지적되고 있다. 여기서 우리는 다시금 현대사회의 격차문제와 '산업화 명제'에 대해 검증해볼 필요가 있을 것이다. 구체적으로는 사회격차를 낳는 구조적 논리뿐만 아니라, 산업화가 풍요로움, 기회의 균등, 결과의 평등을 동시에 증대시킨다는 기존의 명제가 지구화시대에도 실현 가능한가에 대한 검증이다. 이 문제를 다루는데 도시가 급성장하고 사회구조가 급변하고 있는 현대중국사회는 적합한 현장이라고 할 수 있다.

특히 도시는 이러한 사회변동의 이미지를 구체화 시켜준다. 현대중국은 기업이 사회생활을 총괄하던 단위單位사회를 재편하고 있으며, 한 지역범위에 행정기능의 일부를 부여하여 국민국가를 구성하는 단위로 재편하기 위한 정책전환을 진행하고 있다. 또 신중간층·부유층의 출현과 함께 시민사회의 성숙이 사회학적 과제로 대두되고 있으며, 주민의 자주적이고 주체적인 연대의 장으로 존립하는 지역사회에 대한 탐구가 제기되고 있다. 요컨대 지역사회의 구조전환에 관한 구체적인 검토가 '산업화 명제'를 검증하는 장이 될 수 있을 것이다.

Ⅲ. 분석단위인 '사구社區'란 무엇인가

중국 사회학계는 커뮤니티community를 사구社區라고 번역하고, 미국의 실증적 커뮤니티론과 일본의 지역사회연구를 도입해 그 연구를 진행하고 있다. 여기서는 주민의 합의나 연대, 공동의 활동 속에서 의식적으로 '만들어지는' 계획성과 규범성이 강조되고, 그 실현 가능성이 문제시되고 있다. 한 지역이 사람들의 규범성을 끌어내기 위해서는,

주민의 지역으로의 통합성, 활동의 자주성, 지역에 대한 애착과 같은 적극적인 의식이 불가결한데, 이러한 의식이 형성되는 형태와 논리가 주목을 받는 것이다. 이처럼 중국의 사구개념은 지역사회의 재구성, 주민의 자주성과 규범성에 대한 해명, 그리고 '바람직한 시민사회상'에 대한 탐구로, 문제의식과 문제설정이 시카고학파로 대표되는 커뮤니티 연구와 연관되어 있다.

사구의 기능은 ①주민의 조직화, ②복지를 비롯한 행정서비스, ③출산계획과 같은 사회의료 활동, ④문화·오락 활동, ⑤생활환경 유지, ⑥주민 간 분쟁조정, ⑦유동인구 관리 등이다. 이 기능은 종래 인민공사의 생산대대生産大隊(대개 촌이 단위였던 생산조직)가 담당했던 기능으로, 현재 주민자치조직인 촌민위원회村民委員會가 계승하고 있다. 따라서 사구는 도시공간 가운데 촌민위원회에 해당하는 행정구역을 새롭게 구성한 것이라고 볼 수 있다.

사구의 실제 활동은 주민위원회가 담당한다. 주민위원회법(1990년 1월 1일 시행)은 이 조직을 다음과 같이 규정한다. ①조직: 주민자치조직으로 위원회의 주임, 부주임, 위원은 주민선거로 선출되고, 위원회는 유권자로 구성된 주민회의에 대한 책임을 진다. ②활동: 주민에게 이익이 되는 지역서비스 활동을 실시하고, 구정부區政府 혹은 가도판사처街道辨事処에서 주관하는 업무를 지원한다. ③편제(위원회·소조직): 주민위원회 하에 인민중재, 치안보위治安保衛, 공공위생과 같은 위원회를 둔다. 또 다른 주민소조직을 설치할 수 있다. ④경비: 활동경비 및 주임·부주임·위원의 인건비는 정부가 지급한다. 앞서 말했던 사구의 기능은 이 주민위원회법이 제3조에 규정한 사항, 구체적으로는 사회주의 정신문명 건설활동, 공익사업, 분규조정, 치안유지, 공공위생, 계획출산, 생계곤란가족 구제, 청소년교육 등의 활동지원, 주민의견의 정부반영이라는 사항과 일치한다.

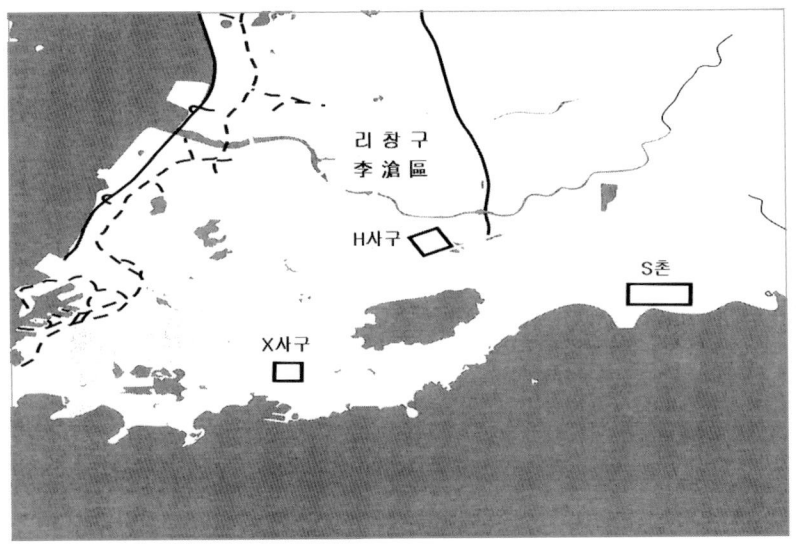

〈그림 1〉 조사대상지

그러면 중국 사구 개념은 어떤 현실에 입각해 존립하는 것일까. 사구의 행정담당인 주민위원회, 사구 안의 소구小區(게이티드 커뮤니티 gated community의 형태를 띠기도 함), 주택관리를 담당하는 부동산관리공사, 그리고 생산대대 시대의 공유재산을 관리·운용하는 실업총공사實業總公司 등 사구활동을 담당하는 조직의 실태를 구체적으로 검토하여 지역사회의 구성양상을 살펴보고자 한다.

이 글에서는 신흥주택지 H사구, 어촌이 모체가 된 S사구, 도심에 위치한 X사구를 사례로 소개할 것이다. H사구는 개발에 따른 대체주택 건설이 기반이 된 곳으로 부동산관리공사가 지역보전의 중심이다. S사구는 원래 어촌이었던 곳을 2006년부터 휴양지休暇村로 개발한 곳으로, 주민위원회·부동산관리회사·실업총공사가 일체화 된 사례이다. X사구는 도심에 편입된 농촌으로, 도심에 존속하는 촌사회의 양상을 띠고 있다. 이곳에는 주민위원회와는 별도로 실업총공사가 조직되어 있다.

Ⅳ. 급변하는 지역사회

1. 신흥주택지

1992년에 시청사가 동쪽 교외로 이전하면서 칭다오의 도시구역은 완전히 새롭게 변모했다. L구는 신시가지에서 산을 끼고 동쪽에 위치한 곳으로, 해안의 소나무 숲속에 요양시설이 산재하고 감자나 옥수수밭이 펼쳐진 농촌이었다. 이곳은 1994년에 칭다오 하이테크산업 개발구로 지정되었다. 해안은 리조트·별장지로 개발되고 해안을 벗어난 곳에는 주거지 건설이 급격하게 진행되었다. 본 연구의 대상지역인 Z가도지구街道地區에는 대략 8,000위안/㎡의 아파트가 건설되고 있었는데, 이는 당시 보통의 급여소득자가 구입할 수 있는 가격이었다. 아울러 S지구는 해안에 위치해 국가급 휴양지로 조성되고 있다.

칭다오시의 행정조직은 시市-구區-가도街道-사구社區로 구성된다. 이중 가도는 농촌의 말단행정구역 향鄕에 해당한다. Z가도판사처는 30개의 농촌사구(생산대대가 개편된 촌민위원회와 주민위원회)와 7개의 도시사구(부동산개발회사에 의해 구성된 지역주민위원회)로 구성된다. 본론에서 논하고자 하는 것은 이 Z가도판사처에 속한 도시사구의 하나인 H사구이다.

H사구의 주민위원회는 2005년 5월에 성립되었다. H사구는 G소구, T소구, J소구로 구성된다. 여기서는 부동산개발회사가 건설한 아파트단지를 소구로 지정하고 있다. 1993년에 건설된 G소구는 L구에서 가장 빨리 조성된 곳이다. 2001년 서쪽의 T소구가 건설되었다. J소구는 도로를 사이에 두고 남쪽에 위치한 곳으로 2003년 건설되고 2004년에 입주했다.

주민위원회는 주임, 부주임, 세 명의 위원으로 구성된다. 그 외 한

〈표 1〉 H사구의 구성

유형	면적(만㎡)	건축면적(만㎡)	빌딩(동)	동(개)	가구(호)	인구(명)
G소구	23.9	16.0	50	151	1,917	5,751
T소구	2.9	6.6	13	48	570	1,710
J소구	6.7	8.8	27	47	735	2,160
H사구(계)	33.5	31.4	90	246	3,222	9,621

동 마다 동장, 열 동 마다 조장이 있어 연락을 담당한다. 사구업무의 대부분은 인구관리나 오락여가와 같은 민생정책으로 경비는 정부가 지급한다. 사구업무 중 계획출산을 예로 들어보면, 인구이동이 활발하여 상황을 일일이 조사하기가 어렵다. 따라서 먼저 동장이 각 동의 상황을 파악하고, 이 자료를 바탕으로 조장이 담당지구의 현황을 대략적으로 정리한다. 계획출산을 위반한 사례가 발각되면 주임의 상여금에서 벌금을 차감한다.

1993년에 건설된 G소구는 50동, 1,836호로 구성된다. 이 중 310호는 하이테크산업개발구 건설로 퇴거당한 주민의 대체가옥으로 배분된 것이다. 아울러 교사敎師사택과 정부기숙사가 있다. 대체가옥은 기존 주택과 동등한 면적이 할당되었고, 이사비용은 정부가 보조했다.

G소구는 새 조성지에 주택단지를 건설하는 것에서 시작되었다. 구역 내에는 사무실, 파출소, 병원, 건설공사, 은행과 같은 종래의 단위도 이전되었고, 식료품점을 비롯한 자유시장이나 대형주차장도 완비되었다. 큰 도로에 접한 건물의 1층에는 잡화나 건축자재를 판매하는 상점, 식당, 편의점 등이 입점해있다. 또 사구 내에 유치원 세 곳(두 곳은 사립)이 있고, 인접한 곳에 초등학교와 중학교가 있어 비교적 안정된 생활환경이 조성되었다. 1993년 당시 주택가격은 800~900위안/㎡이었는데, 2008년 현재 4,000~5,000위안/㎡으로 급상승했다. 주민조사

〈그림 2〉 G소구의 외관(2009년 9월 필자 촬영)

표에 따르면 퇴거 후 대체가옥의 주민 가운데 이후 계속 거주하는 사람은 20%정도이다. 이 소구에는 주민의 3분의 1이 임대로 살고 있다. 아울러 주민의 70%에 가까운 사람들이 2000년 이후에 칭다오로 이주했다.[1]

도로 청소, 쓰레기 수거, 가로수 정비, 경비나 수위의 고용과 같은 소구의 일상적인 관리와 유지는 T소구와 함께 부동산개발회사 Q물업발전공사物業發展公司가 맡아서 하고 있다. 건물보수비로 판매가격의 1000분의 5를 징수해 공공건설기금으로 하고 있다. 계좌는 주민위원회가 관리한다. 또 사구에 있는 세 개의 소구는 가옥 소유자가 '업주'가 되는 세 개의 업주위원회로 조직되어 있다. 공공부분의 보수가 필요한 경우는 먼저 Q물업발전공사가 보조공사를 한다. 이 보조공사의 경위와 비용을 업주위원회에 보고하고 주민위원회의 감사 하에 업주위원회로부터 경비를 수취하는 체제이다.

〈표 2〉 G소구·J소구의 거주형태

소구	형태	규모	구입	임대	후생복리형	퇴거	기타	계
G소구	대체주택	수(개)	29	25	2	13	1	70
		비율(%)	41.4	35.7	2.9	18.6	1.4	100.0
	교사기숙사	수(개)	17	7	2	3	0	29
		비율(%)	58.6	24.1	6.9	10.3	0	100.0
	구정부기숙사	수(개)	1	0	0	0	0	1
		비율(%)	100.0	0.0	0.0	0.0	0.0	100.0
	일반판매주택	수(개)	83	42	1	1	2	129
		비율(%)	64.3	32.6	0.8	0.8	1.6	100.0
J소구	일반판매주택	수(개)	61	10	0	0	0	71
		비율(%)	85.9	14.1	0.0	0.0	0.0	100.0
합 계		수(개)	191	84	5	17	3	300
		비율(%)	63.7	28.0	1.7	5.7	1.0	100.0

Q물업발전공사는 Z가도 정부의 외곽기업外郭企業으로 설립되었다. 여기는 부동산부분과 기업부분이 있다. 부동산부분에는 10명이 공무원 자격으로 고용되어있고, 급여는 정부기 지급한다. 기업부분에는 계약제로 20명이 고용되어있다. Q물업발전공사의 수입은 아파트 개발 수입, 종합사무실 임대료, 상점 임대료, 자유시장 점포세, 주차장 임대료 등이다. 이 가운데 가장 큰 것이 1층 상점가의 임대 수입이다. 신규 아파트단지를 개발할 때, 1층을 상점가로 점유하기 위해 보증금을 출자하고 있다.

공공부분에 관한 주요 관리업무는 쓰레기 수거, 수목 관리, 도로 보수, 상하수도 관리, 보안·경비 등이다. 인건비 등 각종 비용은 공사가 부담한다. 주민에게는 매달 부동산관리비 20위안을 징수한다. 이중 5위안은 쓰레기 수거비로 쓰인다. 또 전기세와 난방비는 공사公司가 징수해서 관련기관에 대납한다. 개별 가옥수리는 Q물업발전공사가 수리업자 알선하고 비용은 개인이 부담한다. 방의 누수, 상하수도관이나 벽의 균열, 번잡하고 자질구레한 일과 수리비와 관련해 주민과 마

〈표 3〉 G소구·J소구 주민의 칭다오 이주시기

소구	형태	규모	1940년대	1950년대	1960년대	1970년대	1980년대	1990년대 전반	1990년대 후반	2000년대 전반	2000년대 후반	계
G소구	대체주택	수(개)	1	0	0	0	0	3	6	7	13	30
		비율(%)	3.3	0.0	0.0	0.0	0.0	10.0	20.0	23.3	43.3	100
	교사 기숙사	수(개)	0	0	1	0	0	2	2	3	7	15
		비율(%)	0.0	0.0	6.7	0.0	0.0	13.3	13.3	20.0	46.7	100
	구정부 기숙사	수(개)	0	0	0	0	0	0	0	1	0	1
		비율(%)	0.0	0.0	0.0	0.0	0.0	0.0	0.0	100.0	0.0	100
	일반판매 주택	수(개)	1	0	0	0	2	10	9	27	20	69
		비율(%)	1.4	0.0	0.0	0.0	2.9	14.5	13.0	39.1	29.0	100
J소구	일반판매 주택	수(개)	0	1	1	1	2	5	9	14	8	41
		비율(%)	0.0	2.4	2.4	2.4	4.9	12.2	22.0	34.1	19.5	100
합계		수(개)	2	1	2	1	4	20	26	52	48	156
		비율(%)	1.3	0.6	1.3	0.6	2.6	12.8	16.7	33.3	30.8	100

찰이 일어나는 경우도 적지 않다.

2. 게이티드 커뮤니티Gated Community

새롭게 건설된 아파트단지는 구역이 나뉘어 있고, 외부인의 출입은 경비원이 관리한다. 내부에 공유공간을 배치한 집합주택은 중국 전통에서 보기 힘든 것은 아니다. 베이징北京에서는 사합원四合院이 유명하다. 사방이 둘러싸인 가운데는 사악함이나 부정함의 진입을 막는 벽사辟邪로 안정 공간을 보전한다. 칭다오에는 통루筒樓라 불리는 집합주택이 있다. 민국시대民國時代에는 2, 3층짜리 목조주택이 건설되었고, 1990년대에는 7, 8층이나 10층의 콘크리트 건축도 지어졌다. 이 집합

〈그림 3〉 J소구의 출입을 관리하는 문(2010년 8월 필자 촬영)

주택은 모두 ㄷ자 구조로, 가운데 정원이 주민생활 공간으로 활용되고 있다. 장난江南에는 롱탕弄堂이라 불리는 집합주택이 있다. 출입구에 문이 있고 안에 연립주택이 밀집되어 있다. 주택으로 둘러싸인 통로가 좁은 주거를 보완하는 생활공간으로 활용되었다. 칭다오의 새로운 아파트단지는 저층주택과 고층주택 모두 통루나 롱탕의 모습을 계승하고 있다. 이 전형적인 사례가 J소구이다.

J소구 아파트단지는 2003년 완성되었고 2004년에 입주했다. 총 27동 735호이며, 인구는 2,160명이다. 이중 24호는 외지 호적을 가진 사람이 구입했다. 설문조사에 응답한 71명 중 10명(14.1%)이 임대주택에 살고 있었다. 실제 20~30%의 가옥이 임대되어 있다고 한다. 또 외국인(특히 한국인)이 임대하고 있는 가옥은 50호이다.

J소구는 중앙에 광장을 두고 주변에 오락 및 운동시설을 설치했다. 이 외에 작은 광장이 두 개 있고, 여기에도 간단한 운동시설이 배치되

어 있다. 도로 청소와 수목 관리가 면밀히 이루어져 한적한 공간을 이루고 있다. 외부 도로에 접한 건물의 1층은 상점으로, 잡화점과 편의점이 세 개, 식당이 다섯 개, 진료소, 여관, 휴대전화 판매점, 카페, 찻집, 세탁소, 세차장, 부동산중개소, 사진관이 영업을 하고 있다.

건설 당시 간선도로가 정비되지 않은 상태였기 때문에 2001년의 가격은 3,600위안/m^2이었는데, 2004년 판매가 끝난 후에는 5,200위안/m^2, 2008년 6월에는 9,720위안/m^2으로 급등하고 있다. 735호 중 전매轉買되어 명의가 변경된 것은 30%이다. J물업공사가 소유자를 관리하는데, 임대자에게도 등록을 요구하고 있다.

J물업공사 직원은 경비원을 포함해서 총 47명이다. 소구의 녹화綠化 사업과 쓰레기 수거는 외부업자에게 위탁하고 있다. 주요 지출은 세금, 인건비, 경비비, 쓰레기 수거비, 녹화사업비, 공공시설 관리유지비, 기타로 구성된다. 안전 및 경비는 관리회사의 가장 중요한 업무라고 한다. 사람들의 출입에 대한 엄격한 체크뿐만 아니라, 감시카메라를 통한 24시간 모니터 체제가 갖추어져 있다. 또 J소구의 자산 가치를 유지하기 위한 각종 서비스가 새롭게 요구되고 있다. 그 중에서도 공공시설 서비스나 유지보수가 가장 중요한 사항이다.

회사의 수입은 첫째 부동산관리비가 있다. 엘리베이터가 설치된 동은 방 1m^2당 0.8위안의 관리비와 엘리베이터 이용료 0.4위안으로 총 1.2위안/m^2을 징수하고 있다. 엘리베이터가 없는 동은 0.7위안/m^2을 징수한다. 또 전기세는 사용량에 따라 징수하고, 주차장 사용료도 따로 징수한다. 지하주차장은 한 대당 월 50위안, 지상주차장은 월 100위안, 임시주차는 월 75위안이다. 회사에서 관리하는 원내 주차공간은 420대 분이고, 이중 지하주차장이 92대로 조성되었다. 아울러 J소구 건물 1층 상점에서 나오는 임대료 수입이 있다.

〈그림 4〉 X사구 주택지구 내부(2005년 12월 필자 촬영)

3. 도심에 존속하는 '촌村'사회

X사구는 T촌과 N촌의 토지를 조성해 건설했다. 이곳은 원래 농촌 정기시장이 열려 도시부와 농촌부가 만나는 곳이었는데, 현재는 시청사와 금융센터가 밀집한 중심부에서 가깝고, 네 동의 사무실, 영화관과 백화점이 입점해 있는 대형 쇼핑몰, 슈퍼마켓, 그리고 미용실, 한국식당, 술집, 여관, 잡화점 등이 들어선 번화가이다.

1998년 단층가옥이 철거되고 2000년에 건물이 완공되었다. 현재는 주거건물이 53동, 사무실건물이 네 동 있다. 부동산관리회사 다섯 개가 판매된 주택 23동을 관리하고 있다. 원주민에게 배분된 30동은 주택관리회사(조직)가 없다. 퇴거세대에게는 퇴거 전의 주거면적에 맞춰 새로운 주택이 배분되었다. 주택은 $47m^2$부터 $84m^2$까지 여덟 종류가 있고, 원주민은 대개 여러 채의 가옥을 취득했다.

〈표 4〉 X사구의 주택배치 및 관리상황(2006년)[2]

동 소재지	동 번호	호수 A	임대 호수 B	외국국적 거주 C	대체가옥 상품가옥	관리업자	외래호 비율 (外來戶比率) (B+C)÷A
J로 171호	1호동	78	33	3	대체가옥	없음	46.1
	2호동	66	26	1			40.9
	3호동	73	39	3			57.5
	4호동	70	22	1			32.9
	5호동	84	21	0			25.0
	6호동	77	19	0			24.7
	7호동	84	37	1			45.2
	8호동	84	39	2			48.8
	9호동	48	5	2			8.3
	10호동	40	4	2	상품가옥	부동산회사	15.0
	11호동	42	10	0			23.8
	12호동	48	15	1			33.3
	13호동	14	1	0		없음	7.1
C로 123호	1호동	51	15	0	상품가옥	부동산회사	29.4
	2호동	51	21	0			41.2
	3호동	51	25	2			52.9
	4호동	51	9	1			19.6
	5호동	51	7	1			15.7
	6호동	51	27	1			54.9
Q로 3호	A호동	216	96	0	대체가옥	부동산회사	44.4
C로 54호	B호동	216	114	0	대체가옥	부동산회사	52.8
G로 14호	1호동	72	18	1	대체가옥	없음	26.4
	2호동	98	55	0			56.2
	3호동	84	26	2			33.3
	4호동	36	19	0			52.8
	5호동	54	10	1	상품가옥	부동산회사	20.4
	6호동	36	5	0			13.9
G로 16호	1호동	96	53	0	대체가옥	없음	55.3
	2호동	81	29	4			40.7
	3호동	96	47	2			51.0
	4호동	24	5	0	상품가옥	부동산회사	20.8
	5호동	24	4	0			16.7
	6호동	24	4	0			16.7
G로 18호	1호동	65	22	4	대체가옥	없음	40.0
	2호동	50	17	0			34.0
	3호동	65	38	1			60.0

F원(園)	1-4호동	179	4	7	상품가옥	부동산회사	6.1
L원	1-4호동	114	25	0	상품가옥	부동산회사	21.9
Y로 25호	1호동	28	2	0	기숙사	단위(單位)	7.1
Y로 29호	1호동	35	6	0			17.4
Y로 35호	1호동	30	10	0			33.3
Y로 41호	1호동	42	6	0			14.3
J로 149호	1호동	36	7	0	공인(工人) 요양소기숙사	단위	19.4
	2호동	43	8	0			18.6
	3호동	41	5	0			12.2
J로 151호	1호동	36	9	0	은행기숙사	단위	25.0
J로 153호	2호동	42	9	0	기숙사		21.4
합계		3077	1028	43			34.8

X사구에 속한 가옥은 모두 3,074호이다. 또 인접지역을 포함하면 민가가 4,049호, 12,147명(단기기주자나 유동인구 제외)이 서주하고 있다. 이 중 공사(법인)는 280호, 자영업자는 약500호이다. 한편 2009년 현재 민간주택 3,074호 중 1,074호가 임대 중이었는데, 그중 원주민에게 배분된 주택의 임대율이 높다는 점이 흥미롭다. 여러 채의 가옥을 받은 주민은 자식이나 가족에게 양도하거나 임대하고 있다. 예컨대 X사구 내 음식점에서 일하는 젊은 여성들은 몇 명이서 아파트를 임대하거나 저렴한 여관(1박 10위안)을 이용했다. 아울러 한국 유학생에게 임대된 사례를 많이 볼 수 있다. 원주민은 이러한 임대수입으로 주변 고층아파트를 구입해 살고 있다. 여기서는 부모세대의 개발이익을 자식세대가 누리는 것을 '컨라오啃老(부모 정강이를 물다)'라고 표현한다.

2000년 원주민의 주거에 따라 W사구, S사구, Q사구 세 곳에 주민위원회를 조직했다. 2004년 이 사구를 병합해 새로운 도시사구인 X사구를 만들어 주민위원회를 두었다. 이 과정에서 원주민은 농촌호구에서

도시호구로 전환되었다. 또한 N촌 주민은 호구를 전환할 때, 생산대대가 소유하던 농지관리권에 대한 보상금, 대대가 경영하던 기업자산, 아파트, 사무실 건물 등의 부동산을 관리하기 위해 기존의 촌을 기반으로 Y공사를 조직했다. 40세 이하의 주민은 Y공사의 사원이 되었으며, 급여, 양로보험 등 그때까지 누려오던 권리를 계승했다. X사구는 주임, 부주임, 다섯 명의 위원으로 구성되어 있다. 주민위원회의 경비는 2001년 당시 연간 2,000위안으로 정부가 지급했다. 주요한 지출은 전화비 월 70위안, 수도 및 전기세 월 30위안, 사무실비 월 10위안이다. 아울러 정부조사나 자료제공 등 방문조사 대상이 된 가족에게는 수당으로 10위안이 지급되었다.

한 동당 한 사람씩 두었던 동장에게는 사례금을 지급하는 대신 다과회 등에서 과일이나 음료를 제공했다. 2004년 9월 주민위원회를 개선해, 비용을 10,000위안으로 증액하고, 세 개의 주민위원회, 즉 W사구(J로 171호), S사구(G로 14~18구), Q사구(A동, B동)가 독자적으로 사용하도록 했다.

기존 T촌과 N촌 주민은 농촌의 생활습관을 유지하여, 원주민끼리 단체여행을 하거나 건강·오락모임을 조직하고 있다. 요고대腰鼓隊, 군고대軍鼓隊(군대에서 사용하는 북), 앙가대秧歌隊(본래 중국 화북 농촌지방의 모내기 노래), 유력구대柔力球隊(소프트 파워볼), 건신구대健身球隊(노인이 혈액순환과 근육이완을 위해 손에 놓고 굴리는 쇠나 돌로 만든 공), 무도대舞踏隊 등이 있고, 대장隊長에게는 주민위원회에서 약간의 사례금을 지급하고 있다.

건설 당시 주택에는 공공 난방설비가 없었는데, 2007년 9월부터 스팀난방을 공급하고 요금을 징수하고 있다. 설비에 1,100만 위안의 비용이 들었는데, 주민이 800만 위안, 상업경영자가 300만 위안을 부담했다. 난방비는 주민이 연간 160위안/m^2, 상점은 60위안/m^2을 징수한다. 임대주택의 입주자는 별도의 관리비로 호당 월 5위안을 사구주민위원회에 낸다.

한편 N촌민위원회는 조직을 재편하여 Y공사를 설립하고, 1964년 이전에 태어난 촌민(40세 이상) 전원을 사원으로 했다. 단 정부기관이나 국영기업에 근무하는 사람은 단위 소속이기 때문에 공사의 사원이 될 수 없었다. Y공사의 바탕에는 생산대대 시절부터 이어져온 기업인 모피제품가공공장, 자동차수리공장, 곤포梱包공장, 골판지 박스 공장, 나무상자 공장, 옌얼다오燕兒島호텔, 배터리 공장, 해산물 가공공장, 자동차수입회사 등이 있다. 자동차수리공장은 그 산하에 중고차판매회사를 두고 있다. 자동차수리공장, 배터리 공장, 자동차수입회사는 경영이 순조로워 수익이 높은 편인데, 이러한 경영이익으로 더욱 많은 투자하고 있다.

Y공사가 소유하는 가옥을 임대해 수익을 올리고 있다. 또 Y공사가 관리하는 기업 중 나무상자 공장이나 곤포공장 등 경영상태가 좋지 않은 곳은 폐업하고 그 부지를 임대하고 있다. 해산한 공장 직원들은 공사의 다른 기업에 재고용되어 취업을 보장받고, 공장 임대료로 직원 생활비를 마련하고 있다. Y공사 경영관리는 모두 기존 N촌민들이 담당하고, 공장에서 일하는 현장 직원은 외지인을 고용하고 있다.

Y공사는 N촌민에게 다양한 편의를 제공하고 있다. 60세 이상 노인에게 매달 100위안의 부양비를 지급하고, 노인절老人節(9월 9일 중양절重陽節)에는 선물, 땅콩기름, 참기름, 밀가루 등의 현물을 지급한다. 이전의 촌민이라도 밖으로 나가 일하는 사람, 1965년 이후 출생자는 사원자격이 없기 때문에 복지혜택이나 현물혜택을 받을 수 없다.

V. 확장하는 도시공간

칭다오시는 교외를 포섭해가며 도시화를 진행하고 있다. 이 과정에서 교외의 촌은 어떻게 변모했을까. 여기서는 칭다오시 남동부 해안에 위치한 L구 S촌의 사례를 소개하고자 한다.

1. S촌의 인구개황

S촌은 총 1,498호로 촌 호구를 가진 인구는 4,072명이다. 2001년 개발구로 지정된 후 주민은 도시호구에 편입되었다. 호구를 가진 사람 중 이곳에 거주하는 사람은 약 2,000명이고, 나머지 절반은 다른 곳에서 산다. 여성은 결혼 후에도 호구를 이곳에 남기기 위해 밖으로 나가는 것을 꺼리는 경향이 있다. 명예촌민名譽村民이라는 규정이 있는데 760명이 그 대상이다. 외부에서 온 사람이 이곳 주택을 구입한 경우 명예촌민의 대우를 받을 수 있는데, 이것도 이 촌의 관계자 가족에 한정된다. 촌의 동쪽에는 민간개발회사에 의뢰해 고급주택지를 건설했다. 용지 보상비는 7,000위안/㎡으로 판매가격은 1만 수천 위안/㎡이다. 분양주택은 개발회사가 관리하고 입주자 관리에 촌은 관여하지 않는다.

2. 여행레저지구 개발프로젝트

2006년부터 여행레저지구 개발에 착수했다. 촌중심부에 접한 해안선의 동서 약 1km가 그 대상이다. 어항漁港이나 양식시설을 모두 철거하고 골프장, 클럽하우스, 스포츠·체육시설이 건설되고 근처에 고급호

〈그림 5〉 S사구 이전주택지(2006년 8월 필자 촬영)

텔도 들어섰다. 또 동쪽으로 관광원觀光園이 인접해 있어, 도로를 끼고 해안가에는 식당가가 조성되었다. 관광원은 이 촌의 개발프로젝트의 하나로 1998년 착수해 2003년에 개원했다. 관광원과 연결된 배후의 산을 모두 녹화綠化하고 산책로를 정비했다. 1999년에 개원한 다원茶園에서는 이 지역의 특산물인 라오산녹차嶗山綠茶를 생산하고 있다. 차 재배에서 가공까지 모두 촌의 사업으로 경영하고 있다.

3. 주택개발

해안의 촌민을 이전시키기 위해 촌의 중심부에 택지를 조성했다. 1996년 29동 1,100호를 건설하고, 철거한 860호에 주택을 제공했다. 이어 533호의 주택을 공급했다. 여기에 체육시설과 도서관이 있는 문화센터, 공설시장, 유치원과 초등학교가 설치되었다. 새로 지어진 주택은 최저 50m²에서 최대 110m²의 규모로, 냉난방 설비를 완비하고 있다. 원주민에 대한 보상은 7,000위안/m²으로 환산해 새 집의 구입가격과 정산하는 방법을 취했다. 이것은 시장가격으로 1만 위안/m² 이상에 거래되는 것에 비교하면 매우 저렴하다. 주택소유권은 구입자에게 있지만 시장에서의 판매는 인정하지 않는다.

4. 촌민의 생업 및 어업보상

2006년에 38호의 양식장을 폐쇄하고, 양식장과 선박에 대한 보상을 했다. 양식장은 정부 보상금 외에 촌에서 어민에게 1무畝당 1,000위안의 보상금을 지급했다. 어선에 대한 보상은 촌이 담당해 한 척당 5만 위안의 보상금을 지급했다. 관련시설의 해체는 촌이 보상금을 냈다. 어업을 그만 둔 38호에 대해, 남성은 45세 이상, 여성은 40세 이상의 주민에게 매달 200위안의 생활보상금을 지급하고 있다. 관광원 설립 등으로 주민들의 취업기회는 확대되고 있지만, 취업이 가능한 인원은 한정되어 있다. 관광원에 80명, 관광원 이외 차밭에 32명, 산림관리에 35명이 취업했다. 그 외의 사람들은 칭다오시내에서 일한다.

5. 행정기구

S촌에는 당위원회와 촌민위원회가 있다. 또 개발 사업을 추진하는 S실업총공사實業總公司가 있다. 당위원회는 일곱 명의 위원으로 구성되고, 촌민위원회는 주임, 부주임, 위원으로 구성된다. S실업총공사의 총리總理는 당서기가 담당한다. 부총리는 주임이 담당한다. 촌민위원회의 주임이 촌 행정전반을 담당한다. 부주임은 수리 및 전기 관리와

위생을 담당한다. 위원은 어업경영과 산림관리를 담당한다. 촌민위원회에는 부녀회, 촌민중재원회村民調解委員會, 안전경비부武裝部가 있다. 촌민위원회의 주임은 당위원회 제1부서기副書記가 담당한다. 당위원회는 서기 한 명, 부서기 두 명, 당지부黨支部 서기 네 명으로 이루어져있다. 민정, 기업, 치안, 계획출산, 조직, 선전, 노동보상 등의 업무를 담당하고 있다.

아울러 개발 사업을 추진하는 기구로 S실업총공사를 설립했다. 예전에는 전기도금공장, 수산가공공장 등 촌이 경영하던 공장을 관리했다. 현재는 여행레저지구 개발, 관광원 경영, 공업지구(L구내) 개발, 식당가와 잡화점 등 점포 임대, 그리고 각종 투자(고급주택지, 고급호텔)를 관리한다.

사장總經理은 당위원회의 서기가 담당하고 이사회董事會가 경영전반을 책임진다. 일곱 명의 당위원 중 다섯 명(서기, 부서기 두 명, 위원 두 명)이 이사회 소속이다. 촌민에 대한 사회복지 사업비는 S실업총공사의 수입에서 충당된다. 촌민은 S실업총공사의 직원자격으로 어업보상을 비롯한 각종 보상금을 수령할 수 있다. S실업총공사의 사업은 촌민 생활에 깊이 관여하고 있고 경영내용을 비롯한 운영전반은 당위원회, 촌민위원회, 촌민대표의 공동결정으로 이루어진다.

6. 재정

첫째, 부동산 경영과 수입이다. 연간 총수입은 4억 9백만 위안으로 가장 큰 비중을 차지하는 항목이 토지와 가옥 임대수입(약 2억 위안)이다. 촌의 경상경비로 볼 수 있는 수입은 9천890만 위안으로, 이 중 관광원 수입이 1000만 위안이다. 주택개발회사가 촌의 동편에 인접한 곳에 고급주택을 건설했는데, 구입자는 거의 외부인이다. 촌은 토지를 제공하고, 개발회사가 주택지 개발과 경영을 도급했다. 자금제공은 촌이 30%의 주식을 취득하는 금액으로 계산되었다. 매년 주식 이율을 수입으로 수취한다. 또 L구 중심에서 멀지 않은 곳에 400실 규모의 호텔을 건설했다. 호텔 건설자본은 토지 제공, 건물 건설, 호텔 경영을 하는 세 기업의 공동출자 형태로 하고, 촌의 주식소유는 40%로 그 이율을 수입으로 하고 있다.

둘째, 촌의 재정지출이다. 기업투자비는 수억 위안이다. 주요 항목은 해안의 전복양식장을 철거한 보상비, 공업단지 건설비 8천만 위안, 노인아파트 건설비 1억 2천만 위안, 주택건설에 따른 냉난방시설 투자비 7천 위안이다.

셋째, 복리비는 사회보장, 연말 상여금, '우바오후五保戶(빈곤가정)' 지원, 군속軍屬 가족수당, 실업청년 수당, 학교관리비, 계획출산육아 활동비 등으로 구성된다. 연간 1000만 위안의 예산을 편성한다. 이 외 촌민의 양로보험료의 반액을 촌에서 부담하고 있어, 연간 약 400만 위안의 예산을 편성한다. 촌민에게 주는 연말상여금은 400만 위안으로 춘절春節에 한 명당 1,000위안의 상여금이 지급되고 있다. 아울러 어머니의 날, 아버지의 날 등의 기념일에 선물이나 기념품을 지급하고 있다. 촌민들의 단체여행을 기획하는 경우도 있는데, 2005년에는 황다오개발구黃島開發區의 견학비용을 부담했다.

넷째, 사회 인프라에 대한 것이다. 도로 보수비 등 필요한 경비는 촌 예산에서 지출한다. 상수도에 관해서도 구역 내 수도관 부설이나 보수는 촌이 지급한다. 쓰레기 회수 비용도 촌이 부담하고 있다. 청소부 20여 명을 고용하고 있다. 이들의 임금만 해도 30만 위안이 넘는다. 쓰레기는 매일 회수차를 운행하여 L구 쓰레기처리장으로 옮긴다. 회수차의 구입 및 유지비도 촌이 부담한다.

다섯째, 초등학교는 매년 30만 위안의 예산을 편성한다. 교사는 20

명 정도인데 이 중 촌이 고용한 교사는 4, 5명이다. 1996년 교사校舍를 신축할 때 소요된 비용 450만 위안 중 절반을 촌이 부담했다. 초등학교를 개수改修할 때 유치원을 신설했다. 학교 운영비와 인건비 일부를 촌이 부담한다. 교사월급은 비교적 높은 편이다.

여섯째, 빈곤층에 대한 생활보조를 한다. 이곳에는 독거노인이 일곱 명 있다. 그들은 L구 Z가도사무소街道事務所가 경영하는 양로원에서 생활하고 있다. 입주비용의 일부인 600위안을 촌이 부담하고, 가도사무소도 일부 부담해 본인부담은 없다.

Ⅵ. 사구를 통해 본 지역사회 변동의 메커니즘

지금까지 교외에 개발된 도시사구 속의 소구, 도심에 존속하는 촌사회, 도시화 한 농어촌 사구에 대해 소개했다. 이들 통해 사구를 운영·관리하는 실제 활동에서 부동산관리회사의 역할이 크다는 것을 알 수 있었다. 본론에서 소개한 부동산관리회사는 주민위원회와의 관계를 기준으로 네 개의 유형으로 나눌 수 있다. 마지막으로 이 유형을 소개하고, 오늘날 칭다오의 지역사회 변동 메커니즘에 대해 살펴보고자 한다. 이와 함께 이 글의 서두에서 언급한 '산업화 명제'에 대한 문제제기에 시론적 의견을 제시하고자 한다.

유형A는 주민위원회와 부동산관리회사 및 기업총공사가 일체화된 사례이다. 생산대대의 재산을 계승한 지역에서는 행정기능의 부분을 담당하는 주민위원회와는 별도로, 자산을 관리하고 경영이익을 발전시키는 자산관리회사를 설립하고 있다. 기존의 주민들은 기업의 사원이 되고 촌이 공유하는 이익을 누리고 있다. 전형적인 사례는 S촌의 S실업총공사의 활동이다. 인민공사 시대의 생산대대에서 승계한 어장

권漁場權, 토지소유권을 촌이 일괄 보유하는 모체가 되었다. 경작지와 어업을 포기한 현재는 국가가 지급한 어업보상을 관리하고 이를 자원으로 새로운 개발에 착수하고 있다. 아울러 공유재산으로 촌민을 위한 주택건설 및 교육·복리에 힘쓰고, 쓰레기 회수를 비롯한 생활환경 정비로 주민에게 쾌적한 생활조건을 제공하고 있다. 이곳은 기존 촌민과 외부 이주민 사이의 권한이 명확해 이주민은 이익배분에서 배제된다.

　유형B는 주민위원회와 별도로 사업 회사를 조직하고 있는 사례이다. X사구는 도심에 위치해 사무실 건물과 유흥시설, 쇼핑, 식당이 밀집해 있어 외부인의 유입이 많다. 하지만 본문에서 소개했듯이 N촌과 T촌 주민은 이곳에서 자신들의 생활공간을 유지하고 있다. 도심 한복판에서 대대大隊가 조업하던 기업을 유지시키고 공유재산을 확대해, 생산대대의 구조를 계승한 체제를 새롭게 만들어냈다. 따라서 X사구는 이주민과 대대에서 계승된 원주민으로 이루어진 Y공사의 사원이 섞이지 않는 모자이크 구조로 구성된다. X주민위원회는 원래 X사구 거주민 전원을 대상으로 하는 것을 원칙으로 하지만 실제는 N촌과 T촌 기존주민이 사는 지역에 한정하고 있다.

　유형C는 부동산관리회사가 지역 보전의 중심이 된 사례이다. H사구의 G소구는 기존 주민이 다른 곳으로 이전해 조직이 소멸되고, 부동산관리회사가 가옥관리와 부동산 운용 주체가 되었다. 대대시대 촌의 공유재산을 유지·관리하는 조직이 없는 경우도 있어, 기존 주민이 임대 혹은 매각을 하고 다른 곳으로 이동한 것으로 추측된다. 사구 건물에는 주민위원회 사무소, 오락시설, 열람실 등이 설치되어 커뮤니티센터로서의 역할하고 있다. 주민위원회는 각 동의 동장을 통해 구성되지만, 인구관리나 계획출산육아와 같은 정부가 위탁한 활동이 주요 업무로 주체적인 지역사회 형성이라는 측면에서는 그 영향력이 적다. 부동산관리회사는 도로 청소, 쓰레기 처리, 개인가옥 수리, 누수, 벽의 균열 등 다양한 일을 담당하고 있어 그 처리에 급급하다. 부동산관리회사 담당자는 '부동산관리는 번거롭고 복잡하고 자질구레한 일이 많을 뿐 아니라 주민의 요구에는 부동산관리회사가 대응 할 수 없는 부분도 많아 주민과 관리공사 간의 모순은 어떻게 해도 조절 할 수 없다'라고 까지 한탄하기도 한다. 그러나 건설 당시 이 부동산회사에 제공된 관리비 적립금을 기금으로 부동산 시장에서의 활동을 지원하고 운용이익을 내며 일상적인 적자를 메우는 것으로 활용하고 있다.

유형D는 게이티드 커뮤니티의 사례이다. H사구의 J소구는 일종의 '외부인 출입 통제촌'의 성격을 가진다. 주위를 벽으로 둘러쌓고 사악한 기운의 진입을 가림벽影壁으로 막는 사합원을 연상시킨다. 관리회사에 주택관리를 위탁해 자산 가치를 높이려고 하고 있다. 철책의 단단하고 튼튼한 문이 닫혀있어 행상은 물론 주민과 면식이 있는 사람들도 안으로 들어가기 위해서는 입구에서 경비원에게 등록을 해야 한다. 원내는 청결하고 질서가 유지되고 있으며, 그것을 위하여 사람의 출입을 엄격히 관리하는 경비체제를 갖추고 있다. 빈방을 함부로 임대하는 것을 통제하고 임대해서 입주한 경우에도 부동산관리사무소에서 잠정주민으로 등록한다. 이 엄격한 관리 덕분에 주민들은 자신만의 안녕한 생활을 즐길 수 있게 된다. 그리고 주택의 자산 가치는 보전되며 주변 주택보다 가격이 크게 상승하는 것이 소구 주민들의 공통 관심사이다. 현재 고급아파트로 건설되고 있는 것은 예외 없이 이러한 형식의 닫힌 공간을 공유한다. 이를 통해 주택가격, 사회계층, 생활 형태를 비롯한 사회성까지도 공통항으로 생성하는 메커니즘을 보이고 있다.

도시화라는 변화의 양상에서 보면, 유형A의 S촌을 농촌사구의 전형적인 모델로, 유형C의 G소구를 도시사구의 전형적인 모델이라 할 수 있다. 즉 촌민위원회, 실업총공사(부동산개발회사), 공산당 지부가 유기적으로 연결되어 재산을 공유하는 '원주민本村人'과 '외지인外地人'의 권한 분리가 명확한 농촌사구 모델이 있다. 한편 사구의 공유재산이 없기 때문에 독자적인 활동을 예산으로 편성하는 것이 어려운 도시사구 모델이 있다. 도시사구에서는 주택지 보전과 생활환경 유지는 부동산관리회사가 주로 담당하고 학교수리비 등은 구정부가 부담한다. 공유재산이 없기 때문에 원주민과 외지인의 권한 차이는 없다. 이러한 두 개의 모델을 양극에 두면, 중국 사구의 도시화는 유형A 농촌사구 모델에서 유형C 도시사구 모델로의 전환이라 이해 할 수 있다.

아울러 이 과정은 몇 가지의 중간 형태를 상정할 수 있다. 첫째, 유형B의 X사구의 사례이다. 기존 농촌이 급격한 도시화 물결 속에 포섭되어, 외래 인구가 기존 인구를 압도하고 있다. 이 경우 행정말단조직인 주민위원회와 공유재산을 운용·관리하는 실업총공사는 별도의 조직이 된다. 기존 주민은 실업총공사의 사원이 되고 공유이익을 누리고, 생활환경관리를 부동산관리회사에 위탁한다. 원주민과 외지인과의 지위는 유지되며, 원주민의 생활공간과 외지인의 생활공간은 다른 영역에서 이루어져 모자이크적으로 구성된다. 이러한 사회구성의 바탕에는 주민위원회, 실업총공사, 부동산관리회사, 공산당지부조직의 유기적인 관련이 점차 작아지는 경향이 있다. 이러한 형태는 일반적으로 사구가 유형A에서 유형C로 변용하는 과정에서 나타나는 형태로 볼 수 있다. 그러나 유형A에서 유형C로의 전환은 단기간에 진전되는 것이 아니라는 점도 명확히 알 수 있다.

중간형태의 또 하나는 유형D에서 보이는 형태이다. 부동산관리회사가 주택의 자산 가치를 높이기 위해 주택관리를 엄격히 해 일종의 게이티드 커뮤니티로 닫아놓은 소구이다. 주택지 출입구에 수위守衛를 두고 출입을 관리하는 구획을 종종 볼 수 있다. 출입문을 경계로 소구를 외부로부터 차단하면서 내부는 관리를 통한 질 높은 공간을 보장해 주민의 규범의식을 조성하는 것이다. 이 사례는 유형A에서 유형C로 전환하는 것이 '폐쇄'에서 '개방'으로 향하는 것만은 아니라는 것을 드러낸다. 사람들이 공유재산을 유지·확대 하고자 할 때, '아까운 거름을 남의 땅에 떨어뜨리지 않는다肥水不落外人田'라는 격어에서 알 수 있는 것처럼, 이익을 공유하는 사람과 그렇지 않은 사람이 분명하고 이것이 지역사회를 구성하는 논리가 되고 있다는 것을 알 수 있다.

현대 중국에서는 산업화와 도시화에 따른 도농 간 격차, 지역 간 발전의 부조화, 취업과 계층의 격차라고 하는 격차구조의 해소가 가장 큰 관심사이다. 2011년에 책정한 '12차 5개년계획 요망'에는 민생의 보장·개선을 근본적인 출발점으로 하여, 고용관계의 안정화, 공평한 소득배분, 연금보험·의료보험 등 각종 사회보장제도의 확립, 그리고 세제개혁을 특별히 강조하고 있다. 특히 농촌인구의 도시 주민화도 착실히 이루어져, 도농 간 호구관리의 폐쇄성을 해소하고 국민으로 동등하게 취급하며 경비부담을 공평하게 하는 사회를 실현하려고 하고 있다. 그러나 이 글에서 소개한 칭다오의 사례를 보면, 격차를 시정하고자 하는 중국사회의 바램은 단기간에 한 방향으로 진행된다고 전망하기는 어려울 것으로 보인다.

그러면 격차의 시정을 어렵게 만드는 구조적인 장해는 무엇일까. '이익을 공유하는 자와 그렇지 않은 자의 자격'을 넘어 중국국민으로서의 '공동의 의사'(MacIver, 1917)는 어떠한 조건 속에서 만들어질 수 있을까. 그리고 중국사회 특유의 구조가 있다면, 그것은 무엇일까라는 문제가 남아있다. 여기서 재차 오늘날 동북아시아의 '격차'는 어떠한 구조와 논리 위에서 재생되고 있는지를 검토할 필요성이 제기된다. 이 과제를 동북아시아 연구자뿐만 아니라 전 세계 연구자가 각각의 연구 성과를 가지고 상호검토하는 것으로, 글로벌 사회의 구조를 복합적이고 입체적으로 이해하는 길을 열어갈 수 있을 것이라 생각한다. 아울러 이 글이 거기에 일조하게 되기를 희망한다.

■ 주

1) G소구와 J소구의 주민 300명에 대해 질문지를 준비하여 조사를 실시했다. 조사기간은 2009년 10월부터 12월이다. 소구 인구수에 대응하여 G소구는 229명을 J소구는 71명을 대상으로 했다. 대상자 선정은 무작위추출에 준하는 형식을 취했다.
2) 본문의 호수와 표 가운데의 호수가 일치하지 않는 곳이 있다. 이는 주민위원회 사무소로 임차한 방에 대한 셈법에 의한 차이에서 기인한 것이다.

▣ 참고문헌

佐々木衞·唐澤行雄 編, (2003), 『中國村落社會の構造とダイナミズム』, 東方書店.
佐々木衞, (2005a), 「中國朝鮮族の都市移動の社會的構造―青島市の事例から」, 『社會學雜誌』 22, 58~74쪽.
_____(2005b), 「現代中國村落の構造的特質とモダニゼーション―河北省X村の事例から―」, 北原淳 編, 『東アジアの家族・地域・エスニシティ：基層と動態』, 東信堂, 199~213쪽.
_____(2005c), 「中國朝鮮族に見られる移動と階層分化, エスニシティ」, 奧村眞知·田卷松雄·北川隆吉 編, 『階層·移動と社會·文化變容』, 文化書房博文社, 41~58쪽.
_____(2005d), 「國境を越える移動とエスニシティ―中國靑島の事例から」, 『アジア遊學』 81, 38~47쪽.
_____(2006), 「現代中國におけるグローバル化と構造轉換―「基層構造」パラダイムからみた農村―都市連關構造の展開―」, 北原淳·竹內隆夫·佐々木衞·高田洋子 編, 『地域硏究の課題と方法―アジア・アフリカ社會硏究入門【實證編】』, 文化書房博文社, 85~102쪽.
_____(2007), 「中國における土地開發ただ中のコミュニティ―青島L區・S村」, 『社會學雜誌』 24, 34-46쪽.
_____(2012a), 『現代中國社會の基層構造』, 東方書店.
_____(2012b), (李升譯) 『全球化中的社會變遷―日本社會學者看現代中國』, 中國科學出版社.

MacIver, Robert M., 1917, *Community: a sociological study: being an attempt to set out the nature and fundamental laws of social life*, Macmillan.
Robert E. Park, Ernest W. Burgess & Roderick D. McKenzie ed., 1925, *The City*, The University of Chicago.

사사키 마모루 | 고베대학(神戶大學) 명예교수

14.
개혁개방 후 칭다오의
지역사회 재구성과 커뮤니티의식

리성(李升)

Ⅰ. 들어가며

개혁개방 이래 중국의 도시 사회구조는 커다란 변화에 직면해 왔다. 특히 급격한 경제발전을 이룬 동부 연해의 도시들은 도시화와 함께 대규모 인구이동을 경험했다. 그 과정에서 도시 주민의 생활방식에 변화가 발생했고, 도시사구社區(중국 사회학에서는 커뮤니티community를 사구로 번역한다)를 재건하고자 하는 움직임이 나타났다. 2000년대에 들어 칭다오에서도 정부의 도시발전계획과 시장자본의 부동산 투자가 결합하면서 빌딩군의 건설을 중심으로 하는 사구 건설이 이루어졌다. 이러한 움직임은 연해 중심지대에서 내륙의 변연지대로 끊임없이 확장되며, 현지 주민은 물론 외부 유입인구에게도 새로운 생활공간을 제공했다.

중국의 사회학은 미국의 실증적인 커뮤니티 연구를 도입하는 동시에, 일본의 지역공동체local community 연구를 참조하여 중국 사구에 대한 연구를 전개해왔다. 중국 기층사회구조의 변화로 사람들은 사구의 주체로서 자유·자율적인 시민의 형성을 기대하게 되었다. 신중간층(신중산층)과 부유층의 출현과 중국 공민사회公民社會의 성숙은 사회학의 연구과제가 되었고, 주민의 자주성과 개성이 실현되는 '유대의 장'으로서 사구의 존재 조건에 대한 탐색이 시작되었다.

주민위원회居民委員會의 조직을 핵심으로 하는 현대 중국 내 사구 건설은 사구의 자치성과 주민 자주성을 추구하는 데 의의가 있으며, 이는 일본의 지역사회건설에서 말하는 커뮤니티의 규범성을 확립하는 것에 상응한다. 지역사회건설은 '어떠한 지역 범위에 일정한 행정기능을 부여하고, 그것이 일상적인 사회생활의 단위가 되도록 재조직하는' 것이며,[1] 이러한 지역사회는 기초자치체基礎自治體의 역할을 담당하는 것으로 인식된다.[2] 커뮤니티가 주민 유대의 장으로 기능하기 위해서 커뮤니티의식의 형성은 대단히 중요하며, 이러한 의식이 부족할 때는 다양한 사회 문제가 발생하게 된다.[3]

그렇다면 급속한 도시화 속에서 주민 이동과 도시공간의 재구성을 겪으며 형성된 중국의 사구 의식이란 어떤 것일까? 도시사구의 규범성(사구 건설이 불러일으킨 주민의 자주성과 주체적 에너지)은 어떠한 형태로 존재하는가? 이 글은 일본 지역사회연구에서 이용되는 지역사회의식 조사방법론을 차용하여 이 문제에 접근하고자 한다.

Ⅱ. 커뮤니티의식 연구모형의 구축

일본의 지역사회연구에서는 지역에 대한 적극적인 관심과 참여를 불러일으키는 조건을 강조한다. 일본은 1970년대부터 시작된 행정 주도하의 지역사회건설에서 생활공간生活場의 건설에 힘을 쏟았다. 이러한 생활공간에서 주민은 시민으로서의 자주성과 책임감을 인식하고, 주민 자치성과 주체성을 갖춘 새로운 지역사회의 건설이라는 공동 목표 아래서 구성원 간의 상호 신뢰감을 가지게 된다.[4] 이러한 커뮤니티는 힐러리George A. Hillery가 말한 커뮤니티의 공통적 특징인 지역성, 공동성, 정체성을 갖추고 있을 뿐 아니라,[5] 주민의 주체적 참여성과 자치성을 더욱 강조한다. 커뮤니티의식이 지역사회 행동체계의 핵심을 형성한다는 점에는 어떠한 의문도 없다. 일반적으로 지역에 대한 애착심과 관심(이러한 감정은 대개 지역생활환경의 질과 밀접하게 연계되어 있다)이 없다면, 이른바 지역을 위해 공헌하고자 하는 의지와 동력을 이해할 수 없고, 커뮤니티에 대한 적극적인 참여가 생겨날 수 없다. 그 밖에 주민의 정주성과 커뮤니티에 대한 평가 역시 커뮤니티의식의 중요한 부분을 구성한다.

오쿠다 미치히로奧田道大는 '새로운 커뮤니티' 형성의 분석모형을 두 개의 축선에 따라 네 개의 유형으로 나누었다.(그림 1)[6]

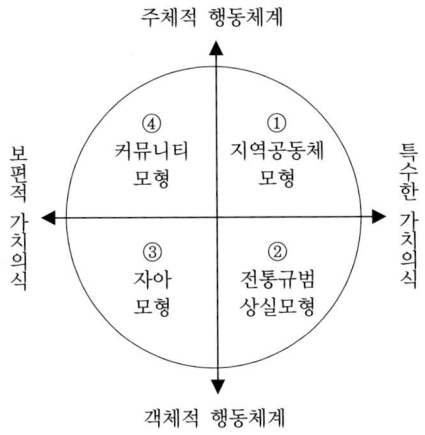

〈그림 1〉 지역사회 행동체계

제1축선은 주민이 주체적으로 커뮤니티 활동을 조직하는지 아니면 행정에 의존하는지를 나타낸다. 제2축선은 커뮤니티 가치에 대한 주민 의식이 보편·연대적인지 아니면 특수·배타적인지를 나타낸다. ① '지역공동체모형'은 지연地緣과 감정에 기반한 연대로 대외 폐쇄적인 성격을 가진다. ② '전통규범상실모형'은 지역공동체모형이 해체된 후 주민이 귀속 대상을 상실하면서 지역에 무관심한 상태이다. ③ '자아모형'의 주민은 자신의 권리를 주체적으로 인식하고 권리 획득을 요구하지만, 자신과 밀접한 관련이 있는 문제에만 관심을 가진다. ④ '커뮤니티모형'은 주민이 지역사회 전체를 고려하는 넓은 시야를 가지고 커뮤니티에 적극 참여한다. 오쿠다는 이상적인 도시화 과정을 '지역공동체모형'에서 '전통규범상실모형'으로 간 후, 다시 '자아모형'을 거쳐 최종적으로 '커뮤니티모형'으로 나아가는 것으로 보았으나, 사회구조의 변화에 따라 '자아모형'에서 '지역공동체모형'으로 회귀할 가능성도 있음을 지적했다.7) 스즈키 히로시鈴木廣는 오쿠다의 '커뮤니티모형'을 실제 지역사회에 대입함으로써 커뮤니티의식을 '지역적 상호주의', '지역적 이기주의', '개방적 이기주의', '개방적 상호주의'의 네 개 유형으로 구분하였다.8)

스즈키 히로시는 커뮤니티의식을 강약 정도와 방향성에 따라 커뮤니티정신과 커뮤니티규범의 두 축으로 나누었다.9) 커뮤니티정신은 커뮤니티에 대한 주민의 관심을 나타내며, 커뮤니티에 대한 정감, 통합 의식과 참여 의향으로 구성되어 있다. 커뮤니티규범은 커뮤니티 본연의 상태(이상적 상태)에 대한 주민의 인지를 나타내는 것으로, 주체주의-객체주의, 평균주의(균등주의)-차별주의, 보편주의-특수주의의 세 가지 요소를 포함한다. 커뮤니티의 유익한 활동에 참여하고자 하는 의지commitment(참여의지)는 지역에 대한 애착심attachment(정감연대)과 통합integration(통합감각)이 유기적으로 연결되어 있다. 애착심은

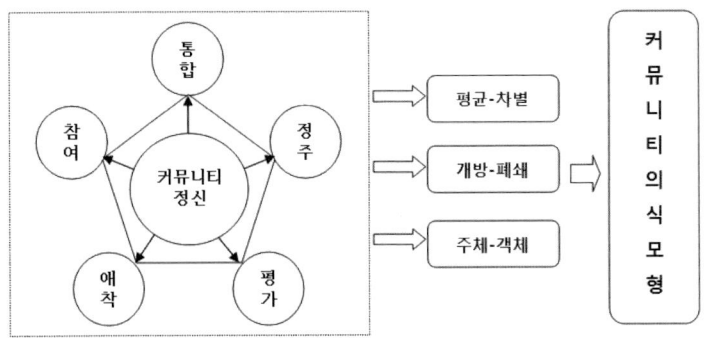

〈그림 2〉 커뮤니티의식 모형의 분석 지표

커뮤니티 참여를 불러일으키는 동력이고, 통합은 커뮤니티의 주민에 대한 포용성 및 상호 협력적인 태도로 구현되며, 커뮤니티의식의 폐쇄성과 개방성을 드러낸다(특수화와 보편화). 커뮤니티에 대한 주민의 감정과 동력은 여기서 생활하는(정주성) 가치 필연성을 기반으로 한다. 이러한 필연성은 여기서밖에 살아갈 수 없기 때문에 생기는 피동적 선택(객체화)과 여기서 살기를 희망하여 생기는 능동적 선택(주체화)이라는 각기 다른 형성기제에서 발로한다. 도시화가 끊임없이 이루어지는 현대사회에서 주민 구성은 점차 복잡해지고 있고, 같은 커뮤니티 내에서도 무관심형 주민, 권리요구형 주민 등 각기 다른 유형의 주민들이 생겨나고 있다. 이러한 상황에서 생겨난 커뮤니티의식은 방임하거나 관찰하는 유형 아니면 생활 전반의 권리에 대해 주목하는 진정한 시민형으로 표출되며, 이는 평균화(균등화)와 차별화로 나타난다.

커뮤니티모형에 대한 이해와 커뮤니티정신 및 규범의 각 요소를 바탕으로 커뮤니티의식모형의 분석 지표를 제시할 수 있다.(그림 2) 본론에서는 ①통합integration(커뮤니티를 통하여 연결되는 일체감), ②정주

settlement(현재의 커뮤니티에 장기 거주하고자 하는 정주 의향), ③평가 assessment(커뮤니티 발전에 대한 낙관적 태도), ④애착심attachment(커뮤니티에 대한 깊은 정감), ⑤참여commitment(커뮤니티 생활을 더욱 풍부하게 할 수 있는 활동에 대한 참여)라는 다섯 가지 요소를 커뮤니티정신(커뮤니티의식의 강약 지표)을 대표하는 지표로 삼는다. 이들 지표의 비중은 각기 다른 커뮤니티규범의 방향, 즉 평균(균등)-차별, 개방-폐쇄, 주체-객체로 나타나며, 나아가 각기 다른 커뮤니티의식모형으로 나타난다.

Ⅲ. H사구에 대한 조사와 분석

1. 조사지와 조사방법

필자는 2009년 칭다오시 동부에 위치한 L구의 H사구에서 설문조사를 실시했다. H사구는 G커위안科園, T자위안家園, J화팅華庭의 세 개 소구小區로 구성되어 있다.(이하 G소구, J소구로 표기) 소구의 경계는 각기 다른 부동산 투자자가 건설한 아파트단지로 구분된다. 조사대상자는 G소구와 J소구의 주민 중에서 선정했다. 각 단지의 규모는 G소구가 50동 151개 라인, J소구가 27동 48개 라인이었으므로, 규모에 맞추어 G소구에서는 229세대, J소구에서는 71세대를 선정하여 설문지를 방문 배포했고 100% 회수했다. 조사 세대는 각 라인 3층 주민을 표본으로 추출했는데, 만약 301호 주민의 부재 시에는 201호나 401호를 대상으로 했다. 조사대상자로는 주로 각 가정의 호주를 선택했으나, 몇 대가 함께 살거나 호주가 이곳에 거주하지 않는 경우에는 가정 내에서 영향력이 큰 사람을 대상으로 조사를 진행했다.

H사구 내에는 종합사무동, 파출소, 병원, 건축회사와 은행 등 생활의 핵심이 되는 기관 및 시설들이 있고, 채소, 과일, 수산물, 각종 육류와 곡물 등 식료품과 기타 잡화를 취급하는 시장 및 대형 주차장이 있다. 간선도로변에 있는 건물 1층에는 잡화와 건축 재료를 파는 상점과 식당, 편의점 등이 있어 일상생활의 수요를 만족시킬 수 있다. 사구 내에는 세 개의 유치원(두 개는 사립)이 있고, 주변에는 초등학교와 중학교가 있으며, 그 밖에도 호텔과 음식점이 있어 지역사회의 중심기능이 집중되어 있다고 할 수 있다. 대로변의 건축물은 대부분 2000년대에 지어졌고, 주요 간선도로는 2009년에 부설된 것이다. H사구의 구성에 대해서는 이 책의 13장 〈표 1〉을 참조하기 바란다.

1993년 지어진 G소구는 건물 50동에 1,917세대, 5,751명의 주민이 거주하고 있다. 그 가운데 310세대는 이 구역이 가오신과학기술산업개발구高新科技産業開發區로 재개발되는 과정 중에 퇴거했다가 완공 후에 되돌아온 원주민들이다. G소구 내에는 종합사무동, 파출소, 동물병원, 건축회사와 은행이 있으며, 재개발 전에 있었던 일부 단위單位도 개발구의 완공 후 다시 돌아왔다. 그러나 이 책의 13장 〈표 2〉에서 알 수 있듯이 이번 조사대상에 포함된 원주민 70명 중 계속 이곳에 거주해 온 사람은 13명(18.6%)으로, 대부분의 원주민은 보상으로 받은 주택을 팔거나 임대했다. 그 밖에 완공 당시 교사와 정부기관의 독신자 기숙사로 제공된 주택 역시 매각되거나 임대된 경우가 많았다.

J소구는 2003년에 만들어져 2004년부터 주민 입주가 시작된 새로운 아파트단지이다. 27동의 아파트에 735세대, 2,160명의 주민이 살고 있으며, 단지 내에는 공공 공간인 광장이 있다. 단지의 출입은 보안요원이 관리하고 많은 감시 설비가 설치되어 있으며, 출입관리카드刷門卡를 이용하거나 세대원을 호출하여 잠금장치를 해제해야만 들어갈 수 있는 게이티드 커뮤니티Gated Community의 형태를 보인다. 광장 주변에는 휴식,

오락, 운동을 위한 시설들이 있고, 단지 바깥쪽 대로변의 건물 1층에는 잡화점, 편의점, 패스트푸드점, 병원과 부동산중개소 등이 있다.

조사대상자의 거주 형태를 보면, G소구는 임차의 방식으로 거주하는 주민의 비율이 30%를 넘었으나(정부 숙소 제외), J소구는 주택을 구입하여 입주한 주민의 비율이 높았다. H사구 조사대상자의 거주 형태에 대해서는 이 책 제13장 〈표 2〉를 참조하길 바란다.

2. 조사결과 분석

1) 조사대상자의 기본적 속성

먼저 조사대상자의 성별, 연령, 학력, 소득 및 거주 형태와 같은 기본적인 속성을 분석하고자 한다. 이것은 커뮤니티의 기본 구조를 판단하는데 도움을 주고, 나아가 커뮤니티의식 분석에 있어 참고할 만한 근거를 제공할 것이다.

조사대상자의 평균연령은 G소구가 43.6세, J소구가 40.8세였다. 두 구역 모두 18세에서 34세 사이의 젊은 층의 비율이 40% 가까이를 차지했고, 35세에서 49세까지의 연령층과 65세 이상 연령층에서는 G소구의 비율이 약간 높았다. 이러한

〈표 1〉 H사구 조사대상자의 기본적 속성

기본적 속성	분류	G소구	J소구	합계
성별	남	42.3	47.1	43.4
	여	57.7	52.9	56.6
연령	18~34세	39.3	39.4	39.3
	35~49세	24.5	29.6	25.7
	50~64세	24.0	23.9	24.1
	65세 이상	12.2	7.1	11.1
학력	무학력/초등학교	16.6	8.5	14.7
	중학교	20.5	7.0	17.3
	고등학교	20.1	21.1	20.3
	전문대학	20.5	29.6	22.7
	대학/대학원	22.3	33.8	25.0
가구 월수입	소득 없음	0.9	0	0.7
	1~2,000위안(元)	24.2	5.8	19.9
	2,001~3,000위안	16.8	8.7	14.9
	3,001~5,000위안	22.0	13.0	19.9
	5,000~7,000위안	17.6	14.5	16.9
	7,000위안 이상	18.5	58.0	27.7

결과는 G소구가 J소구보다 오래되었고, 구역 재개발 전의 원주민 세대가 일부 거주하고 있는 상황을 반영한다. J소구의 조사대상자 중에는 전문대학이나 대학 본과 및 대학원을 졸업한 경우가 63.4%를 차지했고, 가구 월수입이 7,000위안 이상인 경우가 58%를 차지했다. G소구와 비교하여 J소구는 고학력, 고소득자가 많은 편이라고 볼 수 있다.

2) 생활환경에 대한 평가[10]

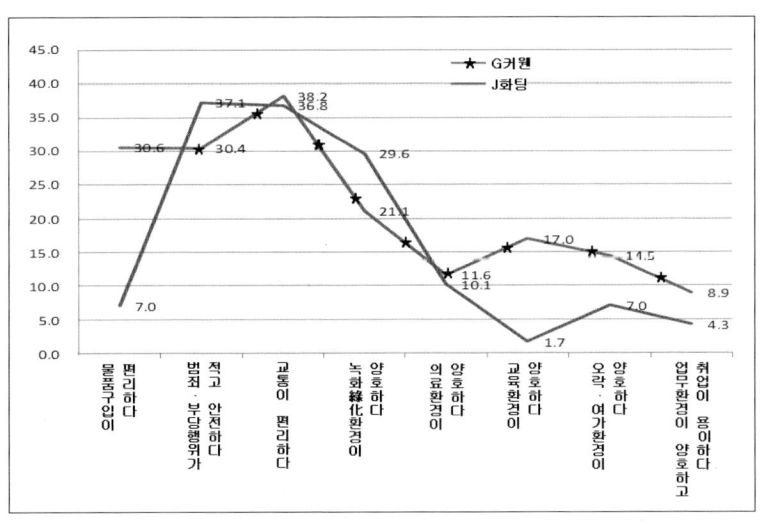

〈그림 3〉 H단지 생활환경에 대한 평가(긍정 회답 비율)

다음으로 커뮤니티의 객관적 조건에 대한 주민의 평가를 분석하고자 한다. 생활환경에 관한 여덟 개 문항을 설정하여 조사대상자가 긍정과 부정 중에서 한 가지 답변을 선택하는 방식으로 진행되었다.

생활환경에 대한 주민의 평가는 G소구가 J소구보다 긍정적이었다. 학력과 소득이 계층성을 나타내는 지표라고 본다면 J소구의 계층성이 비교적 높았으나, 높은 계층일수록 사회적 기대와 요구 수준 역시 높아지는 까닭에 지역 생활환경에 대한 만족(긍정적 평가)과 연결되지 못했을 것이다. 특히 물품구매와 교육환경 항목에서 J소구 주민의 평가가 G소구보다 현저히 낮다. 실제로 G소구에는 대형주차장을 구비한 시장이 있고 상점도 많은 편이다. 비록 그렇다고 할지라도 이것 역시 계층 차이에서 야기되는 소비 취향 및 자녀 교육에 대한 기대의 차이를 반영하고 있는지도 모른다. 그 밖에 오락과 여가, 취업 및 업무 환경 항목에서도 J소구의 평가가 낮은 편이었다. 반면 J소구 주민이 긍정적으로 평가한 항목은 녹화綠化 환경과 범죄·부당행위 및 안전에 관한 항목이었다. 이것은 J소구 내 건조환경의 수준을 반영하고, 게이티드 커뮤니티로서 이 구역의 특징을 보여준다고 할 수 있다.

3) 커뮤니티정신

커뮤니티정신은 주민의식의 강약 정도를 나타내는 것으로, 커뮤니티의식을 측정하는 중요한 잣대이다. 이번 조사에서는 통합, 정주, 애착심, 평가, 참여의 다섯 개 지표로 H사구의 커뮤니티정신을 측정했다.(그림 4~그림 8)

① **통합**: 주민 간의 상호협력의식이 강하다고 생각하는가?

〈그림 4〉 지역통합

② **정주**: 만약 조건이 허락한다면 이 지역에 계속 거주하고 싶은가?

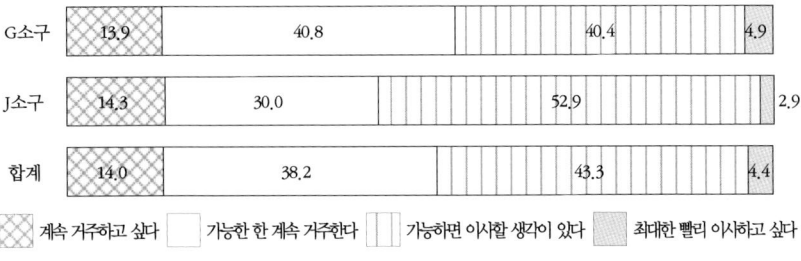

〈그림 5〉 지역정착

③ **애착심**: 만약 다른 사람이 커뮤니티에 대해 험담을 할 경우, 자신에 대한 험담처럼 느껴지는가?

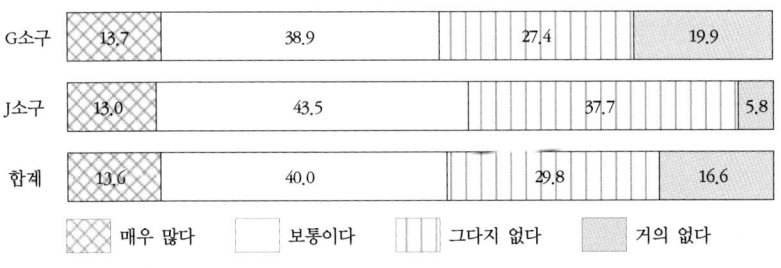

〈그림 6〉 지역감정

④ **평가**: 이 지역의 생활공간이 갈수록 좋아질 것이라 생각하는가?

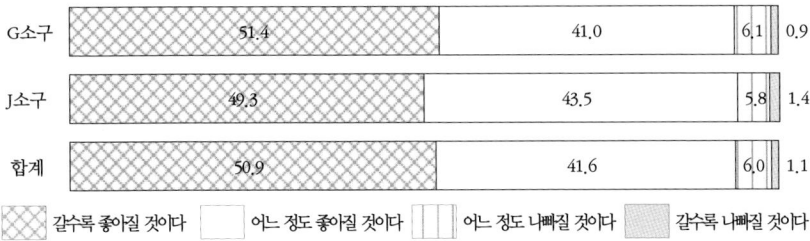

그 밖에 변화 없을 것이라는 의견이 G소구 0.6%, J소구 0.0%, 합계 0.4% 있음.

〈그림 7〉 지역평가

⑤ **참여**: 커뮤니티에 유익한 일에 자신의 역량을 발휘할 생각이 있는가?

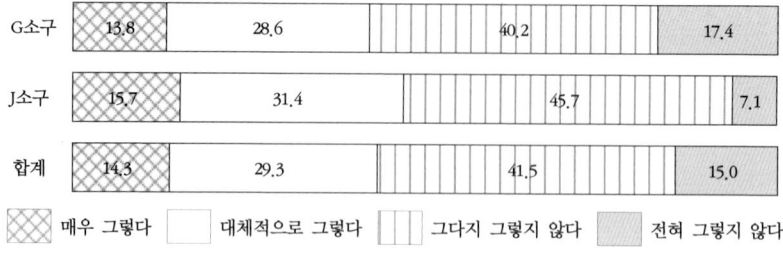

〈그림 8〉 지역참여

조사결과, 모든 지표에 긍정적인 답변을 한 경우가 절반에 가까웠다. 지역통합과 지역감정, 지역평가에 대한 항목에서 긍정적인 답변을 한 경우가 절반을 넘었고, 특히 앞으로 커뮤니티 생활공간이 발전할 것이라고 보는 긍정적이고 낙관적인 평가가 많았다. 〈그림 3〉에서도 볼 수 있듯이 현재 생활환경에 대한 주민의 평가는 그다지 긍정적이지 않음에도 불구하고, 미래의 발전 가능성에 대해서는 낙관적인 평가가 많음을 알 수 있다. 전체적으로 보았을 때, H사구 내 두 단지는 커뮤니티정신 측정에서 비슷한 패턴을 보였다.(그림 9, 10)

그러나 자세히 보면 지역통합과 정주에 관한 항목에서는 G소구의 평가가 상대적으로 높음을 알 수 있다. 이는 G소구 주민 중에는 개발을 위해 퇴거했다가 다시 복귀한 원주민 가구와 현지인이 적지 않기 때문일 것이다. 애착심에 관한 지표에서는 J소구 주민의 과반이 긍정적인 답변을 내놓았다. J소구 주민의 거주 기간이 길지 않다는 점을 고려했을 때, 주민들이 주거 조건에 만족한다는 것으로 이해할 수 있다. 그러나 앞서 지적했듯이 물품구매와 교육환경 항목에서 J소구 주민의 만족도가 떨어지는 것은 이들 항목에 대한 주민의 기대치가 높은 것과 함께, 주민의 유동 가능성이 크다는 점과도 밀접한 관련이 있

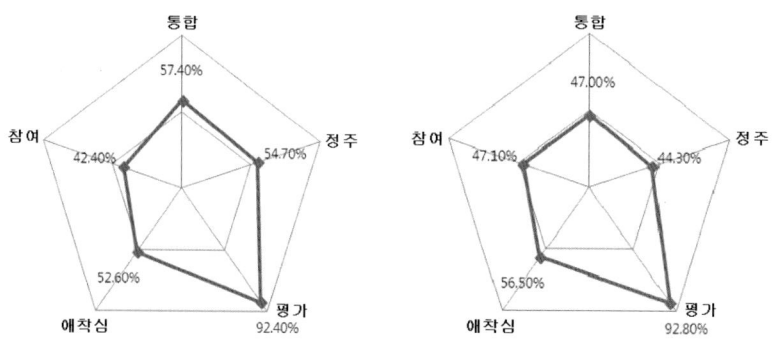

〈그림 9〉 G소구 커뮤니티정신 지표   〈그림 10〉 J소구 커뮤니티정신 지표

을 것이다. 한편 이러한 유동 가능성은 주민의 정주 의식에도 영향을 미쳐, J소구 주민의 정주 의식은 비교적 약하게 나타났다. 조사결과, 두 단지 모두 지역평가 지표에서는 긍정적인 평가가 나왔음에도 불구하고, 이것이 정주 의향 및 지역참여로는 연결되지 않는 것을 알 수 있다. 이섬에 대해서는 계속 주시할 필요가 있을 것이다.

4) 커뮤니티규범

커뮤니티규범은 주민 의식의 방향성과 지역사회의 발전경로를 나타낸다. 평균(균등)-차별, 개방-폐쇄, 주체-객체의 지표를 통해 H사구의 커뮤니티규범을 고찰했다

① 평균(균등)-차별

균등: 자신이 거주하는 커뮤니티의 이익만을 고려해서는 안 되며, 다른 곤란한 처지에 있는 커뮤니티의 상황을 먼저 고려해야 한다.

차별: 자신이 거주하는 커뮤니티의 이익을 가장 중시하고, 다른 커뮤니티의 이익을 고려하지 않는다.

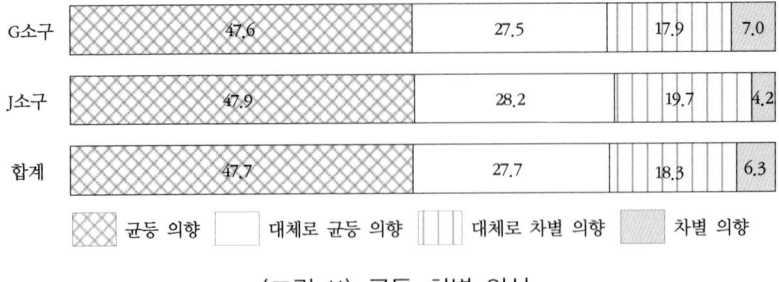

〈그림 11〉 균등-차별 의식

② 개방-폐쇄

개방: 주민은 서로 교류하고 타인과 나누는 삶을 영위하면서 지역사회를 더욱 발전시켜 나가야 한다.

폐쇄: 커뮤니티에서 다른 사람과의 교류는 중요하지 않고 자신과 밀접하게 관련된 일만 하면 된다.

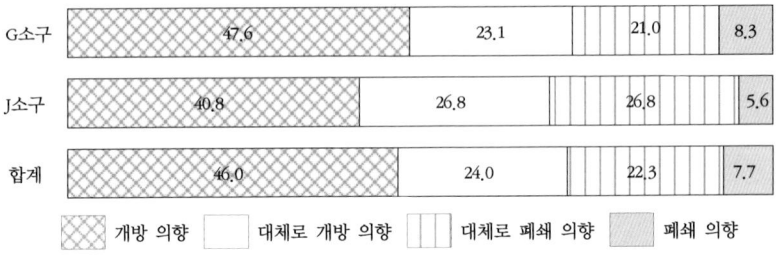

〈그림 12〉 개방-폐쇄 의식

③ 주체-객체

주체: 커뮤니티의 발전을 위해 적극적으로 자신의 역량을 발휘한다.

객체: 커뮤니티의 발전과 관련된 일은 커뮤니티를 잘 알고 있으면서 능력을 갖춘 대표에게 위탁한다.

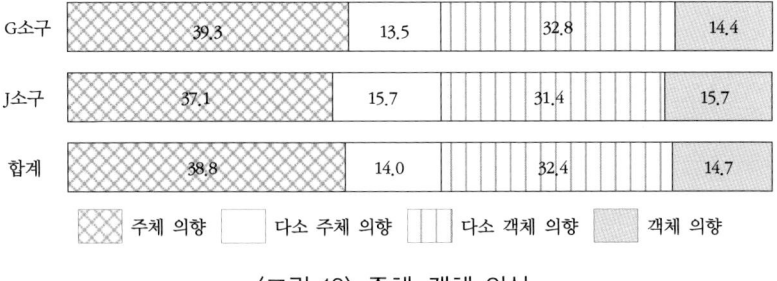

〈그림 13〉 주체-객체 의식

　균등-차별 지표에서는 자신이 거주하는 커뮤니티의 이익만을 고려하기보다는 곤란한 처지에 놓여 있는 다른 커뮤니티의 상황을 먼저 고려해야 한다는 의견이 다수를 차지했다. 개방-폐쇄 지표에서는 G소구와 J소구 모두 개방성이 강했다. 그러나 실제 경비식 아파트단지인 J소구는 거주구역의 문제를 협의를 통해 공동으로 해결하려는 성향이 약하고, 주민의 폐쇄적 성향(혹은 개인생활주의)이 강한 편이나. 주체-객체 지표에서는 커뮤니티 발전과 관련된 사안에 주민이 주체적으로 참여해야 한다는 대답과 대표에게 위탁한다는 대답이 비슷한 비율을 보였으나, 주체적 참여를 피력한 주민이 약간 더 많았다. 제13장 사사키 마모루의 연구에 의하면 부동산 가치가 상승하여 커뮤니티 구성원으로서 더욱 확실한 이익을 누리는 주민의 경우, 귀찮은 일은 주민위원회와 부동산회사에 위탁하려는 태도가 강하게 나타난다고 한다. 타 지역에서 이주해왔거나 임대주택에 사는 주민의 경우에는 커뮤니티의 조건이 나빠진다면 더 좋은 곳을 찾아서 이주하려는 태도가 지배적이었다.[11]

3. H사구 의식 모형의 분석

H사구의 의식 모형을 파악하기 위해, 커뮤니티의식 모형을 결정하는 커뮤니티규범의 세 가지 지표를 종속변수로 삼아 로지스틱 회귀모형으로 분석해보았다. 독립변수는 조사대상의 기본적인 속성을 나타내는 성별, 연령, 학력, 가구소득 및 거주형태, 그리고 커뮤니티정신을 나타내는 통합, 정착, 평가, 애착심, 참여 지표이다.12)

〈표 2〉의 분석 결과를 통해 다음과 같은 특징을 발견할 수 있다. 첫째, 자가 주택에 거주하고 커뮤니티에 대해 긍정적으로 평가하며 참여의식이 강한 주민은 균등 의식이 강한 편이다. 둘째, 통합과 참여의

〈표 2〉 H사구의 지역사회 규범에 영향을 미친 요소(logistic 모형)

독립변수		균등-차별		개방-폐쇄		주체-객체	
		B	Exp.(B)	B	Exp.(B)	B	Exp.(B)
기본속성	성별(남=1)	-.128(.299)	.879	.001(.280)	1.001	-.152(.261)	.859
	연령	.033(.173)	1.034	.039(.161)	1.040	.097(.151)	1.102
	학력	.153(.136)	1.165	.208(.128)	1.232	.294(.119)*	1.342
	가구소득	-.106(.098)	.899	-.044(.091)	.957	-.077(.085)	.926
	주거형태 (구매=1)	.989(.498)*	2.689	-.214(.521)	.807	.810(.494)	2.248
지역사회정신	통합	.414(.309)	1.514	.574(.286)*	1.776	.291(.262)	1.338
	정주	-.019(.299)	.981	-.436(.280)	.647	.213(.257)	1.237
	평가	.937(.386)*	2.552	.582(.376)	1.790	.219(.377)	1.245
	애착심	.516(.297)	1.676	.212(.277)	1.236	.541(.255) *	1.718
	참여	.629(.317)*	1.876	.791(.295)**	2.206	.703(.261) **	2.689
상수		-1.395(.931)	.248	-.510(.894)	.600	-2.514(.887)**	2.021
-2LL		305.448		337.840		379.132	
擬R^2		0.140		0.129		0.151	
N		300		300		300	

주: 현저성 * p〈0.05, ** p〈0.01, 괄호 안은 표준오차임.

식이 강한 주민은 개방의식이 비교적 강하다. 셋째, 학력이 높고 커뮤니티에 대한 애착심과 참여의식이 강한 주민은 주체의식이 강한 편이다. 커뮤니티에 대한 참여의식의 강약 정도는 커뮤니티규범의 세 가지 지표에 영향을 미쳤다. 이러한 측면에서 H사구는 일정 정도 오쿠다의 '커뮤니티모형'에 부합한다고 할 수 있다. 현대의 커뮤니티는 주민에게 커뮤니티 전체를 고려하는 폭넓은 시야를 가지고 현안에 적극적으로 참여할 것을 강조한다. 앞서 제시한 것처럼 주민의 정주 의향과 커뮤니티규범의 지표들은 관계가 없는 것으로 분석된다. 이 점은 회귀 모형을 통해서도 검증된 것으로 정주 변수는 기타 어떤 종속 변수와도 뚜렷한 작용을 일으키지 않았다. 즉 주민의 정주 의향에 정도의 차이가 있어도, 커뮤니티규범의 적극성에 연결되지는 않는다는 것이다. 그러나 주민의 주체적인 참여 의식은 커뮤니티의식의 발전 방향에 영향을 미친다. 요컨대 급속한 도시화가 진행되고 있는 중국의 커뮤니티는 일본의 '정주자' 커뮤니티모형에 상응하는 '유동자' 커뮤니티모형을 형성하고 있다고 볼 수도 있을 것이다.

IV. 나오며

도시화가 부단히 진행되고 있는 현대 중국사회에서, 경제적 형편이 되는 사람은 주택을 구입해 특정 커뮤니티의 구성원이 되기도 하지만, 그곳에 정착할 의향을 가진 사람은 많지 않다. H사구 조사에서도 이와 같은 경향이 확인되었다. 대부분의 조사대상자가 주택을 구입해 입주했고 특히 J소구 주민의 경우에는 단지관리에 비교적 만족하는 편이었으나, 그들 중 58.5%가 조건이 허락한다면 다른 곳으로 이사하기를 희망했다. 자본주의사회에서 금전적 여유가 있을 경우 생활환경이 더 좋은 곳으로 이사하는 것이 일반적인 경향이라면, 소득이 높은 계층은 더 좋은 생활환경을 희망하여 현재 거주하는 지역사회에 애착심을 가지지 못할뿐더러, 이는 커뮤니티 현안에 대한 주체적 참여와 협력의식에도 부정적인 영향을 주게 될 것이다. 일본 지역사회는 통합, 정감, 참여 지표가 서로 밀접하게 연계되고, 균등-차별의식, 주체-객체의식 역시 긴밀히 연결되어 있었다. 그러나 칭다오 조사에서는 이와 관련된 지표와 의식들이 분산되어 명확한 경향을 제시하기가 쉽지 않았다.

이 글의 분석에 따르면, 주민이 자주적으로 커뮤니티를 조직하고 주민 간의 관계를 통해 이를 운영하는 것을 상상하기 어렵다. 이는 중국 커뮤니티의 구성이 복잡하다는 점뿐만 아니라 일반적으로 커뮤니티를 구성하는 법칙 및 본질과도 관계가 깊을 것이다. 일종의 게이티드 커뮤니티인 J소구는 철제 난간으로 만들어진 견고한 문으로 닫혀 있어 잡상인은 물론 주민의 지인일지라도 경비원에게 등기를 해야 한다. 이것은 주변을 담장으로 두르고 나쁜 기운이 들어오는 것을 막기 위해 가림막을 설치한 사합원四合院을 연상하게 한다. 즉 문을 설치함으로써 바깥 세계와 연결되면서도 내부 공간을 철저히 관리할 수 있도록 한 것으로, 현재 중국 각지에 건설된 고급 아파트는 예외 없이 모두 이러한 형태를 띠고 있다. 이들 아파트단지는 단지 내의 청결, 질서와 안전의 확보 및 효율적인 관리를 위하여 출입을 엄격하게 관리할 수 있는 보안 시설을 갖추고 있으며, 주택을 임차한 세입자가 입주할 때는 부동산관리회사에 임시주민으로 등기를 해야만 한다. 이러한 엄격한 관리를 통해 단지의 주민들은 평온한 생활공간을 누리고, 폐쇄된 생활공간의 공유를 통해 주택가격, 사회계층, 생활형태를 공유한다.

H사구에 대한 조사를 통해 필자는 다음과 같은 점을 도출할 수 있

었다. H사구의 사례는 개혁개방 후 중국의 커뮤니티를 '도시 유동자' 유형이라고 규정할 수 있게 해주었다. 주민 참여 의식의 강약 정도는 커뮤니티의 발전 동력에 큰 영향을 미친다는 점을 확인할 수 있었는데, 이는 현대사회의 커뮤니티모형과 일치하는 측면이 있다. 일본 지역연구의 출발점이 된 맥키버MacIver의 지역사회론은 생육生育을 국민의 공통된 의향will으로 하는 기층집단community은 마을, 도시, 국가라는 계단식의 다층성을 전제로 한다는 점을 강조한다.[13]

 일본의 커뮤니티연구는 기층집단을 자연촌 등의 지역사회로 해석하여 커뮤니티의 규범성 구성을 검증하였다. 따라서 일본의 경우, 지역에 대한 애착·참여·통합의 상호 유기적 연대는 중요한 의의를 가지고 있다. 그러나 중국의 경우에는 이러한 연대가 모호하다. 물론 중국을 대상으로 하는 연구에서는 연구 지표와 모형 분석에 대한 재검토가 충분히 이루어져야 한다. 또한 커뮤니티의 건설 단계가 다르고 주민의 유형 및 지리적 위치가 제 각기 다른 커뮤니티의 경우, 커뮤니티의식의 표출에서 차이가 나타날 수 있다. 이러한 앞으로의 과제가 산재함에도 불구하고 현대 중국의 급격한 커뮤니티 건설 붐을 고려하면 이 글은 중국 커뮤니티의 현황을 어느 정도 반영하고 있다고 할 수 있을 것이다.

■ 주

1) 佐々木衛(2010), 「現代中國の地域社會をどの様に捉えるか」, 『現代社會の構想と分析』, 現代社會構想・分析硏究所, 44쪽.
2) 倉澤進(2007), 「中國の社區建設と居民委員會」, 『ヘスティアとクリオ』6, 社區・自治・歷史硏究會, 6쪽.
3) S. B. Sarason(1974), *Phychological Sense of Community : Prospects for a Community Psychology*, Jossey-Bass publishers.
4) 今野裕昭(2001), 『インナーシティーのコミュニティ形成―神戶市眞野住民のまちづくり』, 東信堂, 38쪽.
5) 淺川達人, 玉野和志(2010), 『現代都市とコミュニティ』, 放松大學敎育振興會, 25쪽.
6) 奧田道大(1983), 앞의 글, 28쪽.
7) 奧田道大(1983), 『都市コミュニティの理論』, 東京大學出版社.
8) 鈴木廣(1986), 『都市化の硏究』, 恒星社厚生閣.
9) 鈴木廣(1978), 『モラールと社會移動の硏究』, アカデミア出版社.
10) 커뮤니티의 생활환경에 대한 평가와 뒷부분에서 분석한 커뮤니티정신 지표의 하나인 지역평가(지역사회 발전에 대한 낙관적 태도)는 다소 다른 점이 있다. 전자는 지역사회의 객관적인 생활환경에 대한 인식과 평가이며, 후자는 지역사회 발전의 방향에 대한 주관적인 평가이다.
11) 佐々木衛(2010), 「現代中國の地域社會をどの様に捉えるか」, 『現代社會の構想と分析』, 現代社會構想・分析硏究所.
12) 커뮤니티정신과 커뮤니티규범을 나타내는 각 항목의 지표는 변수를 둘로 나누어 처리하였다. 성별과 주거형태 역시 변수를 둘로 나누었으며, 연령, 학력과 가구 소득은 〈그림 11〉, 〈그림 12〉, 〈그림 13〉의 분류에 따라 배열하여 처리하였다.
13) Robert M. Machver 著, 中久郎・松本通晴 監譯(1975), 『コミュニティ』, ミネルヴァ書房.

■ 참고문헌

倉澤進(2007), 「中國の社區建設と居民委員會」, 『ヘスティアとクリオ』 No.6, 社區・自治・歷史研究會.

今野裕昭(2001), 『インナーシティーのコミュニティ形成—神戶市眞野住民のまちづくり』, 東信堂.

淺川達人, 玉野和志(2010), 『現代都市とコミュニティ』, 放松大學敎育振興會.

奧田道大(1983), 『都市コミュニティの理論』, 東京大學出版社. 鈴木廣(1978), 『モラールと社會移動の研究』, アカデミア出版社.

佐々木衛(2010), 「現代中國の地域社會をどの樣に捉えるか」, 『現代社會の構想と分析』, 現代社會構想・分析研究所.

佐々木衛(2012), 『現代中國社會の基層構造』, 東方書店.

鈴木榮太郞(1940), 『日本農村社會學原理』, 時潮社.

鈴木廣(1986), 『都市化の硏究』, 恒星社厚生閣.

Robert M. Machver 著, 中久郞, 松本通晴 監譯(1975), 『コミュニティ』, ミネルヴァ書房.

S.B.Sarason(1974), *Phychological Sense of Community:Prospects for a Community Psychology*, Jossey-Bass publishers.

리성 | 베이징공업대학 수도사회건설과 사회관리협동창신센터
(北京工業大學 首都社會建設與社會管理協同創新中心) 강사

15.
한중수교 후 한인 이주와 도심 집거지의 형성과 변용

구지영

Ⅰ. 들어가며

이 글은 2003년부터 2013년에 걸쳐 수행한 현지조사[1] 자료를 바탕으로 도심 한인[2] 집거지의 생성, 성장, 소멸(혹은 이전) 과정을 고찰하는 것이다. 1980년대 말부터 칭다오에 형성된 한국인사회는 한중수교를 계기로 급성장하고, 금융위기 후의 내적분화기를 거쳐 2008년경부터 서서히 쇠퇴하고 있다. 조선족사회는 이러한 한국인사회와의 연관 속에서 노동시장 유입기와 성장·분화기를 거쳐, 현재 정착기에 접어들었다고 볼 수 있다.[3] 한인 집거지를 다루기에 앞서 글의 서두에서는 칭다오 한인사회의 형성과 변용을 개괄하고자 한다.

제2차 세계대전 후 동북아시아는 국가재건과 냉전질서 속에서 국경을 넘는 이동과 교류의 침체기로 접어든다. 특히 중국은 1950년대 말부터 시행된 호구제도와 단위제도로 도·농간의 인구이동을 제도적으로 억제했는데, 이것은 개혁개방 전까지 비교적 성공적으로 유지되었다. 조선족의 경우, 개혁개방 후에도 한중수교 전까지는 대다수가 둥베이삼성의 집거지에 거주하면서 동질성이 강한 민족공동체를 형성하고 있었다. 칭다오만 보더라도 개혁개방 전까지는 조선족 인구가 100명 남짓이었고, 한국 투자가 이루어지기 전까지는 산둥성 전체로도 1,000명을 넘지 않았다.4) 이들은 모두 대졸자나 군인으로 국가의 배치를 받아 이주한 사람이었다. 요컨대 당시까지만 해도 칭다오는 조선족에게 무연無緣의 땅이었다.

1980년대 말부터 민간교류방식으로 한국기업의 투자가 시작되었다. 초기에는 주로 300만 달러 이하의 의복, 신발, 포장, 식품가공 등 노동집약적 제조업이 진출했고, 한국인은 대개 경영자나 주재원이 단신으로 이주했다. 사업규모나 형태에 따라 이주자의 사회경제적 배경은 다양했지만, 칭다오에서는 외국인 거주가 가능한 제한된 공간에서 생활하면서 비교적 균질한 사회를 형성했다. 이때부터 중국사회에 익숙하지 않은 한국인을 매개하는 역할로 조선족이 유입되기 시작한다.

1997년 금융위기의 여파로 기업투자는 잠시 침체되기도 하지만, 한중간의 이동은 더욱 확대되었다. 투자 침체기에도 가족·친지의 연쇄이주, 조기유학을 포함한 교육이주, 공식·비공식적으로 이루어지는 각종 투자이주에 새로운 기회를 찾는 무직자까지 다종다양한 한국인이 이 이동대열에 합류했다. 특히 이 시기에는 금융위기 당시 칭다오에서 해고되거나 도산한 40~50대가 귀국하지 않고 남아 자영업자가 되는 경우가 많았다. 아울러 금융위기의 여파로 한국에서 귀국한 조선족이 칭다오로 재이주해 한국인을 대상으로 한 서비스업을 창업했다. 이러한 한인사회의 양적·질적 성장으로 더 많은 조선족 노동수요가 발생해, 둥베이삼성뿐만 아니라 해외나 중국의 다른 대도시를 유동하던 조선족이 대거 칭다오로 유입되었다. 1990년대부터 1996년까지 약 20만 명의 조선족이 중국 연해도시나 대도시로 이동했는데, 칭다오는 이중 가장 많은 이주가 이루어진 곳이었다. 아울러 국가배

〈그림 1〉 입국심사 전의 소무역상(2008년 3월 필자 촬영)

치기에 이주한 사람도 시장경제의 확대에 따른 노농수요에 적극 대응해 당초의 일을 그만두고 외자기업으로 이직했다. 무엇보다 이 시기에는 1990년대 중반부터 본격화된 도시개발로 거주 및 소비 공간에 층위가 생겨 이주민 사회의 내적분화가 가시화되기 시작했다.

2000년 무렵부터 기업투자가 침체되기 시작하는 2008년까지는 한국과 칭다오 간의 이동과 교류가 가장 활발했던 시기였다. 그 규모로 보면, 사람, 자본, 물자가 한국에서 칭다오로 건너갔다기보다는 한국적 생활환경이 칭다오까지 확장되었다고 표현하는 것이 더 정확할 것이다. 인적·물석 이동을 통제하는 법제도적 허용범위가 넓어지고 양국을 잇는 공식·비공식 네트워크가 활기를 띠면서, 칭다오는 이른바 한중 접경 생활공간으로 자리 잡는다. 일례로 인천·칭다오 간 선박을 이용한 소무역상(일명 '따이공' 혹은 '보따리장사')은 매일 다종다양한 물건을 운반하며 이 초국적 생활공간의 형성에 일조했다. 2007년 당시 한국인 정주인구는 약 10만 명, 칭다오로 입국한 한국인은 연간 30만 명을 넘어섰다. 관광비자로 체류하며 사업하는 사람들을 고려하면 실제 정주인구는 더 많을 것으로 추측할 수 있다. 조선족사회도 이러한 한국인의 급증과 더불어 비약적으로 성장해, 실제 거주인구가 약 15만 명에 이르렀다.[5] 또 한국기업에서 독립한 사영기업가, 종족경제권 내의 서비스자영업자, 고용노동자, 단순육체노동자 등으로 분화되었다. 2004년에 칭다오시와 대한민국총영사관이 공동개최한 '한국주간'을 통해서도 당시 칭다오 한국인의 사회적 위상을 확인할 수 있다.[6]

한편 2008년부터 이곳 한국인사회는 쇠퇴기로 접어든다. 글로벌 경기침체와 맞물린 한국 중소제조업의 경영난, 베이징올림픽 이후 인적·물적 이동에 대한 통제강화,[7] 위안화 평가절상에 따른 한국자본의 가치하락,[8] 기업의 비정상적 철수[9]로 인한 한국인에 대한 이미지 악화 등으로 많은 한국인이 칭다오를 떠났다. 2011년 칭다오 거주 한국인의 공식인구는 약 48,200명으로 2008년 대비 21%정도 감소했다. 매년 30만 명이 넘는 왕래자의 규모도 축소되고 있다.[10] 하지만 필자의 조사에 따르면 현재 칭다오에 남은 한국인의 정주 경향은 오히려 강화되고 있었다. 물론 이것은 적극적인 선택이 아니라 어쩔 수 없는 체류이기도 할 것이다.

반면 조선족사회는 정착기에 접어들었다고 볼 수 있다. 인구 규모로 봐도 2011년 현재 칭다오 거주 조선족은 약 15만 명으로 2008년 대비 약 11%가 증가했다.[11] 경제적으로도 한국기업이나 한국인사회에 대한 '의존적 적응단계'에서 '자립적 적응단계'로 이행하고 있다.[12] 이전까지 한국이나 일본 등 해외에서 모은 돈으로 출신지인 둥베이지방에 집을 지었다면, 2000년대 후반부터는 칭다오에서 아파트를 구입하고 정착하는 사람들이 눈에 띄게 증가했다. 하지만 호구제도의 존속

등으로 외부자라는 사회적 위치는 변하지 않고 있다.13) 또 한국인 인구의 감소에서 비롯된 종족경제권의 침체로, 많은 단순육체노동 종사자가 일자리를 잃고 귀향하거나 한국으로 재이주했다.14) 이들은 대개 한국에서 자본을 모아 칭다오나 베이징 등의 중국 대도시에서 자영업자가 되는 꿈을 꾸고 있었다.

본문에서는 우선 2000년대에 도시의 곳곳에서 모습을 드러낸 한인 집거지를 개괄하고, 도심(스난구) 집거지의 형성 및 성장을 상업공간을 중심으로 살펴볼 것이다. 아울러 2008년 이후의 소멸과정을 지구적, 국가적, 지역적, 국지적 상황에 대한 행위자들의 실천을 통해 그려보고자 한다.

Ⅱ. 한인 집거지의 형성과 변용

여기서는 칭다오의 대표적인 한인 집거지를 청양구, 리창구李滄區, 스난구로 나누어 간단히 소개하고자 한다.

우선 칭다오국제공항(그림 2의 D)의 북쪽에 위치한 청양구(그림 2의 C)이다. 초기부터 한국 중소제조업이 밀집한 곳으로, 한국자본이 도시성장의 밑거름이 되었다. 1995년 진鎭에서 구區로 승격되면서 일정규모의 인구가 필요할 때는 조선족 이주를 적극 장려하기도 했다.15) 따라시 구정부區政府 서쪽 일대에는 일찍부터 조선족거리가 형성되었다. 2003년부터 308국도 서쪽에 한국식 아파트 단지(T城)가 건설되는데(그림 2의 E),16) 2007년까지 분양된 2000여 세대의 입주자 중 약 60%가 한국인, 30%가 조선족이었다.17) 아울러 2005년부터는 칭다오국제공예품성青島國際工藝品城, 국제상무오피스텔, 아울렛 백화점 등

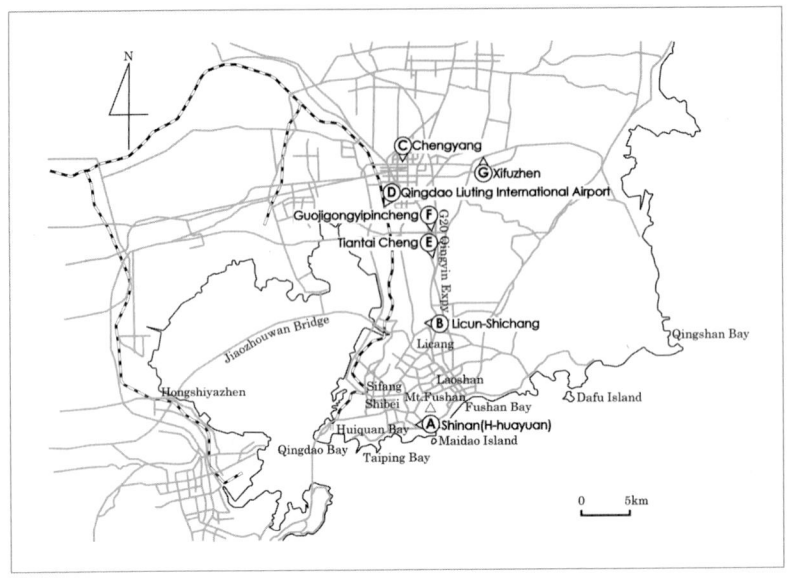

〈그림 2〉 칭다오 한인 집거지

한국(인)을 상대로 한 상업지구가 조성되었다(그림 2의 F). 청양구 재무국에 따르면 2006년 당시 한국기업이 약 1,500개, 누적된 실제투자액은 18.2억 달러이며, 3만여 명의 장기체류자가 이곳에서 비즈니스와 생활을 겸하고 있었다. 또 청양세계공원城陽世界公園 남쪽, 충칭베이루重慶北路, 충칭루重城路 동북쪽을 중심으로 대략 148개의 한식당이 집중해있다.[18] 한국인 인구가 감소하기 시작한 2008년 이후, 청양구의 한국인도 많이 빠져나갔지만 도심에서 밀려난 사람들이 새롭게 유입되어, 현재까지 이곳은 칭다오 한국인사회의 구심점으로 기능하고 있다.[19]

다음으로 내륙으로 이어지는 교통 요충지로, 100년 역사의 시장李村市場이 자리한 리창구이다(그림 2의 B). 1990년대 후반부터 김치, 참기름, 고추장, 깨, 한국라면과 같은 종족집단 내에서 유통되는 물건이 대거 유입되어 시장의 일각을 차지하고 있었다. 아울러 시장 주변에는

〈그림 3〉 청양구 칭다오국제공예품성 전경 (2013년 1월 필자 촬영)

〈그림 4〉 리춘시장의 한국물건(2004년 8월 필자 촬영)

조선족 직업소개소와 민박이 30~50여 개 정도 성업 중이었다. 조선족은 친구를 만나거나 장을 볼 때, 혹은 일을 그만두고 다음 일을 찾을 때 이곳에서 머물렀다. 개발이 시작되기 전까지는 아파트나 점포 임

〈그림 5〉 스난구 H화위안 전경(2005년 3월 필자 촬영)

대료가 칭다오 시내에서 가장 저렴해, 조선족뿐만 아니라 경제적 여유가 없는 한국인이 많이 거주했다.20) 한편 2000년대 중반부터 무허가 건물 철거와 함께 중점건설사업이 추진되어, 고층아파트, 병원, 학교, 대형쇼핑몰, 백화점이 들어선 거주 및 상업지구가 조성되었다.21) 2010년 11월 '칭다오시 일곱 개구 토지급별 기준지가 체계건립 결과 공청회青島市七區城鎭土地級別基準地價體系建立結果聽証會'에 따르면, 쓰팡구四方區와 리창구의 주택용 지가 증가폭이 가장 높았다.22) 개발 당시 많은 조선족이 신축아파트를 구입했고, 경제적 여건이 안 되는 사람들은 청양구로 재이동했다.

마지막으로 시청, 무역센터, 금융기관, 백화점과 쇼핑몰, 고층 아파트가 밀집된 스난구이다(그림 2의 A). 1992년 시청사 이전 후 개발이 본격화되어 현재 칭다오의 중심업무지구central business district로 기능하고 있다.[23] 타이핑산太平山을 중심으로 동서로 나누어 보면, 서쪽으로는 독일점령기부터 정치경제의 중심으로 칭다오를 대표하는 이국적 거리가 조성되어 있고, 동쪽으로는 새로운 시청사가 들어서고 국제학교를 비롯한 교육시설이 밀집한 고급주택지가 펼쳐진다. 개발 당초부터 2008년경까지 이곳에는 한인들의 주거 및 상업공간이 형성되어 있었다. 하지만 2013년 현재 이 한인 집거지는 거의 흔적을 찾기 힘들어졌다. 그만큼 이곳은 지난 10년간 급격한 변동을 겪어왔다. 다음에서는 우선 2000년에서 2008년까지, 스난구 한인 집거지의 형성 및 성장과정을 살펴보고자 한다.

1. 스난구 한인 집거지의 형성

스난구 한인 집거지는 시내를 관통하는 여덟 개의 주요간선도로에 접해 있는 아파트단지 H화위안花園과 M광창廣場 일대에 형성되었다. 원래 이곳은 논밭이 펼쳐지는 가운데 정기시장이 열려 도시부와 농촌부가 접합되는 지점이었는데, 1998년부터 개발했다.

우선 상업지구는 신청스광창新城市廣場에서 대형쇼핑몰 마이카이러麥凱樂까지(그림 6의 c), 이전의 파바오시장法寶市場에서 지금의 아이거우마트愛購超市까지(그림 6의 b), 신휘서점新貨書店에서 수청書城까지(그림 6의 c)를 중심축으로 한다. 이중 H화위안(그림 6의 a와 b)은 X촌락과 B촌락의 토지에 조성된 주상복합 아파트 단지로, 1층 점포에 한인 업체가 밀집했다.[24] H화위안에 소속된 가옥의 총수는 약 3,000호이고, 인접한 지역을 포함하면 4,000호가 넘는다. 거주인구는 약 1만 2,000여 명(일시체류자·유동인구 미포함)이고, 자영업체가 약 500호이다. 2003년 개발이 완료된 후 원주민에게 토지에 상당하는 아파트를 배분했는데, 한 채 이상을 받은 사람은 자식에게 양도하거나 임대했다. 이 주택과

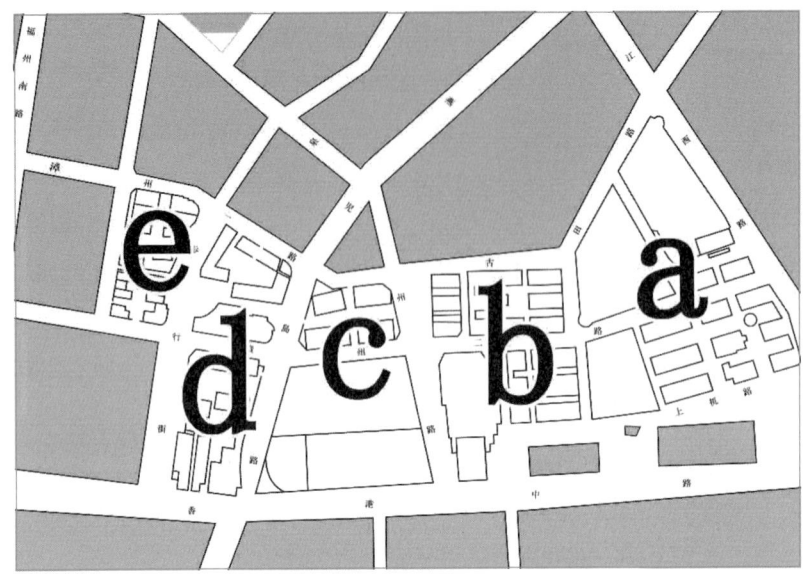

〈그림 6〉 스난구 한인 집거지

상점을 임대한 사람 중 상당수가 외지인이나 외국인이었다.

　이곳에서 음식점을 경영하는 조선족에 따르면 개발 직후 임대료가 비싼 이곳에 입점할 수 있는 현지인이 적어 비어있는 점포가 많았는데, 2003년 하반기부터 법률상 다소 문제가 있어도 영업허가를 주기 시작했다고 한다.[25] 주택과 상점은 부동산관리회사가 따로 없고 사구주민위원회社區居委會를 창구로 소유주 부담으로 관리하기 때문에 설비와 관리상태가 좋지 않았다. 하지만 6개월이나 1년 단위의 임대가 가능해 단기 체류자나 유학생 등 유동적인 한국인이 많이 거주했다. 또 이들을 대상으로 한 서비스업이 밀집해, 도심의 '코리아타운'으로 불렸다. 다음에서는 2004년에서 2006년까지의 현지조사 자료를 바탕으로 한인 서비스자영업자의 유입경위, 경영양상, 양적증대의 메커니즘에 대해 살펴보고자 한다.

〈그림 7〉 개발초기에 개업한 한식당(2005년 12월 필자 촬영)

2. 한인 자영업자26)의 유입과 경영양상

1) 업종별 현황

우선 업종을 ①식당, 술집, 빵집, 찻집과 같은 음식업, ②슈퍼마켓 및 각종 잡화점, 숙박, 부동산, 세탁소 등 비음식업, ③인테리어, 미용실, 마사지 등 기술서비스업, ④각종 학원, 병원, 약국 등의 전문서비스업으로 나누고, 수적 분포, 경영자, 경영전략, 고객층에 대해 개괄하고자 한다.27) 이곳 상점은 등록된 경영자와 실제 경영자가 다른 경우가 많아 정확한 숫자를 파악할 수 없지만, 필자의 조사에 의하면 2006년 조사 당시 약 120여 개 업체의 경영자가 한국인과 조선족인 것으로 추정되었다.28)

음식업: 2001년 길림성 출신 조선족이 개업한 '둥베이식' M식당(그림 6의 c)과 이듬해 내몽골 출신 조선족이 개업한 S갈비(그림 6의 a)가 한식당의 시초라고 볼 수 있다. 특화된 품목 없이 둥베이식(한식) 요리는 뭐든 있는 곳이었지만 도심에 한식당이 많지 않았기 때문에, 한국인 유학생, 단신이주자, 단기체류자가 많이 이용했다. 1993년에 기업파견으로 칭다오에 이주한 CZ씨는 '맛을 떠나서 중국에서 김치를 먹을 수 있다는 자체에 감동했다'고 당시를 기억한다. 최초의 한국인 식당은 2003년 선양瀋陽에서 비빔밥집을 하던 PO씨의 분점이었다.

H화위안에 한인 음식점이 눈에 띄게 증가한 것은 금융위기의 여파가 확산되면서부터였다. 이때부터 한인 유동인구가 급증해 서비스업 수요가 증대되었을 뿐만 아니라, 금융위기 당시 귀국한 조선족과 실직이나 경영난으로 삶의 돌파구를 찾던 한국인이 서비스업으로 대거 유입되었기 때문이다. 특히 음식점은 자본과 기술이 부족한 사람이 개업하기 비교적 쉬운 업종이었다. 조선족은 대개 한국에서 초기투자 자본과 경영노하우를 가지고 귀국한 사람인 반면, 한국인은 경험이 없는 전직자轉職者로 음식점 경영을 본업이라고 생각하지 않는 사람이 많았다. 한편 이런 외지인의 유입으로 임대료가 급상승해, 5년 이상 점포계약을 한 사람 중에서 한국인에게 전대轉貸하고 거기서 발생하는 차액을 취하는 사람도 나타났다. 이러한 양태도 한몫해 당시 H화위안에는 한식당이 늘어나는 추세였다.

비음식업: 저가 여관은 13개 정도로 모두 한족 경영이었다. 이중 상당수가 H화위안 개발 후 아파트를 보상받은 현지인 소유였다. 1박에 25위안(2인 1실의 경우 10위안)으로 단기체류 외지인이 많이 이용했다. 한국인을 고객으로 하는 민박은 대개 조선족이 경영했다. 2000년대 중반부터 한국인이 민박을 열기도 했지만, 타산이 맞지 않아 대부

분 오래 유지하지 못했다. 1박에 100위안에서 150위안으로, 여행객이나 일을 찾는 장기투숙객이 이용했다.

부동산중개업은 유동인구가 많은 H화위안에서 주목받는 업종으로 2006년 당시 총 22개가 영업 중이었다. 경영자는 주로 현지 한족(약 15개)이며, 투자규모가 큰 것부터 슈퍼와 겸업하는 소규모까지 다양했다. 한편 2008년까지는 한국인이 증가하는 추세였기 때문에 이들과 현지인을 매개할 수 있는 조선족 경영 부동산(세 곳)이 성업 중이었다. 한국인이 경영하는 곳(네 곳)은 비교적 수수료가 비싸고 모두 경영상태가 안 좋았다.[29] 이곳의 부동산중개소는 계약뿐만 아니라 통상적으로 임대기간 중에 발생하는 크고 작은 문제까지 해결해주어야 하기 때문에 그 역할을 할 수 있는 조선족에게 유리했다. 수수료는 임차인에게 한 달분의 임대료를 받는데, 주거공간은 대개 1년이나 6개월 단위로 계약자가 바뀌고 점포의 경우에도 개폐업의 순환이 빠르기 때문에 수익이 높았다. 2004년에 부동산중개소를 개업한 조선족 KM씨는 한국인뿐만 아니라 현지인과도 신뢰관계를 형성해 2006년 당시 H화위안 점포의 약 40%를 고정적으로 중개하고 있다고 했다. KM씨는 이 수익으로 2006년 매매가 50만 위안이 넘는 스난구의 신축아파트를 구입했다.

기술서비스업: 가장 두드러진 것은 피부 관리실, 웨딩사진관, 미용실(약 30개)이다. 미용실은 실제 경영자가 중국인이더라도 한국인 미용사를 고용해 '한국 스타일'을 전략으로 고급화를 추진했다. 중국 미용실의 커트비가 5~10위안이던 당시, 한국식 미용실의 커트비는 60~100위안이었다. 같은 미용실에서도 한국인 미용사의 커트비가 두 배정도 비쌌다. 초기에는 한국인 고객이 많았지만 서서히 현지인이 증가하는 추세였다.

〈그림 8〉 한국식 미용실(2006년 2월 필자 촬영)

전문서비스업: 한국인 대상의 각종 학원은 임대한 아파트에서 비공식적으로 운영하는 경우가 많고 지속기간도 짧아 정확한 수를 파악하기는 힘들지만, '헤아릴 수 없을 만큼 많다'는 것이 이곳 한국인의 공통된 반응이었다. 어학원은 대개 한족과 조선족이 경영했지만, 초중고생 대상의 학원은 모두 한국인이 경영했다. 적당한 학원이 없을 경우에는 학부모 몇 명이 돈을 모아서 한국에서 교사를 초빙하기도 했다.

요컨대 업종별로 보면 조선족은 숙박업과 부동산중개업 등에서 활약하고, 한국인은 옷가게나 미용실 등 고급화를 통해 비교적 부가가치가 높은 분야에서 두각을 드러냈다. 음식업에서 양자는 경쟁관계에 있었는데, 한국인은 현지화를 희망하면서도 중국어와 중국문화에 대한 이해부족으로 실제 고객은 한국인에 한정되어있었다.

2) 경영양상

경영양상은 ①임대료, ②종업원 구성 및 관리, ③수입, ④지속기간을 통해 살펴보고자 한다. 〈표 1〉은 2006년 당시 1년 이상 영업하고 있는 가게를 조사해 그 내용을 정리한 것이다.

〈표 1〉 H화위안 한인 서비스업의 경영양상(2006년)   (화폐단위: 위안)

		사례 1	사례 2	사례 3	사례 4	사례 5
업종		음식업(피자)	음식업(비빔밥)	음식업(국밥)	비음식업(가구)	음식업(한식전반)
위치		그림 6의 b	그림 6의 b	그림 6의 a	그림 6의 b	인근 중국거리
경영자		한국인 2명	한국인→조선족	한국인	한국인	한국인
개업시기(년)		2005	2003→2005	2005	2004	2004
투자금 조달		한국	한국→한국+일본	한국	한국	한국
임대료(계약기간)		25만(5년)	8만(5년)	2만 5천(3년)	6만(5년)	5만(5년)
종업원 (월급)	조선족	1명(3000)	2명(1,200~1,500)	1명(1,200)	1명(1,200)	1명(950)
	한족	17명(600~2,200)	3명(800~900)	2명(900)	1명(900)	5명(900~1,000)
수입		약 10만	약 8만	적자	약 13만	약 6만

임대료: H화위안은 도심에 위치하지만 시청사와 대형마트 주변보다는 임대료가 저렴했기 때문에, 소자본으로 창업하는 한국인과 조선족에게 매력 있는 장소였다. 하지만 인기가 많은 만큼 임대료와 권리금도 급상승하고 있었다. 2004년 연간 임대료가 6만 위안이었던 점포가 2005년 8월에 10~12만 위안으로 두 배가량 올랐다. H화위안 인근 중국인 밀집지역의 임대료가 이곳의 절반 정도이고 2년간 거의 오르지 않았다는 것을 감안한다면, H화위안의 임대료 상승이 얼마나 가파른지를 가늠할 수 있다.

종업원 구성 및 관리: 한인 경영 가게는 모두 소수의 조선족과 다수의 한족을 고용했다. 특히 이곳 한국인은 대다수가 중국어를 구사할 수 없기 때문에, 자신이 고용한 조선족에게 접객, 행정업무, 종업원 관리뿐만 아니라 일상의 사소한 부분까지 의존하고 있었다. 조선족이나 한족 경영의 가게도 한국인을 대상으로 할 경우 모두 조선족 종업원을 고용했다. 하지만 조선족들은 한 곳에서 장기간 일하지 않고 자주 일자리를 옮겨 다녔다. 따라서 H화위안에는 조선족 여성 노동력이 항상 부족한 상태로, 둥베이지방에서의 연쇄이주가 끊임없이 일어나고 있었다. 임금은 가게규모에 따라 다소 차이가 나지만 대체로 주방업무가 서빙보다 높고 조선족이 한족보다 20~30%정도 높은 임금을 받았다.[30] 2005년 당시 평균 월급은 한족이 900~1,000위안, 조선족이 1,200위안 정도였다.

수입: H화위안 한인 서비스업자들은 대개 예상보다 수입이 적다고 했다. 〈표 1〉에 제시한 가게는 사례 3을 제외하면 비교적 경영이 안정된 곳인데, 사례 1의 경우에도 일정한 수입은 있지만 초기투자비용(약 20만 달러)이 많기 때문에 만족할만한 정도는 아니라고 했다. 수입이 적은 이유는 물론 예상보다 고객이 적기 때문이었다. H화위안은 도심에 위치하지만 2006년까지만 해도 외부에서 유입되는 유동인구가 많지 않았다. 특히 단지 입구(그림 6의 a)에 형성된 일본식 주점거리의 영향으로 밤에는 흥청대지만 낮에는 대체로 한산한 모습이었다. 따라서 이곳 식당이나 상점의 고객은 대개 H화위안의 거주자나 자영업자였다. 혹자는 '여기는 우리끼리 피자집하는 사람이 비빔밥 사먹고, 비빔밥집하는 사람이 피자 사먹고 하는 거예요'라고 하기도 했다.

지속기간: '흑룡강신문' 칭다오판 '연해소식'의 광고담당자 YI씨에 의하면 H화위안 한인 가게 중 30%정도는 1년 안에 도산한다고 했다.

조사 당시 실제 경영자가 바뀌지 않아도 손님이 없어 몇 달간 수차례 품목변경(한정식→개고기→한국식 중화요리)을 하는 가게도 있었다. 앞서 언급했듯이 지속기간이 짧은 이유는 수요에 비해 공급이 많아 상대적으로 수입이 적기 때문이었다. 이러한 상황을 극복할 방편으로 현지인을 고객으로 포섭하려고 하지만, 한국인의 경우 언어를 비롯한 중국에 대한 이해가 부족해 현지화가 어려웠다. 반면 공급은 항상 과잉이었다. 한 업종이 수익을 올리면 동종 가게들이 잇따라 개업했다. 원래 칭다오에 거주한 적이 없는 한국인이 사전조사만 하고 개업과 동시에 이주하는 경우도 있었다. 당시 H화위안에서는 시장조사를 하러 온 한국인을 쉽게 만날 수 있었다. 여기에 임대료의 가파른 상승과 비체계적인 점포계약시스템도 한몫 했다. 보통 계약기간이 끝날 때가 되면 임대료가 두 배 이상 오르기 때문에, 비교적 경영이 안정되어 있다고 해도 재계약하기 힘든 경우가 많았다. 따라서 계약기간이 끝나기 전에 신참자新參者에게 높은 권리금을 받고 넘기거나, 자신이 경영하는 것보다 돈을 벌 수 있는 전대轉貸를 선택하는 사람이 적지 않았다. 특히 조선족보다 한국인 가게의 유지기간이 짧았는데, 그 이유는 중층적인 소비시장이 형성되어 있어 한국인은 수익에 비해 소비가 더 컸다. 2006년 당시 조선족의 한 달 생활비는 대개 3~4천 위안이었던 반면, 한국인은 거의 1만 위안이 넘었다.

3. 한인 집거지의 성장 메커니즘

그렇다면 왜 지속기간이 짧고 경영이 불안정한 H화위안에 끊임없이 새로운 자영업자가 유입된 것일까? 이곳 서비스업의 비대화와 한인 집거지의 외연적 성장은 다음 두 측면에서 출신지인 한국이나 둥베이 지방과 밀접한 관계를 가진다. 하나는 출신지의 산업구조 변동이 이곳의 장소구성에 직접 연동되어 있다는 것이고, 다른 하나는 자영업자가 서비스업을 경영하면서 출신지와의 네트워크를 끊임없이 활용하고 있다는 것이다.

우선 산업구조 변동을 살펴보면, 1990년대 말부터 한국과 중국 둥베이지방에서도 서비스자영업 인구가 급증했다는 것을 알 수 있다. 한국에서는 1997년 금융위기 이후 해고된 노동자나 도산한 경영자가 다시 노동시장으로 흡수되지 못하고 자영업 부문으로 유입되었다.31) 한국노동연구원에 따르면, 도시 자영업자 중 월수입이 200만원을 넘지 않는 사람이 약 70%를 차지할 정도로 영세했다.32) 앞서 살펴보았듯이 H화위안에도 금융위기 이후 서비스업에 진출한 사람이 많았고, 그 중에서는 한국에서 개업하기에는 자본이 부족한 사람도 있었다. 특히 이곳에 소자본 투자자가 몰린 이유는 한국이나 중국의 다른 대도시에 비해 초기투자비용은 적지만, 한인 인구가 많아 시장가능성이 커보였기 때문이다.33) 요컨대 실업의 대안으로 자영업을 선택한 한국인이 칭다오까지 생업공간을 확장했고, 이것이 당시 도심의 한인 집거지 구성에 직접적인 영향을 주고 있었다.

둥베이지방의 산업구조 변동 또한 이곳의 장소구성에 영향을 주었다. 옌지시延吉市 조선족 인구의 직업구성을 보면 1980년대 3차 산업종사자가 18.1%였는데, 2004년에는 70.3%로까지 증가했다.34) 이 현상은 월경越境 노동에 의한 수입 증대에서 비롯된 것이다. 주지하는 바와 같이 한중수교 이후 많은 조선족이 일을 찾아 한국으로 건너갔고, 남은 가족은 이들의 송금으로 '농촌거주 도시민'으로 살거나 도시로 이주해 이른바 '소비형 경제'를 형성했다.35) 수입의 급증은 이처럼 소비능력을 향상시켰을 뿐만 아니라, 수입을 투자로 전환하는 기업가 정신을 고양시켰다. 이러한 3차 산업의 비대화는 옌지시뿐만 아니라 당시 조선족 인구비율이 높은 도시에서 나타나는 공통적인 현상이었다.

하지만 원거주지인 둥베이지방은 동부 연안에 비해 시장규모가 작고 성장에 한계가 있어, 많은 조선족 자영업자들이 종족경제권내 서비스업의 수요가 급증한 베이징이나 칭다오 등의 대도시로 이동했다.

또 당시 조선족사회에서는 자영업이 임노동보다 선호되고 있었다. 필자는 조사 중에 한국에서 모아온 자본으로 창업해서 실패한 조선족을 자주 만날 수 있었는데, 이들은 현지의 한국기업에 취직해도 임노동으로 만족하지 않고 새로운 사업을 시도하기 위해 자주 일을 그만두었다. 요컨대 조선족은 (실업의 대안인 한국인과 달리) 계층이동을 위한 적극적인 선택으로 자영업자가 되었고, 그 배경에는 한국이나 일본 등 사업 자금을 모을 수 있는 외국과, 한국인 유입으로 형성된 종족경제권이 있다는 것을 알 수 있었다.

한편 이곳 자영업자는 원거주지와의 네트워크를 사업경영에 끊임없이 활용하고 있었다. 한국인은 언어나 문화가 익숙하지 않은 낯선 땅에서 '한국'이라는 사회문화적 자본을 경영전략에 활용하기 위해, 출신지로부터 자본, 물자, 사람을 부단히 끌어왔다. 〈표 1〉에서 제시한 사례 5의 경우 사업이 정착하는 3년 동안 한국에서 사업자금 및 생활비를 조달했다. 경영난을 극복하기 위해 자본을 투자할 가족이나 친지를 끌어들이는 사람도 있었다. 심지어 종족경제권 내의 한정된 수요에 대한 돌파구로, 한국거주자를 고객으로 유인할 상품을 개발하기도 했다. 여기는 골프·여행 등 기존의 관광 상품뿐만 아니라, 조기유학생 대상의 교육관련 상품이나 창업컨설팅까지 포함되어 있었다. 또 조선족 경영 가게와 차별화하기 위해 한국에서 끊임없이 물자를 조달했다. 이것은 앞서 소개한 소상인(보따리장사)이 있어 가능한 일이었다.[36]

조선족의 경우는 초기투자자금이 대개 한국이나 일본 등 해외에서 마련된 것이었다. 또 육아를 위해 고향에서 부모님을 모셔오거나, 만

성적인 노동력 부족상태를 극복하기 위해 가족과 친지를 부르는 경우가 많았다.

이처럼 H화위안 한인 집거지의 사례는 동북아시아의 초국적 경제관계가 심화되는 오늘날, 도시의 특정 장소가 이주자의 출신지와 직접 연관되어 끊임없이 구성·재구성되고 있다는 것을 보여준다.

Ⅲ. 스난구 한인 집거지의 소멸(2008년 이후)

2006년 9월 샹강중루香港中路에 마이카이러(그림 6의 c)가 개점하고 인근 민쟝루閩江路에 고급 카페거리(그림 6의 e)가 조성되면서 쇼핑과 여가활동을 위해 이곳을 찾는 유동인구가 많아졌다. 이에 따라 프렌차이즈 등 투자규모가 큰 가게가 입점하기 시작해 H화위안 일대의 임대료는 더욱 상승했다. 게다가 2008년 이후 한국인 인구의 감소는 H화위안 일대의 거주 및 상업공간에 큰 변화를 가져왔다. 여기서는 도심 한인 집거지의 소멸과정을 이곳 자영업자가 직면한 문제와 그 대응에 관한 구체적인 사례를 통해 그려보고자 한다.

첫째, 도심에서 사업에 실패하고 청양구와 같은 도시주변으로 이동한 사례이다. 스난구 민쟝루에서 빵집(그림 6의 e)을 경영하던 한국인 YJ씨는 임대료를 둘러싼 갈등으로 청양구 한인 집거지(그림 2의 E)로 이동했다.

전대(轉貸)로 법정소송 중인 YJ씨

YJ씨는 2007년 민쟝루에 위치한 350m²의 점포를 연간 임대료 45만 위안, 연증가율(遞增) 5%로 7년간 계약하고, 빵집을 열었다. 하지만 유동인구의 증가만큼이나 경쟁업체가 많아져 장기적자를 면치 못했다. YJ씨는 임대료가 치솟는

〈그림 9〉 H화위안의 대형 쇼핑몰과 상가(2013년 1월 필자 촬영)

상황을 빵집 경영에 활용하기 위해, 점포의 절반을 한국인에게 전대했다. 이후 남은 공간을 다시 반으로 나누어 프랑스 국적의 중국인 J씨에게 (점포소유주 동의 하에) 전대했다. 2011년 10월 전대로 영업하던 한식당이 칭다오시 위생국과의 마찰로 폐점한 후 몇 달간 새로운 세입자이 나타나지 않자, YJ씨가 재투자해 커피숍을 열었다. 임대료는 이후에도 꾸준히 올라 문제가 발생한 2012년에는 실질적인 임대료가 총 60만 위안이 되었다. 점포소유주는 전대인 J씨가 다음해 임대료를 내야하는 2012년 6월에 그녀와 직접 계약을 맺고, YJ씨의 영업장까지 폐쇄시켰다. YJ씨는 2만 5천 위안에 이 문제를 해결해주겠다는 중국인 지인의 제안을 거절하고, 인테리어 비용을 비롯한 자신의 투자손해액에 대한 내용증명을 가지고 민사소송을 했다. 이 소송은 2013년 조사 당시에도 진행 중이었다. JY씨는 개점 당시 사업명의를 제공한 화교지인과 자본금을 빌려준 한국의 가족에게 진 '빚을 갚기 위해', 2012년 연말에 T청(T城) 한인 집거지로 이동해 새로운 사업을 구상하고 있었다.

YJ씨는 1989년부터 대만과 홍콩에서 보석상과 잡화점을 경영하다가 2005년에 칭다오로 왔다. 이주 당초에는 중국시장을 공략한 사업을 시도했지만, 사업이 정착할 때까지 버틸 수 있는 자금이 부족해서 유지하기 힘들었다고 한다. "내가 100원을 갖고 오잖아요. 그러면 50원만 투자하고 나머지 돈은 버티는 자금으로 갖고 있어야 해요. 근데 우리는, 우리나라 사람 특성상 100원이 있잖아요. 그러면 한 120원짜리 사업을 기획해서 와요. 그런데 중국에서는 그러면 망해요"

도심에서 밀려난 YJ씨는 '새로운 사업을 위한 자금을 마련할 장소로' 한인 집거지를 선택했다. "(사람들은) 중국, 여기를 대학원이라 그런데. 수업료를 많이 낸…… 그런데 나는 그게 무슨 말인지 알겠더라구요. (중략) 나는 우선 기본적으로 조금은 벌어야지 다음 일을 하니까 한국인사회로 들어가자 한 거고 이곳을 선택한 거예요. 청도(칭다오)에 있다가 성양(청양)으로 와서 와~ 이런 거구나. 내가 결국은 한국인 커뮤니티에서 한국인끼리 이렇게 해야 되는 거구나 했어요" 요컨대 YJ씨는 중국사회를 공략해 개업했지만, 정착기간을 버틸 수 있는 자금이 부족해 그 돈을 마련하기 위한 방편으로 전대를 선택했고, 이것이 초래한 갈등으로 도심에서 밀려날 수밖에 없었다. 이 사례는 한국인이 서비스자영업자로 중국사회에 정착하는 과정에서 직면하게 되는 문제의 일면을 엿볼 수 있게 해준다.

둘째, 사업규모와 경영전략을 바꾸어 도심에 잔류한 경우이다. 〈표 1〉에서 소개한 피자집은 2013년 현재 H화위안 인근 주택단지 안의 점포(연간 임대료 18만 위안으로 3년 계약)로 자리를 옮겨 배달위주로 영업하고 있었다. 2006년에 영업하던 점포는 연간 임대료가 70만 위안(2006년 25만 위안)으로 올랐고, 〈그림 9〉에서 볼 수 있듯이 대기업 자본의 편의점이 입점해 있다. JS씨는 현재 위치가 좋지 않아 매출이 대폭 줄었기 때문에, 임금이 높은 조선족 관리자나 주방장을 두지 않고 본인이 '현장 중국어'로 직접 종업원과 주방을 관리하는 등 기본지출을 줄이고 있다고 했다.

옷가게를 하는 한국인 KI씨도 JS씨처럼 사업규모를 줄여 도심에 잔류한 경우이다. KI씨는 부동산중개업을 계획하고 2007년에 칭다오로 왔지만 글로벌 금융위기와 환율변동으로 상황이 힘들어져 결국 계획한 사업을 포기했다. 2008년 중국인과 함께 빵집을 개업했지만 계속되는 적자로 유지가 힘들어져 반년 만에 폐점했다. 이후 중국에서 건축자재 샘플을 구해 한국으로 보내거나 한국 화장품을 들여와 지인을 통해 파는 일을 하면서 지냈다. 하지만 그것마저도 소상인의 활동이 어려워지면서 길이 막혔다. 2013년 현재 한국인 지인에게 도심의 작은 옷가게를 인수받아 경영하고 있다. "가진 건 없는데 돈은 나가고 수입은 없고 하니까 이제 마음이 조급해지는 거예요. 또 다른 무리수를 하다보니까 얼마 못가서 또 망하고, 그래서 다 포기하고 아는 형님한테 지금 이거 인수받아서 해요" 현재 고등학생과 중학생 두 딸을 키우며 도심에서 비교적 임대료가 싼 아파트(연간 3만 위안)를 빌려 생활하고 있다. KI씨는 버스로 출퇴근하고 재래시장에서 중국인 점원과 같이 밥을 먹으며 (한국인사회와는 괴리된) '중국생활'을 하고 있다고 했다.

한편 경영 상태와 상관없이 급상승 중인 임대료로 한계에 봉착한 사례도 있었다. 한국 요식업 진출의 성공사례로 거론되는 B치킨은 직영점을 낼 정도로 맛의 현지화에 성공했다. 하지만 2006년 당시 연간 15만 위안이던 임대료가 2013년 현재 42만 8천 위안으로 급등했다. 음식 값을 대폭 올릴 수가 없는 상황에서 도심에서 이 사업을 계속하려면 새로운 투자자를 찾아 사업규모를 키우거나, 임대료가 더 저렴한 도시 외곽으로 옮겨야해 갈등하고 있었다.

셋째, 중국의 다른 도시로 이동한 경우이다. JY씨(표 1의 사례 5)는 H화위안 건너편의 청하이루澄海路에서 2004년부터 한식당을 경영했다.

이곳은 도심에서는 비교적 낡은 주택지로 외국인 거주가 적은 만큼 임대료가 저렴했다. 한편 단신 부임한 한국인이나 유학생이 가족 같은 분위기의 JY씨 가게에서 거의 매일 식사를 했기 때문에, 위치에 비해 경영상태가 좋았다. JY씨는 (칭다오대학 어학원을 수료해) 중국어가 유창하고 가게가 중국인 유동인구가 많은 곳에 위치한 덕분에, 현지인 손님도 많았다. 하지만 2008년 이후 한국인 인구가 줄고 칭다오 사회에서 한국(인) 이미지가 나빠지면서, 손님들의 발길이 뜸해지기 시작했다. 2011년에는 궁여지책으로 H화위안의 작은 점포(표 1 사례 3의 국밥집 옆)로 이전했는데, 이때부터 가끔 찾아오던 중국인의 발길마저도 끊어졌다. 게다가 줄어드는 한국인 고객을 둘러싼 식당 간의 경쟁은 더욱 심해져 손님 확보가 점점 어려워졌다. 결국 계약기간 중인 2012년 11월에 일식주점을 개업하려는 중국인과 일본인 부부에게 가게를 넘겼다. JY씨는 근처에서 서비스업을 하던 한국인 단골손님 세 명과 2013년 5월에 시안西安으로 이주했다. 두 차례의 사전 답사 후 시안은 시장이 작지만 경쟁자가 적고, 한국기업의 내륙진출로 앞으로 발전가능성이 있어 보여서 내린 결정이라고 했다.

그 외에도 현지생활을 유지하기 위해 단기로 취직하는 사람도 있었다. 〈표 1〉의 사례 3에서 소개한 한국인 KD씨는 2002년에 칭다오로 와서, 옷가게, 잡화점, 식당 등을 개업했지만 모두 도산했다. 새로운 자본을 모으기 위해 '보따리장사'를 했지만 세관의 단속으로 힘들어져 그만두고, 2012년 9월부터 교회에서 만난 지인의 소개로 한국 물류회사에 취직했다. 월급은 5,000위안으로 현지인과 같다. 2008년에 중국인 여성과 결혼해 청양구 시푸전惜福鎭에 아파트를 구입했다.

위에서 소개한 사례들처럼 도심의 자영업자들은 저마다의 사연을 가지고 칭다오의 주변부, 중국의 다른 도시, 동남아시아나 한국으로 흩어져 한인 집거지는 소멸했다.[37] 현재 스난구에 남아있는 한인 서비스업체의 특징은 다음 두 가지로 간략히 정리할 수 있을 것이다. 우선 규모의 격차가 커졌다. 2006년에 11·5규획 발표 후 서비스업 분야의 투자가 장려되면서 자본규모가 큰 업체들이 들어오기 시작했다. 일례로 2011년 10월 세계무역센터世界貿易中心 옆에 개점한 한식당 J는 건면적 2,310㎡(700평)에 투자금액이 약 2천만 위안(약 36억 원)이다. 식기를 비롯한 기자재를 모두 한국에서 들여오고 고용된 현지 종업원이 100명이 넘는다.

반면 앞서 소개한 JS씨와 KI씨처럼 투자비용이 상승한 만큼 사업규모를 줄인 서비스자영업자도 있다. 이전과 달리 임금이 높은 조선족은 고용하지 않고, 경영방침뿐만 아니라 본인의 일상생활까지도 현지화하기 위해 노력하고 있다. 다음으로는 모두 중국인을 고객으로 상정하고 있다는 것이다. 예전부터 주재원의 입주가 많았던 M광창(그림 6의 e)에는 지금도 한국인 주재원과 투자자가 많이 살고 있다. 하지만 장소를 점유할 정도의 인구규모는 아니다. 따라서 이곳의 서비스업은 모두 중국인을 대상으로 한다. 방금 소개한 J식당은 손님의 70%가 현지인이고, 규모가 작은 KI씨의 옷가게의 경우에도 손님의 90% 이상이 현지인이라고 했다.

III. 나오며

지금까지 동북아시아를 무대로 한 사람의 이동과 장소구성의 양상을 칭다오 도심의 한인 생업공간을 통해 살펴보았다. 이 글을 통해 필자는 초국적 경제관계의 심화에서 비롯된 사람의 이동과 정주가 도시의 특정 장소에 어떻게 구현되는지를 보여주고자 했다. 마지막으로 기존연구와의 연관 속에서 이 글이 가지는 의의를 간단히 정리하는 것으로 결론을 대신하고자 한다.

첫째, 이 연구는 2003년에서 2013년까지 10년에 걸친 현지조사를 통해 칭다오 한인사회와 도시공간의 변화를 기록한 것이다. 이 10년이란 기간은 이동과 정주양상뿐만 아니라, 그 배경에 있는 송출국과 수용국의 정치경제적 상황, 나아가 이를 대상으로 하는 연구관점에도 많은 변화가 있었다.

우선 재중한인의 대상과 성격이 변했다. 종래 재중한인 연구는 대개 조선족을 대상으로 했고, 한국인의 경우 그 관심이 기업과 관련된 경제적 측면에 머물러 있었다. 2000년대 초반부터 기업 내 접촉과 갈등 등 한국기업의 현지화를 사회문화적으로 분석·전망하는 연구가 등장했고,[38] 2000년대 후반부터는 기업 밖의 사회를 조명하는 연구가 조금씩 진행되었다.[39] 여기서 재중한국인은 대개 투자자이자 일시 체류자로 간주되었다. 하지만 필자는 지난 10년간의 조사를 통해 재중한국인이 더 이상 투자자이자 일시 체류자로 동일시될 수 없고, 공식적 명분이 없어진 후에도 거주 자체를 유지하고 있는 '불완전한 정주자'로 그 성격이 변해왔다는 것을 알 수 있었다.

또 한인 집거지의 생성, 성장, 소멸과정을 지속적으로 관찰할 수 있었다. 본문에서는 급속한 도시개발 과정에서 발생한 틈새공간에서 비공식적 영역화를 통해 형성된 한인 집거지가 한인 인구의 급증, 출신지의 산업구조 변동, 한국인의 사회적 위상 등과 맞물려 급성장하다가, 지구적, 국가적, 지역적 규모의 변동 속에서 소멸 혹은 이전하는 양상을 보여주었다.

마지막으로 연구관점에 변화가 있었다. 1990년대 초반까지만 해도 재외한인연구는 모국시점에서 한민족으로서의 '동질성'을 모색했는데, 현지조사가 가능해진 후부터는 개별사회의 '독자성'을 드러내는데 주력했다. 한편 2000년대 중후반부터는 재외한인뿐만 아니라 재한외국인에 대한 사회적 관심이 증대되었다. 이처럼 한반도를 둘러싼 이동현상이 복잡해지면서 연구관점 자체에 변화가 일어났다. 즉 송출국으로서 모국문화 유지를 이상理想으로 하는 시각과 수용국으로서 현지문화로의 동화를 이상으로 시각 간의 모순은 이민을 바라보는 관점자체에 대한 재고의 계기가 되었다. 따라서 본 연구에서는 칭다오 한인사회를 동북아시아라는 지역범주에서 조망하면서, 이동과 장소 간의 관계에 대한 구체적인 보편성을 탐색하고자 했다.

둘째, 위의 연구관점과 관련된 것으로 이 글은 1980년대 중반 이후 탈냉전과 지구화의 영향 하에서 전개되어온 이동현상의 단면을 포착했다. 이 시기의 이동은 대개 시장개방과 신자유주의 경제의 확산과 관계된 것으로, 이동의 다극화多極化, 복수화複數化, 탈역사화脫歷史化 등을 그 특징으로 한다. 1980년대 말부터 서서히 시작된 한국인과 조선족의 칭다오 유입은 출신지와 이주지간의 단선적인 경로가 아니라 한국, 일본, 중국의 도시부에 걸쳐 폭넓게 전개되어 왔다(이동의 다극화). 아울러 이러한 초국적 이동의 영향은 2000년 이후 본격화된 칭다오시의 도시개발과 시장의 부동산투자가 맞물려 건설된 빌딩군을 주체로 한 장소들에 고스란히 드러났다. 본문에서는 도심 속 한인 집거지의 외연적 성장과 서비스업의 비대화가 한국과 중국 둥베이지방의 산업구조 변동에 직접 연동되어 있다는 것을 보여주었다. 이것은 경제관계의 심화뿐만 아니라, 경계(국경 혹은 도·농간)를 넘는 이동에 대한 법제도적 허용범위가 넓어졌기 때문에 가능한 일이기도 했다. 한편 2008년 이후의 소멸과정에서도 드러나듯이, 결국 이 생업공간은 한곳에 뿌리내리지 못하고 (자본을 유인하기 위해 조성된) 장소들을 소비하면서 끊임없이 이동을 반복할 수밖에 없었다(이동의 복수화). 이동경로 또한 중국 내륙부나 동남아시아 등 출신지와의 역사적 관계가 옅은 지역으로까지 확산되고 있었다(이동의 탈역사화).

셋째, 현지조사를 통해 미시적인 차원에서 개별 행위자의 실천을 살펴보았다. 구체적으로 개인이 월경越境에서 발생하는 사회경제적 이점을 어떻게 해석하는지, 생업을 꾸려나가는 데 자신의 사회·경제·문화 자본을 어떻게 동원하는지, 그리고 정치경제적 변화에 어떻게 대응하는지를 관찰했다. 이에 기존연구와는 다른 몇 가지 측면을 포착할 수 있었다. 선행연구에서 재중한인 집거지는 조선족에게는 생업공간, 한국인에게는 거주 및 소비공간으로 그려지는 경향이 있었다. 즉 한국인은 상대적으로 풍부한 자원을 가지고 자신의 소비기준을 충족시키기 위해 집거지를 형성하는 반면, 조선족은 외지인으로서의 사회적 불안정함을 집거지를 통해 보완한다는 것이다.

하지만 이러한 시각은 개인을 집단 범주로 환원해 동질화함으로써 내적 다양성을 간과하게 만든다. 실제로 이들의 일상을 참여관찰하면 집거지의 기능뿐만 아니라 다양한 행위자들 간의 관계는 더 이상 민족이나 국적으로 환원될 수 없이 복잡하게 전개되고 있다는 것을 알 수 있다. 아울러 국경을 넘는 과정에서 부가된 조선족의 노동 가치와 마찬가지로, 국경을 넘는 것으로 획득한 한국인의 자본 가치는 정치경제적 변동에 따라 흔들리는 불안정한 것이었다. 특히 도심 집거지의 소멸과정은 개인의 자본과 주체적 실천이 가지는 한계를 분명히 드러냈다. 그리고 변동과정에서 발생하는 다양한 문제와 갈등에 대해 이주자는 자신의 사회관계를 기반으로 한 안전망의 구축을 통해 대응하고 있었다. 앞서 소개한 2008년 이후 도심에서 밀려난 사람들이 청양구의 한국식 아파트로 모이는 것을 통해서도 알 수 있듯이, 이 관계망과 안전망은 자본에 의해 조성된 아파트단지를 단위로 도시에 구현되고 있었다.

■ 주

1) 2003년 10월부터 2006년까지 총 14개월간 칭다오 한인사회 전반에 대한 현지조사를 실시했다. 2007년부터 2009년까지는 매년 여름과 겨울에 추가조사를 이어왔고, 최근에는 2013년 1월 14일에서 21일까지 일주일간 그간의 변화상을 기록했다. 조사방법은 조사일지 작성, (공간변화에 대한) 지도 작성, 사진 및 비디오 촬영, 주요정보공자에 대한 인터뷰 등이다. 인터뷰한 내용은 녹취한 후 문서화했다.
2) 한인韓人은 일반적으로 해외거주 한반도 출신 이주민을 총칭하는 용어이다. 이민연구에서는 재중한인, 재일한인, 재미한인 등 거주 지역에 한인을 붙이는 방식으로 사용해 왔다. 재중한인은 일반적으로 중국조선족을 지칭했다. 하지만 실제 재중한인은 두 개의 이질적인 사회로 구성된다. 하나는 19세기 말에서 20세기 초에 걸쳐 한반도에서 중국 둥베이지방으로 이주해 1949년 중화인민공화국 성립 당시 집단적으로 중국국적을 취득한 조선족 사회이며, 다른 하나는 1992년 한중수교 이후 중국으로 이주한 한국인이 형성하고 있는 이주민사회이다. 조선족은 한국의 관점에서 한민족韓民族으로 분류되지만, '56개 민족대가정民族大家庭의 일원'처럼 중국의 관점에서도 '민족' 개념에 포섭된다. 요컨대 민족은 양국의 정치적 입장에 따라 각기 다른 맥락에서 사용되고 있는 것이다. 본고에서는 두 개의 사회를 별개로 간주해 한국인과 조선족이라고 표기하지만, 양자를 포괄할 때는 동일한 혈통과 문화를 공유한다는 의미에 한정해 종족種族이라는 용어를 사용하고자 한다.
3) 2009년까지의 한국인 이주에 대해서는 구지영(2011), 「지구화시대 한국인의 중국 이주와 초국적 사회공간의 형성: 칭다오의 사례를 통해」, 『한국민족문화』 40, 421-457쪽. 조선족 이주에 대해서는 본서의 16장을 참조.
4) 칭다오과학문화인협회 회장(2013.1.18 인터뷰).
5) 주칭다오대한민국총영사관: http://qingdao.mofat.go.kr/kr/sub.html?code=0603&pmode= view&no=7
6) 제1회 '칭다오한국주간'은 2004년 7월 3일에서 9일까지 칭다오시와 대한민국총영사관의 공동주최로, 스난구 5·4광장, 푸타이광창福泰廣場, 시청사 주변의 고급호텔 등지에서 열렸다. 한편 2005년 제2회가 개최된 후, 2006년에는 '칭다오한국문화축제'라는 명칭 하에, 드라마, 가요, 영화 등 이른바 대중문화 중심의 '한류' 전파로 그 성격이 바뀐다. 이후 서서히 행사규모가 축소되다가, 2010년부터는 칭다오한국인회가 주체하는 민간행사로 한국 업체가 밀집한 청양구 공예품성 일대에서 개최되고 있다. 일례에 불과하지만, 이것은 칭다오에서 한국인의 사회적 위상 변화를 반영하고 있다고 볼 수 있다.

7) 2013년 조사 당시 소상인의 물류운반은 거의 불가능한 상태였다. 현지 한인 중 베이징올림픽 이후 한국에서 화장품이나 제조업의 샘플을 들여오다가 세관에 걸려 몇 달씩 물건을 찾지 못했던 경험을 가진 사람들이 적지 않았다.
8) 필자가 만난 유학생, 경영이 불안정한 자영업자, 무직자들은 칭다오를 떠난 이유로 환율변동을 가장 많이 거론했다. 1990년대까지 한국 돈 100만 원은 인민폐 1만 위안 정도의 가치가 있었고, 이는 한 달 생활비로 충분한 돈이었다. 예컨대 중국에서는 (한국에서보다) 쉽게 고용하는 가사도우미 월급이 당시에는 800~1,200위안이었다. 하지만 2008년 이후 100만 원의 가치가 4,000~5,000위안으로 떨어지고 생활 물가도 급상승했다. 앞서 제시한 가사도우미 월급도 3,000위안 정도까지 올랐다. 따라서 한국 돈 200만 원을 가지고 와도 학비와 집세까지 고려하면 이전과 같은 생활을 유지하기가 어려워졌다.
9) 2000년에서 2007년까지 기업의 비정상적 철수가 206건이었는데, 2007년에는 한 해 동안 87건을 기록했다. 2006년에서 2007년까지 누적채무는 2억 위안, 해고 노동자는 약 15,000만 명으로 보고되고 있다. 업종은 주로 액세서리(30.5%), 봉제(16%), 피혁(13.6%) 등이며, 종업원 50명 이하인 기업이 55.3%를 차지한다. 김원배(2009), 『동아시아 초국경적 지역 형성과 도시전략』, 국토연구원, 117쪽.
10) 주칭다오대한민국총영사관: http://qingdao.mofat.go.kr/kr/sub.html?code=0603&pmode=view&no=7
11) 주칭다오대한민국총영사관: http://qingdao.mofat.go.kr/kr/sub.html?code=0603&pmode=view&no=7
12) 朴光星(2012), 「小數民族流入人口的權益訴求與城市民族工作:基於對靑島市朝鮮族群體的實地調査」, 『民族問題硏究』 127, 黑龍江民族叢刊, 61쪽.
13) 중국에서 농민공農民工의 성원권 문제는 여전히 중요한 사회적 이슈이다. 2006년 3월 27일에 발표된 '국무원의 농민공 문제해결에 관한 의견國務院關於解決農民工問題的若幹意見'에서는 점진적이고 조건부적인 방법을 통해 도시 내 장기거주 및 취업상태에 있는 농민공의 호적문제를 해결해야 한다고 언급하고 있다. 특히 농민공 자녀의 의무교육, 거주와 의료에 관한 각종 보험, 노인부양 문제의 해결이 필요하다는 것을 강조했다.(『半島都市報』 2006.3.29) 하지만 실제로는 외지인으로서 여전히 많은 장벽에 직면하고 있다. 예컨대 칭다오시의 경우 2006년 당시 외지인의 입시에 대한 조사(高考移民)를 강화해, 허위 학위증명서로 접수하려던 칭다오호적이 아닌 16명의 수험생에게 응시를 불허했다.(『半島都市報』 2006.5.12)
14) 이들의 한국 유입은 2007년부터 시행된 방문취업제의 영향으로 그 허용범위가 넓어졌다. 이 제도는 조선족과 CIS한인(25세 이상) 중에서 한국에 연고가 있는 경우는 무제한으로, 없는 경우는 한국어능력시험에 합격한 자

중에서 해마다 정해진 인원범위 안에서 한국입국을 허가하는 것이다. 여기서 발급되는 비자(H-2)는 5년 동안 유효하며 입국 후 최장 3년까지의 체류를 인정하고 기간 내 출입국의 자유도 보장했다. 이 제도가 시행된 2007년 3월부터 2011년까지 약 33만 명의 조선족이 한국으로 건너왔다. 이는 칭다오 조선족사회의 변화에도 일조했다. 예컨대 조선족의 칭다오 유입이 활발했던 시기에 성업 중이던 직업소개소는 2008년 이후 거의 문을 닫고, 남아있는 곳은 한국행 노무를 알선하는 것으로 업무를 전환했다.

15) 1995년에 구區로 승격될 당시, 면적 100㎡ 이상의 주거공간을 구입하면 외지인에게 지역 호구를 주었다. 청양구 시푸전惜福鎭의 성스자위안盛世家園의 경우(그림 1의 G), 조선족 직원을 고용해 홍보한 결과, 4차 800호 중에 480호의 소유주가 조선족인 '특정주민소구特定居民小區'가 되었다. 朴光星(2012), 앞의 글.

16) 2003년 10월 1,200여 세대의 1기 올림픽화위안이, 2004년 500여 세대의 2기 T성城이 건설되었고, 2005년 T성 서울구가 개발되었다.

17) 『중국동포타운신문』 제117호(2007.12.18)

18) 『半島都市報』(2006.6.2)

19) 2008년까지 스난구에 자리하던 한인상공회를 비롯한 각종 한국 관련 사무실이 청양구로 이전했다. 이에 따라 스난구에서 개최되던 한국 관련행사도 이제는 거의 청양구에서 개최되고 있다.

20) 2006년 1월 칭다오 상품주택 매매가는 전년 대비 10%가량 올랐는데, 시내 중심 4구 주택매매가는 스난구가 8,799위안, 스베이구가 5,051위안, 쓰팡구四方區가 4,590위안, 리창구가 3,072위안, 라오산구嶗山區가 7,438위안, 황다오구가 3,787위안, 청양구가 3,416위안으로 리창구가 가장 저렴했다. 『半島都市報』(2006.1.28)

21) 『半島都市報』(2006.2.9)

22) 2007년 리창구 주택지가는 묘당 평균가 63만 위안, 스난구는 281만 위안, 쓰팡구는 87만 위안이었는데, 2010년에는 각각 215만 위안, 580만 위안, 244만 위안으로, 증가폭이 241%, 103%, 180%로 기록된다. 『半島都市報』(2010.11.27)

23) 2006년 6월 당시 스난구 샹강중루香港中路를 중심으로 약 76개의 금융기관이 밀집해 있었는데, 이것은 시 전체의 98%에 해당했다. 『半島都市報』(2006.5.17)

24) H화위안주민위원회에 따르면 이곳은 아파트 53동, 사무실 건물 4동으로 구성된다. 부동산관리회사 5개가 주택 23동을 관리하고, 나머지 30동은 주택관리회사가 없다. 원주민은 원래의 주거면적을 환산해 신축아파트를 받았다. 47㎡에서 84㎡까지 주택은 8종류로 나뉜다. 저층이 18동 1,371호, 고층주택이 2동 432호, 합계 21동 1,803호가 보상가옥으로 분배되었다. 판매

된 분양주택은 14동 648호이다. 「H花園社區委員會」(2007) 내부자료.

25) 예컨대 음식점의 경우 주방면적에 대한 제한뿐만 아니라 독립적인 연도煙道와 소음방지설비 등의 조건에 부합해야만 칭다오시 환보부環保部의 허가를 받을 수 있다. 하지만 조사 당시 H화위안 내의 음식점 중 이러한 조건에 부합하는 곳은 두 곳밖에 없었다.

26) 조이현은 서비스업을 금융, 보험, 부동산, 광고 같은 생산자서비스와 숙박, 음식업, 오락 등 소비자서비스로 분류하고, 중국진출 한국 중소서비스업에 대해 조사했다. 이 보고서에 따르며, 중국의 한국 서비스업은 생산자서비스(38%)보다 소비자서비스(62%)의 비중이 크다. 조이현(2011), 「중국 내륙 및 연안도시의 특성을 고려한 한국 중소서비스업종 진출 방안」, 중소기업연구원 참조. 칭다오 한인 집거지에도 중소영세규모의 소비자서비스가 많은 비중을 차지했다. 이 글은 한인 집거지를 구성하는 소비자서비스에 중점을 두고 있다.

27) 민병갑은 미국 아틀랜타 코리아타운의 자영업을 ①잡화관련사업groceries and related businesses, ②음식관련사업restaurants and related businesses, ③비음식관련사업 non-food trade businesses, ④기술서비스업technical service businesses, ⑤전문서비스업 white-collar businesses로 분류했다. 이 글의 네 가지 분류는 민병갑의 책을 참조하여 칭다오의 상황에 맞게 재범주화한 것이다. Min Pyong Gap(1988), *Ethnic Business Enterprise: Korean Small Business in Atlanta*, Center Migration Studies.

28) 장기적으로 개점휴업상태에 있는 점포나 아파트를 빌려 사업을 하는 사람들도 있기 때문에 정확한 숫자는 파악할 수 없었다. 또 이 통계에는 H화위안의 고층건물(그림 6의 b) 1층 내부의 점포들은 포함하지 않았다. 이곳은 2002년 이후 개점과 폐점을 반복하다가 2006년에 약 50개의 작은 점포를 일괄 계약해 임대하는 형태로 옷, 신발, 가방 등 잡화점이 들어섰지만, 2006년 당시 경영상태가 나빠 일부는 휴업상태에 있었다.

29) 한국인 경영자는 당초 한국식 서비스를 제공한다면 조금 비싸게 받아도 고객이 찾을 것이라고 생각했지만, 실제 H화위안에서 개업하는 한국인은 금전적 여유가 없는 사람이 많아 의사소통이 원활하지 않아도 초기투자 비용을 낮출 수 있는 곳을 찾는 경향이 강했다.

30) 중국의 국무원연구실國務院硏究室이 발표한 중국농민공조사연구보고中國農民工調硏報告에 따르면 전국 농민공 수는 2억여 명이며, 이들의 월급은 인민폐 500~800위안 선에 집중되어 있다고 한다.『半島都市報』(2006.4.17).

31) 금융위기 전후를 비교하면, 그간 남성 취업자 수가 67만 명 감소한 반면 자영업 인구는 약 11만 6,000명 증가했다. 최호영(2006),『한국 자영업 부문의 구조』, 한국학술정보, 11쪽.

32) 한국노동연구원(2005),『자영업의 실태와 정책과정』, 노동부.

33) 한국노동연구원(2005)의 조사에 의하면, 2004년 당시 한국 대도시에서 창업을 하려면 초기투자비용이 평균 9천698만 원이었다. 2006년 8월 필자의 베이징 조사에 따르면, 한인 집거지 왕징(望京)에서 소규모 음식점을 개업하기 위해서는 권리금만 최소 30만 위안, 임대료는 10~20만 위안이 드는데, 여기에 인테리어 비용까지 합치면 한국과 거의 같거나 한국보다 높았다. 이에 비해 칭다오는 도심에 위치한 H화위안에서도 베이징과 같은 규모의 점포가 권리금 10만 위안, 1년 임대료가 8~10만 위안 정도였다.

34) 강태구·이장섭·임채완·최웅용(2005), 『중국 조선족사회의 경제환경』, 집문당, 96쪽.

35) '소비형 경제'는 조선족사회의 급격한 도시화와 도시부의 3차 산업 비대화 현상을 드러내는 말이다. 옌지시에서는 2000년과 2004년을 비교하면 2만 4천여 명의 인구가 증가했는데, 취업인구는 2만 9천7백여 명이 감소했다. 이것은 노동력이 외지로 이동하고, 가족은 그들의 송금으로 도시로 이주해 살면서 경제활동을 거의 하지 않는다는 것을 의미한다. 박광성(2006), 「세계화시대 중국 조선족의 노동력이동과 사회변화」, 서울대학교대학원 사회학과 박사학위논문, 79쪽.

36) 옷가게와 잡화점은 물론 음식업도 본고장의 맛을 중시했다. 예컨대 H화위안 한국주점(그림 6의 b)은 '진짜' 한국의 맛을 내기 위해 막걸리와 파전의 재료인 누룩과 파를 한국에서 조달한다는 것을 경영전략으로 내세우기도 했다.

37) 스난구 한인 서비스업체의 급감은 한국인 대상 광고책자를 통해서도 실감할 수 있다. 2008년까지 한국인 대상 각종 광고책자에는 절반 정도가 스난구 소재 업체였던 것에 비해, 2013년에 1월호 「칭다오사랑」, 「TVBOX」, 「푸드저널」을 보면 초중고생의 학원을 제외하고는 스난구 업체는 없고 모두 T성과 청양구 소재였다.

38) 예를 들어 장수현(2003), 「중국 내 한국기업의 현지적응 과정과 문화적 갈등: 칭다오 소재 한 신발공장에 대한 인류학적 연구」, 『한국문화인류학』 36-1, 한국문화인류학회, 83~118쪽과 장세길(2010), 「노동집약적 한국기업의 중국진출과 위기대응: 경제적 합리성과 문화적 논리의 상호작용」, 전북대학교대학원 고고문화인류학과 박사학위논문 등이 있다.

39) 강진석은 설문조사를 통해 베이징 코리아타운에서 발생하는 현지인과의 접촉과 갈등을 기업환경, 교육환경, 주거환경으로 나누어 분석하고 그 해결방안을 제시한다. 강진석(2007), 「베이징 "왕징(望京)" 코리안타운 지역의 한(韓)-중(中) "이문화(異文化)" 갈등요소와 해소방안 연구」, 『국제지역연구』 11-1, 한국외국어대학교 외국학종합연구센터, 3~32쪽. 또 김윤태·안종석은 베이징, 톈진, 상하이, 칭다오의 한국인에 대한 설문조사를 통해 정주화하는 한국인의 사회적 특성과 이들이 형성하는 한인 타운의 구조와 기능에 대해 고찰했다. 김윤태·안종석(2009), 「중국의 "신선족(新鮮族)"과 한인타운」, 『중소연구』 33-4. 한양대학교 아태지역연구센터, 39~67쪽.

■ 참고문헌

강진석(2007), 「베이징 '왕징(望京)' 코리안타운 지역의 한(韓)·중(中) '이문화(異文化)' 갈등요소와 해소방안 연구」, 『국제지역연구』 11-1, 한국외국어대학교 외국학종합연구센터.
강태구·이장섭·임채완·최웅용(2005), 『중국 조선족사회의 경제환경』, 집문당.
구지영(2011), 「지구화 시대 한국인의 중국 이주와 초국적 사회공간의 형성: 칭다오의 사례를 통해」, 『한국민족문화』 40, 부산대학교 한국민족문화연구소.
김원배(2009), 『동아시아 초국경적 지역 형성과 도시전략』, 국토연구원.
김윤태·안종석(2009), 「중국의 '신선족(新鮮族)'과 한인타운」, 『중소연구』 33-4, 한양대학교 아태지역연구센터.
박광성(2006), 「세계화시대 중국 조선족의 노동력이동과 사회변화」, 서울대학교 대학원 사회학과 박사학위논문.
_____(2012), 「小數民族流入人口的權益訴求與城市民族工作:基於對靑島市朝鮮族群體的實地調査」, 『民族問題硏究』 127, 黑龍江民族叢刊.
장세길(2010), 「노동집약적 한국기업의 중국진출과 위기대응: 경제적 합리성과 문화적 논리의 상호작용」, 전북대학교대학원 고고문화인류학과 박사학위논문.
장수현(2003), 「중국 내 한국기업의 현지적응 과정과 문화적 갈등: 칭다오 소재 한 신발공장에 대한 인류학적 연구」, 『한국문화인류학』 36-1, 한국문화인류학회.
조이현(2011), 「중국 내륙 및 연안도시의 특성을 고려한 한국 중소서비스업종 진출 방안」, 중소기업연구원.
최호영(2006), 『한국 자영업 부문의 구조』, 한국학술정보.
한국노동연구원(2005), 『자영업의 실태와 정책과정』, 노동부.

Min Pyong Gap(1988), *Ethnic Business Enterprise: Korean Small Business in Atlanta*, Center Migration Studies.

『半島都市報』(2006~2010년)
『중국동포타운신문』제117호(2007.12.18)
「H花園社區委員會」(2007), 내부자료.

주칭다오대한민국총영사관: http://qingdao.mofat.go.kr/kr/sub.html?code=0603&pmode=view&no=7(검색일:2013.2.20)

구지영 | 한국해양대학교 국제해양문제연구소 HK연구교수

16.
한중수교 후 조선족의 생활세계 확장과 칭다오

구지영

Ⅰ. 들어가며

　이 글은 한중수교 후 조선족이 구성하는 초국적 생활세계[1]를 통해, 교류의 시대 동북아시아라는 지역범주 속에서 경계인의 위싱과 칭나오의 사회적 위치를 규명하는 것을 목적으로 한다. 주지하는 바와 같이 조선족은 19세기 후반에서 20세기 전반까지 한반도와 둥베이東北지역을 왕래하며 유동적인 삶을 영위하다가, 1949년 중화인민공화국 성립 과정에서 공민이라는 성원권과 자치공간을 공인받으며 중국의 소수민족으로 범주화된 집단이다. 이후 인구의 90%가 둥베이삼성의 집거지에 거주하며 비교적 동질성이 강한 민족공동체를 유지해왔다.
　하지만 1990년대 이후 동북아시아의 정치경제적 변동 속에서 인구의 절반 이상이 원거주지를 떠나 중국의 연해부나 한국, 일본 등지로 이동한다. 이러한 조선족의 이동은 소위 '농민공農民工'이라 일컬어지는 중국의 도농 간 인구이동과 맥을 같이 한다. 하지만 조선족은 동북아시아의 대표적인 경계인marginal man[2]으로, 이들의 이동에는 한국과 일본이라는 종족적·문화적 요소가 초국가적 형태로 개입되어 있어,

그 양상이 일반적인 농민공과 상이하게 전개되고 있다.

필자는 1999년부터 한국, 중국, 일본에서 조선족의 이동과 정주에 대한 질적 조사를 수행해왔다.[3] 하지만 본론에 들어가기 전에 미리 말해두지 않으면 안 되는 것은, 10년이 넘는 기간 동안 조사를 진행하면서 조선족이라는 집단을 그 유동성과 영역성을 포함해서 실체화하는 것은 사실상 불가능했다는 것이다. 선행연구에서도 언급된 것처럼 조선족의 이동은 광역에 걸쳐 있을 뿐만 아니라 네트워크를 통해 유기적으로 연관되어 있기 때문에, 이 지역들을 모두 조사하지 않고서는 정확한 이해에 도달할 수 없다.[4] 설령 이 지역들을 모두 조사한다고 하더라도 경계인으로서의 조선족을 명확히 그려내기는 힘들다. 예컨대 이들은 대개 중국여권을 가지고 이동하지만, 문화적으로는 한국인과 가까워 정주지에서의 일상은 종족경제권에 대한 의존도가 높다.[5] 아울러 이동을 반복하는 과정에서 새로운 사회문화적 요소들이 더해지면서 공적인 범주로 조선족에 속하지 않는 사람이 증가하고 있는 반면, 상호부조형 이동을 통해 내적 결속력은 강화되고 있다고 볼 수 있다.

그럼에도 불구하고 그간의 현지조사와 선행연구의 검토를 통해, 오늘날 조선족의 이주와 정주에 대해 다음과 같은 연구문제를 제기하고자 한다. 첫째, 이동의 배경에 있는 구조 변동에 관한 것이다. 1990년 이후 동북아시아의 인구이동은 한국, 일본, 대만의 노동집약적 산업화의 종결과 중국의 부상에 따른 것으로 주로 정치경제적 교류의 심화과정에서 발생한 것이라고 볼 수 있다.[6] 둘째, 이동하는 조선족과 특정 장소의 관계이다. 이동하는 사람들을 특정 장소로 흡인하는 구조적 측면, 이동을 허용·규제하는 제도적 측면, 미시적 차원의 영역화 과정에서 비롯되는 장소 구성의 다양한 양상들이 여기에 해당될 수 있을 것이다. 셋째, 커뮤니티를 둘러싼 경계 짓기에 대한 것이다.

16. 한중수교 후 조선족의 생활세계 확장과 칭다오   421

〈표 1〉 조사 협력자 일람표

번호	이름	출생연도	성별	출신지	학력	이주시기	이주 전 직업	이주 직후 직업
1	CG	1972	여	헤이룽장성	중졸	1995	농업	한국기업
2	KM	1971	여	헤이룽장성	대졸	1997	향진기업	조선족식당
3	KY	1945	남	헤이룽장성	?	1994	한국노무	직업소개소 경영
4	KC	1982	남	헤이룽장성	중졸	2003	향진기업	한국식당
5	AS	1984	남	헤이룽장성	중졸	2004	건설노동	한국식당
6	OG	1984	여	헤이룽장성	중졸	2004	무	한국식당
7	KK	1966	여	헤이룽장성	대졸	1988	대학생	교사
8	GH	1944	여	지린성	중졸	1985	주부	주부
9	HD	1965	남	지린성	중졸	1988	군인	군인
10	SM	1969	남	지린성	대졸	1998	대학강사	한국기업
11	HM	1964	남	헤이룽장성	대졸	1991	교사	한국기업
12	KH	1963	남	지린성	대졸	1995	국영기업	기업가
13	KG	1960	남	지린성	중졸	2002	한국노무	한국식당 경영
14	LH	1977	여	지린성	대졸	2003	한국계 대기업	칭다오 한국영사관

여기에는 국적이나 종족뿐만 아니라, 출신지, 학력, 직업, 계층 등의 내적 경계에 대한 구성과 재구성 과정이 포함된다.

이 글에서는 이중 첫 번째와 세 번째에 초점을 맞추어 논의를 전개하고자 한다. 지면이 한정된 관계로 구조 변동을 전면적으로 논하는 것은 생략하고, 이동의 기제와 이것이 만들어내는 광역의 생활세계를 통해 오늘날 동북아시아의 장소 간 관계의 일면을 드러낼 것이다. 다음으로 이 (네트워크형) 생활세계의 주요 거점으로 자리 잡은 칭다오靑島를 사례로, 하나의 종족집단이 무연無緣의 도시에 정착하는 과정을 통시적으로 그려내고자 한다. 마지막으로 칭다오 조선족의 일상에서 구성되고 있는 내적 경계를 계층이라는 측면에서 접근해보고자 한다.

여기서 계층은 고정된 것이 아니라 관계 속에서 구분되고 영역화되는 과정이다.

Ⅱ. 이동의 기제와 생활세계의 확장

오늘날 조선족의 인구이동에는 산업화 과정에 따른 농촌에서 도시로의 이주뿐만 아니라, 지구화 과정에서 비롯되는 국경을 넘는 이주, 모국으로의 역이주, 인적 네트워크를 통한 연쇄이주 등 시공간을 초월하는 다양한 형태가 공존한다. 등록인구와 거주인구의 차이로 정확한 수치를 파악하기는 어렵지만, 대략 중국 연해부에 약 50~55만 명,[7] 한국에 약 46만 명[8], 일본에 약 5~6만 명[9]이 거주하고 있다고 추정되고 있다. 즉 지난 20년간 총인구의 절반이 넘는 사람들이 원거주지를 떠나 타지로 이동했다는 것이다. 여기서는 우선 이동의 기제와 그 양상을 사례를 통해 살펴보고자 한다.

〈사례 1〉 인적 네트워크를 통한 가족의 이동과 정주: CG씨의 사례

CG씨는 헤이룽장성黑龍江省의 한 농가에서 태어나 집안일을 돕다가, 1992년에 결혼했다. 그 해 같은 마을에 살던 CG씨의 이모가 웨이하이威海로 가서 숙박업을 시작했다(경로①). 1994년에 CG씨의 남편이 일본으로 노동이주를 떠나 도쿄東京의 가방 공장에 취직했다(경로②). 이듬해 CG씨는 여동생과 함께 이모가 있는 웨이하이로 왔다(경로③). CG씨는 웨이하이의 한국기업에서 일하다가 그 회사의 파견으로 1999년에 한국으로 노동이주를 떠났다(경로④). 도착 직후 직장을 이탈해 고향 친구의 소개로 서울의 한 음식점에서 일하기 시작했다. 같은 해 CG씨의 동생은 자오저우시膠州市에 있는 한국식당의 관리자로 취직했다(경로⑤). 동생은 자신이 모은 돈과 CG씨에게 빌린 돈으로 2002년에 스난구市南區의 신축 아파트를 구입했다. 2003년에 귀국한 CG씨는 고향에 집을 짓고,

16. 한중수교 후 조선족의 생활세계 확장과 칭다오 423

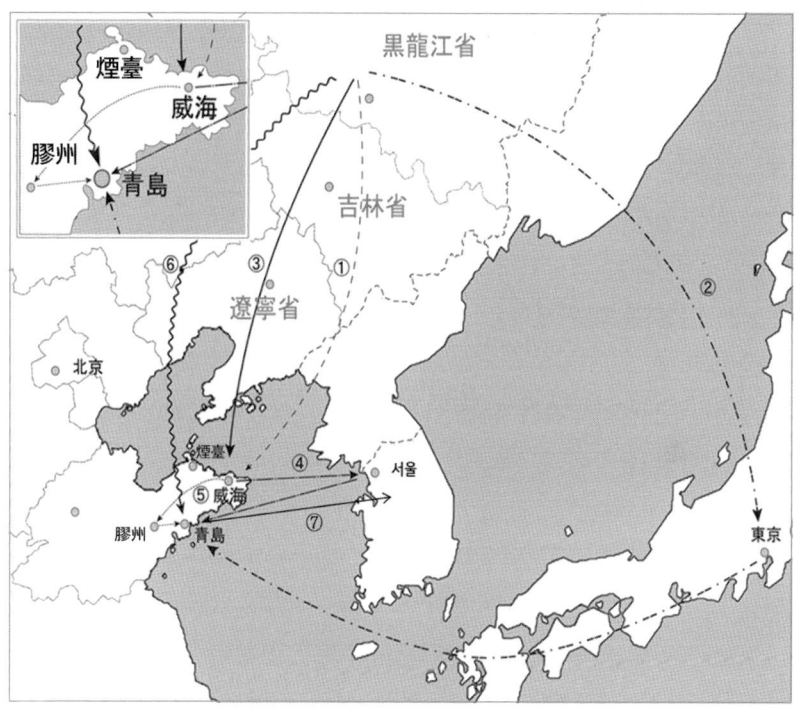

〈그림 1〉 CG씨 가족의 이동과 정주

어머니가 돌보던 아들을 데리고 동생이 있는 칭다오로 왔다(경로④). 동생과 함께 의류사업을 시작했지만, 성공하지 못하고 모은 돈을 모두 소진했다. 이후 스난구에 있는 한국식당의 관리자로 일했다. 2004년부터 고향에 있던 어머니가 칭다오로 와서 집안일과 육아를 돕기 시작했다(경로⑥). 2005년에 CG씨의 남편이 일본에서 귀국하면서 관리하던 한국식당을 인수했다(경로②). 2008년에 청양구城陽區의 아파트를 구입했다. 2008년부터 스난구의 한국인 인구가 서서히 감소하면서 매출이 줄어들었고, 결국 2010년에 가게를 정리했다. 2013년 현재 여동생은 사업 자금을 모으기 위해 한국에 체류 중이며, CG씨는 청양구에서 조카를 돌보며 새로운 일을 찾고 있다(경로⑦).

앞의 사례는 오늘날 조선족 이동의 몇 가지 특징을 보여준다. 첫째, 가족·친지를 주축으로 하는 인적 네트워크를 통해 이동이 이루어지고 있다. 먼저 이주한 가족은 다른 가족의 이주와 정착에 중요한 경제적·사회적 자본이 되었다. 둘째, 분산 거주하면서도 각자의 역할을 수행하며 일상적으로 접촉하고 있었다. 아울러 송금送金이나 차금借金 등의 금전거래가 빈번했다. 셋째, 장소에 따라 거주 목적이 분명했다. 한국과 일본 등 국외지역은 조선족사회 전체의 중요한 수입원이자 이주와 정주에 드는 자금을 모으는 장이고, 둥베이지방은 노동력의 공급지이자 재생산을 위한 장이었다. 또 한국인의 이동으로 종족경제권이 급성장한 중국의 연해도시는 가족이 재결합하는 새로운 정주지로 자리잡아가고 있었다. 특히 칭다오는 한국인 인구가 가장 집중된 곳으로 서비스업에 대한 수요가 급증해, 외국에서 자본을 가지고 귀국하는 조선족에게 정착의 발판이 되었다.

한편 이러한 가족·친지를 통한 이동뿐만 아니라 둥베이삼성과 연해도시 간에는 전문중개업자를 통한 이주도 이루어졌다. 주로 초기 이주자들에게 많이 나타난다.

〈사례 2〉 전문중개업자를 통한 이주: KM씨

KM씨는 2년 과정의 단기대학에서 화학을 전공하고 졸업 후 하얼빈哈爾濱의 헤이룽장비료공장에 취직했다. 24살에 하얼빈 출신의 남편을 만나 결혼해 아들을 낳은 후 시어머니와 함께 살기 시작했다. 이후 지속된 고부갈등으로 남편과 별거하기에 이르는데, 이때 남편은 (시어머니의 권유로) 일본계 의류회사에 취직해 칭다오로 이주했다. 이 사실을 뒤늦게 안 KM씨는 전문중개업자를 통해 1997년에 칭다오로 가는 수속을 밟았다. 수수료는 칭다오까지의 교통비와 직업 소개비를 포함해 인민폐 500위안이었다. 이것은 당시 한 달 월급보다 많은 금액이었지만, 연고가 없는 칭다오로 오기 위해서는 달리 방법이 없었다고 한다. KM씨가 이주할 때는 약 500호 규모의 마을에서 50명이 신청했다. 그러나

〈그림 2〉 리창구의 직업소개소(2004년 8월 필자 촬영)

칭다오역에 도착하자마자 중개업자가 사라져, 칭다오에 연고가 없는 사람들은 그대로 고향으로 돌아가기도 했다. KM씨는 무작정 버스를 타고 시내를 돌다가 우연히 리춘시장李村市場에서 내렸다. 거기서 '연변식당'이라는 간판을 보고 들어가 사장에게 사정을 이야기하고, 그 가게에서 일하면서 남편과 연락이 닿기를 기다렸다. 남편과 재회한 후, KM씨는 한국기업에 취직했다.

전문중개업자는 기존의 인맥에 비해 신뢰도가 낮지만, KM씨처럼 연고가 없는 조선족에게는 중요한 이동수단이었다. 1994년부터 2006년까지 칭다오에서 직업소개소를 운영한 조선족 KY씨에 따르면, 당시에는 중개업자가 직접 둥베이지방이나 내륙으로 가서 조선족뿐만 아니라 한족 노동자들을 집단적으로 데리고 왔다고 한다. 1990년대 말까지만해도 한국기업의 수요가 많은 만큼 둥베이지방에도 유휴노동력이 넘쳤기 때문에 중개가 잘 이루어졌다. 하지만 2000년대 중반부터 인터넷을 통한 구인·구직이 성행하기 시작했고, 둥베이지방의 노동인구가 거의 유출되어 수요가 있어도 공급이 불가능하기 때문에 중개업은 사업적 가치가 거의 없어졌다.[10] KY씨는 '이제 (둥베이에서) 나올 사람은 다 나왔다고 보면 된다. 여기서 직장 옮기는 사람들이 있기는 하지만, 옛날같이 외지에서 데려오기는 힘들다'고 했다.[11] 2006년 당시 직업소개소를 이용하는 사람들은 대개 단순육체노동에 종사하는 젊은 층으로, 이들은 다양한 루트를 통해 직장과 거주지를 옮겨다니며 매우 유동적인 생활을 하고 있었다.

〈사례 3〉 직장과 거주지의 유동: KC씨의 사례

KC씨는 중학교 졸업 후, 고향의 작은 종이공장에서 일했다. 당시 월급은 인민폐 300위안이었다. 2003년 2월에 친구를 따라 칭다오로 와서 직업소개소를

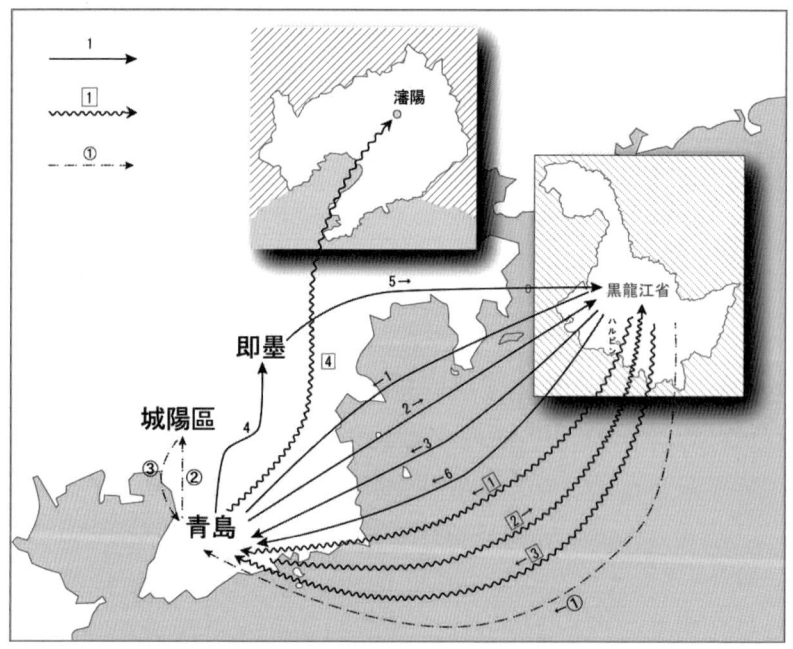

〈그림 3〉 KC씨와 친구들의 이동(2003~2006년)

통해 스난구의 한국식당에 취직했다(경로①). 식당일이 지겨워져 2005년 봄에 고향친구의 소개로 청양구의 한국공장으로 옮기기도 했지만(경로②), 일도 재미없고 월급도 적어 두 달 만에 그만두고 다시 원래의 식당으로 돌아왔다(경로③). 2006년 당시 인민폐 1,200위안의 월급을 받고 있었다. 그는 인근에서 보기 드물게 한 곳에서 오래 일하고 있었기 때문에, 일손이 부족하면 그에게 도움을 청했고 그때마다 고향에서 친구를 불렀다. 2004년 식당에 일손이 모자랄 때 고향에서 AS씨를 불렀다(경로3). AS씨는 어머니가 한국인과 재혼해 칭다오에 거주했기 때문에, 2001년 칭다오에서 3개월 정도 머무른 적이 있었다(경로1·2). 그는 KC씨가 일하는 식당에서는 반년 정도 일한 후, 다른 친구의 소개로 지모卽墨에 있는 구두공장으로 옮겼다(경로4). 2006년 2월에 다시 고향으로 돌아갔다가(경로5), 두 달 후에 다시 KC씨의 요청으로 스난구의 한국식당으로 왔다(경로6). 또 KC씨는 2004년 8월에 고향에서 친구 OG씨를 스난구의 한 식당에 소개했다(경로①). 하지만 그녀는 식당일이 힘들어 며칠 만에 그만두고 칭다오에서 놀다가 고향으로 돌아갔다(경로②). 2005년에 다시 칭다오로 와서 직업소개소를 통해 소개받은 식당에서 일하다가(경로③), 2006년 9월에 고향친구의 권유로 선양瀋陽으로 가서 한국회사에 취직했다(경로④).

단순육체노동에 종사하는 젊은이들의 생활은 매우 유동적이며 이들의 이동범위는 중국 전역에 걸쳐있다. 이들이 일을 그만두는 이유는 다양한데, 예컨대 OG씨는 친구와 놀고 싶은데 식당을 쉴 수가 없어서 일을 그만두었다. KC씨는 막연히 식당일이 지겨워서 일을 그만두었다. AS씨는 광둥성廣東省의 대학에 입학하게 된 여동생이 그곳으로 가기 전에 칭다오에 들렀을 때, 가족과 시간을 보내기 위해 일을 그만두었다. 또 대체로 일이 단순하고, 숙련도와 지속기간에 따라 월급이나 직급이 올라가는 것이 아니기 때문에 지속하게 만드는 동기부여가 약하기도 했다. 한편 당시에는 연해도시 어디를 가나 조선족 일손이 부족한 상태였기 때문에, 마음만 먹으면 금방 새로운 일을 구할 수 있었다. 이동과 정주양상을 통해 보면, KC씨와 같은 젊은이에게 고향

〈그림 4〉 리창구의 조선족 집거지(2007년 8월 필자 촬영)

은 친구와 놀거나 쉬러 가는 곳이고, 칭다오와 같은 연해도시는 장래에 정착하고 싶은 곳이었다. 아울러 연해도시에 정착하기 위해서는 현재의 일을 계속하거나 월급을 저축하기보다는, 한국이나 일본 등 해외에서 돈을 벌어야 한다고 생각하고 있었다.

Ⅲ. 생활세계의 거점, 칭다오

2011년 현재 칭다오에는 약 15만 명, 산둥성 전체로는 약 20만 명의 조선족이 거주한다. 이것은 랴오닝성遼寧省의 조선족 인구와 맞먹는 규모로, 칭다오에 새로운 도시형 커뮤니티가 뿌리내리고 있다는 것은 의심할 여지가 없다.12) 지금까지 중국 도시의 조선족 커뮤니티에 대한 연구는 베이징北京과 칭다오가 중심이었다.13) 이 연구들에서는 대체로 조선족의 이동을 가속화시킨 배경에 한국(인)과의 관계가 있다는 것, 이주 후의 삶에서도 종족경제권에 대한 의존도가 높다는 것, 그리고 세대가 거듭될수록 문화적·교육적 측면에서 주류사회로의 동화가 급속히 진행되고 있다는 점을 특징이자 문제점으로 제시한다. 다음에서는 칭다오 조선족사회를 한중수교 이전까지의 국가배치기, 한중수교에서 2000년까지의 노동시장 유입기, 한국인과 조선족 인구가 급증하는 2000년에서 2007년까지의 내적 분화기, 그리고 한국인사회가 축소되고 유동인구가 감소하는 2008년 이후의 정착기로 나누어 살펴보고자 한다.

1. 국가 배치기(1990년까지)

중국은 1950년대 말부터 호구제도戶口制度와 단위제도單位制度를 통해 도농 간의 인구이동을 억제해왔는데, 이것은 1978년까지 비교적 성공적으로 유지되었다.[14] 이 시기에 도시로 이주할 수 있는 극소수의 방법 중의 하나가 군인이나 대졸자가 국가에 의해 공공기관에 배치되는 것이었다. 한중수교 전에 칭다오로 온 조선족도 대개가 대졸자나 군인이었다. 이 시기의 칭다오 조선족 인구는 100명 남짓이었고, 산동성 전체로도 1000명을 넘지 않았다.[15]

⟨사례 4⟩ 초기 이주자①: 1988년에 이주한 대졸자 KK씨

KK씨는 베이징의 중앙민족대학에서 조선문학을 전공했다. 1988년에 '산동성무역위원회' 소속의 '대외경제무역학교'에 조선어 강사로 배치를 받아 남편과 함께 이곳으로 왔다. 조선어 강좌는 정식 학과로 개설된 것이 아니라, 한국과의 교류를 준비하기 위해 영어과 학생에게 시범적으로 조선어를 가르치는 형식이었다. 그해 칭다오에는 열 명 정도의 조선족이 배치를 받았는데, 대개 이공계 출신이었다. 당시에는 산동성 전체로도 조선족이 많지 않아 직장 내 한

족 중에서 조선족을 처음 만나는 사람들도 많았다고 한다. 남편은 얼마 후 학교를 그만두고 한국 액세서리 회사에 취직했고, KK씨도 1991년에 그 회사로 옮겼다. 이후 남편은 회사를 그만두고 무역회사를 설립했다. KK씨는 2000년부터 2005년까지 칭다오조선족기업협회의 사무국장으로 일했다. 이후 무역을 하는 남편과 함께 광저우廣州로 이주했다.

KK씨와 같이 당시 국가배치를 받은 사람은 조선족사회의 엘리트로 주로 국유기업이나 교육기관에서 일했다. 하지만 1990년대부터 한국기업이나 일본기업의 중국진출로 새로운 일자리가 급증하면서, 이들 대부분이 외자기업으로 옮겨갔다. 다음 두 사례를 통해 이들의 선택과 삶의 변화에 대해 소개하고자 한다.

〈사례 5〉 초기 이주자②: 군인 남편을 따라 이주한 GH씨

GH씨는 해군이었던 남편을 따라 1985년에 칭다오로 왔다. 이주 초기에는 가정에서 육아에 전념하다가 아이가 성장하면서 토산품 가게에 취직해 7년간 일했다. 고객은 주로 한국인이나 일본인 관광객이었다. 남편은 1990년에 제대한 후 국영 여행사에서 8년간 일했다. 이후 여행사를 그만두고 한국과 관련된 여러 사업을 시도했지만 모두 실패했다. 이주 당초에는 라오산구崂山區에 살다가 스난구가 개발된 후 이사했다. GH씨는 2001년부터 스난구의 아파트를 임대해 한국인 대상의 민박을 경영했다. 2006년에는 비자연장과 관광안내를 겸하면서 민박의 규모도 아파트 두 채로 확장했다. GH씨가 칭다오에 온 후 지린성에서 여동생과 남편 형제들이 모두 이주했다. 2006년 당시 여동생과 함께 민박을 운영하고 있었다.

중국사회에서 군인은 혁명 당시 인민해방군으로 획득한 사회적 위신을 가졌다. 아울러 군대가 일종의 직업훈련장으로도 기능했기 때문에, 취업할 때 여러 측면에서 특혜를 받을 수 있었다. 따라서 대학에 진학하지 못한 가난한 농촌 청년에게 군대는 면학과 직업훈련을 통해

새로운 삶을 꿈꿀 수 있는 유일한 기회였다.[16] 칭다오에 온 조선족 군인도 GH씨의 남편처럼 제대 후에도 국영회사에 취직하는 등의 혜택을 누렸다. 하지만 이들도 한중수교 이후에는 대개 기존의 일을 그만두고 새로운 사업을 뛰어들었다. 그 중에는 GH씨의 남편처럼 실패하는 사람도 있지만, HD씨처럼 사영기업가로 성공하기도 했다.

〈사례 6〉 초기 이주자③: 1988년에 군인으로 배속된 HD씨

HD씨는 농촌에서 태어나 "집도 가난하고 공부도 못했기 때문에" 군대를 선택했고, 1988년에 칭다오로 왔다. 1991년에 제대한 후 한국 액세서리 공장에 취직해 3년간 일하고 같은 업종으로 독립했다. 처음에는 소규모로 시작했지만, 2006년 당시 직원 300명 규모의 회사로 성장했다. 그는 제조업 외에도 부동산 투자로 돈을 모았다. 2000년 이후 운동회나 노래자랑 등 각종 조선족 행사에 거금을 기부하면서 칭다오 조선족사회에 성공한 기업가로 이름을 알렸다. 칭다오조선족기업협회의 부회장과 조선족골프협회의 회장을 역임했다.

국가배치기에 칭다오로 온 이주자의 특징은 다음과 같이 정리할 수 있다. 첫째, 1990년 이후 시장경제의 확대에 따른 노동 수요에 적극적으로 대응해 당초의 일을 그만두고 외자기업에 취직했다. 둘째, 이후 조선족 이동의 초석이 되었다. 칭다오에서는 사례 5처럼 고향에서 가족이나 친지가 연쇄적으로 이주해 사업을 돕는 경우를 흔히 볼 수 있었다. 셋째, HD씨(사례 6)처럼 틈새경제를 활용해 기업가로 성공한 사람이 생겨나기 시작했다. 넷째, 2000년 이후부터 한국인과 조선족이 대거 유입되면서 경쟁이 심해져, 혹은 지나친 투자로 실패하는 사람들도 적지 않았다. 다섯째, 그럼에도 불구하고 현재까지 칭다오 조선족 사회의 구심점이 되고 있다.

2. 노동시장 유입기(1992~2000년)

전술한 것처럼 조선족과는 무관한 장소라고 해도 과언이 아닌 칭다오에 대량의 이주가 이루어질 수 있었던 것은 한국기업과 한국인의 이주로 종족경제권이 형성되었기 때문이었다. 1980년대 말부터 민간투자 형식으로 시작된 한국기업의 칭다오 진출은 한중수교가 이루어진 1992년부터 꾸준히 증가했고, 1997년의 금융위기로 짧은 정체기를 겪지만 이후 다시 회복되어 2000년대에 접어들면서 폭발적으로 증가했다. 2000년 2월까지 칭다오의 한국기업은 약 2,200개로 집계되었지만, 비공식적인 투자나 소규모 투자까지 포함하면 더 많을 것으로 추정할 수 있다. 또 한국인 대상의 식당과 술집의 종업원, 주재원 가정의 가사도우미와 중국어 교사 등 이전에는 생각할 수 없었던 다양한 일자리가 생겨났다. 당시 둥베이지방에는 '산둥에 가서 일한다到山東打工'는 말이 유행할 정도로 산둥성으로의 이주는 하나의 거대한 물결이었다. 또 대부분의 조선족이 언어적·문화적 우위를 활용하여 관리직에 취직했기 때문에, 일반적인 중국의 농민공農民工[17]과는 다른 형태로 도시에 정착할 수 있었다. 이 책의 15장에서 다루고 있듯이 스난구의 서비스업체의 경우, 조선족이 한족보다 20~30% 정도 많은 월급을 받았다.

〈사례 7〉 노동시장으로 유입①: 대학 강사 SM씨

SM씨는 옌볜대학을 졸업한 후, 대학에서 강사로 일하다가 지린성에 진출한 한국기업에 취직했다. 그 회사의 파견으로 웨이하이로 와서 6년간 일한 후 회사를 그만두었다. 이후 농산물 관련 무역업을 시작하면서 칭다오로 이주했다. 초기투자비용은 1992년부터 한국에서 일하고 있던 어머니의 지원을 받았다. 어머니는 2004년에 귀국해서 옌볜에 집을 짓고 살고 있다. SM씨는 칭다오로 올 것을 권했지만, 어머니는 '조선족은 자기 땅에서 살아야 한다'고 거절했다고 한다. 오히려 어머니는 SM씨가 옌볜으로 돌아와 학교 일을 하면서 지금보다 안정된 생활을 하기를 원하고 있지만, 2005년까지만 해도 그는 옌볜으로 돌아갈 생각이 전혀 없었다. 그 이유는 '옌볜은 좁고 경제적으로도 뒤쳐져있어 할 수 있는 일이 거의 없고, 아이들 교육환경도 칭다오가 좋기 때문'이었다. 하지만 2008년에 사기사건에 휘말려 파산하면서, 어쩔 수 없이 칭다오를 떠났다.

이 시기 이주의 주요한 특징 중의 하나가 둥베이삼성 조선족 집거지의 구심점이었던 관료나 전문기술자 등의 엘리트층이 연해부의 노동시장으로 대거 유입되었다는 것이다. 옌볜조선족 남자인구를 예로 들어보면, 2000년에는 10.6%가 대학 이상의 교육을 받은 것으로 집계되었지만, 대학 진학률이 높아진 후인 2010년에는 그 비율이 4.5%까지 떨어졌다.[18]

⟨사례 8⟩ 노동시장으로 유입②: 조선족학교 교사 HM씨

HM씨는 옌볜대학을 졸업하고 조선족학교에서 교사로 일하다가, 1991년에 한국합자완구회사에 취직하면서 칭다오로 왔다. 근무기간 동안 경영 노하우를 배우고 인맥을 형성한 후, 1996년 5월에 한국인 지인에게 자본금을 빌려서 자신의 회사를 설립했다. HM씨에 따르면 당시는 인건비가 저렴했기 때문에 관리만 잘 하면 무조건 이익을 남길 수 있었다고 한다. 1999년에는 수출액이 600만 달러를 넘어섰으며, 청양구에 첨단 설비를 한 새 공장을 세웠다. 2006년 당시 회사의 품질이나 디자인의 우수성이 세계적으로 알려져 중간 상인을 두지 않고 직접 미국이나 유럽의 주문을 받고 있었다. HM씨는 칭다오에서 성공한 조선족 기업가의 대명사로, 조선족기업협회 회장, 옌볜대학 총동창회 회장 등을 역임했다.

이처럼 1990년대 말부터 한국기업에서 독립해 사영기업가가 되는 조선족이 등장하기 시작한다.

3. 분화기(2000~2007년)

　대기업에서 영세한 자영업체까지 규모는 다양하지만, 1990년대까지는 칭다오 조선족의 대다수가 한국(인) 사업체의 고용노동자로 일했다. 한편 2000년대에 들어서면서 칭다오 조선족사회의 분화가 다양한 형태로 가시화된다. 가령 1997년 12월에 38명으로 발기한 조선족기업협회는 2000년대가 되면서 회원 수가 약 160명으로 늘어난다. 아울러 이들이 주축이 되어 조선족 운동회[19]나 노래자랑을 개최해, 기업홍보나 조선족의 이미지 향상을 도모한다.

> 〈사례 9〉 칭다오 조선족사회의 성공모델
>
> 　KH씨는 옌지시의 국영기업 건설부문에 소속되어 한국, 북한, 러시아 간 무역사업을 여러 차례 시도했다. 1980년대에 사업 투자자를 찾기 위해 홍콩을 경유해 한국에도 갔지만, 당시까지만 해도 사회주의 국가에 대한 거부감 때문인지 선뜻 나서는 사람이 없었다. 한편 1994년부터 시행된 증치세增値稅 때문에 세금부담을 감당하기 힘들어 무역업을 그만두고 제조업으로 업종 전환을 시도했다. 새로운 아이디어를 찾아 중국 구석구석은 물론이고, 한국, 일본, 동남아시아를 돌아다녔다. 한국의 실내장식 문화에서 아이디어를 얻어 부엌가구를 비롯한 장식자재를 생산할 계획을 세우고, 한국에서 기계를 들여와 1995년에 (베이징이나 상하이보다 인건비가 싼) 칭다오로 왔다. 2006년 당시 다섯 개의 계열사와 연간 1,200만 달러의 매출을 올리고 있었다. KH씨는 칭다오의 소수민족 운동회나 노래자랑과 같은 행사를 회사 후원으로 개최할 뿐만 아니라, 장학금 지급 등으로 지역사회에서 기업이미지 향상을 위해 다각도의 노력을 기울이고 있었다.

　앞서 소개한 HD씨(사례 6)나 HM씨(사례 8)와 함께 KH씨는 칭다오 조선족사회의 성공모델로 거론된다. 이들은 골프나 각종 간담회를 통해 한국 공무원이나 기업가들과도 자주 교류하고 있었다. 아울러 이

16. 한중수교 후 조선족의 생활세계 확장과 칭다오 435

〈그림 5〉 조선족노래자랑(2005년 5월 필자 촬영)

시기에는 한국의 금융위기 당시 귀국한 조선족들이 칭다오로 재이주해 서비스 자영업층個體工商戶을 형성한다.

〈사례 10〉 서비스 자영업자 KG씨

KG씨는 지린성의 한 농가에서 태어나 어릴 때부터 농사일을 도왔다. 성인이 된 후 새로운 일을 찾아 옌볜으로 갔지만 "배운 것도 없고, 경험도 없어서" 취직하기가 힘들었다. 6남매 중 맏형이 리비아로 노동이주를 떠난 것에 자극을 받아, 친척들에게 돈을 빌려 1994년에 한국으로 갔다. 한국에서는 타일공장에서 일하다가 곧 그만두고, 건설현장에서 용접공으로 일했다. 2년 6개월 동안 3천6백만 원을 중국으로 송금하고 1997년에 귀국했다. 우선 인민폐 2만 위안을 들여 고향집을 고쳤다. 장사를 해볼 생각으로 남방으로 갔지만 거듭 실패해서 남은 돈을 금방 다 써버렸다. 새로운 사업을 시작할 자본을 모으러 한국행을 결심하고 수속을 위해 2002년에 둘째 형이 있는 칭다오로 왔다. 하지만 당시에는 한국으로 가기가 어려운 시기여서 수속을 포기할 수밖에 없었다. 이후 형제들에게 인민폐 6만 위안을 빌려 리창구李滄區에 식당을 열었지만, 반 년 만에

〈그림 6〉 H화위안의 조선족 경영 식당(2005년 10월 필자 촬영)

폐점했다. 한국회사에 취직해 1,200위안의 월급을 받으며 일하기도 했지만, 만족할 수 없어서 그만두었다. 이후 소형차 한 대를 빌려 운송업을 시작했다. 처음에는 부두에 배가 도착하면 물건을 실어서 시내로 옮기는 것이었지만, 한국인들과의 인맥이 형성되면서 한국인 학원이나 교회의 셔틀버스로 운행했다. 2006년 당시 아들과 고향의 친척을 칭다오로 불러 사업규모를 확장해(차량 13대), 관광안내까지 겸하고 있었다.

이 시기에 한국에서 귀국한 조선족은 다음과 같은 특징을 가진다. 첫째, 이전부터 칭다오에 거주하고 있던 가족의 권유로 이주했다. 둘째, 귀국 후 다양한 사업을 시도하지만 실패하는 경우가 적지 않고, 사업자금이 부족하면 외국에 있는 가족·친지에게 빌리거나 다시 한국으로 노동이주를 떠나려고 했다. 셋째, KG씨(사례 10)처럼 반드시 종족경제권 내의 사업만을 계획하는 것은 아니지만 중국어를 비롯한 사회문화적 장벽과 경험 부족을 극복하지 못하고, 결국에는 종족경제권 내의 사업에 눈을 돌리는 경우가 많았다. 넷째, 고용노동자가 되는 것보다 자영업을 선호해서 취직을 하더라도 장기간 일하지 않는 경향이 강했다.

또 2000년대 중반부터 대학을 졸업하고 대기업이나 첨단기술산업 등 비교적 규모가 큰 회사에 취직한 젊은이들이 칭다오로 유입되기 시작한다. 이들은 경제적으로나 사회적으로 안정된 생활을 유지했다.

<사례 11> 베이징 중앙민족대학을 졸업한 LH씨

LH씨는 중앙민족대학을 졸업한 후, 한국 대기업(S사)의 베이징사무소에서 일하다가 옌지에 있는 부모님의 소개로 칭다오의 한국기업에서 일하는 남편을 만나 결혼했다. LH씨는 칭다오로 이주하면서 한국총영사관으로 직장을 옮겼다. 2006년 당시 주5일 근무하고 휴일은 남편과 보냈다. 특별히 조선족 모임에 참여하지 않지만 일상적으로 불편을 느끼는 일은 없다고 했다. 대학 때부터 한국인 친구가 많아서 한국에 자주 놀러갔으며, 영사관에서 교육 관련 업무를 담당하고 있기 때문에 한국인 학부모와 가끔 식사를 한다. 칭다오에는 집값이 비싸 아직 구입하지 못했지만, 현재 직장이나 거주지를 옮기고 싶은 생각은 없고 이곳에 정착하고 싶다고 생각하고 있다.

4. 정착기(2008년 이후)

이 책의 15장에서 다루고 있듯이, 2006년 국민경제사회발전 제11차 5개년 계획이 발표되면서 칭다오의 외자유치 방침도 '맹목적 투자유치招商引資'에서 '선택적 투자유치招商選資'로 전환한다. 이에 따라 노동집약적 중소제조업에 대한 우대가 축소되고 임금 및 각종 세금이 인상되는 등 전반적인 생산비용이 오르면서, 한국기업의 (비정상적) 철수가 증가하고 투자 건수도 줄어든다. 또한 칭다오사회에서 한국인들의 정치경제적 위상이 하락하면서 많은 한국인들이 칭다오를 떠났다. 한국인 이주사회가 침체기로 접어들면서 종족경제권 내의 고용시장뿐만 아니라 소규모 서비스업도 연쇄적으로 위축된다. 앞서 소개한 한국인 대상의 서비스업을 경영하던 CG씨(사례 2)와 GH씨(사례 5)도 2008년 이후 사업규모를 축소하거나 그만두고 새로운 일을 찾고 있었다. 아울러 단순육체노동의 수요도 급감했다.

그럼에도 불구하고, 이 시기의 칭다오 조선족사회는 안정기에 접어들었다고 볼 수 있다. 인구 규모로 보아도 2011년 현재 칭다오 거주 조선족은 약 15만 명으로 2008년 대비 11% 증가했는데,[20] 이것은 옌볜조선족자치주를 제외하고는 산둥성이 조선족 인구의 최대밀집지역이라는 것을 의미한다.[21]

〈사례 3-1〉 부동산 경영자 KM씨

사례 3에서 소개한 KM씨는 2004년부터 2009년까지 스난구 H화위안 한인 집거지에서 소규모 부동산을 경영했다. 당시 H화위안에는 한국인 유동인구가 많아 아파트와 상가 계약이 매우 활발하게 이루어졌다. KM씨는 언어적·문화적인 면에서 한국인과 현지인을 매개하며 계약의 성사뿐만 아니라 일상의 사소한 갈등까지도 중재하는 역할을 했다. 2006년 당시 KM씨는 H화위안 일대의 아파트와 점포 중 약 40% 정도를 소개할 정도로 사업적으로 정착했다. 이후 자신이 모은 돈과 한국에서 가사도우미를 하고 있던 어머니의 돈을 합쳐 스난구의 신축 아파트를 두 채 구입했다. 2009년부터 칭다오의 한국인 인구가 감소하는 가운데 스난구의 한인 집거지가 소멸되면서 KM씨는 부동산을 그만두었다. 2013년 현재 KM씨는 그동안 모은 자산으로 주식이나 부동산에 투자하면서 지내고 있었다. KM씨는 칭다오에 이주한 지 17년이 넘었고 스스로 '칭다오사람'이라고 생각하지만, 아직 칭다오 호구는 없다. 호구에 대해서는 "돈을 주고 산다고 들었는데 필요하다면 사겠지만, 생활하는데 전혀 필요가 없다"고 했다. 굳이 불편한 점을 이야기한다면 아들의 입시를 호적지인 둥베이에 가서 치러야하는 정도라고 했다.

KM씨처럼 칭다오의 조선족은 한국인과 현지인을 사회문화적으로 매개하면서 경제적 기반을 다질 수 있었다. 하지만 호구제도의 존속을 통해서도 알 수 있듯이, 외부자라는 사회적 위치는 여전히 유지되고 있다는 것도 부정할 수 없는 사실이다. 이러한 양면성에도 불구하고, 칭다오의 조선족사회가 '안정' 혹은 '정착'했다고 말할 수 있는 것은 다음 두 가지 측면에서이다.

　하나는 칭다오가 조선족의 초국적 생활세계의 중심으로 자리잡아가고 있다는 점이다. 앞에서 소개한 조선족들은 대개 칭다오를 다음 세대를 위한 정주지로 자리매김하고 있었다. 이들은 한국사회에서 조선족은 외국인이며, 설령 한국국적을 취득한다고 해도 단순노동을 하면서 영원히 주변인으로 살아야한다는 것을 사회적 한계로 인식하고 있었다. 또 고향인 둥베이지방의 경우, 기존의 기업마저도 경영난을 겪을 정도로 발전하기 힘들다는 것을 경제적 한계로 들고 있었다. 따라서 발전도상에 있는 중국의 연해도시, 그 중에서도 여전히 한중 교류의 중심에 있는 칭다오를 새로운 정주지로 선택하는 사람이 많았다. KM씨와 그의 어머니처럼 2000년대 중반부터는 칭다오에서 아파트를 구입하는 사람들이 증가하고 있다.

　'안정'과 '정착'의 또 다른 측면은 유동인구의 감소이다. 2000년대 중반까지 조선족의 이동 패턴은 이주라기보다는 유동이라고 표현하는 것이 더 정확할 것이다. 하지만 종족경제권의 쇠퇴로 인해 조선족 노동에 대한 수요가 줄어들면서, KC씨와 같은 단순육체노동에 종사하던 사람들은 둥베이지방으로 돌아가거나 한국으로 재이주했다. 앞서 소개한 KC씨와 AS씨도 2013년 현재 한국에 체류 중이다. 이 배경에는 2007년부터 시행된 방문취업제[22]로 조선족의 노무입국이 쉬워졌다는 제도적 변화가 있었다. 이전 조선족 커뮤니티의 거점이었던 리춘시장에 있던 50여 개에 가까운 직업소개소는 거의 문을 닫았고, 남아있는 몇 곳에서는 현지의 직업소개보다 한국 노무를 알선하는 쪽으로 업무를 전환했다.

Ⅳ. 계층분화와 사회이동

개혁개방 전까지 중국은 탈계층화 정책과 도농 간 인구이동의 통제, 국유제와 집단소유제 등으로 비교적 단순한 계층구조(노동자, 농민, 관료 및 지식층)가 유지되었고, 계층 간의 소득격차도 크지 않았다.23) 조선족사회도 한중수교 전까지는 농업 종사자의 비율이 높고 국유와 집체단위에 대한 의존도가 높았기 때문에, 기존의 사회경제구조에 거의 변화가 일어나지 않았다고 볼 수 있다. 이 시기에는 대졸자나 군인 등 극소수의 사람만이 새롭게 도시로 진입할 수 있었다(그림 7의 ①).

한편 1990년대 냉전체제의 붕괴와 동북아시아 경제교류의 심화 과정에서 조선족은 경계인이라는 사회문화적 위치를 효율적으로 활용하여 다양한 형태로 자본을 축적하기 시작했으며, 이것은 기존의 계층 구조에 큰 변화를 가져온다. 앞서 살펴본 것처럼, 이 시기 조선족사회의 변화를 요약하면 대량의 인구이동과 생활세계의 확장이라고 할 수 있을 것이다. 조선족사회의 구심이었던 관료나 전문기술자를 비롯한 노동 가능 인구의 대부분이 중국 연해부와 한국, 일본 등지로 이동해 시장경제 영역으로 유입되었다(그림 7의 ③). 아울러 한중수교 이전에 연해도시로 이주한 군인이나(사례 6) 대졸자들도(사례 4) 이 대열에 합류했다(그림 7의 ②). 이러한 조선족사회의 계층분화는 1990년대 말부터 더욱 역동적으로 전개된다.

본 절에서는 칭다오 조선족사회의 계층분화와 사회이동의 기제에

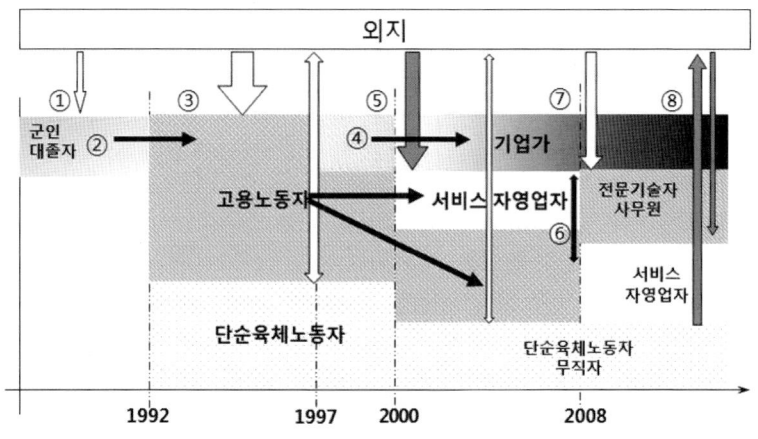

〈그림 7〉 조선족의 유입과 계층 분화

* 흰색 화살표: 외지와의 왕래 / 회색 화살표: 한국과의 왕래 / 검은색 화살표: 내부 이동

대해 간략하게 살펴보고자 한다. 여기서는 중국사회과학원이 분류한 중국의 10대 계층24)을 칭다오 조선족사회의 상황에 맞춰 기업가(사영기업가 및 전문경영자), 서비스 자영업자(개체공상호), 전문직 종사자(전문기술자 및 사무원), 단순육체노동자(실업·반실업자 포함)로 재분류했다.

첫째, 조선족 기업가는 1990년대 말부터 서서히 생겨나기 시작해, 2000년 이후 기업협회 등의 조직 활동이 활발해지면서 사회적으로 가시화된다(그림 7의 ④). 앞의 사례들에서도 엿볼 수 있듯이, 이들은 이주 전부터 기업가였거나 부모로부터 자산을 물려받았다기보다는, 적수공권赤手空拳으로 칭다오에 와서 우연한 기회를 잡은 경우가 대부분이었다. 이것은 오늘날 조선족사회에서 하나의 성공모델이 되었다. 아울러 이 기업가들은 외지인이자 소수민족이라는 불완전한 사회적 위치의 칭다오 조선족들이 운동회, 노래자랑, 학술회의 등 각종 행사

를 개최할 때 다방면의 지원을 하면서, 이주민 사회의 정치경제적 구심점이 되고 있다.[25]

둘째, 서비스 자영업자이다. 업종, 규모, 경영 상태는 다양하지만, 대개 한국이나 일본 등지에서 자본금을 모아 귀국하거나 외국에서 일하는 가족·친지에게 돈을 빌려 창업하는 경우가 많았다(그림 7의 ⑤). 전문기술자나 사무원보다 사회문화적 자본은 적지만, 종족경제권 내의 서비스업 수요가 급증하던 2000년대 중반까지는 실수입이 훨씬 많았다. 또 이들 중에는 '적수공권의 성공'을 인생의 목표로, 기회를 잘 잡아 기업가로의 성공을 꿈꾸는 사람도 적지 않았다.

셋째, 전문기술자나 사무직 종사자이다. 경계인인 조선족은 학력과 나이를 막론하고 직장 내에서 한국인과 현지인을 매개하는 역할을 하며, 대개 한족보다 높은 월급을 받았다. 또 이 계층에 속하는 사람들은 시기별로 그 성격이 조금씩 변해왔다. 2000년까지는 칭다오 유입 조선족의 대부분이 고용노동자였고, 일의 성격에 따라 관리직이나 사무직, 그리고 단순육체노동직으로 구분되었다.

하지만, 2000년대에 들어서면서 고용노동자에서 독립한 기업가층이 형성되고(그림 7의 ④) 한국과 일본 등지에서 귀국한 사람들이 서비스 자영업층으로 유입되면서, '적수공권의 성공'이 하나의 전형으로 만들어지기 시작한다. 따라서 이때까지만 해도 이 부류에 속하는 사람들은 매우 유동적이었다. 그 이유는 다양한데, 우선 이들이 일하는 사업체의 규모가 영세하여 관리직이라고는 하지만 근무기간과 숙련도에 따라 승진을 하는 시스템이 아니기 때문에, 업무조건이나 대우를 높이는 수단으로 직장을 옮겼다. 또 칭다오의 한국기업은 절반 이상이 노동집약적 제조업인데, 이들 대부분이 정부의 정책변화와 임금, 지가, 원재료 가격의 상승 등으로 한계점에 다다르고 있었기 때문에, 보다 안정된 직장을 찾아 옮기는 경우가 있었다. 마지막으로 적수공권의 성공모델을 꿈꾸며 기회가 있으면 회사를 그만두고 개인 사업을 시작하려는 경향이 강했다(그림 7의 ⑥).

한편 2000년대 중반 이후 칭다오에는 대기업 및 첨단기술산업 등 비교적 규모가 큰 한국기업들이 진출하기 시작했고 기본급도 꾸준히 상승했다. 따라서 갓 대학을 졸업하고 장래가 보장된 기업 혹은 공공기관에 취직한 젊은이들이 칭다오의 고용노동시장으로 유입되기 시작한다.[26] 또 한국과 일본 등지에서 일한 부모세대의 도움으로 대학교육을 받거나 유학을 다녀온 세대들이 연해부로 유입되어 정착하는 경향을 보인다. 이와 동시에 2008년 이후 한국인 인구의 감소와 소비심리 위축으로 영세서비스업 시장이 급격히 축소된다. 요컨대 이 시기부터는 전문기술자나 사무직 종사자가 서비스 자영업자보다 경제적·사회적으로 안정된 계층으로 자리를 잡아가고 있다고 볼 수 있다.

마지막으로 단순육체노동자이다. 이 부류에 속하는 사람은 〈사례 3〉의 KC씨와 그의 친구들처럼 직장이나 거주지를 자주 옮겨 다니며 매우 유동적인 생활을 한다. 한국어와 중국어를 모두 구사할 수는 있지만 능숙하지 않고, 문장 작성에 어려움을 느끼는 사람들이 많다. 또 부모가 한국에서 일하면서 송금한 돈으로 경제적 어려움 없이 성장한 세대이기도 해, 조선족사회에서는 일하지 않고 소비하는 '문제 집단'으로 지목되기도 한다.[27] 칭다오에 단순육체노동의 수요가 많았던 2000년대 중반까지는 잦은 이동에도 불구하고 취업이 쉬웠지만, 종족경제권이 위축되는 2008년 이후에는 일자리가 급감한다. 가령 한국기업은 단순육체노동의 경우 조선족보다 임금이 싼 한족을 선호하며, 관리직의 경우에는 보다 전문화된 노동력을 찾기 때문에 이들의 입지가 전반적으로 약해졌다.

반면 한국에서는 2007년부터 방문취업제가 시행되어 노무입국이 쉬워져 이들 중 다수가 한국으로 재이주했다. 이들의 목표는 발전된 연해도시에서 자영업자로 정착하는 것인데, 한국노무는 이 꿈을 실현시켜줄 유일한 수단으로 인식되고 있었다. 2006년 당시 KC씨는 "지금 받는 월급으로는 아무것도 할 수 없다. 작은 집도 한 채 못 산다. 부모님은 한국에 가서 일하라고 한다. 한국 갔다 와서 여기서(칭다오) 사업하고 싶다"고 했다. 2013년 현재 KC씨는 한국에 체류하며, 그 꿈에 한 걸음씩 다가가고 있다(그림 7의 ⑧).

V. 나오며

냉전체제의 붕괴와 동북아시아 경제구조의 변동 속에서 조선족은 경계인이라는 사회문화적 위치를 활용하여 인구의 절반 이상이 원거주지를 떠나 중국의 연해부나 한국, 일본 등지로 이동했다. 지금까지 현지조사 자료를 바탕으로 조선족이 형성하는 초국적 생활세계와 동북아시아에서 차지하는 칭다오의 위치를 다음 세 가지 측면에서 고찰했다.

첫째, 이동의 기제와 생활세계의 확장이다. 이동 초기에는 전문중개인과 같은 반#제도적인 기제가 작용하기도 했지만, 이들의 이동은 대개가 가족·친지 등 기존의 인간관계가 중심이 되는 인적 네트워크에 의해 유지되고 있었다. 또 네트워크형 생활세계의 거점이 되는 각 장소는 기능적 분산을 통해 유기적으로 연결되어 있었다. 한국과 일본 등의 국외지역은 중요한 수입원이자 이동과 정주에 드는 비용의 공급지였고, 원거주지인 둥베이지역은 노동력 공급원이자 가족 재생산의 기능을 담당했다. 그리고 칭다오와 같은 연해지역은 제2의 고향으로, 차세대를 위한 정착지로 자리매김 되고 있었다.

둘째, 칭다오 사례를 통해 하나의 종족집단이 무연無緣의 장소에 정착하는 과정을 통시적으로 살펴보았다. 한중수교 이후 한국(인)과 관련된 고용노동시장으로 유입된 조선족은 2000년대부터 기업가, 서비스 자영업자, 전문기술자와 사무원, 단순육체노동자 등으로 분화되어 왔다. 한편 2000년대 말부터 한국인 인구의 감소로 종족경제권이 침체기로 접어들었음에도 불구하고, 칭다오는 조선족의 초국적 생활세계의 중심으로 정착하고 있었다. 이 배경에는 '세계의 공장'으로 초국적 생산네트워크에 편입된 후, 사람, 자본, 물자 이동의 창구로 자리잡은 중국 연해부의 구조적 위상이 있을 것이다. 또 이러한 접촉 공간에서는 조선족과 같은 경계인이 매개자로서의 사회적 위치를 공고히 하며 경제적 자본을 축적하기가 용이했다.

셋째, 이들은 조선족이라는 하나의 집단 범주에 머물러 있는 것이 아니라, 끊임없이 새로운 경계들을 구성·재구성하면서 내외적으로 배제와 포섭하고 반복하고 있었다. 여기서는 계층을 통해 종족범주를 넘어서는 경계구성의 양상을 살펴보았는데, 조선족은 사회 이동에 있어서 경계인이라는 자신의 위치를 부단히 활용하고 있음을 알 수 있었다. 또 이러한 계층에 대한 고찰을 통해 경제적 측면에서 성공하는 것과는 대조적으로 정치적 측면에서는 여전히 외지인이자 소수자로 머물러 있는, 이들의 사회이동 가지는 한계점을 엿볼 수 있었다.

■ 주

1) 생활세계란 반복되고 순환적인 일상으로, 추상화 전의 구체적인 삶의 세계를 말한다. 따라서 다양한 경계(국경, 국민, 종족, 계급 등)를 넘어서 구성되는 세계이며, 그 경계에 대한 개인의 전략이 응축되어 있다. 생활세계에 대한 관심은 과학적이고 객관적 태도로 인간의 정신현상까지도 분석할 수 있다고 보는 근대적 학문관에 대한 비판이며, 인간의 주체성과 직관적 삶에 대한 환기를 의미한다. 이 글에서는 이 생활세계를 통해, 선험적이고 자의적으로 그어졌음에도 불구하고 당연하고 자연적인 것으로 인식되어 온 근대적 경계선이 이동하는 사람들에 의해 활용·변용되는 과정을 드러내는 것을 목적으로 한다. 김왕배(2000), 『도시, 공간, 생활세계: 계급과 국가 권력의 텍스트 해석』 한울, 78~131쪽과 杉田敦(2011), 『守る:境界線とセキュリティの政治學』, 風行社, 17~49쪽 참조.
2) 조선족은 한반도에 종족적·문화적 기원을 가진 중국 국민이다. 한중수교 전까지는 대체로 한족과의 관계 속에서 소수민족이라는 단선적인 사회문화적 경계를 구성해왔다. 하지만 1990년대부터 황해를 둘러싼 산동반도山東半島와 랴오둥반도遼東半島, 한반도에 걸친 초국적 공간이 형성되면서, 양국을 잇는 과경민족跨境民族, 즉 경계인으로서의 사회문화적 성격이 부단히 공론화되고 있다.
3) 1999년부터 2001년까지 대구의 공단지역에서 조선족에 대한 현지조사를 실시했다. 2003년 10월부터 2006년까지 총 14개월간 중국 칭다오에서 조선족과 한국인이 구성하는 종족경제권 전반에 대한 현지조사를 실시했다. 2007년부터 2009년까지 매년 여름과 겨울에 칭다오에 대한 현지조사를 지속하며 이후의 변화를 기록했으며, 최근에는 2013년 1월에 일주일간 보충조사를 실시했다. 아울러 조선족의 이동경로를 따라 한국의 수도권, 일본 오사카 등지로 조사지역을 확대하기도 했다.
4) 박광성(2008), 『세계화시대 중국조선족의 초국적 이동과 사회변화』, 한국학술정보, 36쪽.
5) 김현미(2008), 「중국 조선족의 영국 이주 경험: 한인타운 거주자의 사례를 중심으로」, 『한국문화인류학』 41-2, 한국문화인류학회, 39~77쪽과 예동근(2010b), 「종족성의 자원화와 도시 에스닉 커뮤니티의 재구성: 베이징 왕징(望京) 코리아타운 조선족결사체를 중심으로」, 『동북아문화연구』, 동북아시아문화학회, 531~547쪽 참조.
6) 김원배(2009), 「동아시아 초국경적 지역 형성과 도시전략」, 국토연구원, 7~27쪽.
7) 박광성(2010), 「초국적인 인구이동과 중국조선족의 글로벌 네트워크」, 『재외한인연구』 21, 재외동포재단, 361쪽.

8) 행정안전부에 따르면 2012년 현재 한국 거주 외국인 주민 수는 모두 140만 9,577명이며 이중 조선족 수는 전체 외국인 주민의 40.4%인 57만 158명에 달한다. 여기서 한국국적 취득자(6만 8,612명)와 자녀(3만 9,278명)를 제외한 중국국적 조선족의 수는 46만 2,268명이다. 행정안전부(2012), 「2012년 지방자치단체 외국인주민 현황 조사결과」.
9) 재일조선족은 거의 중국여권을 소지하고, 경우에 따라서는 한국국적 취득 후 한국여권으로 입국하기 때문에 인구통계로는 그 실태를 파악하기 어렵다. 세계금융위기(2007년 이후)와 동일본 대지진(2011년 3월 11일)으로 본의 아니게 귀국을 선택한 조선족도 많지만 미성년자를 포함하면 일본에는 약 5~6만 명이 체류 중이며, 이들 중 4~5만 명이 간토關東과 간사이關西 지방인 도쿄와 오사카大阪에 거주한다. 권향숙(2012), 「조선족의 일본 이주와 에스닉 커뮤니티: 초국가화와 주변의 심화사이의 실천」, 『역사문화연구』 44, 한국외국어대학교 역사문화연구소, 3~33쪽.
10) 필자의 조사에 따르면 조선족이 주로 이용하는 직업소개 사이트 하오산동(http://www.haoshandong.net)과 차이나통(http://www.chinatong.net)이었다. 이 사이트에는 중국 전역의 구인·구직 정보가 나와 있기 때문에, 어디서든 원하는 지역의 정보를 취득할 수 있다.
11) KY씨는 1990년대 초반에 친척방문으로 한국에 입국해서 일을 했고, 그때 모은 돈으로 1994년에 칭다오에 직업소개소를 열었다. 직업소개를 해서 모은 돈으로 1996년부터 칭다오에 아파트를 사기 시작해 2006년 당시 네 채를 소유하고 있었다. 2000년 이후에는 칭다오에서 직장을 옮기는 사람들을 소개하기 위해 스난구에 사무실을 두고 있었지만, 그마저도 별로 소득이 없어 2005년 4월에 한국인에게 넘기고 일을 그만두었다. 2013년 조사 당시 한국기업에 다니는 아들 가족과 함께 손자를 돌보며 칭다오에 살고 있었다. 큰 딸은 결혼해서 상하이에 살고 있고, 작은 딸은 한국인과 결혼해서 한국에 거주하고 있다.
12) 2008년까지 칭다오시 조선족 호적인구는 1만 5,057명, 임시거주증暫住證 보유자는 3만 9,403명으로 공식적인 정주인구가 5만 4,460명이다. 2000년 제5차 인구조사 통계와 비교하면 8년간 호적과 임시거주증을 가진 상주인구가 2배 가까이 증가했다는 것을 알 수 있다. 하지만 공식적으로 등록된 인구와 실제 거주인구 사이에는 차이가 매우 크다. 박광성은 현지조사를 통해 2008년 현재 칭다오에 15만 명 정도의 조선족이 거주하고 있다고 추산했다. 朴光星(2012), 「小數民族流入人口的權益訴求與城市民族工作: 基於對靑島市朝鮮族群體的實地調査」, 『民族問題研究』 127, 黑龍江民族叢刊. 59~66쪽.
13) 박명규(2005), 「베이징의 조선족: 개별 심층면접 자료의 분석」, 권태환 편, 『중국 조선족사회의 변화: 1990년대 이후를 중심으로』, 서울대학교출판부; 양영균(2006), 「베이징 거주 조선족의 정체성과 민족관계」, 문옥표 편, 『해

외한인의 민족관계』, 아카넷 ; 예동근(2010a), 「글로벌시대 중국의 체제전환과 도시종족공동체 재형성: 베이징 왕징 코리아타운의 조선족 공동체 사례 연구」,『민족연구』, 한국민족연구원 ; 예동근(2010b), 「종족성의 자원화와 도시 에스닉 커뮤니티의 재구성: 베이징 왕징(望京) 코리아타운 조선족결사체를 중심으로」,『동북아문화연구』, 동북아시아문화학회 ; 윤인진(2003), 「중국 조선족의 도시이주, 사회적응, 도시공동체: 칭다오 사례연구」,『재외한인연구』, 재외한인학회 ; 이종학(2003), 「중국에서의 중간계층의 성장과 구조변화」,『국제지역연구』 9-3, 한국외국어대학교 외국학종합연구센터.
14) 이민자(2003), 「중국의 도농관계와 도시화: 도시공간의 이중적 분할」, 김원배 · 장경섭 · 김형국 편,『중국의 오늘과 내일』, 나남출판, 219쪽.
15) '칭다오과학문인협회' 회장 (인터뷰, 2013.1.18)
16) 佐々木衞(2005), 「中國朝鮮族に見られる移動と階層分化, エスニシティ」, 奧山眞知 · 田卷松雄 · 北川隆吉 編,『階層 · 移動と社會 · 文化變容』, 文化書房博文社, 43쪽.
17) 중국 국무원연구실國務院研究室이 발표한 중국농민공조사연구보고中國農民工調研報告에 따르면 전국 농민공 인구는 약 2억 명이며, 이들의 월급은 인민폐 500~800원선에 집중되어 있다(半島都市報 2006/4/17). 2005년 말까지 칭다오의 농민공 취업인구는 약 87만 5천 명으로 2004년 대비 약 11만 8천 명 (15.6%) 증가했다. 이들 중 대부분은 칭다오시 근교의 농촌 출신이다. 칭다오시 통계국에 따르면, 이들 중 제조업 종사자가 약 67만 6천 명으로 53.7%를, 건축업 종사자가 12만 2천 명으로 56.2%을 차지했다. 국유나 대기업 취업자는 적고 감소 추세에 있는 반면, 민영기업과 외자기업 종사자들은 증가 추세에 있었다.『半島都市報』(2006.3.29)
18) 김두섭 · 류정근(2013), 「연변 조선족인구의 최근 변화: 1990, 2000년 및 2010년 중국 인구센서스 자료의 분석」,『中蘇研究』36-4, 한양대학교 아태지역연구센타, 137쪽.
19) 예를 들어 2002년 10월에 열린 조선족운동회의 경우, 칭다오시민족종교국의 인가 하에 공식적으로는 「칭다오시 '21세기배' 소수민족전통항목운동회 青島市21世紀杯少數民族傳統項目運動會」라는 이름으로 개최되었다. 당시 시정부로부터 인민폐 14만 위안, 조선족기업협회 구성원들이 16만 위안을 모았다.
20) 주칭다오대한민국총영사관(2011), 「재외동포현황」.
21) 朴光星(2012), 앞의 글, 61쪽.
22) 2007년 3월부터 시행된 방문취업제는 25세 이상의 조선족과 CIS의 한인 중에서 한국에 연고가 있는 경우는 무제한으로, 무연고일 경우에는 한국어 능력시험에 합격한 자 중에서 해마다 정해진 인원의 범위 안에서 한국 입국을 허가하는 것이다. 여기서 발급되는 비자(H-2)는 5년 동안 유효하며 입국 후 최장 3년까지 체류를 인정하고 기간 내 출입국의 자유도 보장했

다. 방문취업제가 시행된 2007년부터 2011년까지 약 33만 명의 조선족 노동자가 한국으로 건너왔다. 구지영(2011b), 앞의 글.
23) 1970년 전까지 최고소득계층(국가·사회관리자)의 소득은 최저소득계층(농업노동자)의 2.7배이고, 1970년대까지도 전자가 후자의 3.8배에 불과했다. 개혁개방 전에는 국가·사회관리자의 소득이 상대적으로 높고, 농업노동자의 소득이 상대적으로 낮은 것을 제외하고는 다른 계층, 즉 전문기술자, 사무원, 상업서비스직 및 산업노동자의 소득수준 격차는 크지 않았다. 이중희(2006), 「중국 중간계층의 특성 및 상태의 변화」, 『국제지역연구』 10-3, 한국외국어대학교 외국학종합연구센터, 261쪽.
24) 중국사회과학원 연구팀은 10대 계층을 각각 우세지위계층, 중간위치계층 및 기초계층으로 구분한다. 즉 국가·사회단체관리자, 전문경영자, 사영기업주는 우세지위계층으로, 전문기술자, 사무직, 개체공상호는 중간위치계층으로, 상업·서비스직, 산업노동자, 농업노동자, 실업·반실업자는 기초계층으로 구분하고 있다. 이중희(2005), 「중국에서의 중간계층의 성장과 구조변화」, 『국제지역연구』 9-3, 한국외국어대학교 외국학종합연구센터, 234쪽.
25) 일례로 대학교수나 문인들이 중심이 되어 활동하는 '칭다오과학문인협회'는 1년에 서너 번 정도 학술행사를 개최하는데, 그 비용은 대개 조선족기업의 협찬을 받는다. 역대 회장을 역임한 LM교수는 기업협찬을 받는 일이 회장 업무 중 중요한 부분이기 때문에 기업가와의 관계를 잘 유지하고 있다고 했다. '칭다오과학문인협회' 회장(인터뷰, 2013.1.18).
26) 1999년부터 중국에서 대학교육 규모를 확대하는 정책을 시행하면서 대학졸업생 수가 급격히 증가한다. 구체적으로는 1995년에 중국의 대학 입학률이 6.5%밖에 되지 않았지만 2004년에는 19%로 급속히 증가한다. 이 시기 조선족고등학교의 대학진학률도 60~70%로 상승한다. 대학교육의 규모가 확대되면서 졸업생의 취직을 정부가 책임지는 정책은 무효화되었으며 졸업생들은 노동시장에 진출하여 스스로 직장을 구해야했다. 박광성(2008), 앞의 글, 100쪽.
27) 박광성(2008), 앞의 글, 159쪽.

■ 참고문헌

구지영(2011), 「이동하는 사람들과 국가의 길항관계: 중국 조선족과 국적에 관한 고찰」, 『동북아 문화연구』 27, 동북아시아문화학회.
권향숙(2012), 「조선족의 일본 이주와 에스닉 커뮤니티: 초국가화와 주변의 심화 사이의 실천」, 『역사문화연구』 44, 한국외국어대학교 역사문화연구소.
김두섭·류정균(2013), 「연변 조선족인구의 최근 변화: 1990, 2000년 및 2010년 중국 인구센서스 자료의 분석」, 『中蘇研究』 36-4, 한양대학교 아태지역연구센타.
김왕배(2000), 『도시, 공간, 생활세계: 계급과 국가 권력의 텍스트 해석』 한울.
김원배(2009), 『동아시아 초국경적 지역 형성과 도시전략』, 국토연구원.
김현미(2008), 「중국 조선족의 영국 이주 경험: 한인 타운 거주자의 사례를 중심으로」, 『한국문화인류학』 41-2, 한국문화인류학회.
박광성(2008), 『세계화시대 중국조선족의 초국적 이동과 사회변화』, 한국학술정보.
_____(2010), 「초국적인 인구이동과 중국조선족의 글로벌 네트워크」, 『재외한인연구』 21, 재외동포재단.
_____(2012), 「小數民族流入人口的權益訴求與城市民族工作: 基於對靑島市朝鮮族群體的實地調査」, 『民族問題硏究』 127, 黑龍江民族叢刊.
박명규(2005), 「베이징의 조선족: 개별 심층면접 자료의 분석」, 권태환 편, 『중국 조선족사회의 변화: 1990년대 이후를 중심으로』, 서울대학교출판부.
양영균(2006), 「베이징 거주 조선족의 정체성과 민족관계」, 문옥표 편, 『해외한인의 민족관계』, 아카넷.
예동근(2010a), 「글로벌시대 중국의 체제전환과 도시종족공동체 재형성: 베이징 왕징 코리아타운의 조선족 공동체 사례 연구」, 『민족연구』, 한국민족연구원.
_____(2010b), 「종족성의 자원화와 도시 에스닉 커뮤니티의 재구성: 베이징 왕징(望京) 코리아타운 조선족결사체를 중심으로」, 『동북아문화연구』, 동북아시아문화학회.
_____(2012), 「농촌에서 도시로: 재중동포 기업가 형성과정」, 『동북아 문화연구』, 동북아시아문화학회.
윤인진(2003), 「중국 조선족의 도시이주, 사회적응, 도시공동체: 칭다오 사례연구」,

『재외한인연구』, 재외한인학회.
이민자(2003), 「중국의 도농관계와 도시화: 도시공간의 이중적 분할」, 김원배·장경섭·김형국 편, 『중국의 오늘과 내일』, 나남출판.
이종학(2003), 「조선족의 도시 이주와 사회적응에 관한 연구」, 고려대학교 대학원 사회학과 석사학위논문.
이중희(2005), 「중국에서의 중간계층의 성장과 구조변화」, 『국제지역연구』 9-3, 한국외국어대학교 외국학종합연구센터.
_____(2006), 「중국 중간계층의 특성 및 상태의 변화」, 『국제지역연구』 10-3, 한국외국어대학교 외국학종합연구센터.
주칭다오대한민국총영사관(2011), 「재외동포현황」, http://qingdao.mofat.go.kr/kr/sub.html?code=0603&pmode=view&no=7(검색일: 2013년 2월 20일)
행정안전부(2012), 「2012년 지방자치단체 외국인주민 현황 조사결과」, http://www.mospa.go.kr/gpms/ns/mogaha/user/nolayout/main/nationDisplay.action(검색일: 2013년 2월 20일)
『半島都市報』 2006. 3. 29, 2006. 4. 17.
佐々木衞(2005), 「中國朝鮮族に見られる移動と階層文化, エスニシティ」, 奧山眞知·田卷松雄·北川隆吉 編, 『階層·移動と社會·文化變容』, 文化書房博文社.
杉田敦 編(2011), 『守る:境界線とセキュリティの政治學』, 風行社.

구지영 | 한국해양대학교 국제해양문제연구소 HK연구교수

5부
나오는 글

17.
교섭의 측면에서 본
동북아시아 해항도시의 가능성과 한계

구지영

　이 연구는 경제관계가 심화되는 만큼 대립과 갈등이 첨예해지는 오늘날, 해항도시를 방법으로 그 공존과 갈등의 역사적 근원을 찾는 동시에 타자간 관계에 대한 인식의 지평을 넓히려는 의도에서 기획되었다. 결론에 들어가기에 앞서 이 책이 가진 한계(어쩌면 이 방법론이 가진 한계)를 간략하게 언급하고자 한다.
　우선 주제를 한정하지 않고 한 도시가 걸어온 길을 총체적으로 고찰하는 것은, 시공간적 경계뿐만 아니라 학문적 경계를 넘는 것으로 결코 쉽지 않은 작업이었다. 특히 식민도시 칭다오는 시기마다 성격이 다른 통치주체의 계획과 경영 아래 도시로 급성장했기 때문에, 칭다오를 점으로 확장되는 네트워크가 광범위하고 다변적이었다. 따라서 주어진 지면에 비해 다루어야할 내용이 많아 당시의 상황을 충분히 재구성해내지 못한 부분이 남아있다. 이 같은 한계점은 기획력의 부족에서 비롯된 것으로 모두 편자의 책임이라 생각한다.
　아울러 한중일 연구자의 글을 한권의 책으로 엮는다는 것은 개별 연구자의 정치적 입장뿐만 아니라, 자료제시 방법을 비롯한 글쓰기 전반의 차이로 예상보다 쉽지 않은 작업이었다. 결국 조사단계부터 집필에 이르기까지 상호의견을 주고받고자 했던 원래의 의도와 달리, 연구문제와 기획의도에 동의하고 협력적임에도 불구하고, 관점의 차이를 인정하는 것에서 한발 더 나가기가 힘들었다. 이러한 문제에 대한 해결은 앞으로의 과제로 남겨두고자 한다.

마지막으로 칭다오를 다음 세 가지 측면에서 재정리하는 것으로 결론을 대신하고자 한다. 첫째, 구조·기능적 변화를 통해 본 칭다오이다. 본서의 Ⅱ부에서 다루듯이 칭다오를 비롯한 동북아시아 해항도시가 문호를 개방하고 도시로 성장하게 되는 가장 큰 계기는 19세기 후반의 열강 진출이었다. 따라서 각 시기 통치주체의 성격과 경영방침은 이 도시의 구조와 기능을 규정하는 중요한 틀이 되었다. 독일은 칭다오를 군사근거지이자 상업식민지일 뿐만 아니라 제국독일의 '선진적' 기술과 문화를 전시하는 장으로 기획했다. 철도부설과 도로정비, 항구축조와 항로개설을 통해 칭다오를 결절점으로 하는 교통망을 확충하고, 인종별·계층별 거주분리를 기본 틀로 엄격히 구획된 시가지를 조성했다.

일본은 점령당초 칭다오에서 대륙침략의 전초기지이자 상업식민지를 확보하려고 했으며, 도시 인프라와 각종 제도들이 정비된 1917년 이후에는 생산기지이자 잉여인구의 정주지로 조성해갔다. 이는 당시 칭다오의 공업화에 큰 영향을 미친다. 한편 이 같은 식민시기 해항도시의 구조와 기능은 개혁개방 후의 공간 구조에까지 큰 영향을 미쳤다. 주지하는 바와 같이 1984년 국가가 선정한 14개의 연안개방도시는 이 시기에 개항한 도시와 대체로 일치한다. 1990년 이후 칭다오는 동북아시아(특히 한국)의 노동집약적 중소제조업의 유치로 초국적 생산네트워크의 한 부분으로 편입된다. 또 인구이동의 목적지이자 정류장으로 기능하고 있다. 동북아시아에서 해항도시의 부상은 중국 내륙과 연안의 공간적 분리와 격차를 공고히 했다. 이 같은 공간의 양극화는 식민시기와 오늘날을 관통하는 동북아시아 공간구조의 특징으로 볼 수 있을 것이다.

둘째, 도시 간 비교를 통해 본 칭다오이다. 우선 구도시의 기반 위에 여러 열강의 분할통치租界로 도시성격이 만들어진 중국의 대표적인 해항도시 상하이나 톈진과 비교하면, 칭다오는 도시기반이 없는 상태에서 독일, 일본, 중국의 일국 경영에 의해 도시화가 추진되었다. 랴오둥반도의 대표적 해항도시 다롄과 비교했을 때, 다롄이 일본이라는 한 세력의 장기점령 아래 도시화되었다면, 칭다오는 짧은 기간에 다양한 경영주체로 바뀌면서 그 방침이나 정책에 큰 변화를 겪었다고 볼 수 있다. 물론 이러한 차이는 도시의 성격에도 큰 영향을 끼쳤다. 같은 산둥성 내의 해항도시 옌타이는 19세기 후반까지 산둥성 유일의 통상무역항으로서 독점적 지위를 점하고 있었으나, 칭다오의 발전과 함께 그 영향력이 축소된다. 가장 큰 이유 중의 하나가 칭다오를 중심에 둔 철도, 항만, 도로와 같은 교통 인프라와 교통망의 구축이었을 것이다. 이러한 산둥성을 비롯한 환황해경제권에서 차지하는 칭다오의 위치는 오늘날까지 이어지고 있다.

한편 2000년대 말부터 생산비용 및 물가 상승과 연해부 해항도시 간 경쟁 과열 등으로 인해 칭다오진출 노동집약적 중소제조업이 경영상의 한계에 봉착하기 시작했다. 칭다오시의 투자유치방침도 첨단기술산업과 물류 및 금융 등 고부가가치의 생산자서비스업으로 전환한다. 하지만 칭다오는 톈진이나 상하이에 비해 배후지의 시장규모가 작고, 고학력·전문기술자의 범주에 속하는 노동력이 상대적으로 부족하며, 자본주의적 법제도의 미비로 이러한 전환을 실질적으로 추진하는데 어려움을 겪고 있다. 이 또한 식민시기부터 오늘날까지 이어지는 중국의 해항도시간 비교우위에서 칭다오가 차지하는 위치일 것이다.

  셋째, 교섭의 측면에서 본 동북아시아 해항도시의 가능성과 한계이다. 이 책의 내용에 근거해 칭다오로 한정시켜 그 가능성을 이야기 한다면, 우선 권역 내 다른 (해항)도시들과의 지리적 근접성과 역사적으로 형성되어 온 도시 인프라와 교통망을 들 수 있을 것이다. 이 책에서 다룬 소위 '교류의 시기'에는 경계지대에 위치한 칭다오와 같은 해항도시가 일국의 주변이 아닌 동북아시아의 중심으로 정치, 경제, 문화 교섭이 가장 활발하게 이루어지는 장이었다. 아울러 식민시기의 이동과 정주 속에서 형성된 화교·화인이나 조선족과 같은 경계인들은 오늘날 각종 교섭에서 매개자로 활약을 하며 접경공간의 양적·질적 성장을 이끌어내고 있다. 현재 15만 명이 넘는 조선족이 한중간의 접경공간인 칭다오를 '제2의 고향'으로 정착하고 있듯이, 해항도시는 다양성을 체화한 집단에게 기회의 땅이자 생활의 터전이 되어왔다.

  또한 이 책의 11장에서 다루고 있듯이 칭다오는 '중심'의 시선에서 '문화의 불모지', '문화의 사막'으로 타자화되기도 했지만, 그러한 '문화의 부재'는 새로운 가능성으로 읽히기도 했다. 오늘날 칭다오는 '동양의 베를린', '중국 속의 작은 유럽', '중국 속의 한국특구', '대한민국 칭다오시' 등 이질적인 요소들이 조합된 이름으로 불린다. 칭다오에서 살아가는 다양한 경계인들뿐만 아니라, 칭다오에 대한 이러한 별칭들은 교섭에 있어 이 도시가 가지는 가능성을 잘 드러내고 있다.

  한편 다음과 같은 측면을 한계로 지적할 수 있을 것이다. 동북아시아에서 해항도시는 식민도시의 다른 이름이기도 하다. 20세기 전반에는 제국주의 세력의 각종 개발로 동북아시아 해항도시의 기능을 식민도시가 흡수하는 경향이 있었다. 앞서 언급했듯이 칭다오를 포함해 1984년 개방된 14개의 연안 도시는 19세기 후반 외교적이고 군사적인 압력에 의해 개항된 도시와 대체로 일치한다. 반복하여 말하

자면 이 시기부터 구축된 교통망과 도시 인프라는 오늘날 경제교류의 기반이 되었다. 하지만 당시의 개항은 비정상적이고 굴욕적인 형태로 이루어졌고, 도시화는 착취와 개발, 파괴와 건설의 양면성을 띠고 있었다. 따라서 이러한 역사적 경험은 오늘날 도시에서 발생하는 다양한 갈등을 국가 간(민족 간) 문제로 환원시키며, 여전히 많은 장벽으로 작용한다. 요컨대 최근 학문적으로나 정책적으로 제시되는 동북아시아의 초국적 공간개념은 이 같은 20세기 초의 역사를 기반으로 가능한 현실이지만, 동시에 이러한 역사적 경험으로 공허한 정치적 선언에 그치기도 한다.

칭다오 주요사건 연표(1891~1986)

연도	주요사항
1891	6월 14일 청조가 자오아오膠澳지역에 방어시설 건설을 결정. 칭다오 건설의 효시.
1897	11월 14일 독일이 쥐예교안巨野敎案를 구실로 칭다오를 점령.
1898	3월 6일 청조와 독일이 〈자오아오조차조약膠澳租借條約〉을 체결. 교주만 연안 및 부근 도서를 99년 간 조차. 산둥성 철도부설권 및 철도연선 광산개발권 획득. 4월 칭다오항 축조 개시. 9월 2일 독일이 자오아오를 자유항으로 선포, 개방. 10월 12일 독일 빌헬름2세가 자오아오조차지 내 시구를 칭다오로 정식 명명.
1899	7월 1일 중국해관 자오하이관膠海關 설립. 9월 9일 자오지철도膠濟鐵道 기공.
1901	칭다오항 소항小港 준공.
1904	자오지철도 전선 개통.
1906	칭다오항 대항大港 준공.
1912	1월 1일 신해혁명辛亥革命(1911)을 거쳐 쑨원孫文을 임시 대총통으로 하는 중화민국中華民國이 수립. 9월 28일 쑨원이 칭다오를 시찰.
1914	7월 28일 오스트리아의 대 세르비아 선전포고로 제1차 세계대전 발발. 8월 23일 일본이 독일에 선전포고. 산둥성에서 영일 연합군이 독일군과 교전. 11월 7일 독일의 투항. 일본의 칭다오 점령. 제1차 점령
1915	1월 18일 일본이 21개조 요구를 제출. 일본의 독일 산둥권익 계승에 대한 중국 정부의 승인을 요구.
1919	5월 4일 베이징 톈안먼天安門에서 파리평화회의의 조인 거부와 칭다오 주권 회복 및 매국적의 처단을 요구하는 5.4운동 전개.

칭다오 주요사건 연표 461

연도	주요사항
1922	2월 4일 중국과 일본이 워싱턴회의(1921년 11월~1922년 2월)에서의 논의를 거쳐 〈산둥문제 해결을 위한 조약解決山東懸案條約〉을 체결. 일본이 점령하고 있던 칭다오 및 자오지철도 연선을 중국에 반환하기로 결정. 12월 10일 칭다오 주권 회복. 중국 북양정부는 이 지역을 상부商埠로 지정하고 자오아오상부독판공서膠澳商埠督辦公署를 설치.
1923	11월 18일 중국공산당 칭다오지방 조직 설립.
1925	5월 29일 칭다오 일본 면방직공장 노동자의 파업과 그에 대한 진압으로 칭다오참안青島慘案 발생.
1929	7월 국민정부가 칭다오를 접수하고 칭다오특별시를 수립.
1938	1937년 7월 중일전쟁 발발. 1월 10일 일본 해군이 라오산嶗山 산둥터우山東頭에 상륙하여 칭다오 점령. 제2차 점령.
1945	8월 일본의 포츠담선언 수락, 항복. 9월 17일 국민정부가 칭다오를 행정 접수. 10월 9일 미국 해군 육전대陸戰隊가 칭다오에 상륙. 10월 25일 칭다오 내 일본군 투항 접수 의식 거행.
1949	6월 2일 중국공산당 칭다오 접수.
1957	7월~8월 마오쩌둥毛澤東이 칭다오에서 중공중앙정치국中共中央政治局 상위회의常委會議 개최.
1979	1978년 12월 제11기 중국공산당 중앙위원회 제3회 전체회의에서 개혁개방 제안. 덩샤오핑鄧小平 체제 하에서 개혁개방 추진. 7월 덩샤오핑 칭다오 시찰.
1984	칭다오가 중국 14개 연해개방도시 중 하나로 선정. 칭다오, 다롄大連, 친황다오秦皇島, 톈진天津, 옌타이煙台, 롄윈강連雲港, 난퉁南通, 상하이上海, 닝보寧波, 원저우溫州, 푸저우福州, 광저우廣州, 잔장湛江, 베이하이北海.
1986	칭다오가 계획단열시計劃單列市 중 하나로 선정. 칭다오, 다롄, 닝보, 샤먼廈門, 선전深圳.

찾아보기

1 A

1·28송호항전　173
5·4운동　42, 276
9·18사변　173
F. W. 모어　240
F. 바흐만　227
J. 발터　239

ㄱ

가오미　140, 254
가오언훙　275
가오펑한　271
갑오전쟁　157
개혁개방　24, 25, 32, 361, 383, 440
객잔　91, 180
게이티드 커뮤니티　32, 335, 340, 355, 357, 367, 370, 378
고쇼양행　93, 160
광저우　26
국립산둥대학　31, 272, 273, 274, 275, 283, 284, 285, 287, 291, 292
국립칭다오대학　31, 272, 273, 274, 275, 278, 283, 291
국민정부　23, 41, 42, 45, 54, 207, 208, 210, 215, 275, 282, 283, 284, 285, 292, 302, 311, 321
귄터 플뤼쇼　60
규슈　17, 163

ㄴ

나가사키방적주식회사　92
나이가이멘주식회사　92, 141, 146, 147, 148
난징　207, 273
난징조약　272
남만주　180, 194, 198
남만주철도주식회사　56, 194
뉘구커우　41, 228
닛신방적주식회사　92
닛신양행　93, 160
닝보　20, 129

ㄷ

다롄　19, 26, 76, 139, 145, 173, 186, 192, 194, 199, 313
다롄기선　194
다바오다오　79, 82, 84, 89, 90, 93, 94,

163, 228, 260
다바오다오구 81, 82, 85, 87, 93, 114, 116, 117
다이니혼방적회사 92
다카하시 겐타로 116, 119, 120
다카하시사진관 94
다하라 덴난 44, 160
단둥 186
대일본맥주회사 114
대항 82, 84, 90, 91, 97, 111, 113, 114, 145, 192, 214, 235, 320
더저우 191
덕문신보 224, 227, 236, 237
덕화고등학당 59, 265, 275
덕화회보 222, 223, 224, 225, 228, 229, 230, 231, 232, 235, 236, 238, 241, 242
덩저우 140, 231
도이치-아시아은행 82
도쿄 207, 240
동방세계 227, 229
동선회 252, 253, 257, 258, 260, 261
두위 57, 286, 289
둥베이지방 17, 18, 21, 23, 88, 157, 174, 179, 180, 181, 183, 185, 186, 188, 189, 190, 192, 193, 194, 195, 196, 197, 198, 386, 400, 424, 425, 432, 439
딩산 277

ㄹ

라오산 97, 253, 278, 305
라오산구 27, 124
라오산만 22
라오서 57, 271, 272, 283, 284, 285, 286, 287, 291
라이양 143
라이저우 140
랑야타이 40
랴오닝루 164
랴오닝성 26, 428
랴오둥반도 17, 18, 19, 181, 182, 199
량스추 315, 316
량전성 271, 272, 275, 276, 277, 278, 282, 284, 292
러일전쟁 157
루거우차오사건 121, 122
루쉰 276
루시난 24
룽커우 22, 179, 180, 181, 182, 186, 187, 188, 189, 190, 192, 197
룽커우은행 164
뤼순 173
류시밍 57, 286
류즈시아 271
류청루 118
류캉푸 278
류팅 24
리창구 387, 388, 390
리춘 129, 134
리퉁위 57, 286
리하르트 빌헬름 43, 229, 230, 253, 257, 258, 263
린청 191
링산웨이 40

ㅁ

마오둔 287
만주 18, 163
멍차오 57, 286
멜허스양행 85
모리자와 라이고로 122
무술변법운동 41
미쓰이물산 82, 93, 118, 120, 160, 164
미쓰이유방 115

ㅂ

바다관 43, 115
베르사유강화회의 111
베를린선교회 252
베를린신의회 253, 255
베스트팔렌조약 13
베이징 57, 58, 196, 227, 272, 277, 279, 282, 287, 288, 289, 290, 293, 307, 340, 428
별장구 81, 116, 302
보산 140
보하이 182, 184
보하이만개발전략 19
부동산관리회사 335, 343, 353, 354, 355, 356, 378, 392
부두구 85, 94, 116
부두국 142, 144
부산 76, 118, 139, 312
북미장로회 253
북양정부 23, 41, 42, 45, 76, 111, 115, 194, 275, 284, 310
블라디보스토크 193
비치호텔 306

빅토르 뢰르 228, 229, 238
빅토리아해수욕장 302, 304, 305, 307, 308, 321
빌헬름 2세 60
빌헬름 슈라마이어 255

ㅅ

사구 31, 333, 334, 335, 336, 353, 361, 362
사립칭다오대학 275
산가츠해수욕장 309
산둥거리 110
산둥공업주식회사 92
산둥대학 115
산둥문제 해결을 위한 조약 23
산둥반도 17, 18, 19, 20, 30, 181, 182, 184, 187, 189, 190, 192, 193, 197
산둥성 21, 22, 26, 29, 30, 39, 41, 127, 129, 135, 137, 140, 141, 148, 149, 179, 180, 183, 184, 185, 186, 187, 188, 189, 190, 191, 192, 193, 196, 198, 227, 251, 275, 384, 428, 432
산둥시보 231
산둥운수주식회사 144
산둥철도주식회사 258, 259
산둥철도회사 82
산둥터우 24
산둥휘보 222, 234, 235, 237, 238, 241, 242
산토초 94, 95, 96, 117
산하이관 186
삼국간섭 75
상하이 24, 42, 57, 78, 80, 129, 146,

172, 173, 174, 207, 208, 224, 227, 240, 242, 272, 273, 276, 277, 282, 287, 288, 289, 290, 293, 305, 307
상하이견사주식회사 92
상하이루 117
샤먼 24, 26, 172
샤오바오다오 260
샤오칭다오 279
샤허자이 40
서울 118
서해안개발계획 19
선양 58, 194, 394
선충원 271, 272, 277, 280
성언회 253, 258
소항 82, 84, 90, 91, 114, 141, 163, 192
송도해수욕장 312
송환 207, 208, 209, 213, 214, 215
수비군 88, 89, 90, 91, 93, 95, 96, 98
쉬즈모 276, 280
슝야쒀 40
스난구 27, 387, 391, 402, 406
스주쒀 188
스즈키상점 120
시카고학파 331, 334
신마치 117
신마치유곽 95, 117, 118
신문조종책 241
신월파 273, 276, 277, 280, 281, 291, 292
신해혁명 80, 86, 99, 100, 238, 240, 241, 251
쑨원 42
쓰팡 22, 91, 92, 93, 111, 146
쓰팡구 390

ㅇ

아른홀트 카르베르크양행 85
아사히초해수욕장 310
아오산웨이 40
아카시성냥공장 115
아편전쟁 18, 40
양스추 272, 273, 276, 277, 278, 279, 284, 291, 292
엔닌 17
연방문서관 58, 59, 60, 61
연안개방도시 25
영일동맹 76, 198
예현서원 253, 257, 259, 265, 275
옌웨이루 193
옌지시 400
옌타이 30, 161, 179, 180, 181, 182, 184, 186, 187, 188, 189, 190, 192, 193, 195, 197
오스카 폰 트루펠 60
오쿠라구미 120
오토 코르바흐 225, 226
오토 폰 디러리히 59
와카쓰루야마 114, 118
왕야핑 57, 286
왕위치 57, 286
왕징웨이 42
왕통자오 57, 271, 273, 283, 285, 286, 287, 288, 289, 290, 291, 292
요코하마정금은행 82, 93, 160, 164
우바이수 57, 271, 286
워싱턴회의 23, 284
원이둬 271, 272, 273, 276, 277, 278, 281, 282, 288, 291, 292, 322
웨이하이웨이 119, 196

웨이현   22, 140, 143, 193
위다푸   317
유구어언   277
유아사양행   85, 93, 94, 160
의화단운동   31, 41, 251, 254, 274
이시다치과   94
이신혜   17
이신화학공업소   92
이와키상회   93, 160
이저우   140
이토츄상사   118
인민공사   334
인천   76
일교관리처(일교관리소, 일교집중관리처)   208, 209, 210, 211, 212, 213 214
일본 국립공문서관 아시아역사자료센터   62, 111
일본유선   120
일본인거류민단   23, 170
잉커우   186, 194

ㅈ

자오라이윈하   40
자오샤오허우   57, 286
자오아오   41
자오저우   40, 140, 143, 223, 253, 254
자오저우루   118, 253
자오저우만   20, 21, 40, 41, 75, 76, 81, 109, 123, 127, 129, 134, 185, 190, 251, 254
자오저우만대교   27
자오저우바오   227
자오저우쒀   40

자오저우총독부   43, 76
자오지철도   22, 41, 42, 76, 81, 121, 127, 130, 131, 132, 134, 146, 160, 162, 185, 187, 189, 190, 191, 194, 196, 235, 258
자오치   272, 278, 283, 284, 292
자오현   24
잔교   24, 129, 141, 235
잔산   115, 121
장뎬   140
장보고   17
장제스   23, 24, 58, 207, 283, 285, 292
저수이루   117
저우춘   140, 196
저우푸   235
적산법화원   17
적위산업처리국   210, 215
정전둬   287
정크무역   20
정크무역지구   91
정크선   20, 119, 129, 188, 192
제1역사당안관   58
제1차 세계대전   23, 41, 76, 78, 87, 100, 111, 133, 135, 146, 180, 185, 189, 195, 196, 242
제2역사당안관   58
제2차 세계대전   29, 30, 41, 42, 76, 207, 212, 383
조선은행   164
좌련   286
좌익극작자연맹   284
좌익작가연맹(좌련)   284, 285
주민위원회   334, 335, 336, 338, 345, 346, 353, 354, 356, 362, 375, 392

주민위원회법　334
주장삼각주　19
주중팔선　278, 280, 281
중국제1역사당안관　57
중국제2역사당안관　57
중국중앙당안관　57
중산루　43, 109, 118
중앙당안관　58
중일전쟁　24, 29, 41, 54, 109, 115, 159, 173
쥐예　75
쥐예교안　231
즈촨　140
지난　22, 24, 140, 160, 172, 185, 191, 196, 212, 235, 275, 277, 284, 287
지난참사　54
지모　140, 143, 253, 254, 256
지모루　110
지모현　20, 24
지앙수밍　277
진푸철도　160, 185, 186, 187, 191
징펑철도　186
짱커자　57, 277, 286

ㅊ

차이양루　43
차이위안페이　275, 280
창장삼각주　19
창춘　194
창커우　22, 91, 92, 93, 111, 231
천밍판　278
천위안　276
천주교선교회　252, 261
천후궁　43, 75, 129, 254
천훙례　24
청양구　26, 27, 124, 387, 388, 390, 402
청양루　118
청의보　223
청조　289
총독부　79, 80, 81, 83, 84, 85, 86, 87, 90, 91, 97, 99, 109, 110, 128, 129, 130, 142, 143, 160, 193, 221, 224, 230, 231, 232, 234, 235, 236, 238, 240, 241, 252, 253, 255, 256, 260, 262, 301, 302, 304, 305, 321
칭다오　129
칭다오관보　224, 236
칭다오구　81, 93, 116, 302
칭다오대학　279, 280, 282, 292
칭다오루　117
칭다오만　81
징다오맥주박물관　115
칭다오사창　92
칭다오성냥공장　115
칭다오수비군　43, 44, 56, 62, 76, 79, 111, 116, 128, 132, 136, 139, 144, 162, 163, 166, 167, 169, 170, 194, 310, 312
칭다오시당안관　27, 54, 58, 61, 62, 120
칭다오시도서관　56
칭다오시민회　167
칭다오시사지판공실　58, 222
칭다오시사지편찬위원회　46
칭다오신보　222, 232, 233, 235, 236, 239, 240, 241, 242
칭다오신사　89, 114, 118, 121, 166

칭다오재향군인회　170
칭다오참사　42
칭다오총상회　275
칭다오춘　81
칭다오커우　41
칭다오한국민회　208, 212
칭다오항　76, 78, 87, 90, 91, 93, 127, 128, 130, 131, 132, 134, 141, 142, 144, 145, 146, 185, 189, 190, 192, 194, 196
칭다오회담　42
칭저우　140, 143

ㅋ

카를 핑크　236, 239, 240
카이위안　194
캉유웨이　271, 272

ㅌ

타이둥진　22, 43, 79, 83, 84, 85, 86, 89, 91, 92, 93, 97, 98, 99, 110, 111, 113, 114, 115, 136, 138, 139, 144, 166, 320
타이시진　43, 83, 84, 85, 86, 110, 115, 136, 320
타이안　140, 160, 191
타이핑　43
타이핑거　115
타이핑루　117, 254
탄지에푸　277
톈진　19, 24, 42, 78, 146, 172, 186, 191, 196, 208, 272, 274, 305, 307

톈진조약　186
토프톤전기유한공사　26
트루페　235
티르피츠　60

ㅍ

파두　140, 142, 143, 144, 145, 147, 149
파버　253
파버의원　260
팔선과해　278
팡즈　140, 196
팡진루　277, 278
펑라이거　278
푸산　40
푸산쒜　20, 40
푸송링　271
푸순　194
푸순탄광　195
푸커우　191, 196
프리츠 제커　239
피서록화　57, 273, 283, 285, 286, 287, 292
핑두　143

ㅎ

하이신　26
하이얼　26
하이저우　143, 188
한교선무단　208
한국민회　208, 209, 213
한국임시정부　208, 210
한반도　17, 18, 77, 88, 179, 180, 181

한스 폰 크로프　233, 234, 235, 237, 238, 239, 240
한중수교　20, 383, 400, 440
한커우　274
함부르크·아메리카 기선회사　85
해금정책　18
해수욕장 단속규칙　308, 309
해항도시　40, 179, 180, 181, 182, 183, 187, 188, 189, 190, 197, 198
현대평론　276
협화보　240, 242
호구　345, 348, 357, 383, 386, 429, 439
호시무역항　40
홍선　57, 271, 272, 283, 284, 285, 286, 291, 292
홍콩　80, 119, 196, 307
화공　196, 198

화난지방　157, 208
화베이선무단　209
화베이지방　157, 181, 186, 189, 208, 251, 305
화신사창　92, 133, 146, 147, 148
화중지방　157, 208, 305
환보하이권　19
환황해권　18
황다오구　27, 124
황지위　278
황해　20, 184
후스　276, 280
후이취안만　301, 302, 304, 319
후이취안해수욕장　31, 279, 303, 306, 308, 309, 311, 312, 313, 314, 315, 316, 317, 319, 320, 321, 322
후지방적주식회사　92

출 전

2. 칭다오사(青島史) 연구동향과 자료현황 | 양라이칭

양라이칭(2010), 「海港都市 青島 歷史硏究의 課題와 展望」, 『해항도시문화교섭학』 2, 103~134쪽.

3. 독일·일본점령기 칭다오의 도시건설과 생활공간 | 권경선

권경선(2013), 「근대 도시 청도(青島)의 건설과 주민의 생활 : 1897-1922년 주민의 거주지를 중심으로」, 『동북아 문화연구』 36, 21~40쪽.

5. 독일·일본점령기 칭다오의 산업구조와 도시노동자 | 권경선

권경선(2013), 「독일, 일본 점령기(1897-1922) 청도(青島)의 산업과 노동자 연구」, 『역사와 경계』 89, 339~374쪽.

7. 20세기 초 산둥인의 둥베이이동과 해항도시 | 권경선

권경선(2012), 「1900~1930년대 중국 산동인의 역외이동과 해항도시와의 관계 연구」, 『해항도시문화교섭학』 6, 47~87쪽.

9. 독일점령기 칭다오 내 언론활동 | 가오잉잉

가오잉잉(2013), 「독일인의 青島에서의 신문업 경영, 1898-1914」, 『해항도시문화교섭학』 9, 35~65쪽.

11. 1930년대 칭다오의 국립대학과 도시문학 형성 | 최낙민

    최낙민(2013), 「1930년대 문학작품을 통해 본 해항도시 靑島: 國立靑島大學, 國立山東大學 교수작가들을 중심으로」, 『동북아 문화연구』 35, 163~182쪽.

12. 후이취안(匯泉)해수욕장과 칭다오인의 일상생활 | 최낙민

    최낙민(2013), 「靑島 匯泉海水浴場과 도시민의 일상생활」, 『해항도시문화교섭학』 9, 67~94쪽.

15. 한중수교 후 한인 이주와 도심 집거지의 형성과 변용 | 구지영

    구지영(2013), 「동북아시아 이주와 장소구성에 관한 사례연구: 중국 청도(靑島) 한인 집거지를 통해」, 『동북아 문화연구』 37, 269~289쪽.

16. 한중수교 후 조선족의 생활세계 확장과 칭다오 | 구지영

    구지영(2013), 「지구화시대 조선족의 이동과 정주에 관한 소고 -중국 청도(靑島)를 중심으로-」, 『人文硏究』 68, 297~330쪽.

저자소개

구지영 具知瑛
  | 한국해양대학교 국제해양문제연구소 HK연구교수

양라이칭 楊來靑
  | 칭다오시당안관(靑島市檔案館) 부관장

권경선 權京仙
  | 한국해양대학교 국제해양문제연구소 HK연구교수

오시로 나오키 大城直樹
  | 메이지대학(明治大學) 교수

쑨바오펑 孫保鋒
  | 칭다오시당안관(靑島市檔案館) 처장

장예 張曄
  | 칭다오시당안관(靑島市檔案館) 연구원

가오잉잉 高瑩瑩
  | 중국사회과학원 근현대사연구소(中國社會科學院 近現代史硏究所) 연구원

자오청궈 趙成國
  | 중국해양대학(中國海洋大學) 교수

최낙민 崔洛民
  | 한국해양대학교 국제해양문제연구소 HK교수

사사키 마모루 佐々木衛
  | 고베대학(神戸大學) 명예교수

리성 李升
  | 베이징공업대학 수도사회건설과 사회관리협동창신센터(北京工業大學 首都社會建設與社會管理協同創新中心) 강사